KB120289

G2 시대 한반도 평화의 길

Peace on the Korean  Peninsula in the Era of G2

평화 · 통일연구소 엮음 | 강정구 · 박기학 지음

한울
아카데미

이 도서의 국립중앙도서관 출판시도서목록(CIP)은 e-CIP홈페이지(http://www.nl.go.kr/ecip)
와 국가자료공동목록시스템(http://www.nl.go.kr/kolisnet)에서 이용하실 수 있습니다.
(CIP제어번호 : CIP2012000449)

남한산성에 가면 수어장대(守禦將臺)와 무망루(無妄樓)라는 현판이 보인다. 이는 1636년 병자호란의 치욕을 잊지 말자는 후대의 각성을 촉구하기 위한 것이었다 한다. 무엇을 잊지 말자는 것인가?

많은 사람들은 인조가 청 태종 앞에서 세 번 절하고, 그때마다 세 번씩 이마를 땅에 박아 아홉 번을 찍고 나니 인조의 이마에 유혈이 낭자했고, 이럼에도 더 세게 박으라고 청나라 군신은 청 태종 옆에서 인조를 욱대겼다는 점을, 곧 삼배구고두(三拜九叩頭)를 떠올릴 것이다. 그래서 수어장대가 말하는 것처럼 부국강병을 해서 나라를 지켜야 한다는 것이 역사의 가르침이고 우리가 나아갈 길이라고 말이다.

그러나 이는 반의 반쪽만의 이야기일 뿐이다. 더 중요한 것은 광해임금의 자주정책과 명·청(明青) 간 등거리 외교의 올바른 평가와 계승이며, 송시열과 같은 서인·노론 사대주의자에 대한 질타와 경계일 것이다. 광해임금은 바로 30년 전의 임진왜란과 정유재란에서 세자로서 왜놈의 침략과 만행을 직접 체험했고, 또 명나라의 조선 주권 유린과 철저한 명나라 중심의 군사행위를 직접 겪었다. 자신의 역사 체험에서 동북아질서가 새로 바뀌는 명·청 세력교체기에 자주정책과 주권지킴이 정책만이 조선이 다시는 임진왜란과 같은 전쟁 참화를 입지 않는 방도라는 역사의 가르침을 터득하고 실행한 것이다.

그러나 전쟁의 비참한 역사를 같이 체험했으면서도 서인과 이후 노론 등은 오매불망 망해가는 명나라의 치마폭이 아니면 살아갈 수 없다고 생각하는 대명(對明) 자발적 노예주의자에서 결코 벗어나지 못했다. 그리고는 인조반정이라는 반역행위를 저지른 것이다. 이들이야말로 한때의 아프리카 사람들과 진배없는 무리였다. 한때 아프리카 사람들은 서구제국주의 식민지 지배를 하도 오랫동안 받아왔기에 자신들이 식민지 지배를 당하고 있다는 사실조차 깨닫지 못하는, 프란츠 파농이 말하는 '식민화된 무의식' 정신 상태에 빠진 적이 있었다.

왕이나 인조반정 귀족들이 수난을 겪은 것은 자업자득이라 볼 수 있다. 그렇지만 일반 백성의 질곡과 형극은 자신들의 잘못이 아니라 인조나 그 반정세력 때문에 당하는 재앙이었다. 만약 광해임금의 자주정책이 지속되었더라면 50만이나 된다는 조선의 아낙네가 청나라로 끌려가 정조를 유린당하고, 돌아와서도 '불결'하다며 천대받았던 환향녀(還鄕女, 오늘날 화냥년), 수많은 호로(胡虜)자식(환향녀들이 청에서 조선으로 돌아올 때 이미 임신해 낳은 자식을 말함) 등의 부끄러운 일들이 생겼을까? 자기들의 역사적 과오와 죄악 때문에 일어난 일인데도, 이들 대명 자발적 노예주의자들은 자성하기는커녕 민중피해자를 화냥년과 호로자식으로 내몰면서 천대하고 멸시했던 것이다.

원·명 세력교체기인 1360년대 공민왕의 반원(反元)개혁시대로 거슬러 가보자. 그 역시 원나라에 10년간 볼모로 잡혀 있다 돌아와 왕이 되자 원·명 세력교체기라는 국제정세를 정확히 파악한 후, 원나라 앞잡이로 고려를 농락해왔던 기득권 세력인 부원배들을 숙청하고, 원이 가졌던 군사지휘권(대한민국 수립 이후부터 1년 정도를 빼고는 지금까지 미국이 가지고 있는 남한의 전시작전통제권과도 같은)을 회수하고, 빼앗긴 동북지역(쌍성총관부지역)을 수복하고, 서민들의 몽골풍속을 금지하고, 압록강 너머 원의 요새 여덟 곳을 선제공격했다. 그러고는 새로운 동북아질서 주도국인 명나라와 1370년 외교관계를 맺음으로써 100년여 원의 지배를 끝낼 수 있었다.

그런데 공민왕의 반원 자주개혁정책 최대 걸림돌은 원이 아니라 원이라는 외세에 빌붙어 기생하던 기득권세력이었다. 그들은, 옛날이나 지금이나, 민족의 평화·자주·독립·체통과 백성의 안위는 뒷전이고 오직 외세에 빌붙어 기득권을 유지하는 데만 몰입해 있다.

2011년 4월 IMF는 2016년 구매력기준 GDP를 중국 19조 달러, 미국 18조 8,000억 달러로 예측했고, 피터슨국제경제연구소는 2010년 기준 중국 14조 8,000억 달러 미국 14조 6,000억 달러로, 중국 구매력 기준 경제총량이 미국을 이미 능가했다고 한다. 미국은 2011년 예산 3조 8,000억 달러 가운데 1조 7,000억 달러, 곧 43%가 빚이다. 적자가 이렇게 엄청나지만 미국은 그 해결역량을 이미 상실했다. 1% 월가 금융자본의 야만행위와 수많은 타락상, 전쟁에 중독된 국가와 국민, 인류역사상 군사비 불평등이 최고일 정도로 과도한 군사비, 제2차 세계대전 전비에 버금가는 대테러전쟁 비용, 이런데도 부자감세의 연속과 부자증세는 불가능한 정치사회구조, 신자유주의 만연 등으로 전망을 상실한 미국은 이미 패권을 잃고 있다. 당연한 역사의 귀결이고 정도이다.

반면 아편전쟁 이후 서구에 의해 굴종과 모멸의 세기를 강요당했던 중국은 무려 3조 2,000억 달러의 외환보유고, 미국채권 1조 2,000억 달러, 세계경제 견인차(2009년의 경우 40%라고 한다), 국내자금 축적 3조 달러 수준으로 경제주도국이 되었다. 한국 수출시장 판도에서 홍콩, 대만 등을 포함한 중국권은 거의 1/3이지만 미국은 1/10 정도다. 이런 흐름은 경제에 국한되지 않고 있다. 스페인으로부터 시작한 서구지배의 특색인 제국주의, 식민주의, 정복주의 등과는 질적으로 구분되는 평화공존5원칙, 중국특색의 사회주의, 홍색문화, 인덕정치, 조화사회와 조화세계, 공동부유사회, 신중화주의 등 새로운 품격의 미래상을 지향하고 있다.

명암이 엇갈리는 이 새로운 세계질서의 태동에, 당사자 미국은 순응하기보다 역사전환을 역주행시키려고 오바마독트린으로 아시아태평양지역에 신냉전(New Cold War)을 획책하고 있다.

그는 군사적으로 "아시아에 할당된 국방예산은 한 푼도 깎지 않겠다"면서 호주에 미군기지를 새로 구축하고, 한국, 일본, 필리핀, 태국, 인도, 대만 등과의 군사동맹 관계를 강화하면서 여러 아시아 국가들과 연합해 '중국 포위전략'을 구사하고 있다.

경제적으로도 한미 자유무역협정(FTA)을 발판으로 일본, 호주, 동남아국가, 캐나다, 멕시코, 페루, 칠레까지 끌어들이는 '환태평양경제동반자협정(TPP: Trans Pacific Partnership)'을 통해 중국을 포위하면서 이들 타국의 희생 아래 미국 경제패권을 복원하려고 발버둥치고 있다.

지금이야말로 진정 새로운 세계질서가 태동하는 과도기인 중미 간 세력교체기(power transition period)다. 이 과도기는 미국의 경제패권 상실과 정치·군사패권 약화와 중국의 한계라는 불균형의 이중권력분립체계에서 오는 단기적 불안정성 또는 이행위기를 특징으로 한다. 이는 바로 중미 간 이해관계가 첨예하게 부닥치는 한반도에서 2010년 5·24 천안함사건화, 11·23 연평도 무력충돌, 12·20 연평도 보복포격전으로 말미암은 한반도 전쟁위기로 투영됐다.

과거 원명 교체기에 공민왕이 있었고 명청 교체기에 광해임금이 있었다. 지금 이 교체기에는 광해임금과 같은 민중의 힘이 발휘되어야지 서인과 같은 인조반정세력이나 송시열과 같은 자발적 노예주의자 부류가 발붙이지 못한다.

그러나 우리의 현실은 어떠한가? 위키리크스의 폭로에 의하면 대통령이라는 사람은 뼛속까지 친미친일이라는 사람이란다. 막강한 권력을 누리는 정계, 관계, 학계, 경제계 등 고위층 가운데 상당부분 역시 대미 자발적 노예주의자임이 확인되었다. 더구나 대통령은 "중국을 견제하기 위해 재관여가 중요하다"(≪워싱턴포스트≫, 2011.10.10)면서 미국의 중미 신냉전 획책 전위부대 역할을 자행하고 있다. 또 "연평도 포격 때 (북한을) 못 때린 게 천추의 한이 된다"며 "(군통수권자로) 울화통이 터져서 정말 힘들었다"고 청와대로 초청한 국회 국방위원들에게 전쟁광과 같은 속내를 털어놓았다(≪동아일보≫, 2011.6.24).

이러하니 포괄전략동맹이라는 기치로 내세우고 실질적으로 중국을 겨냥해 지역·지구를 동맹화한 한미군사동맹, 평택미군기지 이전·확장과 제주강정 해군기지 건설, 북과 중국을 겨냥한 연이은 한미연합전쟁연습, 작전반경이 500km 정도인 남한에서 펼쳐지는 불필요한 공중급유기훈련, BMD 실질편입, 이지스함과 글로벌호커 등의 첨단무기 대거 도입, 투자자국가소송제(ISD)라는 주권포기 조항을 포함하는 한미FTA 밀어붙이기, 론스타라는 외환 투기·사기 집단에 5조 원이 넘는 떼돈을 진상하는 일 등 역사퇴행의 광란이 펼쳐지고 있다. 그것도 버젓이 한미동맹 강화라는 기치 아래 말이다.

이것들이야말로 제2의 병자호란과 제2의 청일전쟁 자초정책이 아니고 무엇인가? 인조반정을 꾀한 사대 노예주의 세력인 서인 무리들은 존명반청(尊明反淸), 향명배금(向明排金), 재조지은(再造之恩: 명이 임진왜란 때 지원병을 보내 조선을 다시 일으켜 세워준 은혜) 등으로 광해임금의 자주정책을 '정죄(定罪)한' 것이다. 그 결과가 조선 백성의 형극과 질곡이었고 나라의 유린이었다. 진정 우리가 나아가야 할 길은 이 같은 병자호란 자초라는 통탄의 길이 아니라 평화통일 만들기라는 환희의 행로이다. 또한 우리 사회의 상층주류나 기득권에 이를 기대할 수는 없다. 우리 민중의 몫이다. 한반도 분단냉전적대체제를 만들고, 강제하고, 재생산해온 주도세력, 그 미국이라는 기존 외세의 규정력은 이미 노쇠해졌다. 새로 부상하는 신흥 외세인 중국의 규정력은 제한된 수준이다. 이러한 세력전이시기(power transition period)인 과도기는 우리 한반도의 자주역량이 발휘될 수 있는 공간과 지평이 객관적으로 확대하는 시점이다. 이러한 세계 거시구조의 변환이야말로 평화·통일의 적기를 제공할 것이다.

이 열려진 객관적 구조 속에서 우리 민족민중민주세력은 광해임금과 공민왕이 모색해왔던 자주 역사행로를 주체적으로 열어나가고 안착시켜야 할 것이다. 이를 위해서는 무엇보다 한미관계 새판짜기에 박차를 가해야 한다. 그래서 평화와 통일을 향한 한반도의 역사행로를 차이메리카라는 과도기적 이행기나 중국의 세기 초입에 매듭지어야 할 것이다. 아니 매듭지어질 수밖에 없도록 우리 남북 모두의 주체적 역량을 결집해야 할 것이다.

바로 이러한 역사궤도의 전망과 민족사적 책무 속에서 이 책은 기획되고 집필되었다.

2012년 1월

강정구(평화통일연구소 소장, 전 동국대 사회학과 교수)

|차례|

제1부

미국 패권의 종말과 새로운 세계질서 태동

제1장
새로운 세계질서의 태동과 한반도

강 정 구

1. 머리말

2008년 미국의 서브프라임 모기지 금융위기와 베이징 올림픽을 기점으로 미국 중심의 세계질서가 막을 내리기 시작했다.[1] 1991년 동구 사회주의체제 해체 이후 세계질서를 더욱 패권 일변도로 주도하던 미국의 일방적 단극패권(지배)주의[2]가 쇠잔하고 지구촌이 새로운 세계질서로 변환하는

---

1) 찰머스 존슨은 미국의 경제적 파탄과 몰락을 이미 예견하고 있었다. 그는 미국의 군국주의, 제국주의, 일방주의, 비밀주의 등이 결국 네 가지 슬픔을 미국에 가져올 것이라 보았다: 항구적인 전쟁상태, 펜타곤화된 대통령이 되는 민주주의 후퇴, 진실성 원칙 대신 허위정보와 전쟁·군대에 대한 찬양, 군사비 증가로 인한 경제적 파탄(존슨, 2004: 380).

2) 패권(覇權)은 무력으로 천하를 다스리는 자의 권력으로 패도정치라는 중국의 전통적 통치개념에서 유래했지만, 현대판 패권주의는 강력한 군사력을 배경으로 세력을 확장하고 세계를 지배하려는 미국과 소련의 외교노선을 지칭한다. 1968년 8월 ≪신화통신≫에서 소련군의 체코슬로바키아 침공을 비난하면서 처음으로 사용되었다. 1968년 11월 폴란드 전당대회 연설에서 브레즈네프 소련공산당 서기장은 '소련을

이행기 또는 세력전이기(power transition period)로 접어든 것은 크나큰 인류사적 의미를 지닌다.

2011년 1월 19일 열린 중미 정상회담은 이 이행 과도단계인 차이메리카(Chimerica) 시대의 도래를 공개적으로 인정한 셈이다. 미국의 정치·군사 지배와 중국의 '준(準)경제 지도력'(폭력과 강압 중심이 아닌 자발적 순응을 자아내는 지도력 중심의 지도체제)으로 구성되는 이중(二重) 권력분립체제인 차이메리카 시대는 어디까지나 과도기적인 잠정 세계질서일 뿐이다. 팍스 아메리카나(Pax Americana)라는 미국의 일방적 단극 지배주의(支配主義) 세계질서가 종말을 고할 뿐 아니라 팍스 시니카(Pax Sinica)라는 중국 '지도력' 중심의 다극 지도주의(指導主義) 세계질서로 이행하면서3) '중국의 세기

중심으로 한 사회주의권의 안전을 위해, 한 구성국의 이익은 모든 구성국의 이익에 종속하며, 일국의 주권은 전체이익을 위해 제한된다'는 제한주권론 또는 브레즈네프 독트린을 선언했다. 소련붕괴 이후 형성된 미국의 유일 패권주의를 미국 기독교 극우진영은 신학적으로 정당화하고 있다. 이들은 미국을 새로운 이스라엘이라고 주장한 청교도들처럼 미국을 하느님의 정의와 평화를 펼치기 위한 선택된 국가와 백성이라고 믿고 있으며, 따라서 미국의 패권적 세계지배에 방해되는 반미(反美) 정치세력과 국가들을 폭력으로 짓밟아야 한다고 믿는다. 실제로 빌리 그레이엄 등은 걸프 전쟁과 이라크 전쟁을 하느님의 뜻에 따른 거룩한 십자군전쟁이라고 부르며 이를 주도한 전쟁광 부시 부자를 칭송했다.

3) 미국의 역사학자 알프레드 맥코이는 미국의 국가정보위원회가 발간한 2008년 미래 예측보고서인 「2025년 글로벌 트렌드」에서 부와 경제 권력, 군사 분야까지 서에서 동으로 이동하면서 점진적인 영향력 약화를 예상하고 있다는 점을 비판하면서, "경제, 교육, 군사 분야에서 미국의 국력에 대한 자료를 종합하면 2020년까지 부정적인 경향이 급속도로 증가할 것이며 미국은 2030년 이전에 치명적인 순간을 맞을 것이다. …… 2025년에 빛이 바랠 것이고 2030년엔 지난 역사가 될 것"이라 전망했다. "중국의 혁신 능력은 과학기술이나 군사기술 면에서 세계정상을 향해 나아가고 있으며 2020~2030년경에는 정상의 자리를 차지할 것"이라고 주장했다(McCoy, 2010).

(Chinese Century)'가 점차 세계무대에 펼쳐질 것으로 보인다.[4]

미국의 세기가 열리면서 민족분단을 강제당한 한반도는 이제 새로운 세계질서로의 권력이행기 또는 세력전이기인 차이메리카 시대를 맞아 평화와 통일을 일구는 자주의 시대로 나아가야 할 과제를 띠게 되었다. 또한, 중국의 세기라는 새로운 세계질서 속에서 바로 이웃하면서 역사적·지정학적·경제적·문화적으로 밀접한 관련 속에 놓인 우리 한반도는 여기에 걸맞은 새로운 역사행로를 펼쳐나가야 할 것이다.

5·24 천안함사건화[5]와 연평도 포격전은 중미관계와 세계질서의 변환이

---

4) 중국 내부에서도 중국의 세기를 강력히 추진해야 한다는 목소리가 작지 않다. 이의 대표적인 목소리는 현실주의 국제정치학자인 옌쉐퉁의 중국 굴기론이다. 그는 국력을 군사·경제력으로 구성된 경성권력, 문화·정치력으로 구성된 연성권력으로 나눈다. 또 경제·군사·문화력은 자원(資源)성 실력, 정치력은 조작성 실력으로 보고, 앞의 자원성 실력은 '력(力)'에 해당하고 조작성 실력은 권(權)에 해당한다고 본다. 중국은 경제력에서 비록 력은 최고수준이지만 실제적인 힘 또는 권위인 권은 이에 못 미치는 것으로 본다. 따라서 군사력 등을 높이고 정치력을 높여 권과 력을 일치시켜야 한다고 보고 있다(문정인, 2010: 45~69). 또 다른 유사 목소리는 쑹샤오쥔 외 4인(2009) 참조.

5) '5·24 천안함사건화'는 2010년 3월 천안함 사고가 터지자 진실규명도 제대로 되지 않은 상태에서 이를 이북 소행으로 단정하고, 이 사고를 유엔안보리 상정, 6·2 지자체 선거 악용, 전쟁 부추기기 등으로 사건화해 남북관계를 전면 파탄으로 몰고, 전쟁위기를 조성해 한반도뿐만 아니라 중미 간의 군사적 긴장까지 유발한 위험천만한 이명박 정부의 행보를 지칭한다. 이명박 대통령은 천안함 사고에 대한 정부의 공식 견해인 5·24 조치를 바로 전쟁기념관에서 선전포고하듯 '비장'하게 발표하면서 남북관계의 전면단절을 선언했다. 이의 연장선에서 정부는 미국의 최신예 전투기 F-22와 가공할 핵항모 조지워싱턴호를 참가시키고 해방 후 처음으로 일본 군함까지 끌어들여 연합전쟁연습을(훈련명 '불굴의 의지'에 관해서는 "동해에 몰려온다. 지옥의 군단", ≪한겨레 21≫, 2010.7.30, 제821호 참조) 벌이는 등 7월 이후 12월까지 무려 10차례 이상 연합 또는 단독 전쟁연습을 이북과 중국을 겨냥해 펼쳤다. 중국은 이에

한반도 문제와 직결되어 있음을 여실히 증명하고 있다.[6] 또한 한반도 행보가 이 역사이행의 흐름에 근본적으로 영향을 미치기는 힘들겠지만 촉진요인(facilitator)이나 지연요인 등으로 작동할 수도 있다. 따라서 우리의 행보 또한 우리 역사 궤적뿐 아니라 세계질서 이행의 궤적(trajectory)에도 중요한 몫을 차지하고 있음을 주목하면서 나아갈 길을 모색해야 할 것이다.

이에 이 글은 중미관계의 변환과 새로운 세계질서인 팍스 시니카라는 '중국 지도주의' 다극체제 세계질서 이행의 가능성, 전망, 특색을 단기 정책적 수준이 아니라 장기 구조적 차원에서 제시하고 분석해보겠다.[7]

맞불 전쟁연습을 지속하면서 항공모함 킬러라는 둥펑21C, 21D 미사일을 공개했고, 미 해군장성은 '둥펑21 미사일로 미 항공모함을 공격할 경우 핵무기 대응'으로 응수하면서(≪홍콩문회보≫, 2010.8.13) 동북아 군사긴장은 최고조로 치달았다. 이러한 전쟁연습은 2011년에도 지속되고 있다.

6) 국제정치이론의 주류인 현실주의이론은 힘의 균형이 이루어진 상태가 전쟁가능성을 줄인다고 보지만 세력전이이론은 오히려 균형상태가 전쟁가능성을 높인다고 본다. 그렇지만 이 이론은 강대국 사이 패권국이나 지도국의 자리를 차지하기 위한 전쟁에 한정된 분석이다. 제3세계의 경우 패권 안착일 경우에는 미국이 저지른 끊임없는 제3세계 침략역사에서 보듯이 전쟁의 연속이었다. 세력전이 과도기인 경우 이런 역사적 흐름을 바꾸기 위한 발악의 형태로 기존 패권국이 새로 부상하는 도전국과의 사이에서 갈등을 폭발시켜 한반도나 중동과 같은 타방 무대에서 대리전쟁이나 사주에 의한 전쟁이 발생할 수 있다. 특히 핵무기에 의한 상호확증파괴(MAD: Mutual Assured Destruction)가 우려되는 핵시대에는 강대국 간의 직접적인 전쟁가능성은 낮을 수밖에 없고, 오히려 지구촌 분쟁지구 등 취약지점에서 강대국의 힘겨루기가 폭발할 수 있다.

7) 김준형과 이남주는 최근 이에 관한 학술발표에서 세력전이로 중국 중심의 새로운 세계질서에 관한 전망을 세계적 수준에서 제시하지는 않지만, 최소한 동아시아 수준에서 세력전이는 불가피한 것으로 보고 있다. 그러나 이들의 분석은 특히 김준형의 경우 구조적 분석이기보다는 단기 정책분석에 치중하고 있어 장기전망을 탐색하는 데 한계가 있다(김준형, 2011; 이남주, 2011).

2. 미국의 일방적 패권(지배)주의 세계질서[8]

제2차 세계대전 이후 미국이 구축한 세계지배질서 전략은 기존의(스페인, 포르투갈, 네덜란드, 프랑스, 영국) 서구패권주의인 무력과 강압 및 일방주의를 바탕으로 하는 지배(패권)주의 세계질서였다.[9] 그렇지만 이러한 일방적 지배주의 전략[10]은 완전한 형태로 등장하지는 않았고, 1945년 5월의 독일 패망 이전에는 오히려 소련을 포함한 연합국 서로의 이해관계를 존중하고 협력하는 지도주의 전략이었다.[11]

---

8) 제2차 세계대전 직후 미국의 지배(패권)주의 세계지배질서 전략은 강정구(1989: 160~167) 참조.

9) 미국의 일방적 패권(지배)주의 기초가 된 제국주의와 군국주의의 결합에 관해, 찰머스 존슨(2004)은 그 진입을 1898년의 미-스페인 전쟁에서부터로 보았다(69쪽). 그는 "제1차 세계대전이 미국 제국주의에 대한 이데올로기적 토대를 낳았다면, 제2차 세계대전은 군국주의의 성장을 가속화시켰"다고 보았다(79쪽). 그는 미국 제국주의의 이론적 대부로 윌슨을 지목했다. 그는 "시어도어 루스벨트와 그의 동료들 …… 영국의 선례를 따라 군사 정복과 식민지 착취를 통해서 권력과 자국의 영광을 추구했다. 반면에 윌슨은 미 제국주의에 대한 이상적 토대, 즉 우리 시대에 세계를 '민주화해야 하는' '세계적 임무'를 띠고 있다는 식의 토대를 구축해 …… 개입주의 외교정책에 대한 지적 토대를 마련했다"(75쪽).

10) 중국의 전통적 통치 개념에 따르면 패권주의는 통치를 무력에 의존하는 패도를, 지도주의는 천자의 이상적 통치인 문화적인 수양과 교화, 인덕에 의존하는 왕도정치라고 볼 수 있다.

11) 지도주의(또는 그람시의 헤게모니) 세계질서는 지배국으로서의 미국과 유사 피지배국인 소련, 기타 연합국과의(제3세계에게는 처음부터 제국주의와 지배·패권주의였다) 관계에서 미국이 자신의 이익을 추구하면서 상대방의 이익을 동시에 고려하면서 나누는, 곧 상호협조와 이해를 통해 상대방으로부터 자발적 동의와 순응을 획득하는 질서체계를 말한다. 미국이 주도적 이익을 확보하면서 상대방의 이익도 상당 부문 보장해주어 서로의 이해관계를 접목시키는(articulation) 지도력을 갖췄을 때

그러나 독일 패망 이후부터 이 지도주의 전략은 근본적 탈바꿈을 시작했다. 전후 세계질서에서 미국은 일방적으로 그들의 배타적 이익보장을 추구하면서 무력위협과 강압행사를 외교의 근간으로 삼았다. 객관적으로는 미국의 대(對)일본 전쟁에서 소련의 필요성이 줄었고, 전쟁이 끝나면 미국의 과잉생산이 소진되지 못해 공황이 발생할 것이라는 공포감이 확산되었고, 핵무기 개발의 진척으로 대소(對蘇) 군사적 우위가 확보되는 등 미국의 국가 역량이 현저히 증가했다. 여기에다 마침 프랭클린 루스벨트의 사망과 트루먼의 권력승계로 인한 미국 지도부 교체가 이뤄지면서 미국의 '전능한 힘'에 대한 과도한 믿음이라는 주관적 요인이 결합해 소련을 포함한 지구촌에 대한 지배(패권)주의 세계전략은 급부상했다.

미국 지도자들은, 심지어 자국의 안보에 대한 소련의 불안을 일으키는 위험을 무릅쓰더라도, 미국의 국가적 이해에 대한 그들의 생각과 가치를 진작시키고자 했다. 1945년 미국 지도자들은 미국의 힘이라면 세계 대부분을 미국의 필요와 기준에 따라 재편하는 데 충분할 것으로 생각했다(Bernstein, 1972: 16).

이러한 미국의 일방적 패권(지배)주의 전략은 종전 직후인 1945년 9월에 열린 정례 3국 외상회담인 런던회담에서 공동성명조차 낼 수 없을

지도주의는 가능하다. 이는 일종의 상호이익을 가져오는 상승게임(positive-sum game)이 작동하는 관계 성립을 의미하는 것으로 서로가 합의해 자발적으로 관계를 유지한다. 그러나 지배주의 전략은 주도국가의 일방적 이익을 위해서 종속국가나 비주도국가의 이익을 무력과 강압을 바탕으로 희생시키는 영합게임(zero-sum game)의 전략을 의미한다. 필자는 전후 냉전을 미국의 대소 및 세계 전략이 지도주의 전략에서 지배(패권)주의 전략으로 변화된 산물로 보고 있다.

정도로 가시화되었다. 이 결과 트루먼 선언(Truman Doctrine)으로 냉전이 공식화되는 1947년 3월이나, 소련의 대응이 이뤄지는 7월 훨씬 이전에 세계질서는 실질적인 냉전체제 속으로 이행했다. 이에 따라 한반도의 분단도 1946년 1차 미소공위의 결렬로 가시화되었다.

이러한 변환 이전의 지도주의 전략의 대표적 사례는 전후 세계질서의 기본구도를 확정시킨 얄타협정이다. 이 협정을 면밀히 분석한 클레멘스(Clemens, 1970: 288)는 다음과 같이 평했다.

초기에 서구와 겪었던 외교적 충돌의 쓰라린 경험뿐 아니라 소련의 유리한 군사적 위치를 고려한다면, 소련은 회담 당시에 많은 참여자들이 인정할 정도로 협조적이고 화해적인 자세를 보여주었다……. 모든 당사국은 국제적 안정을 훼손할 우려가 있는 일방적 조치를 피하면서 전통적 협정에 따라 협상하는 것을 존중했다. 바로 여기에 얄타협정의 진정한 의미가 있었으며, 얄타회담이 이러한 점에서 냉전에 대한 훌륭한 대안이었다.

얄타협정은 다음 사항을 합의했다.

1. 4대 연합국에 의한 독일의 공동관리.
2. 그리스와 이탈리아에 대한 영국의 영향권(sphere of influence) 인정.
3. 동유럽과 발칸반도에 대한 소련의 영향권 설정.
4. 프랑스, 이탈리아, 독일 같은 특정지역에서 미국은 유럽세계의 일원이 됨.
5. 터키와 이란 북부에 대한 소련의 특정한 이익과 권리 인정.
6. 중동의 나머지 지역에 대한 영국의 영향권 설정.
7. 동남아시아와 태평양 섬들에 대한 신탁통치 원칙의 채택.
8. 일본과 태평양 섬들에 대한 미국의 통제.

9. 동북아에 대한 소련의 지배적 지위.

10. 동남아에서 영국의 지배적 지위.

11. 중국은 전후 강대국의 일원이 됨.

12. 조선에 대한 신탁통치 논의.

이 가운데 1, 4, 8, 11은 미국의 전통적 이해인 문호개방정책이라는 이해관계를, 1, 3, 5, 11은 소련의 안보라는 이해관계를, 1, 2, 6, 7, 10은 영국의 기득권 이해관계를 반영한 것으로 최선의 해결책으로 평가되었다. 당시 여론조사에서 미국인의 9%만이 이 협정이 미국에 불리한 것으로 간주했으며, 처칠은 영국 하원에서 이를 보고하면서 소련을 다음과 같이 극구 칭찬했다.

나는 러시아의 소련정부보다 더 확고히 자신의 의무에 충실하고 약속을 지키는 정부를 알지 못합니다. 나는 여기에서 소련의 선의를 토의에 부쳐서 왈가왈부하는 것에 대해 절대 반대합니다(Horowitz, 1971: 35~36에서 재인용).

그러나 미국은 얄타협정 체결 2개월 뒤부터 이를 자의적·일방적으로 해석하기 시작했고 이 결과 미·소관계는 다음과 같이 점차 악화되었다.

1. 아르헨티나 파시스트정권의 유엔가입을 미국이 지지하고 1945년 4월 샌프 란시스코 유엔회담에서 미국이 폴란드 문제를 다시 제기한 것.

2. 미국이 독일 항복 6일 후부터 지속해오던 대소련 차관제공을 갑자기 중지한 것.

3. 미국이 "미소 간의 협조라는 대의를 위해 동유럽의 민주적인 제 형태와 반공 주의적 민주주의자들을 포기하는 것으로 '영향권 설정(sphere of influence)' 을 해석한 루스벨트 대통령의 합의"를 계속 거부한 것(Bernstein, 1972: 31).

4. 포츠담에서 "배상금을 약 200억 달러(이 가운데 50%는 소련의 몫)로 한다는 얄타회담에서 루스벨트가 암시한 약속"을 미국이 철회한 것.

5. 소련이 제2차 세계대전 중 파괴된 경제를 재건하는 데 필요한 전후 건설차관의 제공을 미국이 꺼린 점.

6. 독일의 분할과 무장해제에 대한 합의 도달이 불가능하게 된 점.

7. 미국의 원자탄 독점.

8. 1946년 미국 풀턴(Fulton) 시에서 행한 처칠의 '철의 장막' 연설.

9. 1946년 3월 전쟁배상의 종료.

10. 1946년 6월 미국의 대소련 차관대여 폐쇄.

11. 1946년 늦여름 이란과 터키 위기.

12. 1947년 3월 12일 트루먼 선언으로 대소봉쇄정책의 공식적 천명과 공산주의와의 전 지구적 전쟁 선포.

13. 1947년 3월에 시작된 그리스와 터키에 대한 미국의 대규모 지원.

14. 독일을 포함한 유럽 '부흥'을 위한 마셜 플랜(Marshall Plan) 시작.

15. 1947년 7월 2일 마셜 플랜에서 소련을 배제한 것을 이유로 몰로토프 외상이 파리회담에서 퇴장함과 동구의 위성국화 시작.

16. 1947년 7월 말 마셜 플랜의 소련식 대응으로 몰로토프 플랜을 창설해 동유럽과 쌍무무역 협정 체결로 사회주의체제 형성.

이 같은 사건이 연속되는 가운데 미국의 지배(패권)주의 전략은 강화되고 냉전은 공고화되어 마침내 1947년 7월에는 돌이킬 수 없는 냉전의 장막이 세계적으로 드리워지게 되었다. 이후 대결국면은 지속되어 미국은 소련을 봉쇄하고 드디어 1950년 4월 NSC-68로 소련에 대한 준 전시상태의 전면적 채비를 갖추었다. 다음 세 가지 기준에서 지배(패권)전략과 냉전에 대한 책임문제와 평가를 도출할 수 있다.

1. 위의 각 사항들이 지도주의 전략으로 특징지어지는 얄타회담의 합의
   정신으로부터 얼마나 이탈했는가의 정도 문제.
2. 미국의 이해관계 기준인 문호개방정책이 어느 정도 제한되는가의
   문제.
3. 소련의 이해관계 기준인 안보가 어느 정도 위협받는가의 문제.

위의 기준 2와 3에 의해 간략히 평가하겠다. 미국(영국을 포함해)의 이해
가 첨예하게 개입된 지역 가운데 독일과 조선을 빼고 일본, 중국, 이탈리아,
프랑스, 그리스, 동남아, 만주, 서유럽에서는 미국과 소련 사이에 이해관계
의 마찰이 발생하지 않은 점을 주목해야 한다. 그리스와 이탈리아에서의
긴장상태는 미국과 소련 사이의 갈등이 아니라 미국의 반동적 개입과
이 지역 내 혁명세력 사이의 충돌에서 발생한 것이다.

대조적으로 소련의 안보이해가 긴밀히 개입된 지역인 폴란드, 헝가리
등 동유럽, 독일, 터키, 이란, 조선 등에서는 두 강대국 사이의 충돌이
지속되었다. 이 결과는 얄타협정에서 보장된 미국의 이익이 위협받기보다
는 소련의 이익이 위협받았고, 실제로 소련은 이미 1946년 가을에 터키와
이란에서 그들의 영향권을 상실했다. 1947년 7월이면 소련은 동유럽 각국
정부에 공산정부를 강요해 그들의 영향권을 확보하게 되어 세계적 수준에
서 미국과 소련 간 타협의 여지가 사라지는 상황이 되었다.

이 결과 제2차 세계대전 이후에도 비록 동서 양대 진영 사이 직접적인
무력충돌은 상호확증파괴(MAD)라는 핵시대의 특성 때문에 없었지만, 미
국은 한국전쟁, 베트남전쟁, 걸프전쟁, 유고전쟁, 이라크전쟁, 아프간전쟁,
파나마전쟁, 그라나다전쟁, 중동전쟁, 테러와의 전쟁 등 전쟁의 연속[12]과

---

12) 미국 외교전문지 ≪포린폴리시(FP)≫ 최근호는 미국의 전쟁광적 정책 요인으로

군사력에 의존한 극단적인 대결구도와 일방주의13)를 제3세계는 물론 제2세계인 사회주의권에도 강요해왔다. 오히려 사회주의권에 대한 냉전적 지배주의가 핵심이 되면서 제3세계에게는 이전보다 더욱 강력한 패권주의 지배질서를 구사해왔다.

다섯 가지를 제시했다. 첫째, 미국은 언제든 전쟁을 벌일 수 있는 막강한 군사력을 보유해 문제가 생기면 완력으로 쉽게 해결하려는 유혹에 빠진다. 둘째, 미국을 견제할 맞수가 지구상에 없다. 본토가 안전한 탓에 미국은 역설적으로 더 쉽게 해외에서 '마녀 사냥'을 벌인다. 셋째, '모험주의 중독' 뒤에는 모병제가 버티고 있다. 월스트리트 은행가의 아들들을 포함한 모든 미국 젊은이들이 죽음의 전선으로 보내진다면 그렇게 쉽게 전쟁을 벌일 수 있을지 의문이다. 넷째, 미국의 외교정책 수립을 좌지우지해온 엘리트 기득권층의 경직된 생각 탓이다. 신보수주의자이든 자유주의적 개입주의자이든 그들은 자유와 인권을 수출해야 하며 그 과정에서 완력의 사용은 불가피하다고 주장한다. 다섯째, 의회의 대통령에 대한 견제는 전쟁 발동의 측면에서는 작동하지 않고 있다. 전쟁선포 권한은 의회에 있지만, 이는 유명무실한 것이 됐다 (≪서울신문≫, 2011.4.7).

13) 소련붕괴 이후 『역사의 종말』이란 책을 통해 미국과 서구자본주의의 영원한 전성시대를 주창했던 후쿠야마는 – 이제 전혀 다른 목소리를 내는 철새지식인의 행태를 보이긴 하지만 – 미국 패권주의의 문제점을 제대로 지적하고 있다. "하지만 민주적이고 시장 중심적인 모델이 들어선 미국도 자신의 실수와 오류를 인정해야 한다. 지난 20년간 미국의 외교정책은 지나치게 군사적이고 일방주의적이었으며 반미주의를 확산시켜 문제를 오히려 키우기만 했다. 경제면에서도 레이건주의(레이거노믹스: 규제 완화와 감세 등의 공급자 중심 경제정책)는 너무 오래 지속됐고 이로 인해 사려 깊지 못한 감세정책과 부적절한 금융규제로 재정 부담만 가중됐다. 그나마 이런 문제는 나은 편이다. 미국식 모델에는 더 심각한 문제가 있으며 이는 풀릴 기미가 없다. 중국은 현안을 효율적으로 다뤘고 어려운 결정을 내리면서 변화에 빠르게 적응했다. 미국은 중앙집권화된 정부를 불신하는 정치문화에 기반을 둔 헌법상 견제와 균형의 원리에 따라 정부를 운영한다. 이 시스템은 개인의 자유와 사적 활동의 영역을 보장하고 있지만 현재는 극단주의화됐으며(polarised) 이데올로기적으로 굳어 있다"(Fukuyama, 2011.1.18).

경제적으로도 미국은 브레턴우즈 체제, 1971년 달러 금태환 금지, 1985년 플라자 합의[14]와 역 플라자 합의 등으로 동맹국이나 동반자국가에까지 패권을 휘둘렀다. 물론 1991년 소련이 붕괴한 이후는 이러한 미국의 무력과 강압 중심 일방적 지배주의가 더욱 기세를 떨쳐왔다.

3. 지도국이나 지배(패권)국이 되기 위한 요건

동아시아에 등장한 중화(中華)주의 질서 또는 화이(華夷)주의 질서는 국제정치 또는 국제문화체제의 구조와 규범을 중화중심으로 이끌어가고 동이(東夷), 서융(西戎), 남만(南蠻), 북적(北狄)으로 일컫는 주변은 이 중화중심의 '공식적 위계질서' 속에서 조공(朝貢)과 책봉(冊封)이라는 규범을 통해 대내적 자율성을 유지하는 동아시아의 평화지향 안보질서체계였다. 곧, 중심인 중화는 주변 작은 나라를 보살피고, 주변은 중심인 중화가 규정한 천하질서에 순응해 이 질서체계에 도전치 않고 평화롭게 지낸다는 '자발적' 동의의 질서체계였다.

이는 "책봉국의 외교적 중심성과 조공국의 실질적 자율성 사이에 절충

---

14) 호전주의자 레이건은 부자 감세정책을 펴면서도 스타워즈계획 등으로 군비를 대폭 확장해, 곧 세입은 줄이고 세출은 늘려, 재정을 악화시켰다. 이렇게 발생한 재정적자는 다시 달러 절상을 가져와 무역적자를 초래했고, 결국 쌍둥이 적자(twin deficit)를 고정시켰다. 이를 해소하기 위해 미국은 1985년 9월 플라자 합의를 일방적으로 강요해 대미 흑자국인 일본을 표적으로 240엔대의 대달러 환율을 약 1년 만에 120엔대까지 하락시켰다. 이 결과 일본경제는 지금까지 수렁에 빠지게 되었다. 이러한 일방주의 패권을 미국은 2010년 서울 G20회의에서 중국에 강요하려 했지만 더 이상 이를 관철할 힘이 없었다.

을 취해 평화적 관계를 제도화하는 규범과 전례가 파괴적인 전쟁이나 식민주의에 대한 대안과 선택으로서 전통적 동아시아"(이삼성, 2009: 176). 국제질서체계였다.[15] 이를 요약하면 중화주의는 서구의 정복주의나 식민주의와는 달리 변방에 직접적인 정치군사적 지배와 경제적 수탈을 가급적 피하고, 명목적이고 위계적인 복종을 요구하면서, 변방의 대내적 자율성과 평화, 안보를 보장해주는 질서체계였다.

이러한 동아시아 질서체계는 19세기 중반 서세동점에 따라 아편전쟁 등 서구제국주의 침략에 의해 붕괴하고 지구촌에서 동아시아 중심성은 상실되었다. 이에 따라 중국은 1840년 아편전쟁 이후 피해의식에 짓눌리면서 반(半)식민지 상태로 전락하는 '굴욕의 세기'를 감내할 수밖에 없었고, 한반도는 청일전쟁, 러일전쟁, 미일 간의 태프트가쓰라 협정, 주권상실과 일본제국주의 식민통치, 분단과 한국전쟁, 냉전의 첨병으로서 냉전분단 적대체제라는 질곡 속으로 계속해서 빠져들었다.

또한 유럽 전역에서 치러진 30년간의 종교전쟁(1618~1648년)을 계기로 출발한 1648년의 베스트팔렌 체계는 서구 국가들 사이로 한정한 형식적인 주권존중, 국민국가, 식민주의, 착취주의, 정복주의를 특성으로 하면서 패권적 제국주의 세계지배질서를 스페인에서부터 팍스 아메리카까지 360여 년 지탱해왔지만 2008년 금융위기를 계기로 쇠락의 길로 접어들었다. 21세기 중국은 이제 멀리 진(秦), 한(漢), 당(唐), 원(元), 명(明), 청(淸) 당시의 중화중심 질서체제로 부흥하는 발돋움의 역사로 접어들었다. 그렇지만

---

15) 중화질서를 설명하는 사대자소(事大慈小)와 기미지의(羈縻之義)의 의미를 '작은 나라는 큰 나라를 섬기고 큰 나라는 작은 나라를 자애로서 대하는' 것과 장건이 전한(前漢) 무제(武帝)에게 건의한 덕과 예로써 "고삐를 잡는 것보다 더욱 가벼운 제어방식으로 외국을 견제한다"는 것으로 이삼성은 적절히 해석하고 있다(이삼성, 2009: 182~183).

과거의 '화려한' 역사 자체는 부흥을 자동적으로 가져오지는 않는다. 강대국이나 지도국 또는 중화국은 일정 요건을 전제로 한다.

패권국이나 지도국은 국제정치체계에서 그 구조나 행위규범을 결정하고 이행시키면서 전 세계를 관리지도하는 제1의 행위주역국가를 말한다.16) 일반적으로 (대국이면서 강국이라는 두 가지 조건을 충족하는) 강대국화를 통한 지도주의 특성을 가진 지도국이나 무력과 강압에 의존해 지배하는 지배국 또는 패권국이 되기 위해서는 지도력과 지배력을 행사할 수 있는 바탕인 국가의 역량과 이를 추구하려는 의지가 있어야 한다. 역량 측면에서는 경제력, 군사력, 대내적 통제력, 전략자원의 부존(賦存)력과 같은 경성권력(hard power)과 이념, 가치, 문화, 규범, 제도, 지식, 정책, 세계관 등의 설득·흡인력 자원이랄 수 있는 연성권력(soft power)을 갖춰야 한다.17) 이를 세부적으로 살펴보겠다.

1) 군사력

경성권력의 핵심 중 하나는 군사력이다. 역사적으로 패권국이었던 스페인, 프랑스, 영국, 미국, 동구 사회주의체계라는 제한된 범위의 소련 등은 각기 군사력에서 다른 국가를 압도했고, 특히 전 지구촌을 아우른 지배를

---

16) 미국 패권의 특성을 마틴 자크는 다음과 같이 들고 있다: 최대 경제규모, 1인당 GDP가 가장 높은 나라 중 하나, 최고의 기술발달과 혁신경제, 최대 군사력과 세계 모든 지역에 대한 영향력, 세계 모든 나라에 일정 정도의 주권 제한력, 국제경제기구 결정사항 좌지우지, 최고의 대학과 학생 유치, 영어의 국제어화, 문화산업 선도, 기업 브랜드 우위, 뉴욕의 세계 수도화, 미국 역사의 높은 인지도, 미국적 가치의 세계가치화, 인종 기반 위계질서 등(자크, 2010: 486~486).

17) 이에 관해서는 정재호(2005)와 이 책 전반을 참고.

행사하기 위해서는 해군을 중심으로 하는 전 지구적 투사력(global reach)을 갖춰야 했다. 냉전 이후는 해군의 투사력에다 핵무기 투사능력 또한 필수 조건이다. 가공할 핵무기의 등장으로 인해 핵무기의 상호확증파괴 전략 때문에 군사력 비중이 옛날처럼 절대적인 비중을 차지한다고 보기 어렵지만 여전히 군사역량은 핵심역량 중 하나이다.

현재의 패권국인 미국은 전 지구적 해상 투사력을 행사할 수 있는 핵심인 항공모함을 무려 11척 보유하고 있다. 물론 영국, 프랑스, 스페인, 러시아, 이탈리아, 인도(3척을 계획) 등도 중급 항공모함을 보유하고 있다. 그렇지만 실질적인 전 지구적 해상 투사력을 행사할 수 있는 무력인 항공모함 전단을 운용할 수 있는 국가는 아직은 미국이 유일하다. 여기에다 전 세계를 대상으로 6개 지역책임 군사령부(북부, 유럽, 남부, 중부, 태평양, 아프리카)와 4개 기능사령부(특수전, 수송, 전략, 합동군) 등 10개 사령부를 두고 있고, 이 사령부의 각 예하에 육·해·공군과 특수부대까지 보유해 군사령부마다 독자적인 전쟁 수행능력을 갖추고 있다. 또한 바다를 장악할 수 있는 함대도 6개로 2함대(서대서양), 3함대(동태평양), 4함대(카리브해와 남미), 5함대(걸프만, 인도양), 6함대(동대서양, 지중해), 7함대(서태평양) 등으로 5대양 6대주를 장악할 수 있다. 해외군사기지만 하더라도 2011년 현재 900여 곳이 넘고(미국 내 기지 1,000여 곳), 대형 군용수송기(최대 적재능력 7만 6,657kg에 이르는 C-17 등)를 120여 대 이상 보유하고 있다.

이처럼 미국의 전반적 및 해외 투사력 기준 군사력은 중국을 압도하고 있다. 그렇지만 오바마 정권이 앞으로 2023년까지 안보비용을 4,000억 달러 삭감하고, 일부 군사기지를 폐쇄하고, 육군·해병 병력의 약 6%인 4만 7,000명의 감축을 선언했듯이 미국의 군사력은 축소될 수밖에 없는 상황으로 몰리고 있다. 재정적자 감축을 위한 초당적인 상원 6인 그룹(갱 오브 식스)은 향후 국방비 삭감규모를 8,900억, 리드 민주당 상원 원내대표는 1조 달러 삭감을 주장하고 있어, 이에 육군참모총장 뎀프시 등 군부는 향후 10년 동안 국방비를 8,000억 또는 그 이상을 삭감할 경우 안보위험을 초래한다고 경고하고 있는 실정이다(≪연합뉴스≫, 2011.7.27). 오바마 정권이 두 번째 국방장관으로 하원 예산위원장과 예산국장을 역임했고, 클린턴 정부 시절 재정 흑자 달성 공로자였던 파네타를 지명한 것 역시 국방예산을 줄이기 위한 것이다. 또 일부 연방의회 의원이 해외군사기지 1/3 감축안을 제안하고 있고, 공화당 대통령후보 경선에 참가한 폴(Ron Paul) 의원이 모든 해외 군사기지의 즉각적인 폐쇄와 해외주둔미군 철수를 선거 공약으로 제시하고 있어 군사력 축소는 피할 수 없다.

중국은 옛 소련 항공모함 5만 8,600톤급 바랴그호를 개조해 늦어도 2012년부터 운영할 예정이고, 순수 중국 기술로 만든 일반항공모함 2척을 2014년 배치하고 핵항공모함 2척은 2020년까지 완료할 것으로 알려졌다. 또한 해군 투사력에서 중국은 작전범위를 2020년에는 북태평양, 2050년에는 세계로 확대하는 계획을 갖고 있다.

군사패권에서 예외적인 경우는 네덜란드이다. 네덜란드는 스페인과 80년간의 독립전쟁을 승리로 이끌고 30년 전쟁에서 패권국의 지위를 잃은 스페인을 대신해 지도국이 되었다. 비록 군사력 전반이나 해군 투사력은 높지 않았지만, 네덜란드는 연간 2,000척의 조선능력을 갖추고 있었고, 1670년 기준으로 선박 총수가 영국의 3배였고, 영국, 프랑스, 독일, 포르투갈, 스페인의 선박을 합친 것보다 많았다. 조선업과 최대의 보유선박을 바탕으로 연관 산업의 성장과 해상항로를 장악해 무역을 주도해 굴지의 경제력을 갖추었다. 여기에다 개신교 탄압을 피해 몰려든 종교인, 지식인, 문화인, 경제력을 바탕으로 한 숙련공과 기술자 및 자본가의 흡인, 정치적 자유와 대외적 개방성과 관용성 등으로 정치력과 외교력을 발휘해 연성권력이 강화되었다. 군사력의 열세를 경제력과 연성권력으로 극복해 지도국

(서구 국가에는) 또는 패권국이(인도네시아 등 비서구국가에게는) 된 경우다.18)

2) 경제력

또 하나의 핵심은 경제력이다. 여기서 경제력은 엄밀한 의미에서 GDP로 대변되는 경제총량이 아니라 동원경제력(mobilizable wealth)이다. 지도국이나 패권국은 자신이 설정한 국제규범을 주변부나 피보호국 및 피지배국이 따르도록 하면서 국제질서를 주도해나간다. 여기에는 이 규범과 질서체계를 힘으로 강제하는 군사력도 필요하지만, 피보호국이나 피지배국을 때로는 경제적으로 보살피고 지원하면서 그들의 자발적인 질서체계 순응과 동의를 유발해야 한다. 물론 군사력은 폴 케네디의 지적처럼 궁극적으로는 생산력 곧 경제력에 달렸고, 질서체계 자체를 유지하는 비용도 동원경제력의 뒷받침이 전제되어야 한다.

1944년 현재 세계경제의 35%를 점유했던 미국은 2010년 현재 명목 GDP는 15조 5,000억 달러로 세계 GDP의 24~25%를 차지하고 있고, 중국은 세계 2위인 5조 8,790억 달러를 기록하고 있다. IMF(2011년 4월 25일)는 구매력(PPP)기준 2016년 GDP를 중국 19조, 미국 18조 8,000억 달러로 예측하고 있다. 또 피터슨 국제경제연구소는 세계은행의 국제비교 항목 GDP 산출기준의 편향성을 수정한 자신의 기준을 적용해 2010년 구매력기준 GDP를 중국 14조 8,000억 달러와 미국 14조 6,000억 달러로 추정하고 있다(≪블룸버그≫, 2011.1.14).

미국의 경제총량이 중국을 능가하거나 거의 같은 수준이라 하더라도, 중국의 동원경제력은 지속적인 경상수지 흑자, 3조 달러를 넘는 외화보유

---

18) 유럽의 강대국화에 관해서는 전재성(2005) 참조.

고, 2009년 말 기준 국내 자금 축적 2조 7,000억 달러, 2020년에는 6배의 국내 자금축적(≪연합뉴스≫, 2011.6.8), 언제나 튼튼한 뒷받침이 될 수 있는 6,000만의 화상(華商)이 가진 3조 달러의 현금동원력 등이 뒷받침되어 막강한 수준이다. 반면 미국은 연간 1조 6,000~7,000억 달러의 재정적자와 연 5,000억 달러 가까운 무역수지 적자, 누적 순부채 14조 달러 초과 등으로 허덕이고 있다.[19]

더구나 1980년대 레이건 때와는 달리 미국의 적자 해소 전망이 비관적이다. 첫째, 대테러전쟁[20]과 중국과의 군비경쟁 등으로 국방비 절감을 통한 적자 해소가 어렵고, 둘째, 1980년대 미국 경제성장을 주도했던 IT산업과 같은 새로운 성장 동력이 없고, 셋째, 재정적자 누적의 요인인 공적연금과 건강보험 지출이 베이비붐 세대의 은퇴로 급증하고 연금과 건강보험 지급액을 삭감하는 데 대한 반대여론이 높고, 넷째, 정치권이 증세정책을 펼치기 어려운 점 등 때문이다. 결과적으로 중국의 동원경제력은 미국을 압도하고 있는 실정이고, 추후 역전 가능성은 거의 없다.

우리는 위의 네덜란드를 통해 경제력의 중요성을 확인할 수 있다. 또 소련 군사력을 그대로 이어받은 러시아의 경우 비록 군사력은 미국과

---

19) 세계 최대 채권펀드 운용사 핌코의 빌 그로스는 고령층 의료보험인 메디케어, 빈곤층에 대한 의료 지원 서비스인 메디케이드, 사회보장 등에 필요한 약 50조 달러와 2008~2009년 금융위기 때 지원된 구제금융 관련 비용을 포함하면 "미국의 채무는 거의 100조 달러에 달"한다고 보고 있을 정도다(≪연합뉴스≫, 2011.6.14).

20) 로이터 통신은 미국이 9·11 테러 후 10년간 전쟁에서 최대 4조 4,000억 달러의 전쟁비용을 썼다고 2011년 6월 29일 미 브라운대학 왓슨 국제관계연구소 발표한 「전쟁 비용(Costs of War)」 보고서를 인용해 보도했다. 이는 오바마가 언급한 전비 1조 달러를 초과하고, 현재 물가대비로 제2차 세계대전 전비 4조 1,000억 달러 수준이다(美연구소, "9·11 테러 후 전비 2차 대전 맞먹어", ≪경향신문≫, 2011.7.1).

거의 대등한 수준이었지만 경제력이 뒷받침하지 못해 강대국 대열에도 끼지 못하는 데서도 경제력이 경성권력의 중요 요소임을 재확인한다.

군사력의 핵심인 전 지구 투사력의 요건인 항공모함의 경우 한 척을 건조하는 비용은 약 45억 달러(니미츠급 항모, 포드급 CVN-78의 경우 최소 105억 달러)이고, 여기에 7~12척의 각종 호위함 등 이를 운영하고 유지하는 비용은 천문학적이다. 항공모함 조지워싱턴호의 경우, 만재배수량 10만 4,000t, 길이 332.8m, 폭 76.2m, 비행갑판 길이 360m, 갑판 폭 92m, 축구장 3배 크기인 비행갑판 면적 1만 8,211m², 돛대까지의 높이는 20층 빌딩과 맞먹는 81m, 최대출력 28만 마력, 최대속력 30노트 이상, 승무원 약 6,100명(항모인원 3,200여 명+항공인원 2,900여 명), 항공기 탑재 80여 대라는 엄청난 위력을 가진다.[21] 여기에다 항모전단을 구성하기 위해 이지스 순양함 4척, 구축함 7척, 잠수함, 조기경보통제기 등 호위작전 전단을 이루고 있다.

이처럼 가공할 위력을 가진 항공모함전단은 엄청난 운영비와 건설비가 소요되므로 실제 정규적으로 이를 운용하는 곳은 미국뿐이다. 러시아, 프랑스 등 몇몇 국가에서 정규 항공모함을 보유하고 있지만 전단을 운영하고 있지는 않다. 군사력의 원천인 경제력이 제대로 뒷받침할 수 없기 때문이다.

경제 종주국이 된 중국만이 2015년 이후 거의 유일하게 미국처럼 정규 항공모함전단 운영을 감당할 수 있을 것이다. 그렇지만 미국은 앞서 언급한 항공모함과 같이 비싼 무기와 장비를 유지하고 관리하는 비용을 점차

---

21) 이는 현재 미국이 보유하고 있는 10척의 니미츠급 항모에 해당한다. 2007년부터 건조하고 있는 차기 항공모함인 포드급 CVN-78은 자기사출방식 등으로 승선인원을 1,500명 정도 줄이고, 항공기를 75대 이상 탑재하고, 2초 만에 항공기가 초음속을 돌파하도록 가속시키는 등 가공할 전력을 갖는 것으로 알려졌다.

감당하지 못하게 될 것이다. 경제력 소진은 군사력 쇠잔을 초래하고 결국 미국의 무력과 강압 중심의 패권주의 지배력은 소멸되고 말 것이다.

더구나 미국은 전통적으로 군사기술 맹신주의[22]에 빠져 있는데다가 특히 럼스펠드가 인적자원보다 첨단기술에 의존해 군을 더 파괴적이고 효율적으로 만들려는 군사변환[23]을 꾀하면서 군사비가 엄청나게 증가했다. 클린턴 말기에 2,800억 달러 수준이었던 국방비가 현재는 이라크나 아프간전쟁 비용[24]을 빼더라도 무려 두 배가 넘는 6,000억 달러에 이르게 되었다. "인류 역사상 특정 국가와 나머지 국가 간의 군사적 불평등이 이처럼 심화된 적은 단 한 번도 없을" 정도다(자크, 2009: 16).

경제력은 무력과 일방주의로 강제하는 패권적 지배주의 질서보다는 자발적 순응과 동의에 기초하는 지도주의 세계질서를 위해 더욱 중요하고 필요하다. 또한 핵무기에 의한 상호확증파괴 전략이 실행될 수 있는 시대에는 군사력보다 경제력이 더욱 결정적인 요소가 됨을 중시해야 한다.

3) 대내적 통제력

다음은 대내적 통제력이나 응집력이다. 아무리 군사력이나 경제력이

---

22) 이 군사기술 맹신주의에 대해서는 콜코(2009: 78, 215) 참조.

23) 럼스펠드의 군사변환, 신군사전략, 해외주둔 미군 재배치에 관해서는 서재정(2005) 참조.

24) ≪뉴욕타임스(NYT)≫(2011.6.22)는 2011년 6월 시점에서 지난 10년간 이라크와 아프가니스탄 전비를 1조 3,000억 달러로, 미 의회조사국(CRS)은 2001년부터 2010년까지 테러와의 전쟁 직접 전비를 1조 1,470억 달러로, 존 스티글리츠 교수는 테러 위협 대비 보안·검색 강화 조치 등 간접비를 포함한 전비를 3조 달러로 추정하고 있다(≪세계일보≫, 2011.5.8).

막강하다 하더라도 내적인 응집력과 통제력이 갖춰지지 않아 내적인 안정성과 통합성이 담보되지 않을 경우, 국가는 지도력이나 패권력을 행사할 여유가 없게 된다. 진시황의 막강한 힘도, 소련의 위력도 후계자 사이의 권력쟁탈전이나 내적 변란에 휩싸이면서 주변에 대한 지배력을 상실한 역사적 경험이 내적 응집력이나 통제력의 중요성을 말해준다. 이 내적 통제력이나 통합성은 중앙정부의 지역이나 지방정부에 대한 효율적인 통제나 통치력, 징세나 징병 등의 국가능력, 정권의 정통성, 국민통합력 등에 의존하고 있다(정재호, 2005: 24~25).

4) 부존자원

전략자원 부존력은 에너지, 중요 광물, 영토, 인구 등 전략 자원의 천부적 보유를 의미한다. 이 전략자원 부존력은 강대국화의 강화요인이긴 하지만 필수적인 요건은 아니라고 볼 수 있다. 더구나 세계화가 보편화된 지금과 같은 구도에서는 이런 부존자원의 한계를 해외무역에서 조달할 수도 있다는 점에서 그렇다.

그렇지만 오히려 세계화나 WTO체제의 보편화로 인해 국경 없는 시장의 형성으로 방대한 영토와 인구를 가져 소비력이 높은 초강대국의 경우, 초대형 소비시장 규모 자체가 세계시장에 큰 영향력을 행사할 수 있는 지렛대 또는 힘의 원천이 될 수 있다. 우리는 장차 초강대국 대열에 서게 될 중국이나 인도의 경우에서 이를 확인할 수 있는 점 또한 주목해야 할 것이다. 최근 중국의 부동산경기 침체를 우려하는 영국 ≪파이낸셜타임스(FT)≫(2011.6.1)는 "중국의 부동산 및 주택건설 시장은 전 세계 건설자재 수요의 대부분을 차지한다"며 "중국의 건설업 침체는 건설자재 수요 감소와 중국의 성장 둔화로 이어지면서 세계경제 침체를 초래할 수 있다"

고 경고했다 한다. 곧, 중국이 소비하는 시멘트, 철광석, 철강 등 원자재와
건설자재 규모는 세계 소비량의 50%에 달하고, 이들 자재의 건설관련
비중은 2/3를 차지하기에 세계경제에 큰 영향을 줄 수밖에 없다고 본
것이다(≪경향신문≫, 2011.6.14). 이처럼 중국은 '세계의 공장'에서 이제
'세계의 시장'으로 탈바꿈하고 있다. 2011년 수입은 1조 7,434억 달러로
전년 대비 24.9% 급증하면서 세계 2위를 차지했다.

5) 연성권력

지금까지 논의는 강대국화의 필수요건 가운데 경성권력 부분이었다면
이제 연성권력을 다루도록 하겠다. 연성권력은 이념, 가치, 문화, 제도,
지식, 정책, 세계관, 역사관 등의 자산을 통틀어 지칭한다. 이러한 연성권
력은 그 자체만으로 강대국화를 이루지는 못하지만 네덜란드와 같이 경제
력 등 일부 경성권력과 종교의 자유, 계몽주의 등의 연성권력과 결합해
강대국화로 나아갈 수는 있다. 연성권력 강화는 그 자체가 설득력과 흡인
력을 갖고 있기 때문에 지배(패권)주의보다 지도주의의 큰 자산이 된다.
현재 미국 지배주의 세계질서는 민주주의, 인권, 시장경제 등을 보편적
가치와 대표적 지향이념이라면서 연성권력으로 내걸고 있고, 또한 자유의
여신상, 코카콜라, CNN, 할리우드 등의 문화를 세계적인 연성권력으로
보편화하고 있다. 그렇지만 이들 보편적 가치를 겉으로 표방하면서 실제
로는 전쟁제일주의를 통한 수많은 지구촌의 평화·생명권 박탈, 2011년
리비아 침략전쟁, 비무장 비저항의 빈 라덴을 사살하는 만행과 이를 환호
하는 미국시민, 대통령선거 공약에까지 등장했지만 전혀 고쳐지지 않는
관타나모 수용소의 고문과 인간말살행위, 세계 최악의 인권유린인 이스라
엘의 팔레스타인 침략·점령·학살·인종분리장벽·감옥화 등을 일방적으로

지원하는 것에서처럼 엄청난 제국주의적 횡포와 반인권, 반보편적 악행을 자행하고 있다. 또 미국식 문화라는 것이 제국주의 자본축적의 수단이 되고 있다.

또한 미국식 민주주의는 금권정치의 극치로 돈이 정치, 선거, 민주, 권리를 좌우하며 지배하는 철저한 자본계급의 정치이다. 이는 이미 보편성을 상실했을 뿐 아니라 인민대중의 주체화와 통제력이라는 민주주의 본질과는 거리가 멀다. 또한 형식적이나마 국내 수준에서는 민주주의를 표방하지만 국제관계에서는 전형적인 반민주적인 일방적 패권주의를 추구한다. 민주주의는 수많은 보편적 가치 가운데 한 가지 가치나 지향일 뿐이지 초역사적으로나 통사회적으로 절대적인 가치는 아니다.

연성권력은 세계관, 역사관, 세계화, 산업화, 포디즘 등과 보편적 가치라고 볼 수 있는 평화, 평등, 자주, 통일, 생명, 인권, 사회정의, 민주 등 다방면에 걸쳐 있다. 이들 다양한 연성권력 가운데 당대의 사회역사적 조건에 따라 채택되고 평가되어야 할 것이다.25) 사피르의 주장처럼 "사실 제국 이데올로기가 없는 제국은 존재할 수가 없"듯이(사피르, 2009: 32) 연성권력은 어느 정도의 보편성만으로도 지도국이나 패권국의 것에서부터 지구촌 보편의 연성권력으로 승격되고 보편화되기 마련이다. 중국은 2011년 3월 전국인민대표대회(전인대) 11기 4차 회의에서도 이러한 입장을 명확히 밝혔다.

2011년 3월 10일 우방궈(吳邦國) 전인대 상무위원장(서열 2위)은 전인대

---

25) 보편적 규범이나 가치에 대한 역사적 선택과 결정을 강조한 중국의 일부 견해로는 "민주주의는 수단이고 …… 민주주의만이 유일한 선택이고 민주주의가 없이는 살 수 없다는 생각도 버려야 한다. 외부의 폭력과 기아의 문제를 완전히 해결해야 하는 것이다 ……. 어떤 것들은 빨리 해결할 수도 있을 것이다"(쑹샤오쥔 외 4인, 2009: 171~172).

11기 4차 회의 「상무위원회 공작보고」에서 '6불(不)론'을 밝혔다. 곧 중국은 다당제, 사상 다원화, 삼권분립, 양원제, 연방제, 사유화는 수용할 수 없다고 선언했다. 또 공산당 중앙위 기관지 『구시』는 2010년 10월 시진핑 차기지도자 선정 관련 17기 당중앙위 5차 전체회의(5중전회) 직전 중국공산당 이념과 미래 관련 논문 「중국특색의 사회주의 민주정치의 제도적 우월성과 기본특징」을 발표하면서 "중국은 서방국가의 법률체제를 모방하지 않고 중국 특색의 사회주의 법률체제를 고수할 것"이라고 밝혔다.

이 논문은 중국특색의 '사회주의 내에서의 민주'와 서방의 자본주의 민주주의로 구별하고, 후자를 착취자들만 향유하는 민주이지만 전자는 인민대중을 국가와 사회의 진정한 주인이 되게 하는 민주라고 주장했다. 곧, 중국에서 보는 "민주주의 문제는 핵심적 수준의 변화를 수반하는 사회주의로부터의 이탈이 아니라 조작적 수준에서 사회주의로 흡수되는 특징을 가지고 있다"(이희옥, 2011).

이는 중국만의 주장에 지나지 않은 것으로 치부할 수는 없고 21세기 새로운 민주주의나 보편적 가치의 모색에서 중시해야 할 사항이다. 이처럼 중국이 내걸고 있는 평화와 조화사회, 조화세계, 공자의 인덕정치 등이 새로운 연성권력이 될 수도 있음을 인정하면서 21세기 새로운 세계질서와 연성권력을 논의해야 할 것이다. 중국이 서구의 국민국가체계 성립 훨씬 이전에 문명국가로서 공자, 맹자, 노자, 장자 등에서부터 엄청난 연성권력 기초와 전통과 제도를 쌓아올린 국가라는 점을 주목할 필요가 있다.

이런 상황에서도 오바마 정권은 2011년 상반기까지만 해도 경성권력 의존적인 부시 정권과는 달리 스마트 외교에 의한 연성봉쇄(soft containment) 전략을 중국에 구사하고 있다. 곧 G2 협력관계를 유지하되 중국이 가진 연성권력 부분의 '취약점'을 옥죈다는 전략이다(김준형, 2011: 8). 그러나 이러한 방책이 미국 우월주의(ethnocentrism)에 맹목적으로 빠진 미국

람보주의자나 대미 자발적 노예주의에 빠진 미국인보다 더 미국적인 '노란 피부 하얀 가면' 사람들에게는 너무나 당연할지 몰라도 자부심과 정체성이 강고한 중국인에게 과연 정당성을 획득할 수 있을지는 의문이다. 2010년 노벨 평화상을 수상한 반체제인사인 류샤오보(劉曉波)는 서구인에게는 인권투쟁의 상징일지 몰라도 중국인에게는 "홍콩이 100년 식민지로 이만큼 발전했으니 중국은 그렇게 크니 300년쯤 식민지로 있어야겠다"고 외치는 전형적인 서구제국주의의 앞잡이요 대(對)서구 자발적 노예주의자에 지나지 않을 것이다.

6) 주체적 의지

이제까지 강대국화의 조건인 지배력과 영향력을 행사할 수 있는 객관적 조건이라 볼 수 있는 국가역량에 집중해 논의를 했다. 다음 조건은 강대국화나 지배(패권)·지도국가가 되려는 주체적 의지이다. 곧 지도국가, 패권(지배)국가, 또는 강대국이 되어 국제정치체계에서 그 구조나 행위규범을 결정하고 이행시키며 전 세계를 관리지도하는 제1의 행위주역 국가가 되려는 국가목표와 전략을 주관적으로 가지느냐의 문제이다. 진시황 사후 진나라처럼 후계체제 다툼이나 소련 말기 개혁시기처럼 변란에 휩싸이면, 객관적 역량은 있어도 대내적 통제력과 응집력이 없어 '강대국'의 권한행사 의지를 가지지 못하게 된다. 사실 객관적 역량이 구비됐을 경우 강대국화에 대한 주관적 의지는 내적인 결격요인이 없는 한 대부분의 국가행위자가 자연스럽게 갖게 된다고 볼 수 있어 특별한 논의가 필요하지 않은 사항이다.

이제까지 지도국이나 패권국이 되기 위한 조건을 살펴보았다. 이제 새로운 지도국으로 부흥하는 중국의 지도국화 또는 강대국화 역량과 의지를 세부적으로 살펴보겠다.

4. 중국의 부흥과 강대국화

21세기 초엽인 현시점에서 중국의 부상은 새로운 일어섬(屈起)이 아니다. 중국인에게는 오히려 진, 한, 당, 원, 명, 청 당시의 중화주의 질서체계의 중심이었던 중국이 아편전쟁을 계기로 서구 정복주의와 제국주의 착취·수탈에 의해 갈기갈기 찢겨 반(半)식민 상태로 전락했던 상흔의 역사를 치유하고 과거로 부활하는 부흥의 의미를 가진다.

중국의 강대국화는 미국처럼 일방적 무력이나 경제력을 중심으로 전 세계를 관리하는 패권주의를 행사하는 것이 아니라 '자발적 또는 반(半)자발적 동의'를 바탕으로 하는 지도력 중심의 지도주의 세계질서를 구사할 것으로 보인다. 중국이, 패권국이 되든 지도국이 되든, 강대국화가 되는 조건을 갖추었는지를 먼저 점검하도록 하겠다. 이는 앞서 언급한 조건인 국가역량의 측면에서 경제력, 군사력, 대내적 통합력, 자원 부존력, 연성권력이라는 객관적 조건과 강대국화를 향한 의지라는 주관적 조건에 대해 차례로 살펴보겠다.

1) 경제력

중국의 경제력은 명목상 GDP가 2010년 세계 2위를 차지하고, 구매력 기준 GDP는 거의 미국과 버금가고, 2009년 무역액 2조 9,728억 달러이며 이 가운데 수출은 1조 2,018억 달러이고, 외환보유고는 2011년 하반기 3조 2,000억 달러에 이르러 각각 세계 1위를 기록하고 있다. 세계은행은 중국의 국내 자금축적이 지난 2009년 말 기준 2조 7,000억 달러며 2020년에는 6배가 될 것으로 예상한다(≪연합뉴스≫, 2011.6.8). 또한 세계경제 기여도가 2009년 기준 무려 40%에 이른다.

이러한 중국의 막강한 경제력은 세계경제질서의 규범이나 행위를 규정하거나 설정하는 데 주도적 역할을 수행할 수 있는, 비록 아직 결정적인 역할을 수행하고 있지는 않지만, 수준에 이르렀다고 볼 수 있다. 이를 최근 중국의 경제행위에 관한 지표로 살펴보겠다.

먼저 경제영역에서 중국은 넘쳐나는 외환보유고로 지구촌 거의 모든 경제영역에 해외투자와 경제협력을 강화하고 있다. 첫째, 개발도상국 대출에서 중국은 국제통화기금(IMF)을 능가하고 있다. 2009~2010년 사이 중국은 단일국가로서 1,100억 달러를 대출해 2008년 중반에서 2010년 중반 기간 세계은행 대출액 전체인 1,003억 달러를 앞질렀다(≪프레시안≫, 2011.1.19). 둘째, 지난 2년간 산유국과 석유업체에 650억 달러를 대출(러시아 250억, 베네수엘라 120억, 브라질·카자흐스탄 각 100억, 투르크메니스탄·가나 각 30억, 에콰도르 10억)해 장기적인 자원 확보의 교두보를 확보했다. 셋째, 서방 선진국과의 경제협력 또한 엄청나다. 2010년 10월 원자바오 총리의 그리스 방문에서부터 2011년 1월 후진타오 주석의 미국 방문 기간인 3개월 사이에 중국은 12개 서방국가에 무려 1,553억 달러의 경제협력을 제공했다. 미국 450억, 프랑스 281억, 독일 87억, 영국 40억, 이탈리아 30억, 그리스와 스페인에 78억 달러 등이다. 넷째, 아프리카에 지난 2009년에만 100억 달러를 지원했고 2010년 11월까지 아프리카 교역액이 1,148억 달러에 이르러 세계 최대교역국이 되었다. 특히 아프리카나 개발도상국과의 경제협력에서 서방과는 달리 내정간섭이나 까다로운 조건이 없어 환영을 받고 있는 것으로 알려졌다.[26] 그렇지만 미국은 공적 개발원

---

26) 중국 국무원 신문판공실이 2011년 4월 21일 공표한 「대외원조 백서」는 원조의 80%를 아시아와 아프리카 국가가 차지하며, 농업을 비롯한 산업경제 기반시설 건설과 공공시설, 교육 및 의료분야에 쓰이며, 피원조국의 자력갱생과 자체발전을

조(ODA) 등에서 보는 바와 같이 패권전략을 위한 정략적 경제협력에 쏠려 있다.27) 다섯째, 무엇보다 무려 1조 달러가 넘는 미국의 국채를 보유하고 있다.

이렇게 중국은 3조 달러가 넘는 외환보유고를 바탕으로 외국투자나 경제협력을 강화하고 있을 뿐 아니라 세계경제의 견인차 역할을 하고 있다. <표 1-1>의 "2010년 1/4분기 한국수출 실적"(http://stat.kita.net/)과 "아시아 경제성장률 현황"(《한겨레》, 2010.5.24)이 보여주는 것과 같이 중국의 경제력은 세계경제를 이끌 뿐 아니라 아시아지역에서 영향력은 더욱 막강하다. 또한 홍콩, 싱가포르, 대만 등을 중국권역으로 볼 때 한국

강화하는 데 주로 투입됐다고 밝혔다(《연합뉴스》, 2011.4.21). 미국은 대조적으로 개발원조 규모는 세계 최대지만(2008년 기준 260억 1,000만 달러) 냉전 시대부터 인도적 목적보다는 패권전략 목적으로 활용해왔고, 지금도 지나치게 정치·군사 지향적이어서 이라크와 아프가니스탄에 치우쳐 있다. 이에 국제사회는 미국의 개발원조가 미국의 세계패권 유지를 위한 도구로 전락했다고 비판한다(유신모 특파원, 《경향신문》, 2011.6.20).

27) 확대된 중국의 영향력에 대응해 키신저 이후 30년 만에 아프리카 순방에 나선 미 국무장관 클린턴은 첫 방문지인 잠비아에서 중국을 겨냥해 "아프리카에서 신식민주의를 보고 싶지 않다. 미국의 협력은 원조가 아닌 파트너십에 기초해 있고, 경제발전뿐만 아니라 장기적인 진보에 초점을 맞추고 있다"며 비난했다. 이에 잠비아 대통령인 루피아 반다는 "아프리카와 베이징의 관계는 매우 건강하며 장기적인 관계"라며 반박했고, 홍레이 중국 외교부 대변인은 "중국과 아프리카는 역사적으로 식민지 침략을 겪은 나라들로 평등과 존중의 중요성을 알고 있고 중국은 아프리카를 충분히 존중한다"며 "중국의 아프리카 원조에 어떤 정치적 조건이 있는 것은 아니다"라고 강조했다. 또 중국 사회과학원의 허원핑(何文平) 서아시아·아프리카연구소 소장은 15일 《신화통신》에 "클린턴 장관의 신식민주 주장은 역사적 증거와 포괄적이고 뚜렷한 증거가 결여됐다"며 "미국은 중국·아프리카 간 관계를 냉전적 시각으로 보려 한다"고 비난했다(《한겨레》, 2011.6.12; 《연합뉴스》, 2011.6.15).

〈표 1-1〉 2010년 1/4분기 한국 수출 실적

합계	중국	홍콩	미국	일본
1,014(억US$)	266	57	105	60
48.2%	26.2%	5.6%	10.4%	5.9%

자료: http://stat.kita.net/.

<참고> 각국 경제성장률, 대중국 수출 등 현황(≪한겨레≫, 2010.5.24).

① 2010년 1/4분기 경제성장률: 중국 11.9%, 싱가포르 15.5%, 말레이시아 10년 내 최고 10.1%, 타이는 15년 만 최대 12.0%, 한국 7.8%, 대만 13.3%, 일본 4.9%, 미국 3.2%, 유로 16개국 0.2%.

② 2008년 대중국 수출: 대만 44%, 싱가포르 21.4%, 한국 23.8%, 일본 18.9%.

③ 2010년 1/4분기 한국 수출 중국의존율 26%, 미국 10%, 일본 5.9%.

과 일본의 대중국권역 수출 의존율이 각기 35%와 25%에 육박할 정도이다.

중국은 2010년 발효된 중국-아세안 자유무역협정(FTA)으로 양 지역의 경제묶음을 가속하고 이를 장기적으로 뒷받침할 하부토대 구축에 나서고 있다. 중국 남부 윈난성 쿤밍에서 베트남·라오스·타이·말레이시아·싱가포르를 연결하는 5,500km의 고속철도를 건설하고 있고, 방콕에는 '차이나 시티 콤플렉스'라는 수출전진기지를 건설해 중국 무역업자 7만여 명을 참여시켜 동남아와 세계 각처로 중국제품을 직접 또는 우회 수출하는 기지를 건설하고 있다.

더 나아가 중앙아시아 역시 중국과의 경제묶음을 가속하고 있다. 중앙아시아 5개국의 대중국 무역량은 1992년 5억 2,700만 달러에서 2009년 259억 달러로 급증했고, 중앙아시아 곳곳은 송유관, 가스관, 철도, 고속도로 등으로 중국과 연결되어 있고, 중국이 개발한 투르크메니스탄 가스와 카자흐스탄 석유는 중국 서부 신장위구르자치구를 거쳐 자국에 공급되고 있다.

부문별 경제지표 또한 중국의 강대국화를 보여주고 있다. 금융 면에서는 2008년 금융위기 이후 세계 상위 3대 은행(시가총액 기준)인 시티은행, BOA, HSBC가 몰락하는 대신 그 자리에 중국의 궁상(工商), 젠서(建設), 중궈(中國)은행이 등장했고, 2009년 기준 궁상은행 시가총액은 2,570억 달러로 금융위기 전 상위 3대 은행을 합친 것보다 많았으며, 세전 순이익도 세계 1, 2위를 기록했다. 제조업의 기초인 조강생산력에서 중국은 1996년 이후 15년째 1위로 2009년 세계총량 12억 2,400만 톤 중 5억 6,500만 톤을(46.4%) 차지할 정도다. 세계 10대 기업 가운데 2010년 현재 미국은 2개, 중국 3개(시노펙, 국가전력망, CNPC)가 있고, 500대 기업 중에는 중국 기업이 46개이며, 2015년에는 100개로 늘어나 20%에 이를 것으로 추정하고 있다.

현재 세계 1위를 점하는 중국의 품목이나 영역은 특허신청, 고속철 길이와 시속(486.1km), 우주 육종사업, 태양광·풍력 발전 등 신생 에너지생산, 자동차 생산·소비, 전기자동차 생산, 건설시장 규모, 미술품 경매시장 거래액, 무연탄·시멘트·화학비료 생산, 가장 빠른 슈퍼컴퓨터(티안헤-1A), 네티즌 수(2008년) 등이고 과학연구논문(2013년 추정)과 소비시장 규모도 머지않아 미국을 능가해 1위를 차지할 것으로 전망하고 있다. 이처럼 중국은 단순한 제조업 수준에 그치지 않고, 최신 과학기술과 군사 영역에 걸쳐 포괄적으로 강대국화의 경제력 기초를 구축하고 있다.

중국 경제력은 6,000만 명에 이르는 전 세계 화상들의 뒷받침을 받고 있는 점 또한 부각되어야 할 것이다. 이들은 동아시아 시장의 70%를 장악하고 있고, 자산규모가 3조 9,000억 달러(≪연합뉴스≫, 2010.5.21), 현금동원력이 3조 달러이며 대중국 외국투자의 60%를 차지하는 것으로 알려졌다.

이러한 중국의 경제력은 인터넷 여론 활성화와 결합해 이미 막강한 위력을 발휘하고 있다. 마틴 자크가 지적한 것처럼 프랑스의 올림픽 봉송 방해 사건과 까르푸의 티베트 지원설 등에 중국 네티즌이 불매운동을 벌이자 프랑스가 이에 놀라 대통령이 직접 사과한 일이라든가(자크, 2010: 417~419), 일본과 한국 등이 중국관광객 유치를 위해 특별 배려를 하는 것 등에서 거대한 중국 소비시장의 위력을 여실히 볼 수 있다.

또한 막강한 동원경제력은 IMF와 세계은행 등의 고답적이고 '정복주의적' 관행이나 신자유주의 전도서인 워싱턴 컨센서스를 무력화시키고 있다(레너드, 2011: 186~189). 이 기구들은 제프리 삭스가 지적한 것처럼 미국의 대리정권이었다.

개발도상국 정부는 IMF 관리와 상의하지 않고는 꿈쩍도 하지 않습니다. 만약에 상의하지 않고 움직인다면 자본시장과 대외 원조, 국제적인 체면 같은 부분에서 자신의 목숨을 걸어야 하기 때문입니다(레너드, 2011: 186에서 재인용).

이러한 식민총독과 같은 IMF의 대출 포트폴리오는 겨우 350억 달러 수준이어서 개별국가인 중국의 최근 대외 경제협력이나 개발도상국 원조 규모에도 못 미치는 수준이다. 당연한 결과로 중국이 개발도상국과 아프리카에 원조를 제공한 오늘날 상황은 완전히 역전되었다.

IMF의 관리는 아프리카 최빈국과 말 한마디 나누기가 어려워졌다. IMF는 수년 동안 앙골라 정부와 투명성 협정에 대한 협상을 진행해왔다. 협정이 체결되기 바로 몇 시간 전, 앙골라 당국이 IMF의 돈에 이제 더는 관심이 없다고 선언해버렸다. 중국으로부터 장기 저리로 20억 달러의 차관을 지원받기로 한 후였다. 이 이야기는…… 아프리카 대륙 전역에 재연되고 있다.[28]

한 나이지리아 관리는 다음과 같이 말했다고 한다.

중국 정부는 자국민에게 좋은 것이 무엇인지 압니다. 그래서 그에 걸맞은 경제전략을 세웁니다. 그들의 전략은 워싱턴 컨센서스에 의해 형성되지 않습니다. 중국은 IMF나 세계은행의 관리가 신자유주의적 개혁 패키지를 강요하는 것을 용납하지 않습니다. 그들의 전략은 규제철폐를 지나치게 강조하거나, 사회적 지출을 삭감하거나 공공재를 없애버리거나, 세상에 있는 것은 모조리 민영화하려는 신자유주의적 처방과는 다릅니다.[29]

이 결과 중국의 점진주의 개혁모델은 전 세계에 경제특구를 우후죽순처럼 생기게 했고, 세계은행은 2007년까지 전 세계 120개 국가에서 3,000개 이상의 중국모델을 모방한 프로젝트가 진행되었다고 보고 있다(마크 레너드, 2011: 188). 이미 경제 분야 국제규범은 자동적으로 중국모델을 규범화하고 있고 중국의 지도력 중심의 세계경제질서는 진행형이다.

2) 군사력

중국 군사력은 아직도 미국이나 러시아에 비해 약체다. 군사비도 2011년 기준 6,011억 위안(약 900억 달러)으로 미국 순수국방비(이라크·아프간

---

28) Chris Alden, "Leveraging the Dragon: Toward an Africa that Can Say No," *Yale Global Online*, March 1, 2005, http://yaleglobal.yale.edu; 레너드, 2011: 186에서 재인용.

29) Andrew Leonard, "No Consensus on the Beijing Consensus: Neoliberalism with Chinese Characteristics? Or the Long-Lost Third Way," www.salon.com; 레너드, 2011: 189에서 재인용.

전쟁비용을 제외한) 6,000억 달러의 15%에 지나지 않는다. 그러나 중국은 2006년부터 2020년까지 군현대화와 국방산업 강화 계획을 수립하고 있고, 미 국방부가 발행한 「2010년 중국 군사·안보 정세 대의회 보고서」(Office of the Secretary of Defense, 2010: 3)도 중국이 정보화와 기계화에 주력함으로써 첨단 정보기술과 산업기술로 무장한 현대화된 군으로 거듭나고 있다고 평가하고 있어, 2030~2040년경이면 중국은 미국과 러시아 수준에 이를 것으로 보인다.

강대국 군사력 요건인 해상 투사력도 스랑 항공모함이 2012년 진수될 예정이고 일반항공모함 2척은 2015년, 핵항공모함 2척은 2020년에 취항할 예정이기에 아직 한계가 있다. 이 보고서 29쪽에는 중국이 "2020년까지 더 넓은 지역과 지구 차원의 목표를 수행할 역량을 갖춘 군의 기초를 다질 것이고, 2010년대 후반까지는 중간 이하(modest) 크기의 군을 투사할 수 있고 그 군을 유지할 것으로 보인다. 곧 수 개 대대의 지상군, 12개 정도 군함 구성의 소함전대(flotilla)로 원거리(far from China)에서 저강도전쟁을 펼칠 정도의 수준일 것이다. 그렇지만 2020년대 후반까지도 원거리 고강도전쟁을 펼칠 정도의 대규모 수준의 군을 투사하거나 견지할 수는 없을 것 같다"는 전망이 실려 있다.

해상 투사력이 이 정도니까 지상 투사력은 해외군사기지가 전무하고 대형 군용수송기를 14대(≪연합뉴스≫, 2011.6.30)밖에 보유하지 못한 상태에서 '군국주의'라고 일컬어지는 미국과는 아예 비교가 안 될 정도다. 미 국방부 발표에 의하더라도 미국은 최소 725개에 이르는 해외미군기지와(이라크전쟁 이전인 2001년 9월 현재 기준, 2011년 현재는 900개를 넘었음) 거대 수송력을 갖추면서(대형 군용수송기 120여 대) 25만여 병사와 스파이, 기술자, 교관 등 총 50만이 넘는 인원을 파견하고 있다. 189개 유엔회원국 가운데 153개 국가에 군대를 주둔하고 있고, 25개국에 대규모 군대를 배치하고 있고, 적어도 36개국과 군사 및 안보 조약을 맺고 있다. 물론 미국 본토 50개 주에 있는 969개 군사기지가 해외기지나 주둔 미군을 지원하고 있다.[30) 여기에다 X-37B 무인 우주왕복선 등을 통한 우주전쟁, 선제공격교리, 사이버전쟁, 2005년에 완공된 것으로 알려진 '고주파활성 극광 연구계획(HAARP: High-frequency Active Auroral Research Program)'과 같은 극지(polar region) 기후전쟁, 1시간 이내 지구 어느 곳이라도 타격할 수 있는 2015년 완료예정인 신속타격 미사일(Prompt Global Strike) 개발, 탄도미사일 방어체계(BMD) 등 광신적으로 무기개발에 나서고 있다.[31)

그렇지만 중국 또한 "세계에서 가장 활발하게 지상발사 탄도 및 순항 미사일 사업을 벌여" 생존성(survival)이 더욱 향상된 운반체계를 추가함으로써 핵전력을 현대화하고 있어 핵 투사역량은 높다고 보고 있다. 곧, 육상이동 고체 추진 DF-31 및 DF-31A 대륙간 탄도미사일(ICBM)이 전력화됐고, DF-31A는 1만 1,200km를 넘는 사정거리로 미국본토 내의 대부분에 도달할 수 있으며, 새로운 육상이동 ICBM을 개발 중이어서 이를 통해 다탄두 개별핵유도탄(MIRV)을 장착할 가능성이 있다고 보고 있다 (Office of the Secretary of Defense, 2010: 1~2).

실제 중국은 유인우주선, 항공모함 킬러 둥펑21D 개발, 5세대 스텔스전투기 젠-20 2017년 실전배치, 스텔스 전략폭격기 훙8 개발(미국 B2A 벤치마킹으로 1만 1,000km 비행과 핵탄두장착 사거리 3,000km 순항미사일 12기 장착), 2007년 세계에서 세 번째로 위성공격용(Anti-Satellite, ASAT) 탄도미

---

30) 존슨(2004). 각기 20, 214~217쪽에 걸친 표1, 15, 384, 252쪽.

31) 찰머스 존슨의 주장처럼 이러한 광신주의, 군국주의, 비밀주의로 일관된 '제국의 슬픔'에도 불구하고 부시 미국대통령은 "우리 국가는 선을 추구하는 역사상 가장 위대한 세력이다"라는(2002년 8월 31일 텍사스 주 크로포드에서) 광신적인 모습을 보이고 있다(존슨, 2004: 15).

사일 개발 등 우주전쟁, 핵전쟁, 사이버전쟁과 잠수함 위주로, 곧 미래형 전쟁을 위한 군사력에 선택적 집중을 꾀해 이 부분에서 서방의 예상을 뛰어넘는 진척을 보이고 있다.[32]

이러한 현대화와 기계화의 진전이 이뤄지더라도 현대전쟁을 가능케 하는 통합합동작전(IJO: Integrated Joint Operations) 수행능력은 제한적이다. 인민해방군 사령관들이 통합합동작전에 대응하는 훈련을 거의 경험하지 못했고, 다른 병종들의 역량·장비·전술에 대한 이해 부족, 여러 병종들 간 통신·정보 공유의 선진기술 취약의 문제를 안고 있다는 것이다.[33]

그래서 중국 인민해방군(PLA)은 2020년까지 신형 무기, 사이버전쟁 등을 다룰 능력을 갖춘 장교단을 집중적으로 육성하기로 했다. 이 계획서인 '2020년 전 군대 인재발전규획 강요'는 "인재만이 제1자원이며 전투력의 제1요소"라면서 10년간 합동작전지휘 능력, 정보작전 능력, 사이버 기술, 신무기운용 능력 등 네 가지 능력을 갖춘 장교단을 육성하는 인재개발을 집중하기로 했다고 한다(≪연합뉴스≫, 2011.4.20).

이처럼 중국의 군사력은 제한적일 뿐 아니라 중국의 국가방어정책은

---

32) 중국은 군사력에서 미국과의 1 대 1 맞대응 식의 전략이 아닌 전통적 군사 영역 밖에서 초강국이 되어 이를 무색하게 한다는 '비대칭 초강국' 전략을 펼치고 있다고 보는 견해도 있다. 군사적 우위에 있는 미국에 비군사적인 투자, 무역, 이민, 미소외교, 평화, 주권존중 등의 다른 종류의 게임으로 대적한다는 것이다. 군사적으로도 미국과 '별들의 전쟁' 게임에 대응하기보다 인공위성을 요격하는 ASAT를 통해 미국의 첩보위성을 눈멀게 해 전쟁수행을 못 하도록 하는 비대칭 군사전략 등을 모색하고 있다고 본다(레너드, 2011: 166).

33) "통합합동작전은 합동지휘본부하에서의 복수 병종의 통합을 특징으로 하며, 선진 정보기술과 네트워크화된 지휘 연단(네트워크화된 지휘를 수행하기 위해 특별히 마련된 시설 공간 — Platform — 을 말하며)을 최대한 활용한다"(U.S. Office of the Secretary of Defense, 2011: 5).

본질적으로 방어형이라 못 박고 있다. "중국은 확고히 평화발전으로 내적으로는 조화사회 외적으로는 지속적인 평화와 공동번영을 향유하는 조화세계를 지향하고 있"고 또 세계가 G20회의 등에서 보여주는 바와 같이 다극화체제로 나아가는 전망이 더욱 분명해지고 있다고 진단했다. 또 외교원칙으로는 저우언라이가 1950년대 선포한 평화공존 5원칙, 선제공격 배제원칙, 패권주의 배제, 군사팽창주의 불채택 등을 표방하고 있다 (Chinese Information of the State Council, 2011).

중국이 미국과 러시아 수준의 군사력을 20~30년 내에 보유하겠지만, 이 군사력은 미국의 군국주의와 같은 무력중심 패권유지의 수단으로 악용될 수는 없을 것이다. 미국과 러시아, 중국은 거의 비슷한 수준의 군사력을 유지할 것이기에 지금과 같은 미국식의 일방적 전횡이 구조적으로 불가능한 구도를 띨 것이다. 이 3각 군사균형과 견제구도 때문에 지구촌은 장기적으로 더욱 평화롭고 조화로운 세계로 나아갈 것으로 보인다.

3) 대내적 통제력과 응집력

중국은 급격한 산업화로 다방면에 걸쳐 수많은 사회문제와 내적 갈등요소를 가지고 있다. 이는 빈부격차와 지역격차,³⁴⁾ 대만과의 양안문제, 남중국해의 영토분쟁, 소수민족, 환경오염, 부정부패, 인권, 민주주의, 농민공, 자원, 에너지 등이다. 이 때문에 서방 일부에서는 내적 갈등에 휩싸여

---

34) 일부 서방세계의 주장과는 달리 중국 내 지역별 분열 가능성은 지극히 낮다. 지방의 성과 성 사이는 경제적으로 상호의존성이 높으며, 각 성이 함께 공유한 공동문화의 영향력과 대규모의 인구유동, 중앙정부의 강력한 통제력, 서부와 동북부의 개발정책 등은 서로 벽을 쌓고 스스로 독립적인 자기발전만 추구할 가능성을 허용하지 않을 것이다.

중국이 붕괴한다는 붕괴론, 강대국화로 나아가지 못한다는 불감당론, 오히려 대외적으로 '더 강하게, 더 극단적으로' 흐를 가능성을 배제할 수 없다고 보는 발악론 등을 펼쳤다.

그렇지만 이들이 중국의 대내적 통제력(govern ability)이나 응집력(cohesion)을 훼손해 강대국화에 걸림돌이 될 가능성은 거의 없다.[35] 오히려 중국의 급성장한 경제력, 전통적 고유 특성, 굴욕의 시대라는 쓰라린 역사적 체험과 중화주의에 대한 향수 등은 대내적 통제력과 응집력을 더욱 높여 강대국화의 자산이 될 것이다.

이들 자산은 첫째, 중국공산당 영도하의 개혁개방정책 성공으로 미국과 함께 G2라는 세계초강대국의 반열에 부상해 아편전쟁 이후 강요당했던 굴욕의 시대를 마감한 데 대한 자부심과 자신감이다. 초고속으로 성장한 세계 제1의 경제력을 바탕으로 화려한 과거의 중화주의 역사로의 복귀에 (물론 변형된 형태이겠지만) 대한 자신감이 넘쳐나고 있고 공산당의 영도력에 대한 지지도 역시 높다.[36]

둘째, 서구의 개인주의나 국가배격주의와 근본적으로 다른 유교에 바탕을 둔 집단주의와 공공성 우위라는 전통과 제도가 내적 통합력과 통제력을

---

35) 붕괴론을 공허하다고 보는 중국 내부의 견해는 공산당 지도부의 신뢰도와 응집력을 다음과 같이 서술하고 있다. "주석과 총리가 마스크 없이 사스(SARS)환자 방문", "쓰촨 대지진 총리 직접 구호활동 등 응집력이 높음", "미국 퓨우연구센터 조사에서 중국이 국가 발전방향에 대한 국민지지도 가장 높은 나라 중 하나", "후진타오 이후 녹색 GDP 개념이 지방지도층의 보편적 원칙이 됨", "개인의 자유 폭은 중국 역사상 제일 넓은 시대", "이데올로그나 카리스마가 아닌 이공계 엔지니어의 지도자와 점진적인 개혁", "빈곤의 정체보다 부유한 성장의 선호" 등이다(쑹샤오쥔 외, 2009: 372).

36) 이러한 자신감과 자부심은 문정인 교수가 인터뷰한 중국의 대표적 지식인 대부분에서 나타나고 있다(문정인, 2010).

높여주고 있어 국가의 강한 통치력이 작동하기 쉽다.

셋째, 중국은 국민국가 추구 이전인 문명국가 시점부터 형성된 특성, 곧 통합중시 사상, 중앙집권적 특징, 중화사상, 민족관, 가족제도, 국가의 권력과 역할 존중, 대중화주의(大中華主義) 등이(자크, 2010: 494) 원심력보다는 구심력으로 작동한다.

넷째, 국가는 교회나 기업과 같은 시민사회와 권력을 공유하지 않고 영향을 덜 받으며, 다른 기관을 초월하는 사회의 정점에 놓이고 있으며, 정치에서 서구의 개인주의적 인민주권의 전통을 갖고 있지 않고, 도덕적 설득과 윤리적 모범을 중시한다(자크, 2010: 520~521). 따라서 국가를 중심으로 하는 응집력과 구심력이 형성되기 쉽다.

중국인들이 평화에 대한 절대적 가치와 분열과 불안정에 대한 병적인 두려움, 이에 따른 국가 중심의 구심력 형성은 바로 그들의 역사에서 비롯되었다. 13세기 송(宋) 대에는 몽골의 침입으로 인구의 1/3인 약 3,500만 명이, 17세기 만주족의 침입으로 1/6인 2,500만 명이, 19세기 중반 아편전쟁과 태평천국 등의 근대이행기에는 5,000만 명이(자크, 2010: 278), 일본의 침략으로 대동아전쟁에는 3,000만~4,000만 명이, 한국전쟁에는 약 100만 명이 죽었다.

다섯째, 정치지도부의 안정성과 인민지향성이다. 중국권력의 핵심은 8,000만 명이 넘는 당원을 가진 공산당의 중앙위정치국원 25명과 상무위원 9명으로 구성된 집단지도체제이며, 이들의 임기는 10년이고 68세가 넘으면 피선거권이 없어진다. 이들은 중앙위 전체회의에서 선출되는데, 이 중앙위원 200여 명은 5년마다 열리는 전국대표대회(당대회)에서 2,000여 명의 전국대표(이 대의원은 31개 성·시·자치구를 포함한 40개 단위에서 선출된다)에 의해 먼저 투표로 선출된다. 정치국원 모두는 각 지역의 성(省), 시, 자치구를 이끌어왔던 경험이 있는 지도자로서 검증과정을 거친 후에 선출되고, 다시 최고지도자 역시 미리 선출되어 후계자 수업을 받게 된다. 이러한 검증과정과 후계자 수업은 지도부의 안정성을 가져와 내적 통치력이 훼손될 우려가 적다.

또한 후쿠야마가 지적했듯이 중국 통치자들은 "여론의 비판을 제한하면서도 인민들의 불만을 파악하려 하고 이에 따라 정책을 수정하기도 한다. 그들은 도시 중산층과 고용을 창출하는 경제 엘리트들의 목소리에 가장 민감하긴 하지만 또한 하급 관료들의 부패와 무능력에 대한 (인민들의) 분노에도 적절한 반응을 보인다. 그러나 때때로 중국 정부는 '여론'이라고 여겨지는 것에 과도하게 대응하기도 하는데, 이는 선거나 자유 언론(free media) 등 제도적으로 여론을 측정할 방법이 없기 때문이다"(Fukuyama, 2011).

여섯째, 중국은 국가의 통치이념이고 전략목표인 조화사회와 이에 따른 소강사회와 공동부유사회라는 목표 설정,37) 10년 동안 농민 1,000만 명에 도시호구를 주는 호구개혁을 추진하는 충칭모델을 중국사회주의 모델화38)하려는 움직임 등으로 사회주의의 얼굴을 가진 중국을 지향하고 있어

---

37) 조화사회는 4세대 지도자 후진타오의 지도(통치)이념과 전략목표로서 2007년 17차 당대표자회의에서 공식통치이념으로 채택되어 '중국특색 사회주의의 본질적 속성과 중대한 전략적 임무'로 승격되었다. 또한 중국사회주의 현대화 3대 전략목표인 부강, 민주, 문명에 조화를 추가해 4대 전략목표·지도이념으로 정착됐다. 이는 후진타오 시대에 제기됐던 여러 정책과 개념인 '과학적 발전관', '균형발전', '공동부유', '조화사회', '조화세계' 등을 집대성한 것으로 유교사상의 사람과 사람 간의 조화, 사람과 자연 간의 조화를 철학적 바탕으로 법치와 인민권익, 공평과 효율, 활력과 질서, 과학과 인문, 사람과 자연 사이의 조화를 추구한다. 중국은 대내적 조화사회에 그치지 않고 대외적으로 세계질서 또한 조화세계를 지향하고 있다. 이에 따라 2010~2020년대는 소강사회, 5세대 시진핑 시대는 전면 소강사회, 2020~2040년대는 사회주의 본질이고 '최종목표'인 '공동부유사회'를 지향한다고 한다.
38) 충칭모델은 서부 대도시 충칭에서 보시라이 당서기가 3년 동안 실험해온 모델로,

여러 사회문제의 해결에 밝은 전망을 보여주고 있다. 이러한 청사진과 더불어 단기적으로는 성장에서 분배로, 수출에서 내수로, 면세점 인상 등의 전환을 내건 2011년 3월에 확정한 12·5(12차 5개년) 경제계획을 통한 안전망 구축 등으로 갈등 격화의 여지를 낮출 것으로 보인다.[39]

일곱째, 국가역량의 자원이 풍부하다. 비록 중국이 자본주의 경제를 수용하고 있지만 국유경제를 기본으로 하고 집단이익 우선주의를 지속하고 있다. 군수, 전력, 자동차, 전기, 통신, 석탄, 항운, 석유, 석유화학, 강철 등 전략상품과 기간산업은 국유경제의 틀을 유지하고 있다(쑹샤오쥔 외, 2009: 386).

4) 전략자원 부존

이미 밝혔지만 에너지, 중요 광물, 영토, 인구, 노동력, 병력 등 전략자원 부존력은 강대국화의 강화요인이긴 하지만 필수 전제조건은 아니다. 더구나 세계화가 보편화된 현존 구도에서는 부존자원의 한계를 해외무역에서 조달 가능하기 때문에 더욱 그렇다고 할 수 있다. 그렇지만 어느 정도의

공산당창건 90주년을 맞아 새로운 발전모델로 주목받고 있다. 이는 '시진핑 시대'의 통치이념일 가능성이 높은 모델로, 이를 추진한 보시라이는 중국 좌파의 영웅으로 부상하고 있다. 이는 국유기업 이윤을 사회로 돌려 빈부격차를 해소하고, 저소득층을 위한 임대주택 건설 등에 대폭 투입하고, 경제·사회에 대한 당과 국가의 역할을 강화하고, 농민에 도시 호구를 제공하고, 저소득층 임대주택을 건설하고, 범죄조직과 결탁한 부정부패 관리들에게 철퇴를 가하며, 홍색캠페인으로 모택동의 노선을 추구해 덩샤오핑 모델의 부작용을 해소하겠다는 모델이다(≪한겨레≫, 2011.6.26).
39) 12차 5개년계획은 5년간의 목표를 경제성장 연 7%, 내수 위주로 경제구조 전환, GDP 단위당 에너지 소비 16% 축소, GDP 단위당 탄소배출 17% 감축, 민생확대 등이 주요 내용이다.

부존력은 해외무역보다는 내수시장에 의존하는 경제구조 구축이나 대외적 위기 발생 시 내구력의 바탕이 된다는 점 등에서 여전히 중요하다. 21세기 새로운 세계질서는 인구와 영토에서 방대한 규모를 가진 초강대국이 주도하게 될 것으로 보이고, 이 경우 거대한 인구를 가진 소비시장 규모는 세계시장에 영향력을 행사할 수 있는 지렛대 역할을 한다는 점도 주목할 필요가 있다.

중국은 세계 최대인 13억 5,000명의 인구와 8억 1,200만 명의 노동력, 세계 4위인 959만 6,000여km²의 면적을 가진 대국이다. 또 지하자원은 텅스텐 180만(중국)/290만 톤(세계), 안티몬 79만/210만 톤, 바나듐 500만/1,300만 톤, 희토류 2,700만/8,800만 톤, 흑연 7,400만/8,600만 톤 등이 세계 1위를 점유하고, 석탄 1,145억/8,474억 톤과 철광석 210억/1,500억 톤은 3위를 차지하는 것으로 미국 지질조사국이 밝히고 있다.

비록 급속한 산업화와 세계경제의 견인력 때문에 중국은 현재 자원외교와 에너지 확보에 주력하고 있지만 자체의 자원 부존력은 강대국화의 강화요인으로 손색이 없어 보인다.

5) 연성권력

미국의 일방적 패권주의의 바탕에는 시오도어 루스벨트의 군국주의적 제국주의와 윌슨의 자유주의적(이상적) 제국주의가 자리 잡고 있다. 존슨이 밝힌 것처럼 미국의 군국주의적 제국주의는 1898년 스페인전쟁에서 본격 출발했고, 제2차 세계대전은 이의 성장을 가속하고 공고화했다. 이상적 제국주의 역시 제1차 세계대전이 끝난 시점에 등장했고 이는 이미 미국이 비록 패권국은 아니더라도 강대국화에 진입한 이후 군국주의적 제국주의를 정당화시키는 이론적 뒷받침이 되었다.

이의 주역인 윌슨은 미국이 세계를 '민주화해야 하는' '세계적 임무'를 띠고 있다고 보고 "인도주의적이고 민주주의적인 수사법을 사용해서" 개입주의를 정당화한 것이다(존슨, 2004: 75). 제2차 세계대전 이후 무소불위의 제국을 형성한 미국은 군국주의에 바탕을 둔 일방적 패권(지배)주의를 정당화하기 위해 연성권력을 한껏 활용한 것이다. 이 결과 이제 미국은 어떤 형태로든 모든 곳에 개입할 권리와 의무를 갖는다는 믿음과 미국의 이해관계는 세계전역에 걸쳐 있다는 믿음, 곧 심리적 패권에까지 이르렀다(콜코, 2009: 78).

이처럼 미국이 내세우는 연성권력이라는 민주주의, 인도주의, 인권 등은 비록 어느 정도의 보편성은 있지만 패권주의를 정당화하는 장식물로 전락하기 십상이다. 또 인류 보편적 규범은 어떤 특정 규범에 국한된 것도 아니고 평화, 자주, 평등, 인도주의, 인권, 사회정의, 생태주의, 생산력 등 다양하다. 이 가운데 어떤 것을 시대적 규범으로 삼아야 할 것인지는 특정 사회의 특정 역사적 조건에 따라 결정될 것이지 미국이 표방하는 민주와 인권이 다른 여타의 보편적 규범이나 가치를 압도(override)할 수는 없다. 이런데도 역사는 패권국가가 내세우는 특정 규범이나 가치가 마치 범인류적이고 통사회적인 것으로 승격되고 있음을 보여준다.

국제질서를 지배하는 원칙은 보편적으로 적용될 수는 있지만 하늘에서 요술처럼 뚝 떨어져 처음부터 보편적인 것으로 창조된 것은 아니다. 오히려 국제사회에서 자신의 의지를 관철시킬 만한 힘을 소유하거나 정복자로서 자신의 이해관계를 실현시킨 데 따른 결과물이다(자크, 2010: 300).

이런 점에서 중국의 역사적 체험을 통해 형성된 평화, 평화공존, 선제공격 배제, 조화사회, 조화세계, 주권존중, 평등, 사회주의 내의 민주, 협상민주주의, 인덕정치, 관용과 포용, 중국 특색의 사회주의 등이 세계수준의 연성권력이 될 수 있음은 당연하다.[40] 특히 중국은 강대국이면서도 개발도상국이라는 위치, 서구 침략주의와 식민주의에 의한 식민지·반식민지라는 역사적 경험, 일관된 미·소 패권주의 배격과 평화옹호주의 정책 등을 통해 식민지배와 종속국가의 역사를 가진 세계 90%의 국가로부터 동병상련의 입지에서 많은 정당성을 이끌어낼 수 있다(레너드, 2011: 156).

실제 부시 이후 미국의 일방적 패권주의 이미지를 통해 중국이 세계 각국의 인기를 얻고 있다는 마크 레너드의 지적은 경청할 만하다.

> 미국의 정책결정자가 워싱턴 컨센서스를 옹호하는 반면, 중국인은 점진주의적 성공과 '조화로운 사회'를 얘기한다. 미국이 호전적이라면, 중국의 정책결정자는 평화를 얘기한다. 미국의 외교관이 정권교체를 얘기하면, 중국의 외교관은 주권의 존중과 문명의 다양성을 얘기한다. 미국의 외교정책이 자신의 목적을 뒷받침하기 위해 제재와 고립을 사용한다면, 중국은 아무 조건 없이 원조와 무역을 제공한다. 미국은 마지못해 동맹국에게 특혜를 베풀지만, 중국은 전 세계 국가에 경청하는 미덕을 발휘한다(레너드, 2011: 155).

중국은 이미 공자학원을 내세워 중국 연성권력의 보편화 기반을 닦고 있다. 2004년 중국어 세계화를 도맡을 '국가 대외 중국어 교육 영도 조소'를 국무원 산하기관으로 세운 뒤 '서울 공자 아카데미'를 시작으로 7년

---

40) 이와는 달리 맥코이는 "중국과 러시아는 둘 다 보편적이지 않은 문화를 가지고 있다. 로마자(알파벳)와는 다른 문자 체계와 그들의 지역적 방어 전략, 법체계의 미발달은 그들이 자신의 영향력을 전 지구적으로 확대하는 데 방해가 될 것이다. 그렇기 때문에 미국을 계승할 유일한 초강대국은 출현하지 않을 것 같다"고 보고 있다.

사이 세계 96개국에 322개를 설립했고 중·고교생을 위한 '공자교실'도 세계 전역에 369개를 만들었다. 또 2000년 9월부터 'CCTV NEWS'를 출범시켰고 또 다른 24시간 영어 채널인 'CNC 월드'를 2010년 7월에 출범시켰다. 이제 지구촌에서 약 4,000만 명이 중국어를 배우는 것으로 추산된다. 또 지난 3월 전인대에서 확정한 12·5 경제계획은 연성권력 확산을 핵심정책으로 잡아놓고 있다(≪서울신문≫, 2011.3.4).

6) 강대국화 의지

세계최대의 인구와 노동력, 4위의 영토, 미국을 능가하는 경제력 등의 객관적 조건을 가진 중국이 강대국화나 지도국을 지향하는 주관적 의지가 있음을 누구도 의심하지는 않을 것이다. 단지 중국이 주장하는 것처럼 다극체제의 일원이 되기를 원하는지 아니면 미국식의 지배국가가 되기를 원하는지가 주된 관심사다.

옛 중화주의와 사회주의 및 공산당 영도체계 고수 등에서 비롯된 미국과 서구의 중국경계론41)을 의식한 듯 중국은 개방체제로 나아가면서부터 덩샤오핑의 도광양회(힘을 드러내지 않고 때를 기다리며 실력 쌓기)를 외교의 지침과 원칙으로 삼아왔다. 이런데도 1990년대부터 미국에서 일본 위협론 대신 중국위협론과 중국붕괴론이 급격히 부상했다.

이에 대한 대안적 구상으로 정비젠 공산당중앙당교 상무부교장이 2003년 보아오포럼에서 화평굴기(和平崛起)론을 제시했다. "대외적 평화, 대내적 조화라는 기조 아래 중국의 발전을 중장기적으로 모색하겠다는 국가전략"으로, 이는 대국굴기라는 패권추구와는 전혀 다른 개념이며, 두 가지

---

41) 대표적 중국위협론은 Bernstein and Munro(1997)을 참조.

유가적 교훈에 기초하고 있다고 한다. "자신이 하고 싶지 않은 것을 타인에게 강요해서는 안 된다"(己所不欲 勿施於人)와 "타인에게 베푸는 것이 스스로를 돕는 것이다"(與人方便, 與己方便). 또 "궁극적 목표는 공동의 발전과 번영"이고, 필수적인 전제조건은 평화공존이라면서 이 개념이야말로 "역사상 전례가 없는 중국인의 독창적 구상"이라고 주장했다(문정인, 2010: 25~31). 이를 원자바오 총리와 후진타오 주석이 강조하면서 각광을 받았다.

그러나 '굴기(崛起)'라는 부상(浮上)의 개념 때문에 중국위협론이 더욱 높아지자, 중국당국은 굴기 대신 기존의 화평발전 전략개념을 반복해 패권국이나 지도국을 추구한다는 인상을 비켜가고 있다. 이는 대내적으로는 조화와 발전을 추구하고, 대외적으로는 평화와 협력을 추구한다는 의미로 화평굴기와 차이가 없지만 '굴기'라는 상징어가 빠져 있어서 서방에 안도감을 준다고 보는 것 같다.

지난 2011년 3월 3일 열린 양회에서 공공외교(public diplomacy) 방침을 확정하면서 양제츠 외교부장은 "국제사회는 여전히 중국에 대해 편견과 오해, 두려움을 갖고 있다. 거기에는 '중국위협론', '중국책임론', '거친 중국', '오만한 중국' 등 다양한 이론이 있다. 이 같은 복잡한 외국의 여론에 직면해 국제사회가 중국에 대해 객관적이고 포용적인 관점을 가질 수 있도록 공공외교정책 추진"할 것을 강조했다.

또 2011년 3월 10일 전인대에서 다이빙궈 외교담당 국무위원은 "평화적 발전노선을 견지하자"라는 보고에서 반패권 화평발전을 강조했다. 이처럼 강대국화는 숨기지 않지만 일방적 패권주의가 아닌 다극체제 속의 지도주의가 현재까지는 그들의 의지이다.

역사적 측면에서 볼 때, 중국은 확장을 추구해 패권을 자처한 문화나 전통이 없다. 중국에는 '인(仁)', '화(和)'를 핵심으로 하는 정치문화전통이 수천 년간 있었고, '평화를 귀히 여기고[和爲貴]', '인을 중시하고 선의로 이웃을 대하며[親仁善隣]', '모든 나라와 더불어 잘 지낸다[協和萬邦]'는 사상을 받들어왔다. …… 근본적인 정책면에서, 우두머리가 되지 않고, 패권을 다투지 않고, 패권을 주도하지 않는 것이 중국의 국가 기본정책이자, 전략적 선택이다. …… 우리는 시종 평화공존 5원칙을 지켜나가고, 각국 인민이 발전 노선을 자주적으로 선택할 권리를 존중하며, 절대 패권을 장악하는 행동을 하지 않을 것이며, 세계를 주도하려고 모색하지도 않을 것이다.

5. 중국 지도주의 세계질서의 형상

앞으로 2020~2030년경에 다가올 중국의 세기(Chinese Century)의 세계질서 형상을 추론해보겠다. 먼저 강대국화의 조건인 경성권력과 연성권력 차원에서 예견되는 중국의 특성을 검토해보겠다.

1) 경제력의 특성

경성권력 중 경제력에서, 첫째, 중국 1극과 다강(多强) 구도로 중국 중심성이 두드러지는 세계경제질서가 형성될 것이다.

둘째, 조화사회와 공동부유사회를 추구하는 중국 특색의 사회주의는 핵심 기간·전략 산업을 국유제로 채택하고 있고, 2008년 금융위기 이후 내수 중심의 경제체제를 추구하고 있고, 내적 자생력 구조의 경제체제지향을 표방하고 있어(12·5경제계획), 착취와 침탈을 위해 팽창주의를 기본으로 하는 제국주의적 자본주의와 달리 패권지향의 구조적 조건이 기본적으로 감소되는 특성이 있을 것이다.

셋째, 중국이 21세기 초·중반부터 세계경제를 이끌어가고 주도적 위치를 점유하지만, 초·중반에는 미국이라는 기존 경제초강국의 잔여 역량이 어느 정도 발휘될 것이고, 중·후반에는 인도라는 또 하나의 떠오르는 경제초강국이 나타나 견제력을 발휘할 것으로 예견되고, 중국 자체가 세력전이의 경착륙이 아닌 연착륙을 추구하고 있어, 제2차 세계대전 직후 절대적 경제패권을 행사해왔던 미국과는 달리 중국은 지도력 중심의 경제질서를 기본으로 하면서 제한적인 패권력을 행사할 것이다.

넷째, 중국은 이제까지 스스로 강변해왔듯이 개발도상국이면서 동시에 경제지도국이 될 것이다. 그러므로 이제까지의 자본주의 발전의 중심국과 주변국과의 지배와 착취 중심의 위계적 통합경제체제에서 자율성이 인정되는, 마크 레너드가 이야기하는 '성벽으로 나뉘는 세계(walled world)' 방식의 접목경제체제(articulation)로의 변화를 가져올 것이다.

다섯째, 엄청난 자체 인구의 소비욕구를 충족하기 위한 에너지나 자원의 확보가 지속적으로 요구되고, 수출주도형 경제발전 전략으로 경제초강국으로 부상했으므로 세계경제와의 깊은 연관 속에서 WTO 등 자유무역체제를 존중하면서 영향력을 행사할 것이다.

여섯째, 이미 수출의존 경제구도가 상당부문 고착화되어 있고, 넘치는 외환보유고를 지구촌 대부분에 투자하고, 전 지구적 경제유대가 강화되어 있으므로,[42] 이들 기득권을 지키기 위해 경제력 중심의 당근과 채찍을

---

42) 중국의 ≪경제관찰보(經濟觀察報)≫는 2011년 4월 29일 유엔의 「전세계 투자추세 조사」 보고서를 인용해 중국의 작년 비금융 해외투자액이 680억 달러로 사상 최대였다고 밝혔다(≪연합뉴스≫, 2011.4.29). 또 중국 상무부는 2011년 1∼5월 중국 투자자들이 전 세계 110개국과 1,613개 기업에 203억 5,000만 달러를 투자해 작년 동기보다 42.3% 급증했고 또 2011년 5월 말 기준 해외 비금융분야 누적 투자액은

구사할 것이다. 비록 중국의 「국방백서 2010」이 중국경제가 어떤 식으로 발전하든지 간에 패권이나 군사팽창 접근을 추구하지 않는다고 표방하지만, 중국의 대만, 신장, 티베트, 남중국해 등 핵심이익이 관련된 사항에 대해 제한적인 지역이나 국가에 군사력에 기반을 둔 패권적 질서를 추구할 가능성이 있다. 물론 지도주의 세계질서라는 기본 틀은 유지하면서 부분적인 패권적 행태를 보이는 유형일 것이다.

일곱째, 옛 중화주의 질서가, 서구의 패권적 지배질서와는 달리 주변에 대한 정치군사지배와 경제수탈을 가급적 회피했으므로 이 전통을 준수하려 할 것이다.

2) 군사력의 특성

군사력에서, 첫째, 미국·러시아·중국 3국이 군사초강국으로 서로 견제하는 3각 균형구도가 형성되어 중국의 군사력 우위는 제한적일 것이다. 곧 일방의 군사패권주의 형성이 힘든 구조이고, 서구식 정복주의가 구조적으로 힘든 구도이다.

둘째, 이제까지 지속적으로 강조해왔고 「국방백서 2010」에서도 명시한 것처럼 패권 배격과 다극체제 옹호, 방어형 국방, 선제공격 배제, 경제발전에 따른 군사적 접근 배제 등의 원칙은 지속될 것이다.

셋째, 저우언라이의 평화공존 5원칙(영토보전과 주권상호존중, 상호불간섭, 내정불간섭, 평등호혜, 평화공존)이 외교원칙으로 준수되고 강조되듯이, 또 마크 레너드가 이야기하듯이 중국의 세계관은 자신의 가치관을 강제하는 서구식의 '평면의 세계(flat world)'가 아니라 각자의 가치관을 존중하는

2,792억 달러에 달했다 한다(≪연합뉴스≫, 2011.6.16).

'성벽으로 나뉘는 세계(walled world)'이므로 군사적 개입 등이 기본적으로 제한되는 구도이다. 이는 "민족국가가 주체적으로 경제를 통제하고, 정치를 관리하며, 대외정책 의제를 설정하는 독자적 공간의 재건을 목표로 하는" 세계관이다.

넷째, 앞에서 지적했듯이 중국은 13세기 몽골침입으로 인구의 1/3인 약 3,500만 명, 17세기 만주족 침입으로 1/6인 2,500만 명, 19세기 중반 아편전쟁 이후 태평천국 등 근대이행기에 5,000만 명(자크, 2010: 278), 일본과의 대동아전쟁에서 3,000만~4,000만 명, 한국전쟁에 약 100만 명이라는 엄청난 인적 손실을 겪었다. 이러한 역사적 체험이 평화에 대한 가치존중으로 이어져 분열과 불안정에 대한 병적인 두려움으로 작동할 가능성이 높다.

다섯째, 이런데도 대만이나 티베트처럼 중국의 주권과 체면과 관련이 된 핵심이익 부문은, 량광례(梁光烈) 중국 국방부장이 2011년 6월 10차 아시아 연례안보회의(샹그릴라 대화)에서 밝힌 국제안보협력 4대 원칙이나 「국방백서 2010」이 명시한 것처럼, 곧 핵심이익(core interest)과 주요안보관심사를 존중하지 않을 경우 부분적 패권지향이나 군사적 접근도 있을 것이다.[43] 물론 이에는 주한미군의 전략적 유연성, 미국의 BMD체제 한국

---

43) 량광례 중국 국방부장이 밝힌 국제안보협력 4대 원칙은 '상대국 핵심이익과 주요 관심사에 대한 존중' '상대국 전략 의도에 대한 포괄적 이해' '제3국과의 대립을 위한 동맹 금지' '세계 각국의 아시아 안보 기여 환영'이다. 또 「국방백서2010」은 이 핵심이익과 주요안보관심사를 강조해왔다(China is promoting the establishment of equal, mutually beneficial and effective mechanisms for military confidence-building, which should be based on the principles of holding consultations on an equal footing, mutual respect for core interests and recognition of major security concerns, not targeting at any third country, and not threatening or harming other countries' security and stability). 핵심이익으로 거론된 것은 주로 대만, 티베

편입, 평택기지나 제주강정 해군기지 등의 대중국 포위 또는 무력공격용 침략기지 역할 강화 등의 경우도 포함될 것이다.

3) 연성권력의 특성

연성권력에서, 첫째, 중국은 평화와 공동번영을 바탕으로 하는 조화세계의 세계질서, 국가 각자의 주체와 자주를 바탕으로 한 '성으로 나뉘는 세계관', 평화공존 5원칙, 조화사회를 추구하는 중국 특색의 사회주의, 주권과 문화의 다양성 존중, 인덕정치, 도덕의 중시 등 고전에서 현대에 이르기까지 서구와는 근본적으로 다른 수많은 '상품'을 저장하고 있다. 이들은 경성권력을 바탕으로 지도국이 되는 과정에서나 된 후에 중국의 것에서부터 서서히 범세계적 가치나 규범으로 승격될 것이다.

둘째, 특히 지구촌 90% 이상의 나라가 서구제국주의의 식민지배나 예속화라는 역사를 겪었기 때문에 각 국가 고유의 주권, 자주, 문화다양성 존중 등을 바탕으로 한 성벽으로 나뉘는 중국의 세계관은 역사적으로 또 구조적으로 이들과 친화성을 가질 것이다.

4) 중국의 세기 중국 지도주의 세계질서의 형상

이러한 특성을 바탕으로 2020~2030년경에 등장할 '중국의 세기'에 나타날 중국 지도주의 세계질서 형상을 다음과 같이 단순 추론해본다.

첫째, '중국의 세기' 세계질서는 서구의 세기에서 횡행하던 정복주의, 식민주의, 군국주의, 팽창주의를 바탕으로 한 일방적 패권주의가 아닌

트, 신장, 남중국해 영토분쟁 등이다.

국제규범에 대한 자발적 수용과 순응, 자주적 국가행위 존중, 평화옹호주의, 다자주의와 국제기구의 비중 확대 등을 특성으로 하는 지도주의 세계질서의 추구와 형성으로 전망된다. 무력에 의한 복종과 수용을 강요하는 서구식의 패권주의는 경제와 군사 분야의 구조적 특성 때문에 형성되기 어렵다.

둘째, 냉전 기간의 양극체제나 탈냉전 이후 펼쳐진 미국의 일방적 단극 패권주의와는 달리 새로운 세계질서는 중국을 중심으로 한 인도, 미국, 러시아 등 초강대국과 지역을 중심으로 한 국민국가연합 등으로 구성된 다극체제일 것이다(자크, 2009: 301).[44]

이러한 전망과는 다른 차원에서 21세기 세계체제는 자본축적의 중심축을 기준으로 미국·EU·동아시아·중남미·러시아·중국 등 지역 중심의 다극체제 갈등구조, 세계체제의 양극화로 인한 중심부와 주변부와의 갈등구조, 대안체제를 추구하는 다보스포럼과 세계사회포럼 간의 갈등구조라는 세 층위의 갈등구조로 나타난다고 보기도 한다(김애화·안영민·임승수·조예제, 2010). 이들 층위의 갈등구조는 서로 중첩되면서 형성되고 표출되겠지만 역시 중심축은 국가나 지정학적 기준에 의한 갈등구조이므로 세 층위가 모두 동격일 수는 없다.

중국 지도주의 세계질서는 중국 자신이 중심부이면서도 주변부적인 성격(1인당 GDP와 개발도상국의 위치)을 동시에 가지므로 자본축적을 바탕으로 한 중심부와 주변부나 이에 따른 다보스포럼과 세계사회포럼 간의

---

44) 맥코이 또한 다극체제를 예견하고 있지만 중국의 중심성이 빠져 있는 다극체제다. "이 스펙트럼의 가운데에는 새롭게 부상하는 중국, 러시아, 인도, 브라질이 쇠퇴하는 영국, 독일, 일본, 미국과 2020~2040년 정도에 일종의 과점 체제를 형성할 가능성도 있다. 이들은 이를 통해 일시적으로 세계를 지배할 것이다. 이는 1900년경 유럽 제국들의 느슨한 동맹이 전 인류의 절반 정도를 지배했던 모습과 유사할 것이다."

갈등구조에 변화를 초래할 것이다. 중국의 대외원조가 아시아와 아프리카라는 주변부에 80% 이상 집중되고 있는 점 등은 이들 갈등구조에 근본적인 변화를 초래할 것을 예견하게 한다.

셋째, 군사적으로 중국, 미국, 러시아 사이 3각 견제와 이에 따른 균형 형성으로 미국식 단극패권주의에서처럼 정치군사적 지배가 일방적으로 관철될 수는 없을 것이다. 또한 21세기 중반으로 갈수록 미국의 군사력은 경제력 쇠퇴로 더욱 약화되고 중국, 러시아, 인도의 군사력이 상승세를 탈 것이다. 이 경우 중국은 인도, 러시아와 4,000~5,000km의 국경을 접하고 있어 군사력 중심의 대결은 파국을 초래할 것이므로 더욱 군사력 중심의 세계질서 영위는 힘들 것이다. 여기에 덧붙여 핵시대의 상호확증 파괴 체제 구도에서 군사적 영향력은 제한될 것이다.

넷째, 중국의 막강한 경제력을 바탕으로 한 경제지도력 중심의 세계질서로 전망된다. 정치군사적 지도력은 다극주의가 지배하는 다극체제 구도에서, 또한 군사력이 견제균형체제를 이룬 상태에서 패권 배격을 표방하는 중국이 영향력을 행사하는 데는 한계가 있을 것이다. 오히려 막강한 경제력이란 경성권력에 의존해 영향력을 행사하는 게 지도주의 원칙에 부합하고 다극 군(群) 또는 주변국으로부터 저항을 덜 받을 것이다. 중국의 엄청난 동원경제력은 중국 주도로 설정한 국제규범(천하질서)에 대한 존중과 순응에 대한 인센티브를 제공할 역량을 갖춤으로써 경제지도력 행사 중심으로 세계질서를 이끌 가능성이 크다.

다섯째, 내수중심 경제체제, 전략·기간산업의 국가소유제, 평등을 중요시하는 조화사회 등을 지향하는 중국 특색의 사회주의 경제체제[45]는 패권

---

45) 중국 헌법 제1조는 '사회주의 제도는 중화인민공화국의 근본제도다. 어떤 조직이나 개인도 사회주의 제도를 파괴할 수 없다'라고 사회주의 기본을 명확히 밝히고 있다.

주의 배격과 지도주의 세계질서를 지향하는 '중국의 세기' 기조와 접합하면서 국제무대에서 자본주의의 본질적 팽창주의 지향을 약화시킬 것이다.

여섯째, 앞으로 형성될 미·중·러 또는 중·러·인도의 3각 군사균형체제, 다극체제질서, 경제지도력의 압도성 등의 구조적 조건과 패권 배격 전통, 중화주의라는 평화안보 보장체제의 역사, 서구처럼 힘으로 강요하는 '평면의 세계'가 아니라 개별 국가의 자율성과 고유성을 존중하는 '성벽으로 나뉘는 세계' 지향의 세계관 등은 좀 더 평화로운 세계질서를 형성할 것이다.

일곱째, 비록 지도주의 세계질서를 지향하고 기본으로 하겠지만 부분적인 또는 일탈적인 패권이나 군사력 중심의 국제행위를 배제할 수 없을 것이다. 앞에서도 지적했듯이 중국의 핵심이익이 걸린 문제나 이미 지구촌 곳곳에 깊고 강고하게 접목·통합된 경제 유대가 과도하게 손상될 경우 패권적 행위가 나타날 수도 있다.

6. 새로운 세계질서와 한반도

차이메리카 시대의 특성은 미국의 경제패권 상실과 정치·군사패권 상존이라는 불균형의 이중권력 분립체계에서 오는 이행위기라는 불안정성이다. 이는 바로 중미 간 이해관계가 첨예하게 부닥치는 한반도에 2010년 5·24 천안함사건화와 11·23 연평도 무력충돌, 12·20 연평도 보복포격전으로 말미암은 한반도 전쟁위기 등으로 투영되었다.[46] 짐작건대 남한 이

---

46) 2010년 8월 26일 한미연합 을지전쟁연습이 끝난 바로 이튿날인 27일 MBC 저녁 9시 뉴스데스크가 평양 점령, 김정일 생포, 북한흡수통일 등의 시나리오를 마치 전쟁이라도 벌이자는 듯이 방영할 정도여서, 11·23 무력충돌과 후속 한반도 전쟁위

명박 정부와 미국의 합작과 동조, 사주로 주조된 5·24 조치로 한반도 전쟁위기뿐만 아니라 중국과 미국 사이 초강도의 군사적 대결이 고조되는 위험한 상황이 전개되었다.

미국은 5·24 사건화로 후텐마 기지의 괌 이전이 중단되고, 탈미·동아시아 중시정책을 표방하던 하토야마 정권이 실각하게 되고, 새로 등장한 간 나오토 민주당 정권이 오히려 자민당 고이즈미의 미일 군사일체화 전략으로 역주행해 대중국 포위구도를 더욱 강화하게 되고, 한·일 군사협력을 강화하게 되고,[47] 서해에 조지워싱턴 항공모함까지 투입해 중국위협

기 발발은 시간문제였다. "전쟁 초반 북한의 남침을 저지한 뒤 두 달 만에 평양을 포위한다는 시나리오입니다. …… 한미 연합군은 개전 초기 경기 이남까지 밀리지만, 50일을 고비로 3.8선을 넘어 전쟁개시 두 달 만에 평양을 포위했습니다. 군 관계자는 이 과정에서 '북한 최고위층을 생포하는 데 성공하는 것으로 시뮬레이션 결과 나타났다'고 말했습니다. 이번 연습에서는 평양 포위작전은 미군이 주도했으며 핵무기를 비롯한 대량살상무기 제거연습도 실시되었습니다. 중국과 러시아의 개입을 외교적 노력을 통해 제지하는 방안도 검토되었습니다. 열흘간 진행됐던 이번 연습은 평양을 수복한 뒤 자유화시키는 과정으로 끝을 맺었는데 통일부와 경찰청 등도 참여했습니다. 한미 을지프리덤가디언 연습 내용은 이번에 처음으로 외부에 공개된 것입니다."

47) 5·24 조치를 기화로 ① 일본은 2010년 10월 13~14일 자위대 함정 2척을 해방 이후 처음 한국 영해에 진입시켜 합동 PSI군사훈련을 했으며, ② 한·일 안보 공동선언, 상호군수지원협정(ACSA)과 군사비밀보호협정(GSOMIA) 체결에 '합의'했고, ③ 일본 총리의 "한반도 유사시 자위대 파견 검토" 언급이 있었고, ④ 중국의 인도양 진출을 막기 위해 '일·미·인' 3각 군사동맹, 태평양진출 막기 위해 '일·미·호' 군사동맹, 한반도 유사시 '한·미·일' 군사동맹으로 대처한다는 전략을 강화할 수 있었고, ⑤ 도쿄(T)-괌(G)-대만(T)을 잇는 TGT 삼각해역에 중국잠수함 상시감시를 위해 함정, 항공기, 잠수함 등 통합운영을 강화하게 되었다. 이러한 한일 간 군사협력 강화는 멀린 미 합참의장이 12월 9일 기자회견에서 "한국과 일본이 과거 문제를 초월해서 한·미·일 3국의 연합훈련이 실현되도록 노력해야 한다"고 촉구하면서

의 무력시위를 벌일 수 있게 되고, 미·베트남과 미·인도와의 중국 겨냥 군사협력과 동맹을 적극적으로 추진할 수 있게 되고, 한국과의 포괄전략 군사동맹, 중국 겨냥 MD체제, 제주강정 해군기지 건설 등에 박차를 가하게 되고, 한국에 최신예 무기를 판매하는 등으로 중국으로의 세력전이 흐름을 역주행시키는 엄청난 성과를 거두었다.

물론 이러한 공세는 중국 측의 맞대응을 초래해 중국의 맞불 전쟁연습, DF21C, D의 항공모함킬러 미사일 공개, 중국과 러시아의 '평화사명-2011' 전쟁연습,[48] 조·중관계 밀착화와 경제·안보동맹의 강화[49] 등의 반격을 초래했다. 이 결과 동북아에서 해양세력과 대륙세력 사이의 대립구도가 첨예해지고 말았다.

이러한 급박한 전쟁 위기·위협 조성과 더불어 미국은 경제패권 상실에 따른 군사패권주의의 경제적 부담을 한국, 일본, 아세안 등에 떠넘기는 정책을 장기적으로 펴고 있어 우리의 경제적 부담을 늘릴 뿐 아니라 한반도를 원천적으로 전쟁의 도가니로 몰아넣을 위험을 잉태시키고 있다. 곧, 한미동맹을 북을 겨냥한 한반도 역내동맹, 중국·러시아를 겨냥한 지역동맹, 주한미군을 신속기동군화해 전 세계를 겨냥하는 지구동맹, 전통적

더욱 탄력을 받았다.

48) 이는 중·러 동해북부 연합군사훈련으로 양국 육·해·공이 모두 참여하고, 한반도 인근을 작전지역으로 설정하고, 육·해·공군이 각각의 작전지역에서 훈련하고, 해군은 동해북부해역에서 훈련을 실시하는 것으로 알려졌다.

49) 북의 핵실험 이후 소원한 관계가 2009년 10월 원자바오 평양방문으로 해소되면서 조·중간 경제안보동맹은 양국 우호관계를 '대대손손 계승하자'는 후계체제 인정, 중국 동북 3성 개발과 연계된 창지투개발, 나선특구의 수출 가공과 보세·중계 무역 기능의 국제 물류기지 개발, 압록강 위화도와 황금평 공동협력지대 개발, 신의주와 단둥의 신압록강대교 착공, 북한 광물의 중국 채굴권 '독식' 등으로 밀착·강화되고 있다.

군사안보 분야 외에 테러·대량살상무기·재난 새해 등을 포괄하는 포괄동맹, 자유·민주주의·시장경제 수호를 위한 가치동맹으로까지 확대하는 포괄전력동맹화이다. 이에 따라 주한미군 주둔비 증액, 무기 강매와 미국 퍼주기 강요,[50] 평택미군기지 이전과 확장비용의 92% 이상 한국에 떠넘기기, 제주강정 해군기지 건설,[51] BMD 설치와 비용 강요, F-35개발비 전가 모색, 한미FTA 강요 등이 진행되고 있다.

더 나아가 미국은 이 역사전환의 흐름을 거슬러 가는 오바마 독트린으로 아시아·태평양지역에 신냉전(New Coldwar)을 획책하고 있다. 오바마는 군사적으로 "아시아에 할당된 국방예산은 한 푼도 깎지 않겠다"면서 호주

---

50) 2006~2010년 한국은, 재래식 무기 수입 6%로 중국과 공동 세계 2위 수입국이 되었고, 무기 수입의 71%는 미국 무기였고, 미국 무기의 최대 수출국(14%)이 되었다(SIPRI, 2011). 2005~2009년 한국은 세계 무기 수입 6%로 아랍에미리트(UAE)와 함께 공동 3위였다(SIPRI, 2010).

51) 강정 해군기지는 이지스함 등 대형 함정 20척, 15만 톤급 크루즈 2척의 동시 계류가 가능한 규모이고, 건설비용 1조 원, 완공 이후 연간 유지비 200억 원, 해군기지 배치, 20여 척의 함정들의 건조·도입·운영유지비도 수십조 원이 드는 것으로 알려졌다. 이는 지리적으로 북한 겨냥 기지일 수는 없고, 또 대양해군을 포기한 한국해군의 독자적 필요성을 넘어선 규모다. 오히려 미국 필요에 따른 중국 겨냥 해군기지임을 짐작하게 한다. 곧, 미국의 중국 겨냥 MD체제편입, 일본 지키기 BMD체제 구축, 중국 포위봉쇄망의 중심해역, 유사시 대중국 침략기지 등의 용도다(크루즈 2척 동시 계류를 내세워 민군기지로 건설한다고 발표했지만, 실제 설계는 항공모함만 입항할 수 있는 군사전용 부두여서 관광·군사 겸용이라는 발표는 속임수였던 것으로 드러났음). 정욱식(2011.7.29) 참조. ≪뉴욕타임스≫(2011.8.6)에 게재한 Christine Ahn의 칼럼 "제주도는 미사일을 원치 않는다"에서 바로 이 해군기지가 미국의 대중국 군사적 용도임이 확인된 셈이다. "내가 워싱턴의 한국 대사관에 전화로 제주도 해군기지에 관해 항의하자 그에 대한 대답은 '우리한테 전화하지 말고 미국 국무성이나 국방부에 전화하세요. 해군기지를 건설토록 우리에게 압력을 가하고 있는 사람들은 그들이니까요'였다."

에 미군기지를 새로 구축하고, 한국, 일본, 인도, 필리핀, 태국, 대만 등과의 군사동맹 관계를 강화하면서 여러 아시아 국가들과 연합해 '중국 포위전략'을 구사하고 있다. 경제적으로도 한미 자유무역협정(FTA)을 발판으로 일본, 호주, 동남아 국가, 캐나다, 멕시코, 페루, 칠레까지 끌어들이는 '환태평양 경제동반자협정(TPP)'을 통해 중국을 포위하면서 이들 타국의 희생 아래 미국 경제패권을 복원하려고 발버둥치고 있다.

중미관계의 변환을 중심으로 이뤄지고 있는 새로운 세계질서의 태동 속에서 발생한 이러한 일련의 일들은 한반도의 역사적·지정학적 위치 때문에 새 세계질서의 탄생이 우리 문제와 긴밀히 직결되어 있음을 입증하고 있다. 이뿐만 아니라 세력전이기를 맞아 우리의 행보가 5·24 사건화처럼 세계사적 흐름을 단기적으로나마 역행시켜 지연하기도 하거니와 또 촉진하기도 한다. 우리는 17세기 명·청 교체기라는 중화질서의 세력전이기에 자주역량을 발휘하던 광해임금을 몰아내고 친명배금이라는 역사퇴행의 길로 접어든 인조반정 때문에 병자·정묘호란과 삼전도 굴욕을 겪었던 역사의 치욕과 질곡을 되새겨야 할 것이다.[52]

그나마 다행인 것은 중국이 군사력에서 미국과 1 대 1로 맞대응하는

---

52) 명·청 세력전이기에 쇠잔해가는 명나라에 오매불망 매달렸던 인조반정세력들은 병자호란의 치욕을 자초했다. 당시 인조는 청 태종 앞에서 한 번 절할 때마다 이마를 땅바닥에 세 번 부딪치기를 세 번 반복하는 삼배구고두(三拜九叩頭)라는 항복의 예를 올렸다. 이에 인조의 무릎이 까지고 이마에 선혈이 낭자했다. 이런데도 배석한 청나라 관리들이 머리 부딪치는 소리가 작다며 더 세게 박으라고 외쳤다고 한다. 이러한 치욕을 잊지 말자고 남한산성 남문에는 무망루(無妄樓)를 세워놓았다. 그러나 지금 똑같은 중미 세력전이기에 이를 잊지 말기는커녕 오히려 평택미군기지 확장, 제주강정 해군기지 건설, 한미 포괄전략동맹화, 대북 적대도발정책과 남북관계 파탄 내기 정책 등의 '미국 매달리기' 정책으로 제2의 삼전도 굴욕을 자초하는 길로 나아가는 것이 이명박 정부 아래에 있는 대한민국의 현주소다.

식의 전략이 아니라 전통적 군사 영역 밖에서 초강국이 되어 미국의 군사 패권을 무색하게 한다는 '비대칭 초강국' 또는 '우회 전략'을 펼치고 있다는 점이다. 군사적으로 우위에 있는 미국에 비군사적인 투자, 무역, 이민, 미소(媚笑)외교, 평화, 주권존중 등 다른 종류의 게임으로 대적한다는 것이다. 군사적으로도 중국은 미국과 '별들의 전쟁' 게임에 대응하기보다 인공위성을 요격하는 ASAT를 통해 미국의 첩보위성을 눈멀게 해 전쟁수행을 못하도록 하는 비대칭 군사전략 등을 동시에 모색하고 있다(레너드, 2011: 166).

또한 중국경제가 자본주의 세계경제체제에 굳건히 통합되어 있고, 중국의 미국 국채보유액이 1조 달러를 넘는 데다 미국 경제의 급격한 파행이 곧바로 중국에 엄청난 파문을 일으킬 정도로 상호의존성이 높으며, 미국에 비해 아직 군사력이 열세인 상태에서, 중국은 미국의 급격한 경착륙보다는 연착륙을 모색할 것이다. 또한 연착륙이 되는 동안 천안함사건화에서 보는 바와 같이 사안별 소규모 충돌과 협조가 주종을 이루겠지만 12·20 전쟁위기와 같은 범세계적 쟁점에 대해서는 중미 공동운영으로 파국을 막을 가능성이 크다.

2010년 12월 12·20전쟁위기 당시 미국에서는 블레어 전 미국 국가정보국 국장이 12월 12일 "한국이 인내심을 잃고 있다"며 한국주도의 전쟁 위험성을 경고했고, 미 합참부의장 제임스 카트라이트가 "연평도 사격훈련 강행으로 남북 간 포격·대응포격 형태의 연쇄작용이 우려된다"라고 경고했다. 오바마 행정부는 한국의 자제를, 중국은 북의 자제를 요청한 것으로 알려졌다. 언론은 이에 대해 "미국은 당시 한국의 대응사격 훈련을 자제시키기 위해 총력을 기울이는 한편, 중국과 협조해 북한이 이에 대응치 말도록 하기 위해 외교적 노력을 쏟았다"(≪경향신문≫, 2011.6.6)라고 전하고 있다. 이를 반영하듯 양국은 2011년 1·19 중미 정상회담에서 한반도의 안정화를 비핵화보다 우선순위에 두기로 합의했다.

역사적으로 외세의 지대한 영향력 아래 놓여 있는 한반도는 기존의 세계질서가 이완되는 시점에서 새로운 기회와 위기를 동시에 맞곤 했다. 주목할 것은 중미 세력교체기인 지금의 과도기야말로 한반도의 핵심과제인 평화와 통일의 기회이면서도 위기라는 점이다.

지난 65년 이상 한반도에 분단냉전적대체제를 생성·강요·재생산·구조화해왔던 주역인 미국의 일방적 단극패권주의가 쇠잔해지고 있고, 중국은 비록 G2 진입과 조·중 밀착화[53]로 한반도 개입역량과 통제력이 고양되고 있지만 아직 한계가 있는 제한적 수준에 그치고 있다. 기존 외세인 미국의 대(對)한반도 규정력은 노약해지고, 새로 부상하는 외세인 중국의 규정력은 설익은 제한적 수준이며, 중국시장 의존율이 절대적으로 높아지는 경제구조 때문에 일본은 장기적으로는 동아시아 중시정책과 미일동맹 약화와 중일관계 증진 추세이다. 이러한 장기적 전망은 우리의 민족 자주역량이 발휘될 공간과 지평이 확대되는 시점으로, 평화·통일의 최적기를 객관적으로 또 구조적으로 제공해줄 것이다.

---

53) 김정일 국방위원장 급서 이후 중국은 곧바로 김정은 후계체제의 전폭지지와 외세개입 차단 예비조치로 조·중 밀착화를 입증했다. 중국은 급서 발표 당일인 19일 조전을 보내면서 후계체제를 인정했고, 4개국 대사를 불러 '북을 자극하지 말라'라는 요청을 했고, 이어 외무장관 연쇄 전화회담에서도 비슷한 요구를 했고, 국가주석을 비롯한 정치국 상무위원 9명 전원이 조문을 했고, 19일 외세개입에 의한 급변사태 대비 전담조를 구성하면서 선양군구가 전투태세에 돌입했고, 응급 기동부대를 배치했다. 동시에 식량 50만 톤과 에너지 20만 톤 지원을 결정했고 남한의 이명박 대통령 전화통화 요구를 거절했다. 또한 ≪인민일보≫ 자매지인 ≪환구시보≫ 사설은 "일부 국가가 북조선의 권력교체를 지역 전략구조 변화 계기로 삼고 있음에 대해 중국이 명확한 태도를 보여야 북조선이 자신감을 유지할 수 있다"고 역설했다. 중국은 북의 '제2의 리비아화'를 결코 용납하지 않겠다는 분명한 입장을 미국과 남한에 보여준 셈이다.

이러한 평화통일의 최적기라는 구조적 조건을 맞아 경제군사력 등 경성권력에서 절대적 우위를 점유하고 있는 남쪽은 몰락해가는 운명에 저항하면서 발버둥치는 미국이라는 외세에 오매불망 하위동맹자 역할을 자행하고 있는 이명박 정부의 반민족 정책과 단절하고, 6·15와 10·4선언 정신으로 되돌아가는 주체적 행보를 걸어야 한다. 동시에 중국이라는 떠오르는 외세에 안보와 경제가 의존되어가는 구조적 속박의 길로 내몰리는 북쪽을 껴안아 민족 자주정책을 펼칠 수 있는 탈(脫)미·중 입(入)민족공조의 구조적 조건을 남북이 공조해 함께 다지는 역사행로로 나가야 할 것이다.

남과 북이 제2, 제3의 천안함사건화를 되풀이해 민족 중심성과 주체성을 상실하고 외세에 매달리는 사대주의와 반자주 행보를 지속한다면, 이 전환기의 역사 갈림길에서 남과 북은 평화와 통일 문제를 비롯한 우리의 문제를 중미라는 외세 야합의 구도 속에 맡겨버리는 치욕과 질곡의 민족사를 또다시 강요당하고 말 것이다. 이는 제2의 민족분단, 제2의 한국전쟁, 제2의 삼전도 굴욕, 제2의 청일전쟁 등으로 귀착될 수 있음을 깨달아야 할 것이다.

머지않은 과거인 해방공간을 뼈저리게 반추하면서 남과 북은 세력전이 시대의 이행위기를 최소화하고 이행기회를 최대화함으로써 구조적 차원의 세계사적 전환과 민족사적 전환에(을) 순응하고, 촉진하고, 살찌우는 역사의 행보를 함께 자주적으로 펼쳐나가야 할 것이다. 마지막 결실을 보는 그날까지 우리는 세계질서의 전환기에는 과도기적 위기와 불안정성이라는 '이행위기'가 발생·재발할 가능성이 높고 그 불똥은 한반도로 튈 위험이 높다는 점을 되새기고 되새겨야 할 것이다.

7. 맺음말

20세기 중후반에서부터 21세기 초입까지, 미국은 무력과 강압에 의한 일방적 단일 패권주의를 휘두르면서 민주주의, 인권, 시장경제라는 연성권력을 세계지배의 대표적 명분으로 내세웠다.[54] 그러나 미국식 민주주의는 금권정치로 전락해 인민권력의 주체화와 통제화라는 민주주의의 본질과는 거리가 멀고, 또 미국이 내세우는 시장경제는 신자유주의로 특성화되는 자본주의적 시장만능주의로서 이미 파산을 선고받았다. 인권 또한 마찬가지다.

민주주의나 시장경제보다 더 보편성을 띤 인권이란 차원에서 미국의 세기를 단순화해 진단하고 중국의 세기를 전망함으로써 새로운 세계질서가 담을 역사의 진보성을 시론적 수준에서 가늠해보겠다.

인간이 인간으로서 존엄성을 누리고 살 수 있는 조건을 보장받을 권리인 인권은 국제인권규약의 두 가지 범주인 A규약인 사회경제문화권과 B규약인 자유시민정치권만으로 충분하지 못하다. 동서고금을 막론하고 세상에서 가장 고귀한 것은 목숨이고 생명이다. 이 생명을 단기간에 대량으로 빼앗아 가는 게 전쟁이다. 그러므로 전쟁으로부터 해방되어 생명권

---

54) 이 세 가지는 2009년 6·16 한미정상회담에서 발표한 「한미 동맹을 위한 공동비전」에서도 제시되어 있다. "우리는 동맹을 통해 한반도의 공고한 평화를 구축하고 자유민주주의와 시장경제원칙에 입각한 평화통일에 이르도록 함으로써 한반도의 모든 사람을 위한 더 나은 미래를 건설해나갈 것을 지향한다. 우리는 …… 북한 주민들의 기본적인 인권 존중과 증진을 위해 협력해나갈 것이다." "아시아·태평양 지역에 있어서 …… 우리는 개방사회와 개방경제가 번영을 창출하고 인간의 존엄을 지지한다고 믿으며, 우리 양국과 민간기구들은 이 지역에서 인권, 민주주의, 자유시장, 무역 및 투자자유화를 증진해나갈 것이다."

을 보장받는 평화생명권만큼 소중한 인권은 없다. 이것이야말로 만고의 진리이다. 그런데도 미국식 인권은 단지 B규약인 자유시민정치권에 국한하는 '나 홀로 인권'에 그치고 있다.

평화생명권을 포함한 인권의 세 가지 기본권 범주에서 미국 패권주의의 세기는 B규약인 자유시민정치권에서 그 기여도를 어느 정도 인정받을 수 있겠지만, 다른 두 가지 범주인 A규약과 평화생명권에서는 전형적인 반인권의 세기였다. 자본주의는 생산력을 높였지만 시장만능주의에서 비롯된 양극화는 민중의 사회경제권을 원천적으로 제약했고, 군국주의와 제국주의로 특징화한 미국이라는 제국은 국가안보라는 거짓 허울을 뒤집어쓰고는 연달아 전쟁을 벌이는 평화생명권 침탈의 온상이었고 평화파괴의 본영이었다.

이제 21세기 중후반에 펼쳐질 중국의 세기라는 새로운 세계질서 속에서는 군사력 견제와 균형의 구도가 형성되어 평화생명권 침탈이 구조적으로 제약될 것이다. 여기에다 이제까지 견지해왔던 평화공존 5원칙이 중국의 세기 내내 지속될 경우 인류사회는 20세기보다 훨씬 더 평화 지향적이 될 것이다. 또한 자본주의적 시장만능주의와 시장독재에서 오는 민중의 사회경제권 침탈은 삶의 기본 틀을 좌우하는 전략·기간산업의 국가소유제로 시장독재의 기제에서 벗어나는 구조, 중국 특색의 사회주의, 충칭모델의 보편화 등으로 인해 약화될 것으로 예견된다. 동시에 타 분야의 자본주의적 사적소유 병존이라는 중국 특색의 사회주의 보편화나 확산은 생산력 발전을 담보할 수 있을 것이다. (물론 장기적으로는 생태주의가 철저히 또 주도적으로 관철되는 체계여야겠지만,) 좀 더 인간의 얼굴을 가진 세기를 기대하고 쟁취해야 할 것이다.

이제 한반도로 방향을 바꾸어보자. 과도기적 전환기에 중미 사이에는 비록 작은 충돌과 잦은 충돌이 지속되겠지만, 양국이 많은 부분 분업을 이루고 파국을 막는 가운데, 허약해진 미국의 경제력 때문에 중국으로 세력전이가 연착륙할 것으로 보인다. 그렇지만 1894년의 동학혁명이나 6·25 직전 때와 같이 자력과 자주보다는 외세를 끌어들여 민족문제를 해결하려는 일부 상층 엘리트의 기도나 5·24 천안함사건화 같이 우리 스스로 만든 양국대결 상황으로 인해 한반도가 제2, 제3의 삼전도 치욕과 청일전쟁이라는 파국 국면으로 빠져들게 될 개연성을 배제할 수 없다.

이 결정적인 전환의 시기, 세력전이의 시기에 남과 북은 7·4 공동성명, 남북 기본합의서, 6·15와 10·4 공동선언에서 합의하고 확인하고 재확인 한 민족자주를 바탕으로 평화와 통일이라는 민족사적 대의를 추구해야 할 것이다. 성벽으로 나뉜 세계를 지향하는 중국의 기조에서는 우리의 민족자주적 행보에 미국처럼 냉전분단 적대체제를 강제하던 패권이 발동 될 여지가 낮다. 또 자본주의와 사회주의의 본원적 대결구도를 필연으로 여겨왔던 냉전 시대와는 달리 충칭모델, 중국 - 홍콩식의 통일모델 등의 중국모델은 두 사회경제체제를 접목하고 분업화하는 통합발전모델의 전형이 될 수도 있음을 강력히 시사한다.

평화와 통일을 위한 한반도의 역사행로가 차이메리카라는 과도기적 이행기나 중국의 세기 초입에 열린 이 공간 속에서 매듭지어져야 할 것이다. 아니 매듭지어질 수밖에 없도록 우리 남북 모두의 주체적 역량을 결집 해야 한다.

참고문헌

강정구. 1989. 『좌절된 사회혁명: 미점령하의 남한·필립핀과 북한 비교연구』. 열음사.

김애화·안영민·임승수·조예제. 2010. 『다극화체제, 미국 이후의 세계』. 시대의 창.

김준형. 2011. 「G2 시대, 동북아질서의 재편: 미국의 딜레마」. 『G2 시대, 동북아 질서의 재편』, 한반도평화포럼·시민평화포럼 공동주최 제1차 한반도 전략세미나 자료집 (2011.6.20).

레너드, 마크(Mark Leonard). 2011. 『중국은 무엇을 생각하는가: 중국 최고지도부를 움직이는 지식엘리트들』. 장영희 옮김. 돌베개.

문정인. 2010. 『중국의 내일을 묻다: 중국 최고지성들과의 격정토론』. 삼성경제연구소.

사피르, 자크(Jacques Sapir). 2009. 『제국은 무너졌다』. 박수현 옮김. 책으로보는세상.

서재정. 2005. "탈냉전기 미국의 신군사전략" 강정구·고영대 외, 『전환기 한미관계의 새판짜기』. 한울.

쑹샤오쥔 외. 2009. 『앵그리 차이나』. 김태성 옮김. 21세기북스

이남주. 2011. 「G2 시대와 한반도」. 『G2 시대, 동북아 질서의 재편』, 한반도평화포럼· 시민평화포럼 공동주최 제1차 한반도 전략세미나 자료집(2011.6.20).

이삼성. 2009. 『동아시아의 전쟁과 평화』. 한길사.

이희옥. 2011. 「중국의 정치개혁과 민주주의: 중국정치와 '민주'의 문제」. 미래전략연구 원 제9차 미래전략포럼 "통일한반도와 동아시아공동체" 발표문(2011.4.8).

자크, 마틴(Martin Jacques). 2010. 『중국이 세계를 지배하면』. 안세민 옮김. 부키.

전재성. 2005. 「유럽의 강대국화 경험과 중국에 대한 함의」. 정재호 엮음. 『중국의 강대국화 비교 및 국제정치학적 접근』. 길.

정욱식. 2011.7.29. "심층해부: 제주 해군기지와 한국의 국익(1, 2, 3)" ≪프레시안≫, 8.1, 8.2.

정재호, 2005. 「강대국화의 조건과 중국의 부상」. 정재호 엮음. 『중국의 강대국화 비교 및 국제정치학적 접근』. 길.

정재호 엮음. 2005. 『중국의 강대국화 비교 및 국제정치학적 접근』. 길.

존슨, 찰머스(Chalmers Johnson). 2004. 『제국의 슬픔: 군국주의, 비밀주의, 그리고 공화 국의 종말』. 안병진 옮김. 삼우반.

콜코, 가브리엘(Gabriel Kolko). 2009. 『제국의 몰락: 미국의 패권은 어떻게 무너지는가』. 지소철 옮김. 비아북.

Bernstein, Barton J. 1972. "American Foreign Policy and the Origins of the Cold War" in Bernstein(ed.), *Politics & Policies of the Truman Administration*. Chicago: Quardrangle Books.

Bernstein, Richard & Ross H. Munro. 1997. *The Coming Conflict With China*. NY: Alfred Knopf.

Chinese Information of the State Council, 2011. *China's National Defense in 2010*. Beijing.

Clemens, Diane Shaver. 1970. *Yalta*. NY: Oxford Univ. Press.

Fukuyama, Francis. 2011.1.18. "Democracy in America has less than ever to teach China" *Financial Times*.

Horowitz, David. 1971. *The Free Colossus*, NY: Hill & Wang.

McCoy, Alfred. 2010.12.6. "The Decline and Fall of the American Empire: Four Scenarios for the End of the American Century by 2025"(알프레드 맥코이. 2010. 12.26. "2025년, 미 제국은 몰락한다". ≪프레시안≫). (http://www.tomdispatch. com/post/175327/tomgram%3A_alfred_mccoy%2C_taking_down_america).

U.S. Office of the Secretary of Defense, 2011. *Annual Report To Congress: Military and Security Developments Involving the People's Republic of China 2010*.

≪한겨레 21≫. 2010.7.30. 제821호. "동해에 몰려온다. 지옥의 군단".
≪홍콩문회보≫. 2010.8.13.
≪프레시안≫. 2011.1.19. "중국, 풍부한 자본과 제조업 앞세워 광폭 행보".

제 2 장
미국의 핵억제 전략의 패권성과 핵우산의 허구성

박 기 학

1. 핵억제의 개념과 근본문제

1) 핵억제의 개념

(1) 핵억제와 핵 선제사용 개념

현재 핵전략의 기본이 되는 것이 억제이론이다. 핵억제론은 1949년 8월 소련이 원자폭탄 실험에 성공해 미국의 핵독점이 끝나면서 미국·소련 간의 핵무기 경쟁이 예상되던 1950년대에 생겼다. "핵억제론은 순전히 서방 쪽 사고의 산물이다. 핵억제론은 소련 본토에 대해서 견딜 수 없는 보복위협을 가함으로써 소련의 공격을 예방하는 방법의 연구에 골몰했는데 이 문제가 1950년대 내내 서구 전략이론의 정립 과정을 지배했다"(Mccgwire, 2006: 771). 억제이론은 1953년 7월 영국의 참모총장 슬레서 공군 원수에 의해 채용되었고, 이어 미국의 국무장관 덜레스가 '대량보복'이라는 형태로 도입했다.[1]

핵억제는 핵공격능력을 가진 가상적국의 선제 핵무기 공격, 즉 선제기습 제1격(preemptive surprise strike)을 보복 제2격(retaliatory second strike)의 위협을 통해서 막는 전략이다. 다시 말하면 핵억제는 위협을 통해서 적이 핵무기를 사용하지 않도록 하는 전략이며 그 결과 억제 측도 핵무기의 사용을 피하게 되는, 핵전쟁 회피책이다.

핵억제는 보복위협(보복 제2격)을 통해 적의 공격(선제기습 제1격)을 사전에 단념시키는 전략이기 때문에 핵 선제사용을 배제하며 핵무기는 어디까지나 보복(제2격)용이다.

핵억제론의 본래 개념에 부합하려면 다음 세 가지 조건이 필요하다. 첫째, 억제의 대상은 가상적국이어야 한다. 핵억제는 동맹국 또는 우호국을 대상으로 하지 않는다. 서로 가상적으로 여기지 않는 이상 핵억제 전략을 지속하기는 매우 어렵다. 역으로 말하면 핵억제 전략을 유지하기 위해서는 끊임없이 가상 적을 만들어내야 한다. 둘째, 가상적국이 핵공격능력을 갖고 있어야 한다. 비핵무기국에 대한 핵억제는 성립하지 않는다. 셋째, 가상적국이 먼저 핵공격을 가할 의도가 있다는 것, 적어도 그럴 의도가 있다고 주장할 수 있는 조건이 필요하다. 가상적이 핵공격을 할 의도가 없다는 것이 명백하다면 억제를 주장해서는 안 된다.

하지만 미국의 핵억제 전략은 핵 선제사용을 배제하지 않는다. 미국의 전략부대의 중심에서 일한 군인 또는 기술자들은 미국의 핵무기정책이 선제공격을 상정하고 있었음을 증언하고 있다. 또 미국은 비핵보유국이라 하더라도 NPT를 지키지 않은 나라에 대해서 핵무기를 사용한다는 정책을 채택하고 있다. 핵우산은 북이 남을 재래식으로 공격하더라도 미국이 핵무기를 사용한다는 공약으로 가상 적국의 핵공격을 핵보복 위협으로 막는

---

1) 『한국 브리태니커 온라인』 "핵전략"에서 인용.

다는 원래의 핵억제 개념과는 다른 것이며 핵 선제사용 전략이라 할 수 있다.

(2) 보복적 억제와 거부적 억제

잠재적 침략자가 비용과 이익을 따져 기대되는 이익이 예상되는 비용보다 클 경우에만 공격한다는 것이 억제의 기본적인 가정이다. 보복적 억제(deterrence by punishment)는 전선후방의 중요한 목표에 대한 보복공격을 위협함으로써 적이 침략행위로부터 얻고자 하는 이익보다 손해가 훨씬 더 크지 않을까 하는 공포심을 갖게 해 적이 침략을 단념하게 하는 것이 목적이다. 거부적 억제(deterrence by denial)는 침입하는 적의 전력을 저지해 자국 영토와 인민을 방어하는 데 주된 목표를 두며, 그 억제기능은 적의 점령의도를 현실적으로 거부할 수 있는 능력에 근거한다. 거부적 억제는 전통적으로 영토 방어와 연관되어 있는데, 영토와 주민에 대한 장악(지배)을 다툼(거부함)으로써 작동한다. 이에 거부적 억제는 방어에 의한 억제(deterrence by defense)라고도 한다.

보복적 억제는 비용을 크게 함으로써, 가령 핵 보복공격 대상을 도시로 함으로써 적대국이 공격을 단념하게 하는 것이지만, 거부적 억제는 효과적인 방어를 통해서 공격으로 얻을 수 있는 이득이 최소화되도록 하는 것이 우선이다. 거부적 억제로 공격의 (주로 군사적) 비용은 자동적으로 높아지지만 이때의 비용은 전투에서의 사상자와 물질적 손실인 경향이 있고 침략자의 (아마도 무고한) 일반 주민은 대개 위해를 당하지 않는다.

핵무기가 개발되기 이전에는 거부적 기능과 보복적 기능이 발휘되는 데 필요한 군사력 수준은 동일했다. 그러나 장거리 공군력, 탄도미사일, 핵분열·융합 무기가 개발됨으로써 이런 능력을 갖춘 나라는 누구나 적이

상당한 이득을 얻지 못하게 할 (거부)능력은 갖추고 있지 못하더라도 적에 대해서 큰 징벌(보복)을 가할 수는 있게 되었다. 어떤 나라가 자신의 영토에 대한 침입을 방어할 군사력 능력은 안 되지만 핵무기를 통해서 침략자에게 큰 보복을 할 수 있는 능력을 갖춘다면 침략자가 공격을 쉽게 결단하지 못하게 할 가능성이 생긴 것이다.

(3) 억제에 필요한 군사력 수준

억제가 성립하기 위한 요건의 하나로 군사적 능력을 드는데, 억제가 신뢰성을 갖기 위해서 필요한 군사적 능력은 어느 수준일까?

"억제는 상대측이 공격을 통해서 얻는 이익보다도 손실이 크다고 판단하면 성립이 되며 상대측의 공격을 격퇴해서 전쟁에 승리할 능력은 필요하지 않다"(防衛大學校安全保障學研究會, 2004: 72).

거부적 억제가 성립하기 위해 필요한 능력은 어느 수준일까? 충분한 '거부능력'을 측정하는 기준으로 '모든 재래식 전력 거부방식', '근접지역 전력 거부방식', '자국지향 가능전력 거부방식', '가장 개연성이 높은 침략형태 대처방식' 등이 있다. '모든 재래식 전력 거부방식'은 가상 적이 자신의 모든 재래식 전력을 동원해 최대한의 전쟁을 수행한다고 가정하고 그에 대처할 수 있는 재래식 전력을 보유하는 것이다. 이를 위해서는 가상 적국의 병력과 양적 균형만이 아니라 질적 균형도 고려해 실질적인 동등한 전력을 보유해야 한다. 병력규모가 수적으로 열세라도 그것을 만회할 수 있는 정도의 병력의 질(무기의 질, 병사의 훈련 정도, 사기, 규율, 지휘통제 등)에서 우세하면 '실질적인 동등한 전력'을 보유하는 것이 된다. 또 지상전에서 승리하기 위해서는 공격하는 측이 방어하는 측에 대해서 최소한 3 대 1의 우세를 확보해야 한다는 일반적인 원칙에 비추어 수량적으로 상당히 열세라도 질적으로 우세하면 거부능력의 충분성이 유지될 수 있다. 합리적으로 생각하면 거부적 억제는 가상적국의 침략을 완전히 배제하고 패배시킬 수는 없다 하더라도 그 성공을 불가능 내지는 지난하게 할 수 있을 정도의 거부능력을 갖추고 있으면 성립된다고 할 수 있기 때문에 가상적국의 재래식 전력과의 '실질적 동등'을 유지할 정도의 방어력을 보유하면 충분한 거부능력을 확보하게 된다(近藤三千男, 1978: 20~21 참조).

'자국지향 가능전력 거부방식'은 가상 적의 영토 가운데, 자국에 가까운 지역에 주둔하는 재래식 병력 중 자국을 향해 동원 가능한 것으로 판단되는 병력에 대해서 볼 때, 침략을 수행할 수 있는 최대 규모의 재래식 전력을 기준으로 삼고, 여기에 충분히 대처할 수 있는 재래식 전력을 보유하는 방식이다.

'가장 개연성이 높은 침략형태 대처방식'은 가상 적국이 행할 수 있는 침략형태 가운데 가능성이 가장 큰 침략형태(가령 전차부대를 이용한 기습전)를 상정하고 그 경우 대처하는 데 충분한 재래식 전력을 보유하는 것을 말한다. 이 대응방식에서는 가상적국의 국제환경, 내부 사정, 전력구성 및 자국의 지리적 위치, 전략적 가치, 동맹국 지원공약의 신뢰성 등을 검토해 어떤 침략형태가 가장 가능성이 있는가를 따지게 된다.

2) 핵억제론의 허구성과 근본문제

양심적인 국제정치학자들은 핵억제이론이 불합리와 모순에 찬 이론임을 오래전부터 논증해왔다. 미국, 영국 등 서방의 핵정책의 입안이나 집행에 직접 관여한 사람들 또한 현장에서 느꼈던 핵억제 전략의 도발성과 호전성을 증언하고 있다.

(1) 신뢰성에서 비롯되는 핵억제론의 근본모순

핵억제론에서는 핵전쟁을 어떻게 싸워서 승리하느냐는 부차적인 문제이고 전쟁행위의 사전억제가 우선임에도 전쟁수행과 승리 문제가 당면한 문제가 되는 모순을 안고 있다. 그것은 핵억제의 신뢰성 문제에서 비롯된다.

핵무기는 그 가공할 파괴력 때문에 과연 보복위협을 실행할 수 있는가 하는 문제가 있다. 이는 핵무기의 규모나 성분과는 관계가 없고 핵무기의 사용 또는 불사용에 관한 정치적 판단, 즉 정치적 의지의 문제다. 또 핵억제는 어느 나라가 특정한 행동을 하려고 할 때 그 행동이 매력 없게 만들어 행동을 단념시키는 것이기 때문에 기본적으로 심리적 현상이다. 따라서 핵억제는 억제측의 확고한 보복실행 의지 그리고 억제측이 실행을 할 거라는 피억제측의 믿음 두 가지를 전제한다.

핵보복의 위협을 상대가 믿기 위해서는 그것이 객관적으로 가능하게끔 군사력이나 전략구상이 뒷받침되어야 한다. 보복의 의사를 명시하는 것은 일단 유사시에 핵전력을 실제로 발동하고 핵전쟁에 돌입할 각오가 없으면 안 되며, 그러한 각오가 되어 있다면 논리적으로 핵전쟁에서 이겨 살아남을 수 있는 체제의 정비를 도모해야 하며 더욱이 이러한 것을 상대에게 확인시키는 것이 필요하게 된다. 단지 핵전력을 갖고만 있고 실제로 발동할 준비가 없으면 '종이호랑이'에 지나지 않으며, 상대의 행동을 효과적으로 억제할 수 없다.

억제력(deterrent)으로서 핵무기의 신뢰성(credibility)은 핵 폭발력의 크기만이 아니라 보복공격의 즉각성에 있다. 핵억제 기능에 만전을 기하려면 평시부터 적의 공격이 시작하기 전에 보복공격 목표를 설정하고 보복공격(사실상 선제공격) 준비를 해두어야 하기 때문이다. 핵억제는 "단순한 공포의 균형에 의존하지 않고 실제로는 상대방과의 핵 교환 시 승리할 수 있는 공격적 전략을 내포"(이삼성, 1993: 398)[2]한다.

억제정책의 역사를 보면 억제전략과 억제장치는 일관되게 잠재적국과의 '파국적 간극'을 끊임없이 상정한다. 즉, 적국은 생각할 수 있는 최악의 의도가 있고, 새로운 군사전략과 무기기술을 개발할 최고의 능력을 갖추고 있다고 상정하는 것이다. 그리고 이런 적국과의 간극을 방치할 경우 잠재적국이 이를 자신의 의도대로 이용할지 모른다고 생각한다. 또 적국은 단지 기술적으로 뛰어난 무기체계를 장비하고 있을 뿐 아니라 자국의 정치지도자라면 광기로 여겨질 뿐인 모험도 서슴지 않는 것으로 가정된다.

미소 양 초강국은 핵전쟁을 해서는 결코 안 된다고 엄숙히 선언하면서도 각기 그럴 필요가 있을 때는 실제로 싸울 준비가 되어 있다는 인상을 전달함은 물론 그러한 가능성에 대비하는 것이 불가피하다고 생각했다. 각자는 그렇게 함으로써 적국이 실제로 공격적인 핵전쟁을 준비하고 있다는 것을 믿도록 속일 수 있었을 것이고 그 때문에 '기습공격을 받게 될 것이라는 두려움을 서로에 대해서' 품을 수 있게 된 것이다(Bjørn Møller, 1995: 253).

즉 핵억제론은 핵사용을 포함한 전쟁의 사전억제를 목표로 하면서도 논리적으로 전쟁발생이라는 '최악사태'에 대한 대응과 핵전쟁에서 이겨 살아남을 가능성의 추구와 결합되어 있다.

(2) 억제정책의 반평화성: 비군사적 수단(비적대적 수단)을 배제하고 징벌을 절대화한다

억제정책은 징벌을 유일한 정책 수단으로 여긴다. 억제정책은 비군사적

---

2) 핵억제 전략 자체가 내포하는 전쟁유발 요인에 대해서는 396~405쪽 참조.

(비적대적) 수단을 통한 억제의 가능성을 봉쇄하고 외면한다. 그리고 억제 정책은 기본적으로 자신은 형사재판관이고 상대는 범법자라는 구분법에 기초해 있다.

"대부분의 (억제이론) 분석을 관통하는 공통적 주제는 억제전략의 한결 같은 편향성인데, 단 하나의 정책수단, 즉 징벌을 강조한다는 것이다" (Mccgwire, 2006). "억제는 오로지 부정적 제재 또는 위협에 초점을 맞추며 또 바람직하지 않은 행위를 막는 데 집중한다. 따라서 억제는 대개 화합관 계보다는 혐오관계에서 흔하고 또 중요성이 있다고 이해하는 것이 보통이 다. 억제측(Imposers 또는 위협 부과자)은 **자신들의 마음에** 들지 않은 사태가 벌어졌을 때 그의(Targets 또는 피억제측) 행위 및 존재 자체를 반대하고 싶은 바로 그런 대상(Targets)에 대해서 위협을 가하는 것이 보통이다. 이 점에서 억제는 하나의 특별한 세력관계의 사례, 즉 제재를 특징으로 하는 사회적 부정(반대)의 사례라고 할 수 있다. 더욱이 억제는 명백히 부정적인 제재의 구사에 관한 것이다"(Evans and Newnham, 1998: 126).

억제정책은 상대(의 행위)를 범법자로 낙인찍고 징벌을 통해서 상대의 행동을 억제하려는 것이기 때문에 상대에게 일방적인 굴복을 강요하는 것으로 받아들여져 상대의 반발을 자초하기 십상이며 분쟁의 평화적 해결 을 도모하기보다는 극단적인 대결로 몰아가는 경향이 있다.

따라서 억제의 가정(이론)은 상황에 따라서는 위협이 상대(Target)의 행 위를 통제하는 효과적인 수단이 되지 못하고, 거꾸로 자멸적이 될 수 있는 심각한 문제점을 안고 있는 이론이다. "위협을 받는 자(Target)는 자기를 위협하는 동기가 위협부과자의 자기방어의 필요 때문이 아니라 자신을 해치려는 강한 희망에서 비롯된다고 보통 생각한다. 또 위협은 위협을 받는 자의 입장에서 자신이 개입할 자격이 있다고 생각하는 합법적인 행위 를 막기 위한 기도로 받아들일 수 있다"(Evans and Newnham, 1998: 127).

합리적 억제이론의 예측과는 정반대로 억제정책이 피억제측의 취약성을 자극해 억제 실패로 이어지는 것은 이런 억제정책의 부정 일변도의 편향성 때문이다.

각국은 자국의 안전을 강화하고자 위협정책이나 군비증강 정책을 펴는데 이는 상대국이 군비를 강화하게 만들어 얄궂게도 관계는 더욱 불안해진다. 특히 각기 상대를 위협하는 억제정책은 연쇄적으로 적대감을 쉽게 상승시킨다. 위기 때에는 상대의 무기체계나 군사행동이 방어적인가 공격적인가를 구별하기 어렵게 되며 가령 어느 한쪽이 방어적 의도에서 취한 정책이나 행동도 다른 한쪽에는 공격적인 것으로 받아들여지기 쉽다. 그 결과 억제정책은 합리적 억제론자들이 예측하듯이 상대국(피억제측)의 절제를 가져오는 것이 아니라 피억제측에게 도발로 인식되어 피억제측의 행동(무력사용 등)을 강요하게 되어 억제 실패를 낳는다.

억제이론은 피억제측이 억제측의 군사력이나 의사결정능력에서 '약함'을 탐지해낼 때 억제가 실패한다고 본다. 하지만 현실에서는 흔히 억제측의 '강함'이 피억제측에게 공포감을 갖게 해 피억제측이 공격적 대응에 나서도록 촉발함으로써 억제가 실패한다. 억제국의 '강함'이 의심되어서가 아니라 거꾸로 억제를 당하는 측이 자신의 전략적 취약성에 자극받아 그 취약성을 상쇄하기 위해 일종의 공황상황에서 일방적인 결심이나 희망적 관측에 의거해 억제이론이 말하는 이해득실을 따진 선택과는 정반대의 선택을 하게 되고, 그 결과 억제가 실패한다.

쓰치야마 지쓰오는 이런 사례로 1973년 4차 중동전쟁 때의 이집트의 선제공격과 1982년 포클랜드분쟁 때의 아르헨티나의 대응, 1941년 미일 위기 때의 일본의 대응, 1914년 제1차 세계대전 직전의 러시아의 군대동원에 대한 독일의 대응(선제공격)을 꼽고 있다.

(3) 핵억제가 평화를 가져왔다는 주장의 허구성

핵억제가 실제로 기능하는가 하는 문제에 대해서 여러 연구가 역사적으로 그렇지 않았다고 지적한다. 2010년 5월의 NPT 평가회의 때 제출된 스위스정부의 연구보고서[3]는 핵억제가 기능하지 않는다는 역사적 사례들을 구체적으로 적시하고 있다.

이 연구는 최초이자 유일하게 핵무기가 전쟁에 사용된 예가 미국의 히로시마와 나가사키의 원폭투하인데 "히로시마와 나가사키의 파괴가 1945년에 태평양전쟁을 끝내지 못했으며 사실은 소련의 8월 8일 대일 선전포고가 전쟁 종식을 가져왔다는 명백한 증거가 있다"고 말한다. 그러면서 "원폭투하는 일본 참모부와 정부의 전쟁수행 의지에 별 영향을 주지 못했다(도쿄에 대한 소이탄폭격도 마찬가지였다). 사실을 말하면 소련의 대일 선전포고가 태평양전쟁을 종식했다. 오직 그 지점에서, 일본은 두 개의 전선에서 동시적으로 싸워서는 승리할 수 있는 상황이 아님을 깨닫게 되었기 때문이다"(James Martin Center For Nonproliferation Studies, 2010: 13)라고 적고 있다.

또 이 연구는 핵무기가 별 효력을 주지 않는다고 하면서 그 예로 제2차 세계대전 뒤 4년간(1945~1949)의 미국의 핵 독점이 별 외교적인 영향을 미치지 못했다는 사실(동유럽에 대한 소련의 점령과 장악을 막지 못했던 것, 소련이 베를린을 봉쇄할 만큼 두려워하지 않았던 것, 중국에서 공산정권이 수립된 것 등)과 1956년 10월 수에즈 위기 때 영국 핵무기가 '균형자'로서 기능하

---

3) James Martin Center For Nonproliferation Studies, *Delegitimizing Nuclear Weapons: Examining the validity of nuclear deterrence* (2010.5.) p. v. 이 연구보고서는 스위스 정부의 의뢰로 작성되었으며 2010년 NPT 평가회의 때 제출되었다.

지 못한 것, 핵무기가 그 보유자에게 전쟁에서 결정적인 군사적 우위를 주지 못한 사실(미국이 한국전쟁에서 비기고 베트남전쟁에서 패배한 것, 소련이 아프간전쟁에서 굴욕적인 패배를 맛본 것, 미국이 베트남전쟁 이후 코소보, 걸프전, 아프간과 이라크에서 전투를 벌였지만, 어느 전쟁에서도 미국의 적이 겁먹고 항복하지 않았고 또 실제 핵무기 사용이 검토되지 않은 것 등)을 들고 있다.

또 이 연구는 핵무기 보유가 재래식 공격을 억제하지 못했다고 하면서 그 예로 욤 키푸르 전쟁(1973년 중동전쟁)과 포클랜드 전쟁에서 핵무기를 가졌거나(영국) 가진 것으로 알려진 나라(이스라엘)가 핵무기를 갖지 않은 나라들의 공격을 받은 사실을 들고 있다.

또 이 연구는 "핵무기의 유용성에 대한 가장 강력한 논거는 아마도 냉전 시기 핵억제가 평화유지에 기여했다"라는 것이지만 "일반적 믿음과 달리 냉전 시대 핵무기가 평화를 지켰다는 것은 증거가 없다"고 말한다. "미소 양쪽이 작성한 모든 전쟁계획은 다른 쪽이 공격을 개시했을 것이라는 개념에서 진행된다. 만약 공격이 계획되었다는 증거가 없다면 핵무기가 그것을 막았다고 우리가 과연 가정할 수 있는가?"라고 반문한다. "냉전 기간 (서방측이) 공격을 받을까 두려워했고 또 적이 언제나 공격을 준비하고 있는 것으로 의심되었"지만 "이런 위협인식은 공격 계획(의도)과는 다른 문제다"라고 지적한다. 그리고 "1970년대 후반과 1980년대 초 이른바 과장선전된 소련의 선제공격태세라는 것도 (소련의) 일련의 잘못된 결정과 기술적 결점에서 비롯된 것이고 또 소련군이 매우 다른 형태의 무기 저장고를 건설하고 싶어했다는 점에서 의도된 것이 아니었음이 입증되었다"고 말함으로써 소련의 선제공격에 대한 서방측의 위협인식 자체도 잘못된 것임을 지적하고 있다.

마이클 맥과이어 역시 핵무기와 관련된 서양인들의 두 가지 잘못된 통념으로 냉전 시기 핵무기가 평화를 유지했다는 것과 핵억제정책이 아무런 해악을 끼치지 않았다는 것을 지적한다(Mccgwire, 2006: 780~781 참조). 그는 핵억제가 아니었다면 소련이 유럽 나토(NATO)를 침공했을 것이란 주장이 성립하려면 첫째 소련이 유럽에서 군사적 공격을 할 열망과 능력을 갖추고 있어야 하며 둘째 소련이 재래식 전쟁의 전망하에서는 군사공격을 감행했을 것이라고 보아야 한다고 말한다.

하지만 두 번째 가정과 관련해 그는 본질적으로 미심쩍은 가정이라고 말한다. 그는 제2차 세계대전 때 러시아와 그 인민이 겪은 대파괴의 참상을 생각할 때 황폐화된 유럽을 얻기 위해 제2차 세계대전 때와 같은 대가(대파괴)를 충분히 치를 만하다고 소련이 생각했으리라고 우리가 가정하는 것이 온당한가? 또 그러한 전쟁이 소련의 다른 목표, 가령 국력과 본토번영의 회복이나 소련의 세계적 지위의 향상, 국제공산주의운동의 촉진에 어떤 긍정적 영향을 주었을까? 하고 묻는다. 그리고 첫 번째 가정은 두 번째의 가정만큼이나 입증하기가 쉽지 않다고 말한다. 그는 소련의 영토 팽창 열망 가정은 제2차 세계대전 뒤 수많은 전략적 지역에서 소련군대가 철수한 사실과 배치된다고 말한다. 또 그는 소련이 전쟁할 유인(동기)을 찾기 어려우며, 소련이 전쟁할 능력을 갖추고 있었다고 보기도 어렵다고 말한다.

(4) 핵억제가 아닌 자발적 억제(자기억제)가 평화를 가져와

제2차 세계대전 후 미군부가 국지전에서 핵무기 사용을 여러 차례 검토하면서도 결국 사용하지 않은 것은 소련의 보복을 두려워했기 때문이라기보다는 미국 수뇌부가 핵사용의 필요성을 확신하지 못했기 때문이다(土山實男, 2004: 180).

캔버라보고서는 "한국전쟁 때 미국은 두 번이나 핵무기 사용을 검토했다. 그때 미군은 절망적인 곤경에 처했고 북한과 중국은 핵무기를 전혀 갖고 있지 않았으며 소련은 보잘것없는 핵능력을 보유하고 있을 뿐이었다. 그럼에도 미국은 두 번 다 핵무기를 사용했을 때의 도덕적·정치적 대가 때문에 핵사용을 접었다"고 하면서 "보복가능성이 없는, 아주 유리한 상황에서조차 핵무기 사용이 배제된 것은 정치적·도덕적·군사적 억제 때문이었다"(The Canberra Commission on the Elimination of Nuclear Weapons, 1996: 41~42)고 쓰고 있다. 즉, 미국의 핵무기 불사용은 핵억제(미국과 동맹국에 대한 소련의 핵보복 위협)의 결과가 아니라 한국이나 미국, 중국 등 전쟁 당사국의 민중을 비롯한 전 세계 평화애호세력의 국제여론을 의식하지 않을 수 없었던 미국의 정책결정자들의 '자기억제'의 결과로 봐야 한다.

시마야스히고는 억제이론을 "가장 뛰어난 무기를 가진 자가 적의 침략을 억제하고 평화를 유지할 수 있다는 사상"으로 정의하면서 "핵전쟁을 억제하는 것은 핵무기를 보유하고 있어서가 아니라 전 세계에서 활동하는 평화운동임이 아주 단순명료한데도 억제이론은 이러한 '인간과 기술', '인간과 무기'의 관계를 역으로 생각해 핵무기의 만능을 맹신한다"(島恭彦, 1970: 10)고 억제이론을 비판하고 있다.

(5) 핵무기의 위협 또는 사용의 불법성

핵무기사용의 불법성에 관해서 국제사법재판소에 권고의견을 청구하자는 운동은 민간단체에서 시작되었다. 이 구상은 1986년 뉴질랜드의 한 시민모임의 소집회에서 시작됐으며 1989년 9월 핵무기반대법률가협회(IALANA)는 "핵무기의 사용 또는 사용위협은 전쟁범죄이며 인도에 대한 범죄임과 동시에 국제관습법 및 조약의 여러 규범에 대한 중대한 위반"이라는 것을 확인하고 "모든 유엔회원국이 「유엔헌장」 제96조를 근거로 핵무기사용의 불법성에 관해 권고의견을 내도록 국제사법재판소에 요청하는 유엔총회 결의를 채택하기 위해 바로 행동한다"라는 호소문을 발표했다. 민간단체의 활동과 WHO(세계보건기구) 내의 비동맹국의 협력으로 WHO는 핵무기보유국이 격렬히 방해했음에도 1993년 WHO 총회에서 '건강 및 환경에 대한 영향의 시각에서, 전쟁 또는 기타 무력분쟁 때 국가의 핵무기 사용은, 「WHO 헌장」을 비롯한 국제법하의 국가의 의무를 위반하는 것이 아닌가'에 대해서 권고의견을 요청하는 결의를 채택했다. 1993년 11월에 비동맹국 110개국을 대표해 인도네시아가 '어떤 상황에서 핵무기의 사용 및 위협은 국제법하에서 허용되는 것인가'에 대해서 국제사법재판소의 권고의견을 요청하는 결의안을 유엔총회 제1위원회에 제출했지만 미국과 프랑스 등 핵무기보유국의 압력으로 철회되었다. 그러나 이 결의안은 1994년 12월 25일 49차 유엔총회에서 찬성 78, 반대 43, 기권 38로 통과되었다.

국제사법재판소는 유엔총회가 '핵무기의 위협 또는 사용은 어느 경우든 국제법을 위반하는 것인가'에 관한 권고의견을 요청해온 데 대해서 1996년 7월 8일에 다음과 같이 판결했다.[4]

105항 (2) 총회의 질문에 대해 아래의 방법으로 답한다. C. 「유엔헌장」 제2조 4항(무력 사용 또는 사용 위협의 금지)에 반하고, 또 「유엔헌장」 제51조(자위권 인정)의 요건을 충족시키지 않는 핵무기의 위협 또는 사용은 불법이다(만장일치) ……. E. 핵무기의 위협 또는 사용은 무력분쟁에 적용되는

---

4) 이 판결문 전문은 다음 보고서에 실려 있다. ICJ, "Reports of Judgements, Advisory Opinions And Orders: Legality Of The Threat Or Use Of Nuclear Weapons," Advisory Opinion Of 8 July 1996.

국제법의 규정 특히 국제인도법의 원칙과 여러 규정에 일반적으로(generally) 위배된다. 그러나 현재의 국제법에 비춰 또 이 법정이 파악할 수 있는 사실의 모든 요소에 비추어 볼 때, 핵무기의 위협 또는 사용이 국가의 존망 자체가 위태로운 극단적인 자위상황에서 합법인가 불법인가에 대해 당 재판소는 명확한 결론을 내릴 수 없다(7 대 7 동수로 재판소장이 권한을 행사해).

국제사법재판소의 위 판결은 비록 구속력이 없는 권고의견이지만 핵무기의 위협 또는 사용이 '일반적'으로 불법임을 인정했다는 점에서 큰 의의를 가진다. 그렇지만 위 판결은 '극단적인 자위상황'이라고 하는 「유엔헌장」에는 없는 개념을 사용해 합법인지 불법인지를 판단하지 않는 유보영역을 남겨놓음으로써 그 의미를 축소시키고 있다.

그런데 설사 국제사법재판소의 제한적인 권고의견에 비추어 본다 하더라도 북에 대한 미국(역대정권)의 핵공격 위협은 「유엔헌장」(국제법)에서 규정하는 '자위'와는 거리가 먼 행위로서 – 미국의 핵억제 전략은 뒤에서 보겠지만 자위가 아닌 선제공격을 기조로 한다 – 국제사법재판소의 판결문대로 하면, 미국(또는 동맹국 한국)의 국가존망 자체가 위태로운 극단적인 자위상황이라고 하는 차원에서 이뤄지는 것이라고 도저히 볼 수 없기 때문에, 불법이라고 단정하는 데 어려움은 없다. 북한과 미국 사이의 군사력과 국력을 비교할 때 미국이 북에 의해서 국가 유지 자체가 위태롭게 될 정도로 허약한 국가라고 한다면 이는 웃음거리에 지나지 않을 것이다.

국제사법재판소 판결의 제한적 의의는 핵무기사용의 불법화를 막으려는 핵무기 보유국(특히 미국)의 강력한 압력을 반영하는 국제사법재판소 내의 심각한 의견대립 때문에 빚어진 결과다. 이런 현실 국제정치의 힘 관계를 감안하면 '일반적으로' 핵무기의 위협 또는 사용이 위법하다는 판결은 핵무기 철폐에 대한 세계의 평화애호국민과 국가들, 평화운동단체 및 비동맹국 등의 비등한 여론에 힘입은 것으로 그 의미가 매우 크다고 하겠다.

국제사법재판소의 위 판결은 '핵억제정책'의 부당성을 직접 따지는 것을 목적으로 하지는 않지만 이와 관련해서도 중요한 판단 근거를 주고 있다. 억제정책이 법적 판단의 대상이 될 수 있는가에 대해서는 의문이 있을 수 있다. 자위권은 법률문제일 수 있지만 억제는 정책문제이기 때문이다. 그렇지만 핵무기의 '위협'과 '사용'의 관계는 논의의 대상이 될 수 있다. 국제사법재판소는 '억제정책의 관행에 대해서 주장할 의도가 없다'(판결문 67항)고 말하면서도 '위협'과 '사용'의 관계에 주목해 억제정책을 몇 군데서 언급하고 있다.

국제사법재판소는 무력의 '위협'과 '사용'을 구분하지 않고 양자를 하나로 다룬다. "무력사용계획 그 자체가 불법이라면 무력을 사용할 준비가 되어 있다는 언명도 「유엔헌장」 제2조 4항이 금지하는 위협이 된다"거나 "어떤 나라도 – 억제정책을 옹호하는 나라든 하지 않는 나라든 – 무력사용계획은 불법이지만 무력을 사용하겠다고 위협하는 것은 합법이라고 국제사법재판소한테 주장하는 말을 하지 않았다"(47항).

핵억제의 본질은 위협이다. 물론 이때의 위협은 상대의 대규모 공격을 저지하기 위한 위협이며 타국의 침략에 대한 반격의 권리인 자위권과는 구별된다. 위협이 신뢰성을 갖기 위해서는 핵무기를 사용할 의도에 의해 뒷받침되어야 한다. 이런 관계를 정확히 알고 있는 국제사법재판소는 "여러 나라들이 핵무기 보유 그 자체가 불법적인 무력행사 위협이라는 주장을 제기하고 있"(48항)는 데 대해서 "핵무기를 보유하고 있다면, 그것을 사용할 준비가 되어 있다고 추정하는 것이 정당할 수 있다. 억제정책이 유효하기 위해서는 핵무기를 사용할 의도가 신뢰성을 갖지 않으면 안 된다"(48항)고 말한다. 또 국제사법재판소는 "국제사회의 상당한 부분이 오랫동안

억제정책의 관행을 주장해왔다는 것을 무시할 수 없다"(96항)고 해 판단을 유보하면서도 다른 한편으로 「유엔헌장」 제2조 4항이 금지한 무력 위협 또는 무력사용에 대해서 "어떤 일정한 경우에 무력행사 그 자체가 위법이라면 – 어떤 이유가 있더라도 – 그런 무력행사의 위협 또한 위법인 것으로 이해하는 것이 일관성 있다"(47항)고 주장한다. 국제사법재판소는 핵억제 정책 그 자체에 대한 확실한 말은 하지 않았지만 억제정책을 부인하기 일보 직전까지 접근했다고 평가할 수 있다(杉江榮一, 2004: 132).

2. 미국의 핵억제 전략의 패권성과 침략성

1) 미 핵전략 수립에서의 핵억제론(선제사용불가론)과 핵 선제사용론의 대립

미국 내에서는 냉전 시기 대소 핵전략 수립과 관련해 일찍부터 핵(선제)사용론자와 핵 선제사용 불가론자의 입장이 대립해왔다.

핵 선제사용 불가론자는 상대의 핵공격을 단념시키는 것이 핵억제의 진짜 목적인 이상 상대가 핵공격을 해온 뒤에 핵보복을 하는 일은 있어도 상대가 공격해 오기 전에는 공격을 하지 않는 정책이 억제의 신뢰성을 높이고 국제체계를 안정시킨다고 주장한다. 이들은 핵공격에 대한 방위는 불가능하다고 보며 핵의 맞교환을 상정하지 않기 때문에 핵방위에는 별 의미를 두지 않는다. 반면 핵 선제사용론자는 핵의 맞교환을 상정하기 때문에 핵공격으로부터 자국의 도시나 미사일을 방어하는 것을 생각하지 않을 수 없고, '피해제한전략'을 필요로 한다.

핵억제론자(핵 선제사용 불가론자)는 핵보복 공격의 가능성을 확보함으로써 상호 핵공격을 억제할 수 있다고 생각하기 때문에 핵방위는 상대의 핵보복능력을 약화시키고 억제체제를 불안정하게 만든다고 여긴다. 반면 핵사용론자는 핵억제가 핵사용을 전제로 하는 이상 핵을 사용할 때 어떻게 그 피해를 최소화할 것인가, 즉 방위를 중요한 문제로 여기기 때문에 핵방위체제를 갖추는 것이 결과적으로 억제의 신뢰성을 높인다고 주장한다.

핵억제론자(핵 선제사용 불가론자)는 핵시대에 적의 핵공격에서 도시를 지키는 것은 불가능하기 때문에 핵공격을 받지 않기 위해서는 사후적으로 핵보복공격의 가능성을 보이는 이외에는 방법이 없다고 생각한다. 또 핵 선제사용 불가론자는 어느 쪽이 더 큰 피해를 보는가가 기본이었던 핵시대 이전의 전쟁논리가 핵전쟁에서는 의미를 잃었다고 보면서 핵무기의 상대적 우위라는 개념을 환상이라고 비판하고 최소억지를 주장했다. 또 이들은 미소 양국의 핵이 일정량에 달하면 그 이상의 핵은 효용을 잃기 때문에 미소 양국의 핵보유가 반드시 핵군비 경쟁을 낳는 것은 아니라고 하면서 '억제력의 균형'이 평화를 보증하는 데 최선이라는 관점을 가졌다.

이에 반해 핵 선제사용론자는, 이는 기본적으로 미군의 지지를 받았는데, 핵 제1격을 선택지에서 제외하지 않았으며 장래 핵전쟁 발발의 위기 때에는 핵기습을 고려했다.

핵(선제)사용론자는 핵전쟁에 대비해 핵무기를 사용할 태세를 갖추는 것이 오히려 억제를 강화한다고 주장한다. 상대가 핵무기를 사용하기 전이라도 핵의 선제공격이 가능한 태세를 유지함으로써 그만큼 상대는 핵공격하려는 경우 입을 피해를 크게 예상해야 하므로 결과적으로 억지의 신뢰성은 강화된다고 주장한다.

억제 실패 뒤 대응과 관련해서 핵 선제사용 불가론자는 보복 이외에는 별 주의를 기울이지 않은 데 반해 핵사용론자는 적의 공격을 요격하는 적극적 방어를 중시했다. 핵 선제사용 불가론자는 핵 미사일방어의 무용성과 부당성을 지적해온 반면 핵사용론자는 시대를 달리해 핵미사일방어를 집요하게 추구했다.

미국의 핵억제 전략은 기본적으로 핵 선제사용론자의 입장에 서서 전개되어왔다. 유연반응전략이나 상쇄전략, 대통령지령 59 등의 전략 또는 공식 문서는 다 핵 선제사용론자의 논리를 따르고 있다. 냉전이 끝난 뒤 현재도 미국의 핵전략은 핵사용론 입장이다.

2) 미국의 냉전 시기 핵억제 전략

미국의 전략개념은 핵무기를 독점하던 1945년부터 1950년대 초까지 투하형의 핵무기를 단지 재래식 폭탄의 연장으로 간주했다. 이 시기에 미국은 서유럽의 방어를 위해 핵무기 선제사용을 약속했다.

미국의 핵독점이 소련의 1949년 원폭실험으로 끝나면서 미국은 핵전쟁 억제를 고려하게 되었다. 아이젠하워 정권은 한국전쟁이 끝나고 국방비 삭감 압력이 높아지자 군사비를 낮추면서 소련 위협에 대항하기 위해 핵에 우선순위를 두는 뉴룩정책을 1953년에 표방했다. 이어서 덜레스 국무장관은 1954년 1월 대량보복전략(1954~1961)을 발표했는데 이는 소련이 서유럽을 공격할 경우 대량의 핵무기로 소련의 주요 도시와 산업시설에 대한 전면적이고 동시적인 대규모 핵 보복공격을 실시한다는 전략이다. 대량보복전략은 소련 및 동유럽이 재래식 전력에서 서유럽을 압도하고 있던 상황을 배경으로 한다. 이 대량보복전략은 국지전쟁도 포함해 언제 어디서나 핵무기를 사용한다는 핵중심 전략으로 결정적인 핵우위에 서서 선제공격도 불사한다는 입장이었다. "핵독점체제가 무너졌을 때도 미국은 핵 선제사용정책을 계속 유지했다. 나토도 1954년에 이 정책을 채택했으며 소련의 재래식 무기 공격에 대해서 전술핵의 선제사용으로 대응한다는 방침을 정했다"(Green, 2000: 50).

그런데 소련이 1957년 인공위성 발사로 미국을 직접 타격할 수 있는 능력을 갖추게 되면서 케네디 정권은 대량보복전략을 대체해 유연반응전략(1961~1965)을 채택한다. 유연반응전략은 '공격을 격퇴하는 행동을 단계적이거나 제한적으로 취하는 전략'이다(Ali, 1989: 74). 이 단계적 전략은 제3세계의 비정규전부터 미 본토에 대한 핵공격에 이르기까지 적의 도발 형태에 맞춘 군사력의 발동 태세를 갖춤으로써 도발을 억제한다는 전략이다.5) 이 전략은 한편으로 미소 핵전쟁 수행의 가능성을 남겨두고 또 한편으로는 각 수준의 전쟁을 억제하거나 또는 전쟁이 일어난 경우 현실적인 대처수단으로 재래식 전력의 강화를 강조했다. 나토 군사위원회는 이 전략을 1968년에 채택했는데 모든 공격에 대해서 핵으로 보복하는 것은 지나치게 위험하다는 판단에서 소련의 서유럽 침공에 대해서 첫 단계에는 직접적인 재래식 방어로 대응하고, 다음 단계에서는 전술 및 전구(戰區) 핵무기를 사용하며(제한전쟁전략), 그다음 단계에서는 전략 핵무기를 동원한 전면 확전(대량보복전략)으로 나아간다는 전략이다.

맥나마라 국방장관은 미국이 폭격기, ICBM, SLBM의 3각 전략핵체계 구축을 완료한 데 의거해 1965년에 '확증파괴전략'(1965~1967)을 표명했다. 이 전략은 소련의 제1격에서 살아남아 소련 인구의 25%, 산업의 50%

---

5) 1962년 2월 맥나마라 국방장관은, 흐루쇼프가 전쟁의 형태를 세계전쟁, 지역전쟁, 해방전쟁 및 대중봉기의 3종류로 나눈 것을 받아서 "흐루쇼프가 우리에 맞서 준비했다고 한 여러 군사적 도전에 균형을 맞추어 광범하고 실질적인 선택이 필요하다는 것은 명확하다"라고 하면서 지금까지 핵억제 이외의 수단을 갖지 못한 지역이 소련의 위협을 받아 항복하지 않도록 하기 위해 "적절한 수준의 비핵전력이 한정된 도전에 대처할 수단을 제공한다"고 설명했다.

를 확실하게 보복, 파괴한다는 전략이다. 이 '확증파괴전략'은 1967년에 '상호확증파괴(MAD)' 전략(1967~1974)으로 발전하게 되는데 MAD는 미소 양 대국이 각기 보복 제2격 능력을 확보해 어느 쪽도 선제기습공격을 삼가지 않을 수 없는 상호억제 상태를 말한다. 상호확증파괴는 각자가 상대방을 파괴하기에 충분한 핵무기를 갖고 있으며, 어느 한쪽이 어떤 이유로 다른 쪽의 공격을 받을 경우 동등한 또는 그 이상의 전력으로 보복한다는 가정 위에 서 있다. 미국과 소련 양국의 도시·공업 지대를 상대의 핵공격에 취약하게 내버려두는 것(대가치 전략)이 오히려 핵공격을 억제하는 데 효과적이라는 사고를 바탕으로 한 이 전략은 1960년대 이래 미국의 핵억제 전략의 기초가 되었다.

이 상호확증파괴 전략은 미소 사이의 전략핵 균형이 성립하고 「ABM조약」과 「SALT 1」이 1972년에 체결되면서 닉슨정권에 의해 수정되기 시작한다. 「SALT 1」 체결 이후 대략 10년간 소련의 전략핵 전력이 급격히 성장해 1980년대 초에는 양적 질적으로 미국과 균형을 달성하는 기간이었다. 이 시기 미국은 소련과의 핵균형을 유지하는 가운데 핵억제 전략을 추구했다.

닉슨은 1971년 '전략적 충분성'(1971~1974)을 제시했다. 닉슨은 전략핵을 통한 확증파괴전략이 필요하기는 하지만 미국의 전략핵이 모든 사태에 충분히 대응하기 위해서는 핵전력의 선택적 활용이 필요하다고 말했다. 이를 받아 슐레진저징거는 1974년에 제2격의 목표의 중점을 도시에서 소련 군사시설로 옮기는 공격목표의 변경(targeting doctrine)을 발표했다. 이는 신중하게 선정된 군사목표에 대한 보복을 단계적으로 가함으로써 핵전쟁이 전면전에 이르기 전에 핵전쟁을 종결(제어)시킨다는 전략으로 '제어된 반격(controlled response)' 또는 '유연한 전략적 반응(flexible strategic response)' 전략으로 불린다.

이 전략 역시 이전 전략처럼 핵무기의 선제사용을 전제로 하고 있다. 슐레진저는 1974년 기자회견 때 소련의 전략병력에 대한 선택적 공격에 한해서 핵 선제사용이 있을 수 있음을 인정했다(山田浩, 1979: 194).

닉슨 정권의 상호확증파괴전략의 수정을 계승한 카터 정권은 소련의 핵전력이 미사일 수와 총 파괴력에서 우위에 있음을 지적하고 "소련의 어떤 수준의 공격이든 그것을 상쇄하기에 충분한 반격력을 갖춘다."라는 상쇄전략(1979~1981)을 표방했다. 카터가 1980년 7월에 「대통령지령 59호」(PD59)에 서명함으로써 상쇄전략의 시행지침이 마련되었다. 상쇄전략은 소련의 대도시 공격을 억제하는 것만이 아니라 전면전 이하의 핵공격 가령 미국의 ICBM이나 서유럽에 대한 소련의 공격도 억제하는 것을 목표로 했다. 그리고 이 점이 이전과 구별되는데 누구나 생각하고 있던 몇 시간 또는 며칠간의 전쟁이 아니라 몇 개월 지속되는 핵전쟁수행능력을 미군이 가져야 한다는 전략으로 '상호확증파괴'로부터 궁극적으로 결별하는 것이었다.

카터는 미국이 지구적인 핵전쟁수행능력을 갖추려면 핵전쟁에 견딜 수 있는 C3I체계가 필요하다고 했다. 미국의 전략적 전력의 최저필요조건이 확증파괴에서 지구력으로 대체된 것이다. 이는 컴퓨터, 위성, 레이더, 통신망이 갑자기 미사일, 비행기, 잠수함과 똑같은 우선성을 갖게 되었음을 뜻한다.

미 전략공군사령관 베니 데이비스(Bennie L. Davis)는 1982년 의회에서 미국은 적어도 2년 전(1980년)에 상호확증파괴정책을 포기했으며 지금의 정책은 '대병력전략(counterforce)' 또는 '전쟁수행'이며 이 두 용어는 동의어라고 진술했다.

그러면 "카터가 핵공격에 반격하는 비상계획을 근본적으로 변경한 것인가? 「PD59」는 이전과 근본적으로 다른 혁명적인 조치인가 아니면 히

로시마와 나가사키 이래 존재해왔던 미국의 핵전쟁계획의 점진적인 변화일 뿐인가?" 아킨은 이렇게 자문한 뒤 "핵시대가 시작된 때부터 대통령의 수사와 실제의 핵전쟁계획 사이에는, 즉 정부의 언동과, SIOP(단일 통합핵전쟁계획)가 이행될 경우 실제 발생하게 될 결과 사이에는 언제나 차이가 있었다"(Pringle and Arkin, 1983: 41)고 말함으로써 카터의 전략이 이전 미국의 핵전쟁계획의 연장선에 있음을 분명히 밝혔다.

1980년대(신냉전기)는 미국이 핵우위를 상실하고 미소 간 핵균형이 확고해진 시기다. 미국은 1970년대 데탕트 시기에는 핵균형 속에서 질적 우위를 유지했으나 1980년대 들어서 양적·질적 측면에서 소련과 대등한 전략핵의 균형을 이루게 되었다. 그에 따라 전략핵의 억제력이 급격히 저하된 반면 재래식 전력의 중요성이 부각되었다. 한편 1981년 무렵에는 상호파괴의 옛 개념이 하도 많은 새로운 사태들을 의미하는 것으로 쓰여 상호파괴가 최악의 사태(전면핵전)를 상정하는 것인지 아닌지가 분명치 않았다. 즉, 핵무기의 '정밀성이 높아져' 이제 대량파괴의 위험성이 수반되지 않는 소규모의 제한 핵전쟁에서 사용할 수 있는 사태(상호파괴)도 있을 수 있게 된 것이다.

레이건은 1981년 5월에 '(복수전선) 동시다발(반격)'(1981~1988) 전략을 채택했다. 이 전략은 어떤 지역이나 어떤 차원의 전쟁에 관계없이 적(소련)의 취약점에 대한 반격과 적의 연합된 군사위협에 대한 동시적 우세를 추구한다는 전략이었다. 소련의 전 지구적인 공격에 대응하기 위해 세계 곳곳에서 재래식 전쟁을 수행하는 것을 목표로 했으며 전통적인 단기결전 개념을 부인하고 제2차 세계대전식의 장기전 개념을 도입했다. 이 동시다발전략은 전시에 수세적 방어에 머물지 않고 전쟁의 결과를 좌우할 적의 영토와 군사시설을 공격함으로써 적을 패퇴, 격멸시키는 공격적 전략이다.

레이건은 핵전략에서 '상쇄전략'을 넘어서 우위(승리)전략을 추구했다. 레이건은 장기핵전쟁을 수행할 핵전력을 가져야 할 뿐만 아니라 이 전쟁에서 소련에 승리한다는 전략목표를 세우고 수 주 동안이 아닌, 몇 개월 계속되는 장기의 제한핵전쟁에서 '싸워서' '승리한다'는 장기핵전쟁승리 전략을 채택했다. 레이건은 장기핵전쟁 승리를 위해 핵전력증강과 스타워즈계획으로 유명한 전략방위구상(SDI)을 추진했다. 이 SDI는 소련의 1차 공격능력을 무력화하고 핵능력의 압도적 우위와 핵전쟁에서 생존(승리)의 필요성을 확보하겠다는 것으로 상호확증파괴(보복적 억제)에서 방어(거부적 억제)로의 변화를 시도한 것이다.

냉전 시대 미국의 핵억제 전략은 사실상 핵전쟁계획이었다. 1949년에 작성된 미국 국방부의 전쟁계획은 미소 간 전쟁이 일어날 경우 핵을 선제사용하는 계획을 담고 있었고 NSC-68도 핵 선제사용 불가 입장이 소련에 큰 약점으로 인정되고 동맹국에는 방기 의도로 비친다고 비판하고 있다.

1960년에 처음 작성된 SIOP(단일 통합핵전쟁계획)는 미국의 하나로 통합된 핵전쟁계획으로 미 3군의 핵부대의 핵무기사용을 예정한 유일한 전쟁계획이며 또 태평양, 대서양과 유럽에 전개된 미군 그리고 영국의 핵전력까지 포함한 포괄적(통합적) 핵전쟁계획이다.

1950년대 미 전략공군사령관을 지낸 르메이는 SIOP의 목적이 "소련의 대미 핵공격을 절대로 허용하지 않는 유사계획을 짜는 것"이며 "선제행동역시 전략적 선택방안의 하나"였다고 증언했다. 이 증언은 미국의 핵억제 전략이 사실은 핵전쟁 수행전략일 뿐이며 그것도 선제공격을 배제하지 않는, 전쟁억제가 목적이라기보다는 실제 대소 핵전쟁에서 승리하기 위한 대소련 핵전쟁 승리전략임을 말해준다.

3) 냉전 이후 미국의 핵억제 전략

냉전 종식과 함께 러시아(소련)와의 전면 핵전쟁 가능성은 사라졌다. 미국의 억제 전략은 소련과의 전면전에 대비하는 것에서 지역분쟁을 억제하는 것으로 초점이 이동했다. 1993년의 『미전력구조의 전면재검토(Bottom up Review)』는 공산주의 붕괴에 의한 '대소봉쇄로부터의 전략전환'과 '미국의 새로운 지역적 위험'에 대비해 (소련과의 전쟁이 아닌) 2개의 대규모 지역분쟁을 수행할 수 있는 전력 보유를 제시했다. 클린턴 정권은 걸프지역과 한반도를 이런 주요전구전쟁 지역으로 지목했다.

1994년 국방부가 발표한 「핵태세검토보고서」(첫 번째 NPR)는 "(미국의) 핵태세를 재구축할 때 대처해야 할 문제"의 하나로, 러시아 기타 신흥국에서 진행 중인 정치적·경제적 개혁이 불안정하기 때문에 구소련의 여러 나라의 핵구성물과 핵물질에 특별한 관심을 기울여야 함을 강조하면서 냉전 후의 불확실성과 불안정 요인의 하나로 구소련의 여러 나라에 남겨진 대량의 핵무기와 핵물질이 러시아에서 유출될 위험을 들고 있다.

냉전 뒤 '지역적 불안정'과 '핵물질 및 기술의 유출 우려'를 안보환경의 위협 요인으로 바라본 미국은 이에 대처하기 위한 정책으로 '대확산정책'과 '협력적 위협삭감계획'(구소련의 핵무기 해체와 핵무기산업의 민수생산으로의 전환을 원조하고 구소련의 전력구조를 축소하는 계획)을 추진했다.

그런데 미국의 군사전략에 변화가 있었음에도 핵무기의 역할에는 사실상 아무런 변화가 없었다. 다만 핵무기 역할의 강조점이 소련의 핵공격을 억제하는 데서 이른바 제3세계의 '불량국가'에 대량살상무기가 확산되는 것을 저지하는 데 두어지게 되었다. "1994년에 핵태세 검토보고서가 나왔는데 뚜껑을 열어보니 (냉전 전과 비교해) 거의 아무런 변화도 없었다. 미국 안보에서 핵억제의 중요성이 재확인되었고 WMD의 획득과 사용을 억제하는 핵무기의 임무가 대단히 강조되었다"(Green, 2000: 53).

1995년 NPT 연장회의 과정에서 클린턴 정부가 NSA를 재확인했음에도 클린턴 정부 관리들은 "NPT나 그에 상응하는 국제협정의 가입국이 아닐 경우 미국은 핵 선제사용권을 가진다는 입장을 표명했다. 더욱이 선제 핵공격 대상을 확대해 어느 국가가 WMD를 사용해 미국 또는 미국 군대를 공격하면 NSA하의 보호를 거둬들일 수 있다"(CRS, 2008.1.23: 8)는 입장을 취했다.

클린턴은 1997년 대통령 결정명령 「PDD60」에 서명했는데 이는 1981년에 레이건이 발표한 「PD59」를 대체한 것이다. 러시아의 재래식 병력과 산업은 이제 표적에서 제외되고 대신 러시아의 핵전력과 군지도부, 민간 지도부를 파괴하는 데 초점이 맞춰졌다. 러시아와의 핵전쟁에서 승리한다는 목적은 폐기되었다. 한편 중국에 대한 핵공격 표적은 확대되어, 러시아의 경우 제외된 재래식 무기와 산업이 표적에 포함되었다. 또 미국의 핵공격 대상에 몇 개의 지역분쟁이 지정되었다.

1993년에 제3세계의 WMD 표적을 포함시킨 SIOP 개정판이 발간되었다. 그리고 그와 함께 대확산구상이 클린턴 정부 때 최초로 시작되었다. 애스펀 장관은 1993년 12월 「연례국방보고서」를 통해서 "국방부 대확산구상"을 본격적으로 추진했는데, 그 이전까지는 국제적 대량살상무기 확산방지는 주로 국무부가 주도하는 외교적 차원의 비확산 정책, 즉 NPT나 BWC(생물무기금지협약) 및 제네바의정서 등 국제군비통제 규범의 효용성에 의존했다.6)

---

6) "그(클린턴 정부의 대확산정책) 뿌리는 '대량살상무기 확산국가들로부터 방어를 위해 선제군사행동을 포함한 새로운 능력을 개발해야 한다'고 지시한 부시 대통령의 지침(PDD)에 근거한다"(임채홍, 2009: 317).

NFU(Non First Use) 부인정책과 불량국가의 WMD 확산을 억제하는 핵무기 역할은 부시 정부 들어 더욱 강화되었다. 2002년의 NPR(두 번째 NPR)은 상호확증파괴에 의한 억제에서 벗어나 핵을 사용한 방어개념을 중시하고 나아가 핵을 선제의 도구로 사용한다는 기조를 표명하고 있다(박 원곤, 2000: 48). 특히 NFU를 부인하는 데서 더 나아가 선제공격(preemption) 개념을 구체적으로 제시했다. 선제공격은 WMD로 무장한 불량국 가나 테러조직들이 미국과 우방국을 공격하기 전에 먼저 찾아내 공격한다 는 개념이다. 또 WMD 위협에 대해서도 그 해석을 확대했다. 미국의 마이어 합참의장은 2002년 3월 미국의 핵우산의 대상이 되는 것은 파괴력 에 따른 것이지 특정한 무기를 지칭하는 것이 아니라고 하면서 "핵 및 생화학 무기 외 파괴력이 강한 재래식 무기도 WMD에 포함되어 미국의 핵보복 대상이 될 수 있다"고 밝혔다.

2002년 NPR은 핵무기의 영구적 보유와 신삼각체계(New Triad), 7개 국가에 대한 세분화된 핵무기 사용계획을 담고 있다.

이 NPR은 구삼각체계 대신 신삼각체계를 제시했다. 이는 기존의 핵능 력 의존에서 벗어나 다음과 같은 세 가지, 즉 '핵능력과 전략적 재래식 무기를 통합한 공격체계', '미사일방어와 대공방어 등의 적극적 방어와 핵심정보체계 보호 및 조기경보 등의 소극적 방어', '변화하는 안보 소요 에 신속히 대응할 수 있도록 연구시설, 생산능력, 전문인력 등을 증강하는 국방기반체계'를 축으로 핵억제(공격) 전략을 운용하겠다는 것을 가리킨 다. 이는 적이나 동맹국이 미국의 핵공격 전략을 단순한 위협이 아닌 실제 결행될 수 있는 전략으로 인식하게 하려고 핵공격의 문턱을 더욱 낮춘 체제라 할 수 있다.

공세적 타격은 먼저 적을 공격하는 것이고 적극적 방어는 방어라고 하지만 사실은 단순 방어가 아닌 공격에 중점을 둔 방어라는 점에서 신삼각체제의 공격적 기조가 구삼각체제보다 더욱 분명해지고 있다.

또 NPR은 임박한 비상사태, 잠재적 비상사태, 예상치 못한 비상사태 등으로 구분해 핵 사용계획을 밝히고 있다. 세 개의 비상사태(contingen-cies)[7] 중 어느 하나에라도 해당되는 나라들은 북, 이란, 이라크, 시리아, 리비아, 중국, 러시아 7개국이다. 이 중 중국과 러시아를 제외하면 5개 나라는 비핵무기보유국이고 또 NPT가입국(북은 2003년 1월 NPT탈퇴)이다. 부시는 NPR을 통해서 핵 선제사용 전략을 명확히 밝히고 있으며 NSA를 부인하고 있다.

나아가서 부시는 2002년 9월에 「국가안보전략서」를 발표해 테러와 대량살상무기 위협의 제거를 최우선적인 목표로 선정하고 이러한 위협세력에 대해 미국의 단독행동이나 '선제공격'을 공식 천명함으로써 사상 처음으로 '선제공격' 또는 예방전쟁을 국가전략으로 공식화했으며 그럼으로써 핵억제 개념을 완전히 벗어나 선제공격 전략으로 전환했다. 또 2002년 9월 부시는 "미국은 본토, 해외주둔 미군, 동맹국 및 우방국이 대량살상무기로 공격을 당할 경우 핵무기를 포함한 압도적인 무력으로 대응할 권리가 있다"고 밝힌 「국가안보를 위한 대통령작전명령-17」(NSPD-17)에 서명했다(≪워싱턴타임스≫, 2003.1.31). 2002년 12월에는 「WMD 대응전략(National Security to Combat Weapon of Mass Destruction)」을 발표했는데 여기에는 잠재적 적들에게 WMD의 부품이 이전되는 것을 저지하고, 부품이 조립되기 전에 파괴할 수 있도록 군사력과 비밀병력을 이용한 선제공격을 실시하며, 만약 적들이 화생무기를 사용할 경우 가용한 모든 방법을

---

7) "자연재해, 테러, 파괴에 대한 대응으로 군사작전이 요구되는 상황 또는 미국의 국익을 보호하기 위해 해당 기관이 지시한 상황"[*DoD Dictionary of Military and Associated Terms* (2007)]으로 정의되며 '군사대비사태'로 번역되기도 한다.

동원해 보복하겠다는 내용이 담겨 있다.

또 부시 정권은 선제 핵공격을 수행하기 위해 미 전략사령부와 우주사령부를 통합해 미 전략사령부를 재창설하고 여기에 네 가지 새로운 임무, 즉 **미사일방어, 지구적 공격, 정보작전,** global C4ISR 임무를 2003년에 부여했다.

미 전략사령부는 2010년 현재 전략적 전쟁계획으로 「작전계획 8010-08」을 시행 중이다.[8] 「작전계획 8010-08」의 공식명칭은 「OPLAN 8010-08 Strategic Deterrence and Global Strike」다.

'전략적 억제'와 '지구적 공격'은 다 선제공격 전략이다. '전략적 억제'는 '미국의 사활적 이익 및(또는) 국가적 생존을 위협하는 적의 공격 또는 강제를 방지하는 것'(미 전략사령부, 2004.2: 4)으로 정의된다. '지구적 공격'이란 말은 1990년대 확산저지 임무에서 생겨난 새로운 현상이며 적의 WMD 표적을 그것이 사용되기 전에 선제공격해 파괴하는 데 강조점을 두는 선제공격 전략 개념으로 만들어졌다. 2003년 1월 부시 미 대통령 지령은 이 '지구적 공격'에 대해서 "빠르고 더 긴 사거리에서, 정밀한 역학적(핵 및 재래식) 및 비역학적(우주 및 정보작전의 요소) 타격(효과)을 주어 전구 및 국가 목표의 달성을 지원하는 능력"이라고 설명했다.

---

8) 미 전략사령부에 '지구적 공격'의 임무가 부여되면서 그동안 유일한 핵전쟁계획이었던 「SOP」는 2002년에 폐기되고 대신 2003년에 「작전계획 8022」가 작성되었다. 「작전계획 8022」는 2004년에 철회되고 대신 2008년에 기존 개념과 단절한 새로운 「작전계획 8010-08」이 작성된다. 「작전계획 8022」는 지구적 공격 계획인데 이때까지는 전략적 억제와 지구적 공격은 별도로 분리되어 있었으며 전략사령부는 지구적 공격을 신삼각 체계의 공세적 부분(offensive leg) - 핵과 재래식 및 비역학 공격능력(우주와 정보작전)으로 구성된다 - 과 동의어로 간주했다. 그러던 것이 「작전계획 8010」에 와서는 핵억제와 지구적 공격(WMD 선제공격)이 하나의 「작전계획 8010」으로 통합되었다.

특정 지역이나 전구를 대상으로 작성된 전쟁계획(가령 5027)이 "본질적으로 침공이나 공격에 대한 방어적 대응"이라면 지구적 공격 계획은 "공격적인 계획이고, 위협이 임박한 것으로 인지되면 시작되며 또 대통령의 명령으로 수행된다"(Arkin, *Washington Post*, 2005.5.15).

「작전계획 8010」은 6개(중국, 러시아, 북, 이란, 시리아, 9·11 형태의 시나리오)의 적국에 대한 핵 및 재래식 공격 계획을 담고 있다. 그런데 이란, 시리아는 핵을 보유하고 있지 않으며 북은 법적으로는 비핵보유국 지위에 있다는 점에서 선제 핵공격 전략에 입각해 있음을 보여준다.

「작전계획 8010」은 이전의 「SIOP」 및 「작전계획 8044」를 대체한 것이다. 8010은 최초의 실질적인 비SIOP이며 신삼각체계 개념을 사실상 처음으로 적용해 작성된 작전계획이다.

「작전계획 8010-08」은 핵억제 전략의 신뢰성을 높이기 위해 핵전쟁과 재래식 전쟁을 모두 포함함으로써 핵전쟁의 문턱을 낮추고 있다. 또 이 작전계획은 적의 군대, WMD 기반시설, 군과 국가 지도부, 전쟁지원 기반시설을 공격 목표로 정하고 있다. 이는 대병력전략으로 기본적으로 선제 공격에 바탕을 둔 핵전쟁 승리전략이다.

「작전계획 8010-08」은 미국 본토나 동맹국에 대한 임박한 위협이 인지되면 '신속하고, 확장된 사거리를 가지며, 정밀한 역학(핵 및 재래식) 및 비역학(우주 및 정보 작전 요소)' 요소가 가동되는 타격력으로 적의 군사목표를 선제공격해 적의 전쟁(저항)의지를 완전히 무력화하고 그럼으로써 미국의 전구 또는 국가목표의 달성을 지원하는 계획이다.

전략사령부는 2005년에 미국 국방부의 대WMD전을 지휘하는(통합하고 조화시키는) 임무도 부여받았는데 대WMD전 수행을 위해 「개념계획 8099-08 Global Combating WMD Campaign Plan」(지구적 WMD전 전역계획)을 2009년 3월 완성했다.

미 전략사령부의 WMD전은 「개념계획 8099-08」에 따라서 시행된다. "「개념계획 8099-08」은 WMD저지 계획의 입안 – 이는 WMD 저지 임무를 위한 국방부의 특정 지구적 전략계획을 실행에 옮기는 것이다 – 때 공통된 틀과 절차(방법론)를 제공함으로써 미 국방부의 WMD 저지 계획들(가령 「작전계획 5029」 등)과 공조(통합)한다."9)

미합참은 WMD전의 세 축으로 비확산과 확산저지, 사후관리를 들고 있다. WMD 확산저지에는 WMD 차단, WMD 제거, WMD 공세작전, WMD 적극 방어, 화생방핵(CBRN) 소극적 방어 등 다섯 가지 군사작전형태가 있다. 이들 군사작전형태는 선제공격 또는 공격적 작전 개념을 기본으로 하고 있다. 차단은 WMD 운반체계 또는 관련 물질·기술 및 전문지식을 추적하고 중간에 가로채고, 탐색하고, 돌려보내고, 몰수하고, 아니면 통과를 막는 작전이다. 평시 WMD 차단작전은 비군사적 수송수단으로 운반 중인 이중목적의 물질과 전문지식을 중간에 가로채기 위해서 계획되고 실시된다.

WMD 공세작전은 대량파괴무기가 사용되기 전에 그 위협을 좌절시키고 제압하고 또는 파괴하는 행동 또는 대량파괴무기의 후속 사용을 억제하는 행동을 가리킨다. WMD 제거는 적대적 환경 또는 불확실한 환경에서 대량파괴무기 프로그램을 비롯한 관련 능력에 대해서 체계적으로 위치를 파악하고, 특성을 확인하고, 안전하게 지키고, 또 불능화하거나 파괴하기

---

9) Statement of Mr. Kenneth A. MyersIII Director, Defense Threat Reduction Agency and Director, USSTRATCOM Center For Combating WMD on "FY2011 National Defense Authorization Budget Request for the Defense Threat Reduction Agency, Chemical Biological Defense Program, and Counterproliferation Initiatives Before Terrorism, Unconventional Threats and Capabilities Subcommittee Committee on Armed Services U.S. House of Representatives," April 14, 2010, p.5.

위해 취해지는 행동을 말한다. 대량파괴무기 적극방어는 표적을 향해 가는 화·생·방·핵무기 또는 그 운반수단을 돌려보내거나 제압(무력화)하거나 파괴하기 위한 행동을 취함으로써 화·생·방 또는 핵무기의 공격을 분쇄하기 위한 적극적인 조치를 말한다.

화생방핵 소극적 방어는 화·생·방 또는 핵공격 – 심대한 파괴나 대량살상을 낳는 공격 – 에 대한 취약성과 그 피해를 최소화하거나 없애기 위해 취하는 소극적 조치를 말한다. 이 임무영역은 CBRN 환경 속에서 군사작전을 계속할 수 있는 합동군의 능력을 지속하는 데 초점을 맞춘다.

이처럼 미 전략사령부의 WMD전은 기본적으로 선제공격적인 군사작전을 위주로 한다.

확산저지작전 구조(Counterproliferation Operational Architecture)[10]는 연속적 작전형태로서 확산저지 개념을 다음처럼 요약한다. "매개의 NBC무기(WMD)가 사용되기 전에 파괴되면(counterforce) 우리가 요격하거나(적극적 방어) 흡수·완화해야 할(소극적 방어와 사후관리) 무기는 하나가 준다."

미 전략사령부는 WMD를 사용되기 전에 파괴하는 데 초점을 맞춘 공격방안들을 개발했고 확산저지구조 문서도 단도직입적으로 이런 확산저지 원칙을 군사정밀타격(counterforce)의 기획 일반에 적용해 "군사정밀타격은 선제공격 조치 또는 공세적인 대응조치이다"라고 못 박았다.[11]

---

10) 확산저지작전구조는 2002년 4월 26일 미 전략사령부와 미 특수작전사령부가 함께 준비한 문서다. 작전구조(operational architecture)는 "전투수행 기능을 달성하거나 지원하기 위한 과업, 작전요소, 그리고 정보유통 등을 기술한 것"을 말한다〔미국 국방부, 『군사용어사전』(2007.10)〕.

11) Hans M. Kriestensen(2010: 9)에서 재인용.

4) 부시 정권과 별 차이 없는 오바마 정권의 공세적 핵억제정책

오바마 정권은 '핵 없는 세계'나 '핵무기 역할 축소'를 표방하고 있다. 하지만 2010년 NPR(세 번째 NPR)을 보면 핵무기를 아직 포기할 의사가 없음을 분명히 하고 있고 핵무기 역할 축소와 관련해서도 이전 부시 정권보다 약간 진전된 측면이 있긴 하지만 사실상 별 차이가 없다.

2010년 NPR은 "미국과 동맹국, 파트너 국가에 대한 핵공격을 억제하는 것은 미국 핵무기의 근본적인 역할"이라며 "이는 핵무기가 존재하는 한 계속될 것"이라고 규정했다. 이는 미국이 핵무기를 포기할 의사가 없음을 분명히 하는 것이다.

이어 이 문서는 핵무기의 역할 감소에 대해서 "미국과 동맹국, 파트너국에 대한 핵공격 억제를 미국 핵무기의 '유일한' 목적으로 삼는 목표를 가지고, 재래식 무기 능력을 지속적으로 강화시키면서 비핵공격을 억제하는 핵무기 역할을 감소시킬 것"이라고 밝혔다. '비핵공격을 억제하는 핵무기 역할을 감소시킨다'는 말은 핵무기 선제사용 전략을 축소는 할지언정 포기하지는 않는다는 뜻이다.

NPR은 "소극적 안전보장을 받는 국가들이 미국과 동맹국, 파트너국에 대해 생화학무기 공격을 가할 경우 파괴적인(devastating) 재래식 무기의 반격을 받을 것"(미 국방부장관, NPR, 2010.4: 16)임을 밝히고 있다. 이는 비핵보유국의 생화학 무기 공격에 대해서는 미국이 핵무기(선제) 사용을 배제한다는 뜻으로, 생화학무기 공격 때도 핵보복 공격을 배제하지 않는다는 부시 정부에 비해 핵무기의 역할을 줄인 것이다. 하지만 NPR은 덧붙여 "생물무기의 재앙적 잠재력과 급속한 생물공학의 발전속도를 고려하면, 생물무기 위협의 진전과 확산 그리고 이들 위협에 대처하는 미국의 (부족한) 능력에 비춰 그 필요성(정당성)이 인정될 수 있으리라 여겨지는바 미국은 안전보장을 수정할 권리가 있다"(미 국방부장관, NPR, 2010.4: 16)라고 선언함으로써 생물학 무기 공격에 대해서는 경우에 따라 미국이 핵선제사용(공격)을 할 수 있음을 밝히고 있다. 이는 비핵보유국에 대한 소극적 안전보장조차도 제한적임을 드러내는 것이다.

또한 NPR은 "핵무기를 보유하거나 핵비확산 의무를 준수하지 않는 나라들이, 미국 또는 동맹국, 파트너국을 생화학 무기를 이용해 공격하는 것을 억제하기 위해 미국의 핵무기들이 일정 역할을 수행하는 제한된 우발상황은 남아 있다"(미 국방부장관, NPR, 2010.4: 16)고 말함으로써 핵무기보유국 또는 NPT의무 불이행국에 대한 핵 선제사용 가능성을 잔존시켰다. 이 또한 소극적 안전보장이 조건적이고 자의적으로 적용될 수 있는 제한적 개념임을 말해준다.

NPR은 또 확장억제에서의 핵무기의 역할 축소에 대응하기 위해 비핵전력(해외 주둔하는 미국의 재래식 전력과 전구 탄도탄 방어체계)의 억제역할을 증대할 것임을 밝히고 있다. 이는 핵무기의 역할 축소를 보완한다는 명분 아래 미국의 재래식 전력 증강과 공세적 군사태세의 강화를 정당화하는 것으로 미국이 비핵무기국이나 핵무기국에 대한 압도적인 군사력 우세를 변함없이 추구하고 있음을 보여준다.

NPR은 핵무기와 비핵 전략무기를 결합한 공세적인 확장억제전략 기조를 실현하기 위한 방안으로 '핵무기 전진배치 능력 유지 및 B61폭탄 현대화', '해외주둔 미군전력의 보완' 및 '지역 억제 강화 위한 장거리 타격능력의 유지 및 개발 지속', '확장억제의 신뢰성과 효과성을 보장하기 위한 동맹국 및 동반자국가와의 협의 지속 및 확대' 등을 제시하고 있다.

오바마는 신삼각체계 개념의 핵전쟁 전략에 대한 적국의 신뢰성을 높이기 위해 막대한 예산이 소요되는 재래식 전략무기(세계 어디나 1시간 이내에 도달할 수 있는 재래식 전세계 신속타격무기체계로 PGS로 불림) 개발에 매달리고 있다. 미국은 전략적 전쟁계획에 들어 있는 타격목표들 가운데 10~ 30% 정도는 비핵탄두로도 파괴할 수 있다고 한다. 그런데 PGS는 부시 정권 때도 그 도발성 때문에 유보한 정책인데 오바마가 이를 부활시켰다.

한스 크리스텐슨은 오바마 정권에서 시행 중인 OPLAN 8010-08에 대해서 "냉전 시기에 개발된 전략적 표적선정 및 전쟁기획 원칙에 따라 작성된 작전계획이자 클린턴 정부의 핵 독트린을 확장시킨 것이고 부시 정부의 선제공격과 '신삼각체계'의 입장을 견지한다"(Kriestensen, 2010.2: 12)라고 지적한다.

오바마 정부는 미·러 신전략무기 감축협정에 따른 핵탄두의 감소분 외에 기존 노후 핵탄두를 폐기하지 않고 보존하기로 결정했다. 또 한스 크리스텐슨은 미국과 러시아의 신핵무기 감축협정으로 실제 줄어드는 핵무기 수는 100~200개에 지나지 않아 미국 정부가 밝힌 30%가 아닌 13% 정도일 뿐이라고 말한다. 새 협정이 과거 핵무기 감축협정처럼 핵탄두 수를 기준으로 하지 않고, 핵무기를 탑재한 핵폭격기 수를 기준으로 했기 때문이다.[12]

또 오바마 정부는 2011년 핵무기 연구 예산으로 6억 2,400만 달러를 배정했고 향후 5년(2011~2015년)간 50억 달러를 들여 노후 핵시설을 재건한다는 계획이다. AP통신은 "2010년 예산안에서 핵무기 관련 예산이 약 62억 달러에 그친 반면, 2011년 예산안에선 관련 예산이 8억 달러가량 늘었다"며 "특히 비확산 관련 예산은 큰 변화를 보이지 않은 반면 핵무기

---

12) 예를 들어 미국이 보유한 B52 폭격기의 경우 최대 26기의 핵무기를 탑재할 수 있는데 새 협정에서는 핵탄두 기준이 아니라 핵폭격기 한 대를 줄이면 26기의 핵무기가 모두 감축된 것으로 계산하게 되어 있다. 따라서 실제 핵폭격기가 줄어들더라도 탑재된 핵탄두는 줄어들지 않고, 탄도탄이나 다른 발사체를 통해 발사될 수 있다.

와 직접 관련된 예산은 대폭 증액됐다"(*AP* 2010.2.1)고 전했다. 영국 ≪데일리텔레그래프≫는 "노벨평화상을 받은 오바마 대통령이 내놓은 핵무기 관련 예산 규모는 '전쟁광' 소리를 듣던 조지 부시 행정부 시절을 훨씬 상회하는 수준"(2010.1.31)이라고 보도했다.

3. 미국의 대한반도 핵억제 전략

한국에 확장억제를 제공하는 것은 미국의 핵억제 전략과 WMD 억제 전략을 한국에 연장하는 것으로 그 본질은 선제 핵공격에 입각한 대북 전쟁전략이다.

1) 냉전 시기

아이젠하워 정부는 대량보복전략에 따라 1957년부터 남한에 전술핵무기를 배치하기 시작했다. 대량보복전략은 '미국은 자신이 선택하는 시간과 장소에서 바로 보복하는 위대한 능력을 가지며' 또 '결정적 우위에 서서 선제공격도 불사한다'라는 것이다. 이는 핵무기의 단순한 억제역할을 벗어나서 핵 선제사용 전략의 적용이라고 할 수 있다.

1958년에는 주한미 7사단을 핵편제 팬토믹사단으로 개편했다. 이 팬토믹사단은 대량보복전략이 국지분쟁대책을 경시한다는 미 육군의 비판(이른바 핵과잉시대가 되면 대량보복의 억제효과가 줄고 국지분쟁의 가능성이 더욱 조장된다는 핵교착론)이 일면서 제한핵전쟁 수행을 위한 태세 갖추기 성격을 띠었다.

그러나 정전협정은 한반도 바깥으로부터 새로운 군사인원이나 무기의 도입을 금지하고 있었기 때문에 미국은 핵무기 배치를 위해 이 정전협정 조항을 파기한다는 선언을 했다. 또 당시 북은 핵무기를 갖고 있지도 않았으며 중국이나 소련과 군사동맹을 맺고 있지도 않았다. 따라서 미 핵무기의 남한 배치 곧 확장억제전략은 불법인 것이고 그 공격성이 명백했다.

아이젠하워 정부가 한반도에 핵억제 전략을 도입한 명분 중 하나가 한국군 현대화와 감축을 통한 국방비 절약이었는데, 한국의 반발과 미국 군부의 소극적인 자세로 한국군의 감축도 거의 이뤄지지 않았다.

미국의 대북 핵 선제사용 전략은 그 이래로 계속되었는데, 사후 폭로된 비밀핵전쟁 계획들이 이를 부분적으로 입증하고 있다. EC-121 격추 사건이 발생한 지 두 달 만인 1969년 6월 25일 백악관에 보고된 '프리덤 드롭(Freedom Drop)'이라는 작전명의 대북 '전술 핵무기 사용' 비상계획이 그것이다. 그런데 1968년 6월 19일 유엔안보리는 비핵국이 핵보유국의 공격 또는 위협을 받을 경우 UN이 개입해 보호해주겠다는 결의안 255호(적극적 안전보장)를 통과시켰다. 프리덤 드롭은 이런 유엔안보리 결의를 정면으로 위배한 것인데 미국이 유엔안보리를 자신의 핵 패권 유지의 수단으로 여길 뿐이며 실제로는 대북 핵 패권을 절대 포기하지 않겠다는 것을 보여주는 것이며 다른 한편으로는 유엔안보리 결의만으로는 이런 미국의 대북 핵 패권이 제어될 수 없음을 말해준다.

미국의 한반도 핵억제정책에 큰 영향을 준 것은 베트남전쟁이었다. 닉슨은 1969년 7월 괌 독트린을 통해 동맹국이나 우방국의 '자조' 원칙(아시아인에 의한 아시아의 전쟁)을 강조하면서도 또 한편으로는 "다른 핵보유국이, 동맹국을 위협할 경우 또는 미국의 안전에 사활적 중요성이 있는 국가를 위협할 경우 미국은 방패(핵에 의한 방어수단)를 제공한다"(山田浩, 1979: 224)는 것을 천명했다.

국지분쟁 대책과 관련해 닉슨 정권은 단계적으로 개입을 확대하는 존슨

정권의 점진주의를 베트남전 실패의 원인의 하나로 비판하면서 군사개입을 하더라도 미국 자신이 선택한 시간과 장소에 개입해야 하며 나아가 이른 시기에 압도적인 전력을 발동해야 함을 강조했다. 즉, 국지분쟁대책으로 핵의 위협에 의한 억제가 더욱 강조되었다.

슐레진저 국방장관은 1975년에 방위계획의 치명적인 지점에 노력을 집중한다는 구상 속에서 방어지역에 우선순위를 매겨 서유럽과 한국(일본)을 전진방어의 주요한 지역으로, 동남아시아와 기타지역은 주변기지의 군사력을 투입해 방어하는 '주변전략'의 대상으로 분류했다.

미국은 '전진방어'지역과 그 주변지역 방어에 관해서 한편으로는 주둔미군의 감축, 현지국의 방어노력의 강화와 방위분담을 추진하면서도 만일의 경우에는 독자적으로 분쟁지점에 우세한 기동병력을 단숨에 투입할 수 있는 체제, 필요하다면 전술핵무기의 선제사용도 불사한다는 방침을 견지했다.

1975년 5월 26일 슐레진저 장관은 《뉴스앤드월드리포트》 기고에서 "북이 한국을 공격하면 베트남전쟁 이상의 대응수단을 취해 점진적인 군사개입의 진흙 구덩이에 빠지는 것을 피하고 적의 심장부를 때려서 그 군사력을 전면적으로 파괴하는 길을 택할 것이다"고 썼으며 그해 6월에는 한국에 전술핵무기가 배치되어 있음을 처음 공식으로 확인함과 동시에 북의 공격이 있을 경우 핵을 사용할 수 있음을 시사했다. 포드 대통령 또한 1975년 6월 한국에 전술핵무기가 배치되어 있음을 인정하고 그것을 먼저 사용하는 것에 관해서는 확인도 부인도 하지 않았다.

1974년에 '북한의 심장부에 핵무기를 퍼붓는' '9일 전쟁계획'이 작성되었고 1976년부터 핵전쟁연습인 팀스피릿 한미연합연습이 시작된 것은 바로 이런 닉슨과 포드 정권의 대북 핵억제 전략의 구체화라고 할 수 있다.

주한미군 철수를 공약으로 내걸고 1977년 집권한 카터는 곧바로 주한미군 철수 검토에 착수했다. 카터는 주한미군은 미국의 국가이익에 훨씬 더 중요한 서유럽으로 보내져야 하며(스윙전략), 한국의 방위는 미국의 공군력과 해군력으로도 충분하다고 생각했다. 미국은 1977년 5월 5일 대통령 검토각서를 통해 주한미군을 1977년부터 1982년까지 3단계로 철수시키되 공군전력과 정보 및 통신부대는 계속 주둔시킨다는 방침을 세웠다. 이 방침은 1979년에 미 군부, 의회 등의 집단적 반발로 철회되었지만 그 논의 과정에서 대한 군사원조(1976~1981년 FMS 15억 달러 제공)와 한미연합사 창설이 이뤄졌고 다른 한편으로 1978년 SCM 공동성명에서 미국의 핵우산 공약이 처음 명시되었다. 미 국방부의 용역으로 한 연구소가 북한군이 남침할 경우 핵무기 30발을 사용하는 시나리오가 담긴 '북한군의 취약성'이라는 제목의 문서를 1978년 3월에 작성했는데, 이는 주한미군 철수 후 시행할 대북 핵전쟁계획을 검토하기 위해 작성된 것으로 보인다.

1978년 5월에 열린 1차 유엔 군축 특별총회에서 미국은 "비핵국에 대한 핵무기 불사용 보장"에 관한 대통령 선언[13]을 발표했다. 이 선언이 있었던 직후인 1978년 7월의 한미연례안보협의회의(SCM) 공동성명에서 미국은 "한국이 미국의 핵우산하에 있으며 앞으로도 계속 있을 것"임을 표명했다. 이는 북이 재래식 무기로 남을 공격하더라도 핵무기를 사용해 반격한다는 핵무기 사용 공약으로 미국의 NSA가 진정성이 없음을 확인해 주는 것이다. 북이 NPT에 가입한 것이 1985년이므로 이 미국의 대통령 선언에 딱 적용되지는 않지만 대북 핵공격 약속인 핵우산이 비핵국의

---

13) "미국은 「핵확산금지조약」이나 이에 상응한 「핵폭발물 획득금지조약」에 가입한 비핵국에 대해서 미국과 그 영토, 군대, 동맹국에게 가해지는 공격에서 핵보유국과 동맹하거나 핵보유국의 공격에 협조한 국가의 경우를 제외하고는 핵무기를 사용하지 않을 것"임을 선언했다.

안보를 보장해줌으로써 핵확산을 막고자 하는 NSA의 취지를 정면으로 거스르는 것은 물론이다.

카터 정권은 대한 군사원조 때 공격적인 성격의 미군장비에 대해서는 이양이나 판매를 제한했다. 한국이 F-16 60대를 구매하려 하자 북한이 MIG 23을 도입할 가능성을 우려해 험프리와 글렌 상원의원은 이를 반대 했고 어니스트 존(핵탑재를 할 수 없는 모형), 나이키 허큘리스, 호크, 토우 등을 이양하면서도 핵투발무기인 서전트는 판매에서 제외했다. 이는 한국 군에 북한 심장부에 대한 타격력을 제공하지 않으려는 정치적 고려였다. 한편 1979년 한미정상회담에서 한국의 연 국방비를 GNP 대비 6%로 하기로 합의했는데, 이는 미국이 자신의 무모한 대북 패권전략을 유지하 는 데 소요되는 막대한 부담을 한국민에 떠넘기는 것이었다.

카터 정권 때 주한미군 철수가 공약대로 시행되었다면 한반도의 군사적 긴장완화에 기여할 수 있었겠지만 결국 군부의 격렬한 반대로 철회됨으로 써 미국이 한반도의 군사적 긴장완화를 바라지 않는다는 것이 재확인되었 다. 아울러 핵억제정책과 관련해 미국이 한국에서 자신의 의사에 반해 분쟁에 연루되는 것을 피하면서도 독자적으로는 언제든 대북 선제 핵공격 을 수행할 수 있는 준비를 하고 있었음을 보여준다.

'동시다발 반격' 전략을 채택한 레이건 정권은 한반도 전구와 극동(일본) 에서도 대소 반격을 위한 전쟁준비에 더욱 박차를 가했다. 1982년 미 국방 부의 국방지침은 한국을 소련과의 전쟁 시 미국의 '수평적 확산'의 적용가 능 지역으로 언급했다. 이 '수평적 확산'은 미국의 취약한 군사적 이익에 대한 소련의 공격을 억제하기 위해, 어딘가에서 소련의 똑같이 중요하고 군사적으로 취약한 이익에 대해서 보복하겠다고 위협하는 전략이다. 동시 다발 반격전략에 따라 소련의 약점을 공격하는 주요 대상의 하나로 한반도 가 지목된 것이다. 이로써 미국의 대북 핵공격 위협이 한층 강화되었다.

한반도에서 전쟁을 치르기 위한 준비 조치로서 레이건 정권은 탄약을 중심으로 하는 (한국군 20개 사단이 45일간 사용할 수 있는 분량의) 전시 소요 물자를 WRSA-K이름으로 대대적으로 한국군의 탄약고에 비축했고 이것 도 모자라 미국 본토 내에서 조달하는 CRDL(긴급소요부족 목록) 이양합의 각서를 1984년에 한국과 체결했다. 1985년 10월에는 미 제19지원사령부 가 후방의 탄약을 전방으로 옮김으로써 전시에 바로 이용할 수 있는 탄약 보유량을 늘렸다(Hayes, 1991: 157). 미국은 1987년 한미 연례안보협의회 의에서 전시주둔군 지원협정을 위한 협상을 한국에 강요했다. 동시다발 전쟁을 치르기 위한 군비증강은 그 부담이 동맹국 한국에 전가되어 한국은 1989년부터 주한미군 운영비를 '방위비 분담'이라는 조약 형태로 분담하 기 시작했다.

2) 냉전 이후 공세적 대한반도 핵억제 전략과 NSA의 부정

(1) 미국의 핵공격 전략의 첫 번째 표적이 된 북한

구소련 붕괴 뒤 북한은 중동의 반미국가들과 함께 미국의 핵 선제사용 전략의 최우선적 대상으로 지목되었다.

소련과의 전면핵전쟁의 가능성이 사라져 핵보다는 재래식 전력의 중요 성이 강조되는 가운데 1992년 7월 2일 부시 미 대통령은 해외에 배치한 지상 및 해상 발사 전술핵무기의 철수 완료를 선언했다. 반면 미국의 군사 전략이 지역분쟁에 대처하는 것으로 바뀌고 또 미국의 핵억제 전략의 중심이 구소련으로부터 이른바 제3세계 불량국가의 WMD 확산을 저지 하는 쪽으로 옮아가게 되면서 북에 대한 미국의 선제 핵공격 위협이 급격 히 높아지게 되었다.

1991년 걸프전쟁 직후 파월 합참의장은 "다음 차례는 김일성과 카스트로"라면서 걸프전 이후 대북 공격이 최우선의 목표임을 드러냈다. 1993년에 대북 핵전쟁연습인 팀스피릿 연습이 재개되었으며 그해에 제3세계의 WMD 표적을 포함시킨 SIOP 개정판이 발간되었고 1994년 NPR(최초의 NPR)은 제3세계 국가의 WMD 획득과 사용을 억제하는 핵무기의 임무를 특히 강조했다.

이런 미국의 핵억제 전략 밑에 1993년 미국은 북한의 핵개발 의혹을 본격적으로 제기했고 1994년 6월에는 북한 영변의 핵시설을 폭격하기 일보직전까지 갔다.

하지만 미국의 이러한 도발적인 새로운 핵억제 전략은 북한의 강력한 반발과 저항을 부르게 된다. 북한은 미국의 핵개발 의혹 제기와 IAEA의 사찰압력을 대북 핵공격 위협을 위한 부당한 구실로 보고 1993년 3월 NPT를 탈퇴하고 대화에는 대화로, 전쟁에는 전쟁으로 대응한다는 항전의지를 보이자 미국은 어쩔 수 없이 북에 대해 NSA를 보장하는 1994년 북미 제네바 합의를 맺게 되며 팀스피릿 훈련은 중단된다. 1994년 제네바 북미 기본합의문 3조는 "미합중국은 핵무기를 사용하지 않으며 핵무기로 위협하지도 않는다는 공식담보를 조선민주주의인민공화국에 제공한다"라고 규정했다. 그러나 1998년 1월부터 6월에 걸친 미국의 대북 모의 핵폭탄 투하 훈련은 NSA가 언제든지 부인될 수 있는 기만적 성격이라는 것, 또 정치선언적으로 NSA를 보장한다 해도 군사적으로는 여전히 북을 적대국으로 규정한 가운데 대북 핵공격에 매달리고 있다는 것을 말해준다.

(2) 2002년 NPR의 대북 선제공격 계획과 NSA의 부정

부시 정부에 들어 대북 선제 핵공격 위협은 최고조에 달한다. 부시 정권은 2002년 연두교서에서 북을 '악의 축'으로 규정해 무력전복 대상으로 꼽았으며 2002년 10월에는 북미 제네바합의의 파기를 공식 선언했다.

2002년 NPR은 선제 핵공격을 가할 수 있는 특정 국가(북한 등)의 특정한 사태에 대해서 세 가지로 적시하고 있다. 그 첫째가 '임박한 사태'인데 북한의 대남 공격이 예시된다. 둘째는 '잠재적인 사태'로 대량살상무기와 운반수단을 가진 나라가 하나 이상 포함된, 미국이나 동맹국에 적대적인 새로운 군사연합의 출현이 이에 해당한다. 세 번째는 '예기치 못한 사태'인데 갑작스러운 정권교체로 기존 핵무기가 적대적인 신지도부의 수중으로 들어가는 경우나 적대국이 대량살상무기능력을 기습적으로 선언하는 경우가 이에 해당한다. 북은 이라크와 시리아, 리비아와 함께 위 세 가지 사태에 다 해당하는 것으로 되어 있어 미국의 선제 핵공격의 최우선 대상이었다. "북, 이라크, 시리아, 리비아는 모두 미국 및 미국의 안보협력국에 대한 오랜 적대국이다. 특히 북과 이라크는 만성적인 군사적 우려국가이다. 네 나라는 테러리스트를 지원하거나 숨겨주고 WMD와 미사일 개발사업에 적극적이다[NPR(Experts), 2002.1.8: 16]."

2002년 NPR은 핵사용이 가능한 세 가지 상황으로 재래식 무기로 파괴할 수 없는 지하터널이나 동굴 등을 공격할 경우, 적의 핵 및 화생무기 선제공격에 대해 보복을 가할 경우, 불량국가나 테러단체가 예기치 않는 무기를 사용하는 사태가 발생할 경우를 들었다.

2002년 NPR이 적시한 대북 선제 핵공격(핵우산 발동)이 요구되는 세 가지 사태 중 '임박한 사태'(북의 대남 공격)나 '잠재적인 사태'('대량살상무기와 운반수단을 가진 나라가 포함된, 미국이나 동맹국에 적대적인 새로운 군사연합의 출현')도 지극히 비현실적인 가정이다. '예기치 못한 사태'(핵국 지도부의 적대적 지도부로의 교체나 기습적인 대량살상무기 보유 선언 등) 또한 미국이 선제 핵공격을 할 구실이 될 수 없고 또 되어서도 안 되는,

따라서 이를 이유로 북을 핵공격하는 것은 자위권과는 관계가 없는 침략 행위이다.

2002년 당시 북은 NPT 가입국이었으며 핵을 보유하지도 않았다. 또 당시는 "미합중국은 핵무기를 사용하지 않으며 핵무기로 위협하지도 않는 다는 공식담보를 조선민주주의인민공화국에 제공한다"(3조 1항)고 규정한 북미 기본합의문이 발효 중이었다.

이처럼 핵우산은 비현실적이거나 아니면 정당하지 못한 '북 위협'에 근거함으로써 북을 자극하고 북이 대항수단을 마련하도록 압박함으로써 한반도의 군비경쟁과 군사적 긴장을 고조시킨다.

핵우산은 북에 대해서 미국 자신이 약속한 NSA조차 부정하는 위법이다. 이에 북은 부시의 핵공격 위협에 맞서 2003년 1월 NPT 탈퇴를 공식 선언했고 이어 2005년 2월 10일에는 핵보유를 선언했다. 결국 부시는 이런 북의 강력한 저항에 부딪히게 되자 방향을 선회해 북과 대화에 나서 게 되며 북핵문제의 평화적 해결을 규정한 9·19 공동성명에 합의하게 되고 부시의 무모한 대북 핵억제 전략은 파탄을 맞게 된다.

(3) 2010년 NPR의 공세적 확장억제전략 기조와 NSA의 부정

부시 정권을 이은 오바마 정권 역시 대북 선제 핵공격 정책을 고수하고 있다. 한국에 대한 핵우산 공약을 확인하는 동시에 핵우산의 신뢰성을 높이기 위한 조치, 즉 대북 선제 핵공격 태세를 강화하는 조치를 취하고 있다. 오바마 정부가 적의 핵공격억제를 핵무기의 유일한 목적으로 하는 신핵정책 채택을 보류한 최대 이유가 대북 핵 선제사용정책을 유지하기 위해서다(≪연합뉴스≫, 2010.5.10). 미국은 2010년 4월 NPR을 발표하면 서 북한과 이란이 NPT 의무를 지키지 않는다는 이유로 핵 선제사용 대상에서 배제하지 않았다. 2010년 NPR은 북을 선제 핵공격 대상으로 보는 점에서 2002년 NPR과 기본적인 차이는 없다. 2010년 NPR은 "핵무기를 보유하거나 핵비확산 의무를 준수하지 않는 나라들이 미국 또는 동맹국, 파트너국에 대해 재래식 또는 생화학무기 공격을 가할 경우에 대비한 미국 핵무기의 억제적 역할은 여전히 수행될 것"이라고 밝히고 있다. 여기서 '핵무기를 보유한 나라'에는 북이 포함되며, '미국 핵무기의 억제적 역할'이란 핵 선제사용을 가리킨다.14)

또 오바마 정권은 확장억제의 신뢰성과 효과성을 보장한다는 명분하에 '확장억제정책위원회'를 새로 설치키로 했는데 이런 협의기구가 만들어진다고 해서 확장억제 실시에서의 미국의 일방적인 권한과 한국의 종속적 지위가 달라지는 것은 아니다. 오히려 미국은 확장억제의 신뢰성을 높인다는 명분으로 주한미군의 전구 탄도미사일 방어체계의 구축을 서두르고 있으며 이에 대한 한국의 참여를 종용하고 있다.

또 오바마 정권은 핵무기 역할축소의 공백을 메운다는 명분으로 전 세계적 신속 타격(PGS) 프로그램을 추진하고 있는데 PGS는 그 용도의 하나가 '발사대로 이동 중인 북한 미사일을 (선제)공격하기 위한'(미국의 소리 방송, 2010.4.24) 것이다.

핵 선제사용 전략의 잔존과 핵무기와 비핵전략무기의 배합 이 두 가지는 오바마 정권의 확장억제전략의 공세적 기조를 보여주는 것이며, 그 첫 번째 표적이 북과 이란이라 할 수 있다. 즉, 오바마가 '핵 없는 세계'를

---

14) 게이츠 장관은 NPR 보고서 발표와 관련한 브리핑에서 "NPR 보고서는 북한과 이란에 매우 강력한 메시지를 갖고 있다."라면서 "근본적으로 우리는 「핵무기비확산조약」(NPT) 의무를 준수하지 않고 있는 북한, 이란과 같은 나라들은 (핵공격 배제대상에서) 제외했기 때문"이라고 말했다(≪연합뉴스≫, 2010.4.7).

표방하고 러시아와의 핵군축을 추진하며 '핵무기의 역할 축소'를 말하지만 대한반도 확장억제전략의 도발적이고 공격적인 기조는 이전과 다를 바 없고 오히려 점점 더 실행가능한 계획으로 바뀌어가고 있다. 이는 핵무기를 여전히 세계패권의 핵심수단으로 활용하려는 미국의 핵패권주의의 최대 희생양이 한반도임을 보여주는 것으로 이를 파탄시키고 한반도에서 미국의 핵전쟁위협을 해소하기 위한 실천투쟁(핵심은 평화협정을 통한 대북 적대정책 폐기)의 시급성을 말해준다. 북이 핵을 보유하고 있고 NPT 가입국이 아니라는 이유로 북에 대해서 NSA를 보장하지 않는 2010년 NPR은 첫째 2005년 9·19 공동성명을 부정하는 것이다.

오바마의 대북 핵 선제사용정책 고수는 "한반도의 검증 가능한 비핵화를 평화적인 방법으로 달성하는 것임을 만장일치로 재확인"한 9·19 공동성명 1항을 위배한 것이다. 또 이는 "미합중국은······ 핵무기 또는 재래식 무기로 조선민주주의인민공화국을 공격 또는 침공할 의사가 없다는 것을 확인"한 공동성명 1항의 대북 불가침 약속을 위반한 것이다. 이 공동성명은 북이 핵무기 보유를 선언한(2005.2.10) 상태에서 이뤄진 것이며, 북이 핵무기를 철폐한 뒤에 발효되는 것이 아니고 북핵폐기와 북미관계 정상화, 한반도 평화협정체결 협상 전 과정에서 지켜져야 할 합의인 것이다. 그렇기에 북의 핵보유를 이유로 NSA 대상에서 북을 제외하는 2010년 NPR은 이런 9·19 공동성명을 정면으로 부정하는 것이다.

둘째 중국이 핵을 보유한 국가든 아니든 핵 선제사용을 하지 않겠다고 천명함으로써 NFU(핵 선제불사용)를 공식 입장으로 채택하고 있는 데서 보듯이 핵무기를 가진 나라라고 해서 그 나라에 대한 핵 선제사용이 당연하고 또 정당한 것으로 인정되지 않는다. 핵무기보유국과의 분쟁 시 핵을 먼저 사용한다는 것은 곧 핵무기를 억제용이 아니라 선제공격용으로 사용하겠다는 것으로 이는 핵전쟁을 해서라도 상대를 격멸시키겠다는, 극히 도발적이고 호전적인 행위이며 국제사법재판소의 1996년 권고의견이 밝히고 있는 것처럼 국제인도법(전쟁법)을 위반하는 범죄행위에 해당한다.

셋째 미국이 북의 핵무기보유국 지위를 공식적으로 인정하지 않으면서 북이 핵무기를 보유했다는 이유로 NSA대상에서 북을 제외하는 것은 자가당착의 모순이기도 하다. 미국이 NSA에서 북을 제외한다는 것은 곧 북을 핵무기보유국으로 인정하는 결과가 되며, 이는 한반도 비핵화를 목표로 하는 6자회담의 목적과 취지를 스스로 부정하는 것이 된다.

한편으로는 (조건부)NSA 또는 불가침을 보장하고 다른 한편으로는 이것이 부인되는 반복적인 과정은 미국이 NSA를 자신의 일시적인 외교적·군사적 목적을 위한 한낱 수단으로 이용하고 있고 또 설사 NPT 가입국이라 하더라도 자신의 핵패권을 위해서는 언제든지 NSA 대상에서 배제할 수 있다는 것을 보여주는 좋은 사례다.

3) 미국의 대북 핵전쟁계획

미국의 대북 핵 선제사용 전략은 전략적 전쟁계획으로 구체화됐다. 미국의 대북 억제전략은 미 전략사령부[15]의 「OPLAN 8010-08」 및 「대WMD전 작전계획」(CONPLAN 8099-08)에 따라서, 또 한편으로는 지역전투사령부(태평양사령부 예하 주한미군사령부)의 대북 군사작전계획[16]에

---

15) 미 전략사령부는 미 국방부의 10개의 통합전투사령부(unified combatant command) 가운데 하나로 '지구적 공격과 전략적 억제', '대WMD전투', '우주작전', '정보작전', '지구적인 C4ISR', 'MD' 등의 임무를 수행한다.

16) 미국의 지역전투사령부(주한미군사령부)는 작전계획 5027 및 5026, 5029 등을 시행하고 있다. 「작전계획 5027」은 북 점령을 목표로 하는 대북 재래식 전쟁 위주의 계획이다. 「작전계획 5026」 및 「5029」는 우발계획(contingency plans)으로서 전자

따라서 집행된다.

SIOP를 대신해 2003년 작성된 미 전략사령부의 OPLAN 8044는 대북 핵전쟁 시나리오를 포함하고 있었다. 이 8044는 2008년에 OPLAN 8010-08이 작성되기 전까지 시행되었다. 또 선제공격 전략인 '지구적 공격'의 임무를 수행하기 위해 2003년에 작성된 CONPLAN 8022(2004년 또는 2006년에 철회된 것으로 알려져 있음)도 북을 주요한 핵전쟁대상으로 지목했다.[17] 2005~2008년 사이에는 합동기능구성군 사령부(JFCC) − 미 전략사령부가 '지구적 공격'을 입안하고 시행하기 위해 설립한 것으로 전략적 전쟁계획의 책임을 물려받았다. − 의 작전계획이 시행되는데 이 역시 대북 핵공격 계획을 주 내용으로 한다. 2005년 9·19 공동성명에서 미국은 북에 대해서 재래식이든 핵이든 공격하지 않겠다고 약속했는데 이런 대북 핵전쟁계획의 시행은 이런 합의를 위배한 것이다.

2008년에는 OPLAN 8010-08이 과거의 작전계획 개념과 단절하고 신 삼각체계 개념에 입각해 작성되는데 이 역시 북에 대한 선제 핵공격 계획을 담고 있다.

미 전략사령부는 (대북) WMD전을 통합, 조정하는(lead) 위상을 갖고 있다. "미 전략사령부는 국방부의 대WMD전 군사작전계획의 입안을 동조화(통합, 조정)하고 WMD 전투 능력(요원이나 전문기술 등)을 지원하는 책임이 있다"(미 합참, 2009.6.10: xii). 미 전략사령부의 WMD전 본부(Center of Combating WMD)는 PSI(Proliferation Security Initiative)를 주도한

는 북의 핵시설을 비롯한 지휘부 등 700여 개의 표적을 정밀 폭격하는 작전계획이고 후자는 북한의 급변 사태 시 대북 군사작전을 위한 계획이다.

17) 「개념계획 8022-02」는 2003년 11월에 완성되었는데, 이는 처음으로 이란과 북한에 대해 선제적이고 공세적인 공격능력을 갖추게 되었다는 것을 의미한다(William Arkin, 2005.5.15).

다. PSI의 공격성은 그 불법성에서 드러난다. "WMD 관련 화물을 적재했다는 의혹만으로 선박 국적국의 승인 없이 제3국이 공해상에서 선박을 차단하거나 각국의 영해를 통과하는 WMD 운송선박을 차단할 국제법적 근거가 미약하다"(국방부, 2007: 40).

책임지역 내의 대WMD 전투작전의 입안과 시행은 해당 지역전투사령관(주한미군사령관)의 권한이다. 지역전투사령관은 자신의 책임지역의 대WMD전 계획을 개발하고 이 계획을 다른 계획에 통합한다. 주한미군사령관은 우발계획으로 「작전계획 5026」 및 「작전계획 5029」를 시행하며, 이들 작전계획에는 WMD전 군사작전계획도 들어 있다.

미 전략사령부의 공격적인 WMD전 기조는 「작전계획 5029」 및 「작전계획 5026」 등에 반영되어 있다. 「작전계획 5029」는 북 급변사태 시 여섯 가지 시나리오를 상정하고 있는데, 그 하나가 핵·생·화학무기·미사일 등 대량파괴무기 위협에 대응한 군사작전이다. 북한 내 반군(叛軍) 등이 대량살상무기를 탈취해 유사시 사용하겠다고 위협하거나 해외 밀반출을 시도할 경우 한미 양국군 특수부대가 투입되어 무력화하는 방안이다. 이는 북의 공격에 대응하는 자위권 차원이 아니라 평시에 북에 대한 군사적 개입을 단행하는 것으로 침략행위에 해당해 무력사용을 금지한 「유엔헌장」을 위반하는 것이다.

「작전계획 5026」은 특수한 목적 달성(북의 핵시설과 지휘부를 정밀타격해 북의 핵능력을 군사적 힘으로 제거하는 목적)을 위한 군사적 방안의 하나로 지상군을 투입하지 않고 해공군 전력을 위주로 하는 군사정밀타격(counterforce) 개념에 입각한 공격적인 전쟁계획이다. 이는 WMD가 사용되기 전에 파괴하는 공세작전계획이라고 할 수 있다.

4. 핵우산의 허구성

1) 확장억제 개념

확장억제란 동맹국이 공격을 받을 경우 핵무기보유국이 보복핵공격을 실행한다는 보증이며 핵우산과 동의어로 쓰인다.

미국은 소련의 나토 유럽 침공과 연계하는 형태로 대량보복의 교리를 한국전쟁 뒤부터 1960년대 초까지 견지했는데 이것이 확장억제의 첫 도입이었다.

> 많은 사람들은 소련과 바르샤바 조약군이 미국과 나토 동맹국들보다 수적으로 훨씬 우세한 재래식 전력을 가졌기 때문에 미국이 이러한 위협에 대처하기 위해서는 핵무기를 이용한 보복을 하겠다는 위협을 할 필요가 있다고 믿었다. 이러한 관점에 따르면, 전쟁을 재래식 무기로만 치른다면 미국과 나토군이 패할 수도 있었다. 이 때문에 미국은 그러한 공격을 격퇴하고 물리칠 수 있는 다양한 전략, 전구 및 전술 핵무기를 배치했다. 이 교리는 확장억제(Extended Deterrence)라고 알려졌다. 이 교리의 이론 기초는 만약 미국의 동맹국들이 어떠한 수준의 공격을 받더라도 소련에 대한 공격을 포함하는 핵전으로 발전할 수 있으므로 소련이 모든 수준의 공격을 단념하리라는 것이었다(CRS Report for Congress, 2006.8.11: 5).

미국의 핵우산은 동맹국이 핵공격은 물론이고 재래식 공격을 받더라도 핵무기를 사용한다는 전략이기 때문에 이것은 핵보복(제2격)의 위협을 통해서 적의 선제 핵공격(제1격)을 사전에 단념토록 한다는 본래의 핵억제 개념에서 벗어난 것이다. 재래식 공격에 대해서 핵보복공격을 한다는 것은 핵무기의 선제사용이고 핵억제는 아니기 때문이다. 이런 점에서 미국이 냉전 시대 남한이나 나토 유럽에 배치했던 전술핵무기는 핵전쟁 수행 (선제사용)을 위한 무기이지 억제력은 아니었다고 할 수 있다.

2) 핵우산이 안보를 지켜준다는 믿음의 허구성

한국, 일본 등 미국의 동맹국들은 핵우산이 자신의 안전을 지켜줄 것이라 믿고 미국은 핵우산이 핵확산을 막아줄 것이라고 믿고 있으나 이는 허구다. 핵우산은 제공하는 나라나 받는 나라 모두에 대해서 '파멸적인 불안을 피뢰침처럼 빨아들일'(Green, 2001: 8) 뿐이고 핵확산을 막는다는 것은 사실이 아니다.

첫째, 핵우산의 믿음 속에는 핵무기가 방어무기라는 시각이 자리 잡고 있으나 핵무기는 그 파괴력을 고려할 때 공격무기이지 방어무기가 아니다. 최초의 공격이 핵공격이라면 미국의 보복공격이 있건 없건 동맹국이 괴멸하는 것은 차이가 없다. 또 미국이 보복공격을 단행하면 미국 자신도 보복공격을 받을 각오를 해야 하고 그렇게 되면 미국 자신도 괴멸한다.

둘째, 미국이 핵억제의 기능에 만전을 기하기 위해서는 평시에 적이 공격을 시작하기 전에 보복공격 목표를 설정하고 또 경계태세를 유지하는 등 핵전쟁 수행 준비를 완료해야 하기 때문에 핵전쟁의 기회는 증가하지 줄어들지 않는다.

셋째, 미국의 보호, 즉 핵억제를 받아들이는 것은 핵공격을 부르는 역효과의 위험을 항상 수반한다. 피억제국은 미국의 핵억제를 자신에 대한 핵공격 위협으로 인식하고 그에 대항한 핵무장 또는 핵군비증강을 꾀하게 되기 때문이다.

넷째, 미국이 보복공격을 할 경우에는 자신도 보복공격을 당할 각오를 해야 하는데 미국이 자국민을 희생시키면서까지 동맹국을 지키기 위한 핵보복공격을 실행할 의지가 있을 것인지도 단언하기 어렵다. 이는 동맹국으로 하여금 끊임없이 독자적인 핵무장 유혹에서 벗어나지 못하도록 한다. "역사는 핵안보의 보장이 핵무기 야망을 포기하게 하는 데 필요충분조건이 아님을 보여준다. 프랑스, 영국 – 그리고 흐루쇼프가 아이젠하워에게 1958년 9월에 보낸 편지로 미루어 중국도 아마 틀림없이 – 은 핵안보의 보장을 받고 있었는데도 그들 자신의 핵무기를 개발하기로 결정했다. 우크라이나와 남아프리카, 리비아는 핵우산 협정을 맺지 않았는데도 그들의 핵무기 능력 또는 야망을 포기했다."[18] 한국도 박정희 정권 때 핵개발을 시도했으나 실패한 적이 있으며 일본 또한 미국의 핵우산에도 불구하고 핵무장 가능성을 단념하지 않고 있다. 1970년과 1980년의 일본 방위백서는 소규모 전술상의 순수한 방어용 핵무기를 소유하는 것은 헌법에 위배되지 않는다고 기술했다. 2009년 6월 한일정상회담에서 아소 수상은 "북한 핵문제가 심각해지면 일본 내부에서 핵무장을 해야 한다는 목소리가 강해질 것"이라고 하면서 은근히 핵무장 가능성을 내비치기도 했다.

1970년대 말과 1980년대에 걸쳐 벌어진 유럽의 반핵평화운동의 전례 없는 고양 그리고 서유럽의 전구핵무기(중거리핵미사일) 배치를 둘러싼 미국과 나토 유럽의 뿌리 깊은 갈등은 확장억제가 안보를 보증한다는 믿음이 얼마나 허구인가를 보여주는 생생한 사례다.

1979년 12월 나토 이사회는 소련의 중거리핵미사일 SS-20의 배치에

---

18) James Martin Center For Nonproliferation Studies, *Delegitimizing Nuclear Weapons: Examining the validity of nuclear deterrence* (2010.5.), p. v. "과거 5대 핵강대국들이 NPT체제에서 직극적·소극적 안전보장을 통해 핵확산의 방지를 위해 노력했으나 핵개발 잠재국들은 이들의 핵우산 공약을 신뢰하지도 않았고 핵개발 욕구를 포기하려 들지도 않았다"(전호훤, 2008: 44).

맞서 미국의 중거리 핵미사일을 서유럽에 배치하기로 결정했다. 그에 따라 미국은 1983년 말까지 순항미사일 464기를 서유럽에 배치하고(서독 96기, 영국 160기, 이탈리아 112기, 네덜란드·벨기에 각 48기) 퍼싱 II미사일 108기를 서독에 배치하기로 결정했다. 「전략무기제한협정(SALT) II」이후 서유럽국가들은 나토 유럽 국가에 대한 소련의 핵공격 때 미국이 과연 본토의 전략핵무기를 사용해 유럽을 방어해줄 것인가를 의심하면서 — 이것이 미국이 전략핵무기를 서유럽안전보장과 분리시키지(decoupling) 않을까 하는 공포다. — 자국이 미국의 핵우산에서 제외되는 것을 막기 위해 이런 나토의 결정을 받아들였다.

　미국의 전략핵무기의 보호로부터 유럽이 분리되지 않을까 하는 두려움에서 나토의 서유럽국가들은 대소 핵억제의 독자성을 요구했지만 미국의 중거리핵무기의 유럽 동맹국 배치는 도리어 유럽이 전구핵 전쟁터가 될 것이라는 악몽을 불러왔다. 미국의 전략핵무기가 유럽의 안전을 보장해주지 못하지만 그렇다고 미국의 전구핵무기가 유럽에 배치된다고 해 서유럽국가들의 마음이 놓이는 것도 아니었다. 왜냐하면 미국이 본토에 대한 핵전쟁 위험이 낮다고 판단하면 유럽에서의 전구핵전쟁이 쉽게 일어나지 않을까 하는 악몽을 떨쳐버릴 수 없었기 때문이다. 또 미소 간의 핵전쟁이 벌어지면 쉽게 유럽으로 번질 것으로 생각했다. 이런 이유로 유럽에서는 1970년대 말과 1980년대에 걸쳐서 중거리 핵 폐기 등을 요구하는 전례 없는 대규모의 치열한 반핵평화운동이 폭발했다. 이런 서유럽 민중의 반핵운동 고양은 미국의 핵우산이 자신들의 안전을 보장해주지 못하며 오히려 핵전쟁 위험을 높일 뿐임을 자각한 결과로 미소 핵군축 교섭을 자극해 1987년 12월의 미소 중거리핵전력 폐기협정을 이끌어냈다.

3) 핵우산이 한반도 평화를 가져왔는가?

(1) 핵우산 때문에 전쟁이 억제되었다는 주장의 허구성

남쪽은 한국전쟁 이래 줄곧 미국의 핵우산 아래 있었지만 이런 핵우산이 한반도에서 국지적 충돌을 막지 못했다. 가까이는 3차례의 서해교전이 있었고 멀리는 푸에블로호 사건이나 EC-121기 격추 사건 등이 있었다.

한국전쟁과 같은 전면전이 재발되지 않은 것을 두고서 이를 핵우산이 작동한 결과라는 주장도 있으나 핵우산의 작동에 대한 한 연구보고서의 지적처럼 이런 논리는 쉽게 반박될 수 있다. "우선 핵억제(확장억제)가 작동했는지 어떤지를 분명히 알기 위해서는 잠재적 적이 실제적인 전쟁수행계획을 통해서 임박한 위협을 가동했는지를 알아야만 한다. 하지만 그렇기는커녕 우리가 아는 것은 적이 공격하지 않았다는 것이다. 우리는 이것이 일차적으로 의도가 없어서인지 또는 적이 공격을 억제당했기 때문인지 모른다. 또 공격이 억제되었다면 (보복)위협의 핵 요소가 특별히 결정적인 역할을 한 것인지 어떤지를 여전히 알 수 없다. 그러나 소련과 이전 소련진영의 문서보관소가 공개된 뒤에도 그런 공격 위협의 증거는 발견되지 않는다. 소련이 작성한 유럽의 잠재적 전쟁 시나리오는 모두가 나토가 선제공격할 거라는 가정에서 전개된다. 그래서 우리는 확장억제가 실제로 작동할 수 있었는지를 판단할 수 없다"(James Martin Center For Nonproliferation Studies, 2010.5: 29).

한국전쟁이 재발하지 않은 사실을 두고 이를 핵우산의 기능이라고 강변하는 것은 한반도의 긴장구조의 성격에 대한 왜곡된 이해에서 비롯된 것이라고도 할 수 있다. 앞서 보았듯이 미국의 핵억제 전략은 적의 공격을 억제하는 것이 목적이라기보다는 선제 핵공격을 통해서 적을 격멸, 붕괴시키는 것을 끊임없이 추구한다. 이 점에서 미국의 대한반도 핵억제 전략은 한반도에서 첨예한 군사적 대결과 되풀이되는 전쟁위기의 근원이라고 할 수 있다. 실제로 미국의 대북 작전계획은 단순한 방어계획을 넘어서 북을 점령하는 것을 목표로 하고 있으며 이를 위해 선제공격을 실시하는 것으로 변화되어왔다. 이런 사실들을 고려하면 한반도에서 전면전이 발생하지 않은 것은 미국의 대북 전쟁기도가 군사적·비군사적 요인의 종합적 작용으로 저지된 결과라 할 수 있다. 비군사적 측면에서 보면 한국전쟁의 참상을 기억하는 우리 국민과 민족의 전쟁반대 여론, 남북의 화해와 통일을 바라는 우리 국민과 민족의 간절한 바람, 동북아시아와 국제사회의 반전 여론 등의 비군사적 억제가 미국과 국내의 호전세력을 제어한 때문이라고 해야 할 것이다. 군사적 측면에서 보면 한미연합전력이 절대적인 대북 우위에 있는 것은 사실이지만 북도 최소한의 보복적 또는 거부적 억제력을 갖고 있어 전쟁이 일어날 경우 어느 쪽도 쉽게 승리를 장담하지 못하거나 아니면 한미군이 승리하더라도 견디기 어려운 피해를 예상해야 한다. 1994년 클린턴 정권이 대북전쟁을 결심했다가 개전 결정 몇 시간 전에 극적으로 철회한 요인 가운데 하나도 대북전쟁 시 남쪽과 미군이 입게 될 피해규모가 상상을 초월할 정도로 크게 예상되었기 때문이다.

(2) 핵우산은 북의 핵전쟁 공포심을 자극함으로써 북의 핵개발을 초래해

미국은 북이 남을 공격할 경우 핵무기를 (방어용으로) 사용한다고 하지만 이는 어디까지나 수사일 뿐이다.

사실 미국의 핵억제 전략은 단순한 방어전략이 아니라 선제 핵공격 전략이다. 핵우산도 마찬가지로 대북 선제 핵공격 전략이다. 핵우산은 북이 재래식 공력을 하더라도 미국이 핵무기를 사용할 수 있다는 전략이다. 또 한미연합군의 군사전략은 대북 「작전계획 5027」이 처음 작성된 1974년부터 북이 공격할 경우 단순히 방어하는 데 그치지 않고 북 영역 깊숙한 지점까지 타격하고 나아가 이를 점령하는 것을 목표로 하는 적극적(공세적) 방어 전략을 채택하고 있다. 그뿐 아니라 그것은 적어도 1998년부터 작전계획상으로 북이 남을 공격하기 전에 한미연합군이 먼저 공격을 개시하는 선제공격 전략으로 바뀌었으며 「작전계획 5029」는 북이 남을 공격하지 않은 평시라도, 즉 북 내부의 급변사태 때도 군사적으로 개입하는 계획이다.

한국과 미국의 적대국 지위에 있는 북으로서는 핵우산에 따라 미국의 직접적인 핵전쟁 위협에 놓이게 된다. 북은 한국전쟁 이래 미국으로부터 끊임없이 핵공격 위협을 받아왔다. 북은 1994년 북미 제네바합의 또 2005년 9·19 공동성명 등을 통해 미국에게서 소극적 안전보장(NSA)을 약속받았지만, 이것이 미국의 핵위협에서 북을 지켜주지 못했다. 미국은 NSA를 약속하고서도 한미연합방위체제(한미연합사 작전계획, 한미연합훈련 등)나 미국 독자적인 대북 핵전쟁계획을 통해서 대북 핵공격위협을 계속했다.

미국의 대한국 핵우산은 미국의 핵정책에 반영되어 2002년 NPR은 대북 핵 선제사용계획을 구체적으로 밝히고 있고 2010년 NPR 또한 NPT 가입국이 아니거나 NPT의무를 지키지 않는 나라의 재래식 공격에 대해서 선제 핵공격을 할 수 있음을 밝히고 있다.

핵우산과 NSA는 충돌하며 양립할 수 없다. NSA는 NPT에 가입해 국제 의무를 준수하는 나라에 대해서는 핵무기로 공격하지 않겠다는 약속이지만 핵우산은 남쪽에 대해서 대북 핵공격을 약속하는 것이기 때문이다. 결국 핵우산은 NSA를 제약하고 부정함으로써 다시 말해 NSA에 대한 북의 신뢰성을 근본적으로 무너뜨림으로써 북으로 하여금 미국의 핵위협에 군사적으로 대비하지 않을 수 없게 한다.

미 대서양이사회(Atlantic Council of US)의 한 연구그룹의 보고서는 "북한을 침공할 의사가 없다고 미국이 여러 차례 다짐했는데도 북한이 전쟁에 대비하고 핵억제력을 갖추고자 한 것은 미국의 군사적 행동에 대한 두려움 때문이다"(The Atlantic Council of US, 2007.4: 1)라고 했다. 이는 미국의 공격적이고 도발적인 확장억제전략(핵우산)이 NSA를 공수표로 만들고 급기야는 북을 핵개발로 내몰았다는 솔직한 고백이라 하겠다.

김계관이 2009년 2월 3~7일에 방북한 보스워스 일행에게 북핵폐기의 전제조건[19]의 하나로 '남한에 대한 핵우산 제거'를 요구한 것도 핵우산이 있는 한 북에 NSA가 약속된다 하더라도 의미가 있을 수 없다는 것을 알기 때문이다.

따라서 북이 미국으로부터 핵공격 위협을 느끼지 않고 그래서 한반도 비핵화에 나서도록 하기 위해서는 핵우산의 철회가 필수적이다.

(3) 핵우산과 '핵 없는 세계' 구상의 모순

우리 정부가 NPT회의 등에서 전 세계적인 핵군축을 지지하면서 미국에 핵무기 사용의 보장(핵우산)을 요구하는 것은 자기모순이며 핵군축 입장에 진정성이 없다는 것을 국제사회에 보여주는 꼴이다.

오바마 정권이 '핵 없는 세계'를 말하면서도 핵우산을 공약하는 것도 핵무기를 사용해서 핵을 없애겠다는 자가당착의 모순이다. 또 그것은 북의 핵무기보유를 기정사실화하고 한반도에서 핵경쟁을 가속화하는 결과를 낳게 된다. 이는 상대가 핵무기를 먼저 버려야 자신도 핵무기를 버릴

---

19) 김계관은 '핵우산 제거'와 함께 '대북 적대시 정책 철회', '한미동맹의 파기' 등 세 가지를 제시했다.

수 있다는 고압적 사고발상이자 한반도 핵문제의 책임을 북에 떠넘기는 책임 전가로 상호 협력과 동시 행동, 평화공존을 원칙으로 하는 평화군축의 관점에 정면으로 배치된다.

4) 남쪽의 넘치는 거부적 억제능력과 대남 재래식 전력 열세를 뒤집을 수 없는 북핵능력

(1) 남은 거부적 억제력을 훨씬 뛰어넘는 공격 전력을 갖추고 있다

남쪽은 주한미군 없이 독자적으로 보복적 억제력은 물론 거부적 억제력을 확보한 지 오래다. 남쪽은 북이 남을 공격할 때 그에 상응하거나 그 이상의 보복을 가할 수 있는 (보복적 억제) 능력은 물론이고 북의 공격을 격퇴할 수 있는 충분한 방어(거부적 억제) 전력을 갖춘 지 오래다. 앞서 보았지만 '거부능력'(방어적 억제력)을 따지는 기준에는 여러 가지가 있는데 대북 억제능력과 관련해서는 '모든 재래식 전력 거부방식'이나 '개연성이 높은 침략형태(가령 기습공격) 대처방식'을 기준으로 보는 것이 좋을 듯하다.

"주한미군이나 전시 증원 병력을 빼놓고서도 (현재) 한국군이 북한군보다 10%가량 우세하다"(≪신동아≫, 2010.3)는 국정원의 청와대 보고는 '모든 재래식 전력 거부방식'에서 남쪽의 충분한 대북 '거부능력'의 보유를 확인하는 수많은 근거자료 중 하나일 뿐이다. 흔히 말하는 북의 기습공격에 대한 거부능력('개연성이 높은 침략형태 대처방식 기준)을 기준으로 봐도 마찬가지로 남쪽은 거부능력을 확보하고 있다. 북한군이 평양-원산선 이남에 70%가 전진 배치된 반면 남한군은 대전 이북에 90%가 전진 배치되어 있다. 또 남한의 정찰 감시능력은 대북 절대 우위를 누리고 있어 과거 한국전쟁 때와 같이 사전에 파악되지 않은 기습공격은 가정하기 어렵다. 특히 북한의 수송·병참 능력이 제한되어 있고 미사일은 원형공산오차가 커 군사적 효과가 미미하기 때문에 기습공격은 사실상 불가능하다. 서재정은 북한이 남한에 사전 간파되지 않은 채 휴전선에 모든 병력을 전개해 공격준비를 완료해 놓았다는 가정하에 전차전이나 특수군 투입 등의 대남 기습공격을 상정한 시뮬레이션을 한 결과 어느 경우든 남한군이 미군 없이 단독으로 북한의 기습공격을 저지하기에 충분한 군사력을 갖추고 있음을 입증했다(서재정, 2009: 72~92 참조).

국방부 또는 관변연구기관 등이 대북 전쟁억제력 확보라는 이름으로 추구하는 전력은 사실은 보복적 또는 거부적 억제력과는 관련이 없으며 그것을 훨씬 뛰어넘는, 대북 (선제) 공격과 북한 점령을 목표로 하는 (선제) 공격수행 능력을 의미한다.

남쪽은 부대나 무기체계의 작전범위와 용도 등을 볼 때 대북 공격용 전력(대표적으로는 대북 종심작전이 가능한 F-15와 F-16, MLRS 등 대화력전전력, 사거리 180km가 넘는 지대지 미사일과 순항미사일, 이지스 구축함, 상륙부대와 상륙장비, 공격용 헬기, 북한 전역을 대상으로 24시간 가동하는 전략적·전술적 감시정찰 능력과 그와 결합된 C4I체계, 전격전에 대비한 재래식 및 특수탄약의 60일분 어치의 전투 예비탄약의 대량저장 등)을 상당한 비중으로 갖추고 있다. 북이 남쪽의 공격을 두려워할 정도로 남은 대북공격전력을 확보하는 데 박차를 가해왔으며 경제력에서 현저히 뒤진 북은 이에 대항해 비대칭전력(미사일, 핵)을 확보하는 데 관심을 둬왔다. 대북공격을 위한 남쪽의 전쟁수행능력 추구는 억제력의 범위를 넘어서는 것으로 무력사용 또는 위협을 금지한 국제법 그리고 평화통일을 규정한 우리 헌법에 배치된다. 따라서 미국의 핵우산이나 확장억제가 불필요하며 도리어 한반도의 군사적 긴장 완화와 평화를 위해서는 남쪽의 대북 위협적인(공격적인) 군사력을 줄여야 하는 상황이다.

오늘날에 와서 남은 북 전역을 공격할 수 있음은 물론 주변국의 가까운 지역을 대상으로 군사작전이 부분적으로 가능한 공격전력을 갖추고 있으며 미국의 동맹국 중에서도 손꼽히는 군사강국으로 성장했다. 미 국방부 장관이 2003년 7월에 미 의회에 제출한 '동맹국의 방위분담 보고서'를 보면 미 동맹국 27개국(미국 포함) 가운데 남한은 2002년 현재 미국에 이은 2위의 지상전력(전체 동맹국 전력의 9.72%), 7위의 해군전력(전체 동맹국 전력의 2.50%), 8위의 공군전력(전체 동맹국 전력의 3.95%)을 보유하고 있다(미 국방부, 2004: c-3 참조). 일본은 6위의 지상전력(전체 동맹국의 3.59%), 2위의 해군전력(전체 동맹국 전력의 7.56%), 5위의 공군전력(전체 동맹국의 4.14%)으로 지상전력에서는 한국이 월등히 앞서고 공군전력에서는 약간 열세이며 해군전력에서만 비교적 열세다. 더니건은 남한과 일본의 군사력을 공군을 포함한 지상전투력에서는 289 대 150으로 남한이 1.9배의 우위, 해군력에서는 6 대 26으로 일본이 4.3배의 우위, 전체적으로는 남한이 약 1.7배의 우위를 보이는 것으로 평가했다(Dunnigan, 2003: 627, 632). 즉, 한국군은 일본에 대해서 거부적 억제능력을 이미 충분히 확보하고 있다.

한국은 중국에 대해서도 충분한 거부적 억제력을 갖추고 있다. 더니건은 지상전투력(공군력을 포함)에서 중국은 827점으로 289점의 남한의 약 2.86배, 해군력에서는 16 대 6으로 남한의 약 2.7배에 이르는 것으로 평가했다. 그러나 중국은 14개국과 국경을 접하며 1만 6,000km의 육상 국경선과 1만 2,000km의 해상 국경선을 지켜야 한다. 또 티베트, 신장 등 내부 문제와 인도, 베트남, 러시아, 일본 등과의 군사적 충돌에 대비해야 하는 중국으로서는 전쟁이 일어나더라도 한국에 전 군사력을 동원할 수 없다. 따라서 중국과의 관계에서 거부적 억제력은 '자국 지향가능전력 거부방식' 또는 '근접지역 전력 거부방식'을 기준으로 평가하는 것이 더 타당하다. 한중 사이에 전쟁이 발발했을 경우 중국의 7개 대군구 중에서 군사력을 모두 동원할 수 있는 군구는 북경, 제남, 심양 군구 정도이다. 대만과 국경을 맞대고 있는 남경 군구, 베트남과 국경을 맞대고 있는 광주 군구, 인도 등과 국경을 맞대고 있는 성도 군구, 러시아 등과 국경을 맞대고 있는 난주 군구 등에서의 병력 동원은 크게 제약을 받을 수밖에 없기 때문이다. 이렇게 보면 최대로 잡는다고 하더라도 중국이 동원할 수 있는 전력은 3/7 정도 – 각 군구별 전력의 차이를 무시하고 평균값을 기준으로 한다 –가 될 것이며 이 경우 이를 방어하는 데 필요한 남한 군사력은 공격과 방어의 3 대 1 승수를 고려하면 중국의 3대 군구전력(3/7)의 1/3전력, 즉 중국 전체 재래식 전력의 대략 14% 정도면 된다는 계산이 나온다.

(2) 북은 핵을 보유해도 대남 재래식 전력의 열세를 뒤집을 수 없다

북한이 비록 핵무기를 보유하게 되었다 하더라도 여전히 남쪽의 압도적인 재래식 전력은 대북 전쟁억제력으로서 충분하고도 남는다. 북핵은 그 군사적 효과(counterforce)의 큰 제한성 때문에 재래식 전력의 열세를 뒤집을 수준은 아니며 남쪽과의 전쟁에서 승리할 수 있는 전력은 더더욱 아니다. 북핵은 그 군사적 능력으로 봤을 때 견디기 어려운 보복을 위협함으로써 있을 수 있는 남쪽의 대북공격을 억제하는 보복적(countervalue) 억제력으로 봐야 한다. 북한이 플루토늄에 이어 우라늄농축에 의한 핵무기 제조 능력을 추가했다 하더라도 북한의 핵억제력의 보복적 성격이 본질적으로 바뀌는 것은 아니다. 핵무기의 소형화와 짧은 시간 내 핵탄두 보유량의 증대가 더욱 쉬워짐으로써 보복적 억제력의 신뢰성이 플루토늄만으로 핵무기를 제조할 때와 비교해 훨씬 더 높아졌다고 할 수 있다. 그렇지만 이것만으로써 북이 전쟁수행력에서 남쪽을 앞서는 것은 아니며 공격력, 계전능력(계속 전쟁수행력) 등의 점에서 여전히 남한이 북을 능가한다고 볼 수 있다.

전성훈은 패트릭 모건의 견해를 인용해, "핵이 없는 북한의 남침을 저지해온 한국의 재래식 억지전략이 북한이 핵을 갖게 된 상황에서 실패할 것인가의 문제에 대해서 일부에서는 그럴 가능성이 낮다고 본다"면서 "북한의 열악한 경제력과 이로 인해 야기된 부실한 재래식 전력, 북한의 남침을 적극 지원할 동맹의 부재, 전쟁의 발발은 북한 정권의 종식을 의미한다는 점 등을 고려할 때, 현재 북한 정권의 대남 공격의지는 강하지 않기 때문"(전성훈, 2006: 156~157)이라고 말한다.

"노무현 대통령은 '북한에 핵무기가 있다고 할지라도 한국의 군사력은 충분히 균형을 이루고 있으며, 우월적 균형을 이루고 있다고 말할 수 있다'고 밝혔다. '북한은 한국과 전쟁을 붙어서 이길 수 없으며, 설사 핵무기를 갖고 있다 하더라도 치명적인 상처를 입힐 수 있을지는 모르지만 이기지는 못한다'며 '더욱이 정복은 불가능하며, 정복은커녕 지배는 전혀 더 불가능하다'고 말했다"(《한겨레》, 2006.12.8). 북의 핵무기는 남쪽을 공격해서 전쟁에 승리하기 위한 수준이 아니라 남쪽 특히 미국의 대북 핵공격을 억제하기 위한 것으로 보아야 한다.[20]

핵무기의 군사적 효과에 대해서는 몇 가지 연구결과가 있는데 여기에

---

20) 김대중 전 대통령은 《아사히신문》과의 인터뷰에서 북한 로켓 발사와 관련해 "북한의 재래식 무기는 한국과 비교하면 훨씬 성능이 떨어지고 전차나 비행기도 낡고 연료도 부족해 훈련도 충분히 할 수 없다"라며 "그래서 핵과 미사일 개발을 통해 '너 죽고 나죽자'는 벼랑 끝 전술을 쓰는 것"이라고 말했다(《한겨레》, 2009.4.23).

비춰보면 북핵이 갖는 대병력효과(공격효과)는 극히 제한된 능력(재래식 전력의 열세를 만회할 수 없는 수준)이라고 해야 한다. 물론 이 대병력효과는 보복을 뜻하는 대가치효과와는 다르다.

북한이 북핵 6자회담에 신고한 플루토늄 추출량은 30.8kg으로 보통 10kt 위력의 핵무기 1개를 만드는 데 6~8kg의 플루토늄이 필요하다고 상정하면 핵무기 4~5개분에 지나지 않는다. 또 북의 미사일은 그 정확성이 매우 낮다는 점도 고려해야 한다. 그러면 이런 북의 핵보유수준이 갖는 군사적 효과가 어느 정도인지, 과연 북의 재래식 전력 열세를 만회할 수 있는 수준인지 살펴본다.

15대의 전차와 그 밖의 장갑차를 보유한 1개 기갑중대를 전멸시키기 위해서는 10kt의 전술핵무기가 필요하며, 반경 1km 내의 장갑차량을 전멸시키기 위해서는 100kt의 핵무기가 필요한 것으로 알려졌다(Hayes, 1991: 101~102).

"핵무기의 '제한적 전구사용'의 한 예로서, 육군 4개 사단(약 8만 명)의 지상방어병력에 대해서 군사작전이 전개된다고 가정한다. 이 지상방어는 10개 이상의 기지에서 발진하는 약 100기의 항공기를 지원받는 것으로 가정한다. 이는 강력한 방어지만 많은 비핵무기국이 보유하는 전력이다. 재래식 병력만으로 이를 돌파하는 데는 공격 쪽은 최소 육군 12개 사단과 수백 기의 항공기를 투입해야 한다. 공격 쪽이 핵무기를 사용할 경우 같은 결과를 얻기 위해서는 지상방어병력의 중요부대에 대해서 1~10kt 위력의 수십 발, 그리고 방어 쪽 항공전력을 약화시키기 위해서 20~100kt 위력의 10발 이하를 사용해야 한다"(유엔사무총장 보고, 1982: 81). 이 예를 적용하면 북이 핵무기를 공격용으로 사용할 경우 방어 쪽 항공전력에 대한 공격 여유가 없고 그나마 지상방어부대 4개 사단 가운데 1개 사단정도도 공격하기에 부족한 전력이라고 할 수 있다.

다음은 베트남전 당시 미 국방부가 핵무기사용을 검토하기 위해 민간연구기관에 의뢰한 연구보고서에 나오는 내용이다. (미국의) 적이 남베트남의 14개 미군기지(이들 미군기지를 무력화하는 데 필요한 표적을 총 70개로 봄)에 접근해 핵 박격포나 무반동총을 사용해 1~2시간 이내에 동시에 공격한다고 가정할 때 미군기지를 파괴하는 데는 표적당 1~2개의 10kt의 핵무기, 기지당 10~20개의 핵무기가 필요하며, 전체로는 70~100개의 핵무기가 필요한 것으로 추산했다(Dyson et al., 1976: 39~40).

북베트남과 베트민이 소련제 준중거리 미사일(MRBM)로 남베트남의 모든 미군기지를 1시간 30분에서 2시간 사이에 바다와 육지에서 동시에 공격해 파괴하는 데는 탄두 당 100kt에서 1Mt 이상의 위력을 가진 15~20개의 미사일이 필요한 것으로 추산했다(Dyson et al., 1976: 39~40).

이상의 연구결과를 보면 북이 만약 핵무기를 보복용이 아닌 군사용(공격용)으로 사용할 경우 미군기지 1곳을 파괴하기에도 충분하지 않다는 것을 알 수 있다. 즉, 북핵은 보복적 억제력으로서는 위협을 어느 정도 줄 수 있을지 모르지만 공격용으로는 매우 효과가 제한되기 때문에 현재 남쪽에 뒤진 재래식 전력의 열세를 만회할 수 없다는 결론, 즉 남쪽의 압도적인 재래식 전력의 우위가 북의 핵보유로 바뀌지 않는다는 결론을 내릴 수 있다.

5) 억제력 기준에 대한 국방부와 국방연구원의 자의적이고 왜곡된 입장

한국 국방부와 한국 국방연구원이 대북 전쟁억제력으로 제시하는 군사력은 본래 개념의 억제력이 아니라 (선제) 공격개념에 입각한 군사력으로 이는 '억제력'을 넘어서 대북 공격을 수행할 수 있는 전쟁수행능력을 의미한다.

국방정책을 수동적 방어 위주에서 **능동적 억제전략**으로 바꿔야 하며, 억제전략의 뼈대는 북한이 아예 전쟁을 못하게 하는 것, 억제전략으로 가려면 북한이 도발하려는 움직임이 있을 때 북한의 전쟁지휘계통을 정밀 타격해 전쟁하기 전에 분쇄할 수 있는 능력을 보유해야 한다(이상우 국가안보총괄점검회의 의장 발언, 《한겨레》, 2010.8.16).

현존하는 북한의 군사위협에 주도적으로 대처할 수 있는 **자주적 전쟁억제 능력**을 우선해 확보해나가는 동시에(「2006 국방백서」, 33) ……즉 적보다 '더 멀리 보고, 빠르게 기동하며, 정밀하게' 타격할 수 있는 첨단 감시장비와 기동 및 타격 수단을 확보해 전쟁억제력을 완비하고(「2006 국방백서」: 40)

국방부는 현존하는 북한의 군사위협과 미래의 다양한 위협에 대비해 **전쟁을 억제하고** 전승을 보장할 수 있는 정예군사력을 건설할 것(「2008 국방백서」: 86)

이 인용으로 보면 남쪽 군은 대북 전쟁억제를 표방하지만 내용상으로 보면 선제공격 전략과 그에 필요한 군사력 건설을 추구하고 있다. 특히 '능동적 억제전략'은 방어 교리가 아닌 선제공격 교리이며 북이 아예 전쟁을 하지 못하도록 하는 전략이라는 말처럼 압도적인 대북 군사적 우위 확보와 이를 통한 북의 붕괴를 추구하는 전략으로 '억제'라는 개념과는 상관없는 전승전략이고 북의 붕괴를 추구하는 전략임을 알 수 있다. 이 점에서 '능동적 억제'전략은 미국이 견지하고 있는 압도적 우위(전방위적 지배)와 선제공격에 바탕을 둔 미국의 패권적 군사전략과 상통한다고 볼 수 있다.

한국국방연구원(KIDA)의 억제개념을 보면 이런 개념의 왜곡이 더욱 뚜렷이 드러난다.

국방연구원은 한국군 군사력 발전목표 수준을 순차적으로 '전시초기

대응능력'과 '방어·방호능력', '전쟁억제능력' 등 세 단계로 구분한다. 전시초기 대응능력은 '균형세력 확보(최저수준)와 우세권확보(바람직한 수준)로 세분한다. 방어·방호능력은 '수동적 방호', '능동적 방어', '공세적 방어'(발진·발사기지 타격으로 원천 봉쇄)로 구분하고 공세적 방어를 중점적으로 구축하고 보완적 수준에서 수동적 방호와 능동적 방어를 구축할 것을 제안하고 있다.

'전쟁억제능력'은 가장 높은 목표 수준으로 되어 있는데 '거부적 억제'와 '보복적 억제' 두 수준으로 다시 세분한다. '거부적 억제'는 "방어력을 통한 전쟁억제"로, '보복적 억제'는 "피해유발 능력으로 전쟁억제(를)"하는 것으로 설명되어 있다.

"보복적 억제력을 위해서는 **핵을 비롯한 군사력의 압도적 우세가 요구됨**은 당연할 것이며, 따라서 우리의 여건상 대상기간(2006～2020년까지의 국방개혁 기간) 중에는 미국의 억제력을 활용하면서 거부적 억제력 확보를 우선적인 목표로 설정하고 보복적 억제능력을 좀 더 장기적인 차원에서 추구함이 적절할 것이다"(백재옥 외, 2005: 68)고 쓰고 있다.

위 국방연구원의 기준으로 말하면 본래 억제개념에 맞는 군사력 수준은 '전시 초기대응능력'이나 '방어·방호능력' 중 '수동적 방호' 정도의 군사력이면 충분하다. 그리고 이미 이 정도의 군사력을 한국군은 오래전에 갖추고 있으며 1980년 이후에는 대북 군사력 우위 속에서 (선제) 공격전력의 확보와 증강을 지속적으로 추진하고 있다.

그러나 국방연구원은 억제력을 '전시 초기대응능력'(균형수준)을 훨씬 넘어서는 전력으로 규정하고 있다. 국방연구원은 억제력을 전수 방어전력을 넘어서 공격전력(적극적 방어 및 공세적 방어)21)의 수준으로 여기고

---

21) 적극적 방어나 공세적 방어는 같은 말이다. 공세적 방어는 "장래 호기를 틈타 공세로

있다. 국방연구원은 '전략적 억제전력'으로 '장거리 감시전력, 전략타격 전력'을 꼽고 있다. 특히 '보복적 억제력'은 핵을 포함하는 압도적인 군사력을 의미하는 것으로 되어 있다. 이는 억제전략을 기본적으로 선제 공격을 통한 전쟁승리 전략으로 보고 있음을 뜻한다. 그리고 국방연구원 은 억제력에 대한 이런 기준에 따라 우리 군이 아직 억제력을 갖추지 못하고 있고,[22] 국방개혁을 통해 2020년이 되어야 겨우 거부적 억제력 을 갖출 수 있고 그때 가서도 보복적 억제력은 갖추지 못할 것으로 보고 있다. 또 국방연구원은 개념적으로 거부적 억제력이 보복적 억제력보다 더 높은 수준이지만 이 관계도 거꾸로 보는 개념상의 혼란을 보이고 있다.

5. 핵우산의 신뢰성을 높이기 위한 방안과 그 문제점

1) 핵우산은 핵전쟁 결정권을 미국에 준다

핵우산(확장억제)의 근본적 문제점의 하나가 핵전쟁 결정권을 미국이 갖게 된다는 것이다. "한국에서 핵전쟁 계획을 준비하고 수행하는 것은 전적으로 미국의 권한이다"(Hayes, 1991: 114).

미국은 확장억제 공약을 근거로 대북 핵전쟁 계획을 수립하고 이를

전환할 의도가 있으면서 당장은 멈춰서 적을 기다리는 형세를 말한다. 이는 공격을 위해 처음부터 공격의 의도를 갖고 계획한, 공격을 위한 준비이다"(片岡徹也·福川 秀樹, 2003: 109).

22) "적의 전쟁도발의지를 좌절시킬 수 있는 전쟁억제능력은 매우 취약하다"(백재욱 외, 2005: 62).

시행할 권한과 책임을 가진다. 물론 이 과정에서 미국이 한국과 협의할 수는 있으나 핵전쟁 결정에서 한국의 통수권은 배제되어 있기 때문에 핵전쟁계획 수립과 시행은 전적으로 미국의 권한이라고 해야 할 것이다. 그리고 미영동맹이나 나토의 사례에서 보듯이 미국은 핵무기의 역할이나 사용을 자신의 고유권한 – 협의를 할 수 있어도 결정은 미국이 내린다는 것, 또 협의할지 말지도 미국 자신이 결정한다는 입장이다 – 으로 여긴다.

또 한미연합방위체제에서도 핵전쟁은 미군의 권한으로 되어 있다. "전작권 전환 이후에도 북한의 대량파괴무기를 제거하는 작전과 해병대의 강습상륙작전은 미군이 주도하기로 (한미가) 합의했다"라는 샤프 주한 미국사령관의 발언은 작전통제권의 반환에 상관없이 미국이 북한 급변사태 시 북핵 제거를 목적으로 하는 대북군사작전을 결정하고 시행할 권한을 확보하고 있음을 밝히는 것이다. 나아가 그의 발언은 이런 미국의 결정과 행동에 한국군이 당연히 협조해야 한다는 것을 내포하는 발언이다.

더욱이 북의 핵이 미국 본토에 직접 위협이 된다고 판단할 경우 미국은 한미동맹 – 한국영역의 보호가 그 목적이다 – 과 상관없이 자위적 차원에서 독자적인 군사작전을 결행할 가능성도 있으며 그것이 바로 「작전계획 8010-08」과 「개념계획 8099-08」이다.

물론 북핵이 미국 본토에 위협이 된다는 이유로 북을 미국이 (핵 선제) 공격하는 것은 국제법적으로 불법이다. 왜냐하면 설사 북이 미국 본토를 직접 타격할 수 있는 핵능력을 갖추고 있다고 하더라도 그것만으로 미국이 대북 (선제) 핵공격을 하는 것은 무력사용을 금지한 국제법을 위반하는 것이기 때문이다. 그리고 북의 핵능력이란 앞서 보았듯이 북을 붕괴시키기 위한 한미동맹군의 대북 적대정책의 산물이고 또 한미동맹군의 대북 공격을 억제하기 위한 보복적 성격(핵전쟁에서 승리하기 위한 핵능력이 아니고)의 것이기 때문이다. 이 점에서 미국이 주장하는 이른바 '미국 본토에 대한 북의 핵위협'이란 어디까지나 대북 선제 핵공격을 정당화하기 위한 구실에 지나지 않는다. 하지만 북에 대한 핵공격의 주요 명분(시나리오)의 하나로 미국이 북핵의 미국 본토 위협을 내세우고 있는 것은 현실이며 이에 따라 한국의 자주권은 더욱 제약되고 한반도 핵전쟁 가능성은 더욱 증폭되고 있다. 이런 미국의 일방적인 핵전쟁 결정권도 따지고 보면 대북 핵공격 공약인 핵우산(확장억제)에서 기인하고 파생된다고 볼 수 있다.

확장억제는 또한 한국의 군사전략을 미국의 핵억제 전략에 종속시키는 결과를 초래한다. 확장억제하에서 동맹국의 군사전략은 미국의 핵억제 전략과 별개로 존재하는 것이 아니라 미국의 억제전략에 맞춰지게 되고 그 실행을 뒷받침하는 것으로 되지 않을 수 없다.

한국합참의장(≪통일뉴스≫, 2009.12.14)이나 국방장관(≪한겨레≫, 2010. 1.21)의 대북 선제타격 발언이 공개석상에서 잇따르는 것은 결코 우연이라고 볼 수 없으며 한국의 대북 국방정책이 선제공격을 기조로 하는 미국의 '전략적 억제 및 지구적 공격' 개념(「작전계획 8010-08」로 구체화)을 따라가고 있음을 보여준다.

한반도에서 재래식 전쟁만이 아니라 핵전쟁도 수행해야 하므로 확장억제는 비용 측면에서도 우리나라에 불필요한 막대한 부담을 안겨준다.

전시작전권 반환 뒤에는 미군의 '한국전투사령부(KORCOM)'가 현재의 주한미군사령부를 대체하게 되는데 핵공격에도 완벽하게 보호받을 수 있는 시설로 평택에 지어지고 있다. 코콤 외에 미8군사령부와 통신본부·병원 등 특수시설도 당초 한미합의와 달리 미 국방부의 바뀐 환경 및 대테러 기준에 따라 설계가 변경되어 건설된다. 이 같은 설계변경으로 특수시설 공사비가 당초 계획보다 20%가량 늘어나 1조 원이 넘게 드는 것으로 알려져 과잉공사 논란이 제기되고 있다(≪경향신문≫, 2008.11.1). 평택 미군기지 건설공사가 2004년의 처음 합의 때와 달리 핵전쟁을 전제한 시설로 지어지는 것도 바로 핵우산 공약 때문이라 할 수 있다. 북의 핵실험 이전의 핵우산은 미국이 직접 핵공격을 받는 상황은 가정되지 않았지만 북이 핵실험을 실시한 이후 핵우산은 한국과 주한미군도 핵공격을 받는 것을 예상해야만 하게 되었다.

2) 나토와 한미동맹의 비교로 보는 핵우산의 신뢰성 문제

핵우산이 안보를 지켜줄 거라는 허구적인 믿음에 집착하는 한미동맹세력들은 미국으로부터 '방기'되지 않을까 하는 두려움(핵우산의 신뢰성 문제)에서 핵우산을 확실히 보장받기를 바란다(박원곤, 2007: 58).

2009년 6월에 한미정상이 채택한 「한미동맹 공동비전」에 확장억제 제공이 명기된 것이나[23] 2010년 10월 8일의 SCM 공동성명 6항에서 '확장억제 정책위원회를 제도화해나가기로' 합의한 것도 핵우산의 신뢰성을 높이기 위한 일환이라 할 수 있다. 위 SCM에서 채택된 '한미국방협력지침'은 '한국연합방위' 항목에서 "확장억제 정책위원회를 제도화하며 이 위원회는 확정억제의 효과를 높이기 위한 협력메커니즘 역할을 수행한다"고 밝히고 있다.

그런데 일본도 북의 핵실험 이후 미국 핵전력과 핵전략의 운용 전술에 대한 협의와 의사결정 체계에 참여할 수 있는 권한을 미국에 요구하고 있으며 캠벨 미 국무부 동아태담당 차관보는 2009년 방일 때 미일 양국

---

23) 전성훈은 "북한의 제2차 핵실험 이후 한국 정부는 미국의 핵우산 약속을 보다 공고하게 하기 위한 방식을 추구했고 그 결과 양국 정상회담의 합의문에 미국의 핵우산 제공의사가 처음으로 명시되는 성과를 거두었다"(통일연구원, "한미확장억제정책위원회 구성의 의미와 과제", 2010.10.12)고 평하고 있다.

이 핵억제 요소들에 대한 깊이 있는 대화를 시작하겠다고 밝힌 적이 있다.

(1) 나토보다 더 불평등한 한미동맹

"타협 결과, 유럽에 배치된 핵무기의 통제에서 자신의 발언권을 갖고자 했던 유럽인들의 바람은 핵정책을 집단적으로 결정하는 복잡한 합의를 통해서 또 유럽 전구 내의 핵무기 운용에 대한 협의 약속을 통해서 충족되었다"(Gregory, 1996: 49)는 그레고리의 지적처럼 나토는 비록 대미 종속동맹이긴 하지만 나토의 유럽 동맹국들이 참여하는 핵정책과 핵운용에 관한 다양한 협의구조를 갖추고 있다.

나토의 NPG(핵기획그룹)는 나토 회원국의 국방장관들이 정기 모임을 갖고 여기서 핵전력과 관련된 세부적인 정책들을 논의하고 공동으로 결정하는 기구다. NPG의 의장은 나토 사무총장이 맡는다. "(NPG에서는)광범위한 핵정책 문제들이 논의되는데, 여기에는 핵무기의 안전 및 방호·생존성, 통신과 정보체계, 배치 문제, 더 넓게는 핵군비 통제와 핵확산 등의 공통관심 문제들이 포함된다. 나토의 핵정책도 여기서 계속 검토하며 새로운 정세에 맞게 핵정책을 수정·조정하고 또 기획과 협의 절차를 최신화하고 개정하는데, 이러한 결정은 공동으로 이뤄진다"(NATO Handbook, 2001.8.21: 151~152). 이 NPG는 나토의 유럽회원국들이 통수권 차원에서 나토의 핵정책 결정에 참여하는 기구 중 하나다. "MLF구상의 좌절로, 나토가 미·소·영에 이어 네 번째 핵보유단체가 되는 것을 포기한 많은 유럽 동맹국들에게, NPG의 존재는 미국이 자신들의 국익을 무시하고 독자적인 핵계획을 추진하지 않을까 하는 의구심을 불식시키는 제도적 보증을 의미했다"(金子讓, 2008: 162).

또한 나토는 여러 수준의 정치적·군사적 의사결정 기관을 두고 있는데 그 어느 것이든 만장일치를 원칙으로 하며 개별 회원국은 집단적 결정에 구속되지 않을 권리를 보유한다.[24] 나토 회원국의 독자적인 의사결정권 보유 역시 미국의 요구를 거부하고 독자적인 행보를 하기란 사실상 거의 불가능한 구조인 불평등한 한미동맹과는 차이가 있다.

국방부는 2010년 SCM에서 확장억제정책위원회 설치에 합의한 것이 나토를 제외하고서는 첫 번째 사례라며 이를 통해 핵우산의 신뢰성을 높이는 큰 성과를 거둔 듯이 자랑했다. 하지만 '확장억제정책위원회'가 나토의 '핵기획그룹(NPG)'과 같은 통수권 차원의 의결기구가 아닌 실무기구임을 우리 국방부도 인정하고 있다. '확장억제 정책위원회'는 국장급이 공동위원장을 맡는다. "스틸웰 장군은 한미연합사령부의 미군 사령관은 '미국의 고위당국'에만 보고하고, 핵무기사용에 관해서도 미국 상부에만 보고할 기술적·법적 재량권이 있다는 사실을 특별히 지적했다. 이는 독일에서는 핵무기 사용에 대해 미국과 독일 두 나라 당국에 보고하는 것과 대조적이다"(해리슨, 2003: 268)라는 해리슨의 지적은 한미확장억제정책위 설치로는 메울 수 없는, 미국과의 관계에서 드러나는 나토의 유럽 동맹국과 한국 간 지위 격차를 말해준다.

(2) 나토에서도 핵비보유국에게는 핵사용 결정권이 없다

미국은 지금까지 핵정책과 핵억제 전략을 자신의 국익 입장에서 독자적

---

24) 나토이사회가 1967년 12월에 채택한 "대서양동맹의 장래 과제: 나토이사회 보고서"(일명 하멜보고서)는 "주권국으로서 동맹국들은 그들 정책을 집단적 결정에 복속시켜야 할 의무를 지지 않는다"라고 밝히고 있다.

으로 결정해왔고 나토는 이런 미국의 핵전략에 대해서 이견이 없었던 것은 아니지만 결국 미국의 핵정책을 자신의 전략으로 채택해왔다. 더욱이 미국은 나토, 심지어 전략동맹국인 영국에 대해서조차도 미국 내 핵무기는 물론이고 동맹국 영토에 배치된 미국 핵무기라 하더라도 그 사용권(통제권)을 나눠 갖지 않으며 미국 자신이 독자적으로 결정하는 것을 정책으로 해왔다.

손 그레고리는 "나토의 어느 동맹국도 미국의 핵무기 운영에 대해서, 심지어 동맹국의 영토에 비축된 (미 핵)무기에 대해서조차도 거부권을 행사한 나라는 없었다"(Gregory, 1996: 84)고 하면서 그 이유에 대해서 "관행적으로 (미)대통령은 핵무기 사용에 앞서 (나토) 동맹국의 조언을 구하려고 할 수도 있지만 조언을 무시할 수도 있고, '시간과 상황'이 협의를 허락하지 않는다25)고 판단할 수 있으며 아니면 단지 협의하지 않기로 결정할 수 있다"라고 썼다. 또 미영 사이에 "(핵무기) 사용절차에 관한 의무적이거나 구속력 있는 합의가 전혀 없다"(Gregory, 1996: 84)는 그레고리의 지적처럼 주영 미군기지에 배치된 핵무기의 사용에 대해서조차도 미국은 영국과 협의는 할 수 있지만 그 결정권은 미국이 가진다는 것이 미국의 일관된 정책이며 지금도 이 입장에는 변함이 없다.

한미동맹보다 덜 종속적인 나토조차도 미국의 핵정책과 핵사용에 대한 통제권을 갖고 있지 못한데 한국이 확장억제 정책위원회 설치를 통해서 미국의 한반도 핵사용 결정에 참여할 수 있으리라고 생각한다면 이는 순진한 생각에 지나지 않을 것이다.

---

25) 1962년 5월 아테네에서 열린 북대서양 이사회 각료급 회담에서 미국과 영국(핵보유국)은 '시간과 상황이 허락하면' 핵무기 사용 전 동맹국과 협의한다는 데 동의했다.

3) 확장억제 정책위원회의 기능과 역할 문제

확장억제 정책위원회의 설치 목적은 공식적으로 '확장억제의 실효성을 높이기 위한 것'으로 설명된다.

확장억제를 제공하는 주체가 미국이고 대북 핵공격 계획의 작성과 핵사용 권한도 미국이 가진다. 이 점에서 확장억제 정책위의 기능과 역할은 미국의 대북핵공격 계획과 핵사용 전략을 실행하는 데 필요한 한국의 협조사항을 다루는 것이 주가 될 수밖에 없다. 더욱이 이 위원회는 실무기구에 지나지 않는다. 따라서 설사 이 기구에서 어떤 정책적 사항이 논의된다 하더라도 결정권이 없기 때문에 권고에 머물게 된다.

확장억제위의 기능과 역할이 어떠할지는 이 위원회에서 논의될 의제에 의해서도 규정될 것이다. "우리 측은 미국이 유사시 제공하는 핵우산과 관련한 내용을 구체적이고 중점적으로 논의하기를 원하지만 미 측은 미일 미사일방어 체계의 한국 가입 문제를 의제로 삼고 싶어한다"(≪연합뉴스≫, 2011.2.28)라는 보도나 "미 측은 북한의 재래식 및 비대칭전력을 포함해 전반적인 한미동맹의 관점에서 접근하자는 입장인 반면 우리 측은 북한의 핵과 WMD에 대한 억제에 집중하자는 입장"이라는 보도는 미국이 핵무기와 직접 관련된 내용에 대해서는 논의를 꺼리고 있음을 말해준다. 이는 핵무기에 관한 사안은 자신의 권한이고 동맹국의 간여를 배제하겠다는 오래된 미국의 태도를 보여주는 것이다. 그 대신 미국은 대북 및 대중 봉쇄전략의 핵심요소로 간주하는 미사일방어체계에 한국이 참가하도록 이끌어내고, 또 오바마 정권이 핵무기 역할 축소의 보완책으로 추진 중인 재래식 타격전력 구축과 관련해 한국군의 타격전력을 증강하도록 하겠다는 의도를 보여주는 것이다.

또 이 확장억제 정책위의 의제 중에는 북의 핵무기를 제거하는 문제가 주요하게 자리 잡고 있다. 한미는 2011년 3월 28일 확장억제 정책위원회 본회의 및 28차 SPI회의에서 북의 핵무기 위협에 대응할 '핵확장억제수단 운용연습(TTX)'을 2011년 하반기에 실시하기로 합의했다. 이 연습은 북이 핵을 보유하고 있다는 가정에 따라 정치, 군사적으로 어떤 대비책을 마련해야 하는지를 도출하는 연습으로 초기에는 '정치군사연습(Pol-Mil)'이란 대화협의체 형식으로 운용되며 이후 북핵무기에 대응한 구체적인 운용수단을 본격적으로 적용하는 방식으로 연구수준을 높일 계획이라 한다. 이 시나리오 중에는 북이 미 본토를 겨냥한 장거리미사일 발사 시나리오도 들어 있다. 이 경우 미국은 멀리 떨어진 본토가 아니라 가까운 한국에서 북미사일을 요격하려 할 것이다. 무엇보다도 미국은 북미사일이 발사되기 전에 선제공격해 발사 자체가 이뤄지지 못하도록 할 것이다. 또 미국은 미사일 방어체제구축이 북미사일 요격과 선제공격을 위해 필수적이라 여기고 있다. 따라서 확장억제정책위에서는 북미사일 요격과 대북 선제공격, 미사일방어체계 구축에서의 한국군의 임무와 역할이 주로 논의될 수밖에 없다. 그렇게 되면 한국군의 대미 종속과 한반도 전쟁 위기는 더욱 심화될 것이다. 또 중국은 이런 미국의 대북 군사전략을 단순한 대북전략을 넘어 중국 봉쇄로 볼 것이기 때문에 한반도와 동북아시아에서의 평화는 더욱 멀어지게 된다.

4) 관변학자들의 신뢰성 증대 방안의 문제점

일부 관변학자들은 핵우산의 신뢰성을 높이는 방안으로 '북핵 폐기를 조건으로 한 NSA'(미국의 NSA는 북한의 핵폐기가 완료된 시점부터 유효하며, 북한이 핵개발을 재개할 경우 NSA는 무효로 된다는 것), '북한의 핵우산 철회 요구 시 한국과 미국은 사전협의 통한 거부'(핵우산은 북핵만이 아니라 중국이나 러시아 등 주변국의 핵위협도 겨냥한다는 주장임) 및 '미국의 핵작전 시 한국과의 협의 제도화'(이상 박원곤, 2007년 가을 참조), '일정 기간을 정해 북핵폐기 협상을 추진하되 그때까지 비핵화 완료 안 될 시 미 전술핵무기 재배치하는 이중경로정책', '한일 및 한·미·일 핵자문회의 설치'(이상 전성훈, 2010: 72~73 참조) 등을 제시하고 있다. 또 미국의 정권 교체로 NFU를 인정하는 방향으로 핵전략이 바뀔 경우에 대한 대응책으로 '한국의 MD참여'와 '핵을 제외한 WMD 위협에 대한 독자적인 대응체제(최소수준의 국소응징보복이 가능한 소수의 특징 있는 무기 확보 필요성)'(박원곤)를 제시하고 있다. 위의 '북핵폐기 완료 뒤 NSA보장' 주장은 9·19 공동성명에도 어긋나는 것이며, '(북의)핵우산 철폐(요구)를 거부해야 한다'는 주장은 주변국(중국이나 일본, 러시아 등)이 핵을 보유하는 이상 주변국과의 핵 대결 및 핵군비 경쟁이 불가피하고 이를 위해서는 미국의 핵이 필요하다는 주장으로서 사실상 미국의 동북아시아지역 핵패권전략 실현의 도구를 자임하는 것이다. 핵작전 시 한미협의 제도화나 전술핵무기의 재배치 주장 또한 한반도에서의 핵위기의 책임을 미국이 아닌 북한 탓으로 돌리면서 대북 핵대결과 핵공격 위협을 통한 북핵문제의 무력적 해결이라고 하는 기존의 실패한 대북 핵정책의 전철을 다시 밟는 것이다. 또 핵우산이 북의 핵만이 아니라 중국 등 주변국의 핵위협 때문에 필요하다는 주장은 한반도 비핵화가 미국, 중국, 러시아, 일본 등도 함께 지켜야 할 국제적 약속임에도 마치 이것이 남과 북만이 지켜야 할 약속인 것처럼 치부해버리는 것이고, 또한 핵심적 안보수단으로서 핵무기의 역할을 추구하면서 주변국과의 핵군비 경쟁으로 한반도를 떠미는 주장이며, 미국의 동북아시아지역 핵패권전략 실행의 전진기지로서의 한반도의 역할을 영구화하려는 주장이다.

　이처럼 핵우산의 신뢰성을 높이기 위한 방안이나 명분들은 핵 절대 우위를 통한 상대(북)의 제압을 목표로 하는 것으로 그 경우 북한 그리고 주변국과의 핵대결과 핵군비 경쟁이 격화되는 것은 물론이다. 또 이런 방안은 미국의 대북 선제 핵공격 위협 앞에서 생존을 도모하기 위한 북의 핵개발문제의 본질적 성격을 도외시한 채 그 책임을 북에 떠넘기는, 한반도 핵문제의 평화적 해결을 거부하고 한반도 비핵화에 관한 남북 및 국제 합의에도 어긋나는 방안이다.

6. 핵보유국(미국)과의 동맹이 대안이 아니다: 나토의 핵무기 역할과 사용을 둘러싼 미국과 유럽의 갈등이 주는 교훈

냉전 시기 나토의 유럽 회원국들은 미국의 핵우산 공약의 신뢰성에 대한 의구심 – 미국이 소련과의 전면 핵전쟁에 말려들 위험을 무릅쓰고 과연 유럽에서 전략핵무기를 사용할 수 있을까 하는 의구심 – 을 강하게 갖고 독자적인 핵개발을 주장했는가 하면 다른 한편으로는 미국이 나토 유럽 회원국의 의사를 배제하고 일방적으로 유럽에서 (제한) 핵전쟁을 결행해버리지 않을까 하는 두려움을 가져왔다.

미국은 미국대로 핵정책 및 운용에 대한 독자적인 통제권을 쥐고 유럽의 동맹국들을 대소 핵억제 전략(핵공격 전략)을 수행하는 전진부대로 기능하도록 하는 한편 자신의 의사에 반해 유럽의 핵전쟁에 말려드는 것은 회피하고자 했다.

1) 나토의 핵정책(전략) 및 핵사용의 대미 종속성

"유럽의 핵무기의 역할과 사용에 관한 협의문제는 동맹국들이 불평등하며 핵보유국(미·영)이 의사결정을 지배하는 특별한 사례를 나타낸다"(Gregory, 1996: 29)는 그레고리의 지적처럼 나토는 핵정책 및 핵사용이 미국의 통제하에 있으며 유럽 (비핵) 동맹국들의 독자성이 보장되어 있지 않은 대미 종속동맹이다.

딜레스는 1954년 1월 대량보복전략을 발표하고 이어 미국은 그해에 재래식 전력 열세를 상쇄한다는 명목으로 주유럽미군의 사용을 위해 전술 핵무기를 일방적으로 유럽에 반입했다. 이어서 나토 군사위는 1954년 11월 22일 나토의 핵 선제사용 및 핵무장화의 필요성을 지적하는 "나토 군사력의 향후 수년간의 가장 효과적인 형태"(The Most Effective Pattern of NATO Military Strength for the Next Few Years)라는 제목의 보고서(MC48)를 채택했다. 이 문서는 "소련이 서유럽을 공격한 경우 나토가 바로 원자력 무기로 반격한다는 확신을 갖도록 하는 것이 중요하다"라면서 "이러한 사태(핵무기가 서유럽에 사용되는 사태)를 회피하는 데는 조기 단계에서 또 적의 책원지에 대해서 그 운반수단을 파괴하기 위한 핵공격을 가하는 것이 긴요하다 …… 어떻든 소련의 수적 우위를 상쇄하기 위해서는 현재의 나토 부대의 핵무장화를 꾀해야 하며 또 이(나토 핵부대)를 기능시키기 위해서는 북대서양이사회가 핵무기의 사용권한을 미리 군에 주어야 한다는 데 동의해야 한다"(金子讓, 2008: 95 인용)는 내용으로 되어 있다. 미국은 나토를 대소 핵전쟁 수행의 도구로 삼고자 1954년 11월에 나토의 핵무장 필요성을 제기한 것이다. 나토는 미국보다 3년 늦은 1957년에 대량보복전략을 자신의 전략개념(MC14-2)으로 공식화했다. 이는 인계철선전략으로도 불리는데, 동쪽의 공격이 재래식만을 이용한 것이어도 대규모라면 서전부터 핵무기를 사용해 반격한다는 핵 선제사용 전략이다. 하지만 미국은 1952년에 영국이, 1960년에 프랑스가 원폭실험에 성공하자 나토 회원국의 독자적인 핵무장이 미국의 핵독점 지위를 위협한다고 보고 그에 반대했다.

미국은 1962년 2월 유연반응전략을 채택했다. 나토는 미국보다 6년 늦은 1968년 1월 16일 군사위원회가 MC14-3을 채택함으로써 유연반응전략을 나토의 전략개념으로 공식화했다.

나토가 채택한 유연반응전략은 첫째 나토는 전면핵전쟁에 이르지 않는 어떤 침략에 대해서도 또 이것이 재래식 전쟁이든 핵전쟁이든 침략자가 선택한 수준에서 직접 방위에 나서며 둘째로 가령 침략이 저지되지 않고 직접 방위에 의해 상황이 회복된다면 확전을 신중하게 하고 셋째로 대규모 핵공격에 대해서는 (미국이) 전면적인 핵반격을 개시하는 것을 핵심으로 했다. 동측의 침공에 대한 최초의 반격을 재래식 무기의 사용에 한정하지 않는 나토의 전략은 서유럽 측의 의향을 이어받은 것이었다. 있을 수 있는 유럽 전구의 전투에서 나토는 핵무기를 선제사용하는 것을 주요한 선택지로서 이 전략에 포함시켰다.

나토는 냉전이 해체된 직후인 1991년 11월 8일 로마 정상회담에서 유연반응전략을 대체하는 신전략을 발표했다. 이 신전략은 영역 방위에서 새로운 임무인 위기관리로 전환한다는 의사를 표명했다. 이 신전략은 나토가 순수하게 방어를 목적으로 하는 기구임을 강조함과 동시에 영토보존과 국가독립의 확보를 위해 군사력의 보유가 불가결하다는 것, 더욱이 미유럽의 일체화를 꾀하기 위해 주유럽 미군의 유지가 중요하다는 것을 확인했다. 또 핵무기에 대해서는 준전략 핵전력인 해양전력을 평시에 배치하지 않는다는 것, 마찬가지로 핵포탄이나 지상발사 단거리 핵전력은 폐기한다는 방침을 언급하고 이에 따라 유연반응전략을 수정한다는 것을 명시했다. 하지만 유연반응전략의 중요한 구성부분인 핵무기선제 사용에 대해서는 아무런 언급도 하지 않았는데 이는 핵 선제사용을 견지한다는 것을 의미했다.

나토는 1999년 워싱턴 정상회담에서 1991년의 전략개념을 더욱 발전시킨 신전략개념을 채택했다. 이 개념은 "핵전력은 그 목적이 군사적이라기보다는 정치적이므로 나토의 핵무기 배치는 공군과 해군에 국한하며, 현실적으로 어느 나라도 핵무기 공격 대상이 아님"을 밝히면서도 "나토는 핵과 재래식 전력의 적절한 배합을 예측할 수 있는 향후 기간 동안 유지할 것"임을 규정했다.

나토는 2010년 11월 리스본 정상회담에서 1999년 전략개념을 대체하는 신전략구상을 채택했다. 이 신전략은 나토의 전력범위와 관련해 "핵과 재래식 전력의 적절한 배합을 유지할 것임"을 밝혀 기본적으로 냉전 이전과 별 차이가 없음을 보여주었다. 또 '협력을 통한 국제안보 증진'이라는 임무 가운데 소항목인 '군비통제, 군축, 비확산' 문제에서 나토는 "핵무기 없는 세계를 위한 조건을 창출할 각오가 되어 있다"고 하면서 "장래에 추가적인 핵무기 감축을 위한 조건들을 창출하고자 할 것이다"라고 밝히고 있다. 그러면서 "장래의 감축에서 우리의 목표는 러시아의 유럽 핵무기의 투명성을 높이고 이들 러시아의 핵무기들을 나토회원국의 영토에서 먼 곳으로 이전하는 합의를 러시아와 이루는 것이어야 한다. 어떤 추가적인 조치도 (나토보다) 더욱 많은 러시아의 단거리 핵무기와의 불균형을 고려해야 한다"고 규정했다. 이 신전략 구상은 나토가 핵무장군사동맹으로 위상을 계속 유지해나가며 핵무기가 여전히 나토의 군사교리의 핵심으로 간주되고 있음을 확인해준다.

이런 나토의 입장은 핵군축에 대한 아주 소극적인 태도를 보여주는 것이다. 더욱이 독일 등 유럽 동맹국들이 철수를 요구해온 미국의 유럽배치 단거리핵무기(B61-200기)가 러시아와의 균형을 이유로 계속 존속하게 된 것은 미국의 입장이 중심적으로 반영된 것이다.

2) 이중 열쇠와 미국의 핵사용 통제권

대량보복전략을 실행하기 위해 나토동맹국의 핵 저장 필요성을 느끼고 있었던 미국이 나토핵전력의 통제 방안의 하나로 제시한 것이 이중 열쇠(dual-key)다.

미국과 유럽동맹국들(비핵보유국)은 특히 핵무기 사용 통제권을 둘러싸고 오랫동안 대립해왔다. 1957년 10월의 소련의 스푸트니크 발사 이래로 미국의 유럽동맹국들은 핵무기 통제에 관한 자기의 권한을 가져야 한다는 주장을 줄기차게 해왔다. 이중 열쇠는 핵무기 통제권을 둘러싼 미국과 유럽동맹국들의 절충이라고 할 수 있다.

나토 군사위원회는 '대량보복전략'을 미국보다 3년 늦은 1957년 5월 23일 나토전략개념(MC14/2)으로 채택했다. 이는 소련의 공격이 핵이든 재래식이든 어느 경우에나 서전부터 핵무기를 사용해야 한다고 규정했다. 이어 1957년 7월 덜레스 국무장관은 나토의 핵비축을 실시하자는 최초의 공식제안을 했으며 같은 해 12월 나토이사회는 나토의 비핵보유국 부대에 핵운반체를 제공한다는 데 공식 합의했다.26) 나토이사회의 이런 합의 전까지 유럽의 나토 핵전력은 오로지 미국 전력만으로 이뤄져 있었다. 이 합의를 근거로 1957년과 1962년 사이에 미국은 7개국(캐나다, 프랑스, 이탈리아, 그리스, 서독, 영국, 벨기에, 네덜란드, 터키)과 각각 '상호방어 목적의 핵무기 운용에 협력하'는 양자 협정을 맺었다. 이 협정들은 '협력사업'27)

---

26) 이 나토이사회에서 수입국(주둔국)의 동의를 전제로 미국의 핵탄두 저장을 추진한다는 것과 수입국의 동의하에 배치되는 IRBM(중거리탄도미사일)을 유럽연합군 최고사령관의 통제하에 둔다는 것, IRBM을 포함한 현대적 무기의 연구·개발과 생산을 긴급한 과제로 나토 내부에서 추진한다는 것이 합의되었다.

27) 미국에서는 1957년 12월의 나토이사회 결정을 뒷받침하기 위해 1958년 1월에

으로 알려져 있는데 지금도(프랑스는 제외) 시행 중이다(Carnovale, 1993: 48).

미영 사이의 '중거리탄도미사일(IRBM) 관련 교환각서'(1958)는 최초의 양자협정으로, 쏘(Thor) 미사일과 관련 장비 소유권의 영국 이양, 미사일발사의 공동결정,28) 미사일에 탑재하는 핵탄두의 미국 소유를 규정했다. 이 공동의 미사일발사 결정(joint positive decision)을 '이중 열쇠'라고 부르는데, 핵탄두의 소유, 보관, 통제 권한은 미국에 있었다.

미국 무기는 이른바 이중 열쇠와 단일 열쇠의 두 범주로 나뉜다. '이중 열쇠' 무기는 원칙적으로 동맹국 군대가 소유하고 인력을 배치한 운반체계에 장착되는 미국의 핵무기를 의미하며, '단일열쇠' 무기는 미국의 운반체계에 장착되는 미국의 핵무기를 의미한다. 이러한 배합의 배경에는 이중 열쇠 무기의 사용이 미국의 일방적인 결정의 결과가 아니라 미국과 주둔국(동맹국)의 합의의 결과로서만 이뤄질 수 있을 거라는 사고가 있다. 그러나 "양자협정이 비록 나토의 핵무기 공유를 규정했지만 이 협정들은 미국의 실질적인 핵무기 통제력을 완화하지 못했다"(Gregory, 1996: 22).

양자협정을 통해서 성립된 핵무기 공동통제는 두 가지 형태, 즉 '분리'와 '체계'로 이뤄져 있다. 첫 번째가 운반체계와 핵탄두의 분리인데, 이는

미 원자력법을 개정했는데, 개정 결과 두 종류의 양국 간 협력틀이 규정되었다. 그중 하나가 '협력사업(Programs of Cooperations)'이다. 그로써 대통령은 핵무기 운반수단을 동맹국이 소유하고, 탑재하는 핵탄두를 미국이 제공하는 경우 탄두와 운반수단에 관한 훈련이나 조작 정보를 해당 동맹국에 제공할 권한을 국방부에 부여할 수 있게 되었다. 또 하나의 협력틀이 동맹국과의 저장 협정인데 이는 탄두의 관리권이 미국에 있는 것을 전제로 저장시설을 제공하는 동맹국과 탄두의 비축, 안전확보, 관리, 조작에 관한 실질적인 약속을 정한 것이다.

28) 미영 양국이 핵무기의 발사권과 거부권을 공동으로 갖는 시스템을 이중 열쇠라고 부른다.

미국이 거의 사용하는 순간까지 핵탄두를 보관할 수 있게 했다. 그 한 예로 미국이 핵포탄을 건네줄 때만 핵무기체계가 되는, 유럽동맹국 군이 소지하는 핵발사용 포를 들 수 있다. 두 번째로 운반체계(미사일)와 무기(탄두) 두 가지가 통합된 체계 - 영국에 배치된 소 미사일과 같이 - 를 갖고 있다는 것이다. 이런 통합체계 속에서 공동관리는 두 개의 열쇠에 의해서 실행되는데 미국 쪽 파견장교와 유럽동맹국 쪽 파견장교가 무기를 운용하는데 필요한 두 개의 열쇠 중 각각 하나를 가진다. 양자의 협력 없이는 - 논쟁이 되면 - 무기는 작동할 수 없다.

"이중배합(이중 열쇠) 덕택에 동맹국이 미국에 대해서 핵무기사용을 강제하거나 핵 선제사용을 막는 힘(권한)을 가지는 것은 아니다. 사실 이중 열쇠 무기는 언제든 미국의 운반체계에 다시 장착될 수 있으며 따라서 단일열쇠 무기로 바뀔 수 있다."[29]

유럽인들이 보기에 이런 양자협정에는 많은 불리한 점이 있었다. 첫째 유럽동맹국들의 통제권에서 벗어나 있는 미국 핵무기들이 대규모로 유럽 전역에 배치되어 있다는 점이다. 두 번째는 양자협정을 통해 핵무기 공유를 위해 수립된 절차들이 유럽의 모든 핵무기 체계에 대한 실질적인 통제권을 미국에 준다는 것이다. 왜냐하면 미국은 탄두를 건네주는 것을 아주 거부하거나 또는 자신의 열쇠를 이중 열쇠체계로 사용할 수 있기 때문이다. 세 번째로 미국의 통제권을 협정으로 성문화함으로써 이런 공동관리 합의가 유럽동맹국들의 독자적인 국가적 핵활동을 단념시키는 데 거의 아무런 역할도 하지 못했다는 것이다. 네 번째로 '통제(control)'라는 말

---

29) Paolo Cotta-Ramusino, *Forgotten Nukes: American Nuclear Weapons in Europe*, (UniverditadegliStudidiMilano, Italy. USPID, http://www.uspid.org/sections/02_Books_Documents/Proceedings/no 2010.10.20 검색.

자체의 의미가 양자협정이 함축하는 단순한 보관과 사용의 의미보다 더욱 넓게 해석될 수 있다는 것이다.

3) 아테네 지침과 미국의 핵통제권

미국과 영국이, 핵무기의 역할과 사용을 통제하는 문제에 관해, 비핵보유 동맹국과 협의할 의사가 있음을 최초로 명확히 밝힌 것은 1962년 5월 4～6일 사이에 아테네에서 열린 북대서양 이사회 각료급 회의 때였다. 여기서 채택된 공동성명이 이른바 '아테네 지침'으로 불린다. 이 문서에서 미국과 영국은 동맹국의 안보위협에 대처하기 위해서 핵무기를 충분한 규모로 계속 제공한다는 데 동의했다. 덧붙여 미국과 영국은 핵무기의 사용을 개시하기 전에 **시간과 상황이 허락하는 한**(강조 필자) 협의한다는 데 동의했다.

위기 사태 때 동맹국 사이의 핵협의는 '시간과 상황이 허락하는' 한에서 하게 되어 있다. 따라서 핵보유국은 핵협의(합의가 아니다)조차도 '시간'이나 '상황'을 이유로 생략할 수도 있게 되어 있다.

그레고리는 위기와 전쟁 상황에서 나토의 정치적 의사결정이 어떻게 이뤄지는지를 1956년의 헝가리 위기, 1961년의 베를린 위기, 쿠바 미사일 위기, 1968년의 소련의 체코침공, 1973년 10월 중동전쟁, 1974년 키프로스 위기, 1980년 폴란드 위기 등을 예로 들어 분석했다. 그는 "핵무기의 면에서 나토 동맹 내에는 분명한 국가 간 위계서열이 존재하며 그 맨 앞에는 핵보유국들이 있었다"고 말한다. 그는 "따라서 정치적 합의는 모든 동맹국을 포함할 필요는 없었을 것이고 단지 핵무기 운용과 관련된 나라들만 포함하면 되었을 것이다"라고 말한다. "그러나 미국과 양자 핵협정을 맺은 국가들의 경우 그 국가의 핵부대가, 설사 유럽최고동맹군사령관이나 다른 주요 나토 사령관들로부터 핵무기 사용지시를 받았다 해도 핵무기 사용을 못 하게 막을 수 있"지만 미국은 이런 비핵보유국의 결정 – 핵무기 결정에서 빠져서 그들의 양자 전력을 보류하는 결정 – 을 실질적으로 무효로 하는 능력을 보유하고 있다고 말한다. 그는 결론적으로 "여러 위기 때의 의사결정을 분석한 데서 얻은 결론은 나토 내에는, 미국이 선두에 서고 그 뒤를 영국, 프랑스, 독일이 차례로 서는 국가 간의 분명한 위계서열이 있다는 것이다. 이들 네 나라, 특히 미국은 전후 기간에 나토의 거의 모든 중요한 의사결정에서 중심이었다. 위기 시 나토의 다국적 의사결정기관들(북대서양이사회나 방위계획위원회)이, 의사결정권한이 나토의 주요 회원국가들의 행정부로 이관되면서 무력하게(ineffective) 될 가능성이 있다"(Gregory, 1996: 189)고 적고 있다.

4) 나토 핵부대 창설 구상과 NPG

미국은 핵억제에 대한 유럽동맹국들의 신뢰성을 높이면서 동시에 나토의 핵무기를 통제하는 방안으로, 흔히 MLF(Multilateral Force, 다각적 핵군)로 불리는 나토 핵부대 창설을 구상했다. 이 MLF의 초기 구상(1960년 9월의 Bowie 보고서)은 나토가 관리하는 폴라리스 잠수함대(5척의 잠수함과 80발의 미사일로 구성)를 창설하자는 것으로 대규모 핵공격 시 유럽연합군 사령관이 미사일발사 명령을 내리고, 사태가 불명확할 경우 나토이사회의 판정을 받아 미 대통령이 결정하며, 각각 잠수함에는 3개국 이상의 군인이 탑승해 핵미사일의 일국 통제를 배제한다는 방안이었다.

미국은 이 MLF 구상을 1960년 12월 나토 각료회담에서 제기했고 1962년 가을에는 초기구상을 수정해 25척의 수상함대와 200발의 폴라리스 미사일로 구성되는 부대창설 구상을 서유럽에 제안했다. 하지만 누가 핵의 발사권을 가질 것인가를 둘러싸고 논쟁이 일어나고 미국은 MLF하에서 핵탄두는 미국이 관리한다는 것을 분명히 했다. 결국 MLF구상은 1964년에 프랑스가 거부하고 미국정부 내에서도 핵무기통제 문제에 대한 의견이 일치되지 않으면서 무산되었다.

일부 전략핵잠수함을 유럽 최고동맹 사령관(SACEUR)에 배속시키는 것이 유럽인들이 보기에는 미국의 전략적 보증을 강화하는 것이지만 MLF개념은 무기의 미국 통제를 내포하고 − 미사일은 함정에서는 미국의 감독하에 있으며 미국의 권한 없이는 사용될 수 없다. − 거추장스런 지휘통제 합의(절차)를 따라야 하는 개념이어서 더욱 큰 통제권을 바라는 유럽인들의 바람을 전혀 충족시켜 주지 못했다(Gregory, 1996: 25).

미·소의 상호억제시대에 서유럽동맹국들의 관심은 미국이 유럽 전투의 어느 단계에서 핵 문턱을 설정할 것인가에 두어졌다. 그런데 MLF구상이 무산된 뒤, 서유럽의 미 동맹국들은 핵통제권의 집중을 바라는 미국 정부의 완강한 태도를 접하고 미국과의 핵발사 단추의 공유를 단념하고 대신 미국의 핵무기 발사조건 결국, 미국의 핵정책을 공유하는 데로 관심을 옮기기 시작했다. 이런 방향은 미국이 기대하는 것이기도 했다. 맥나마라 국방장관은 1965년 5월 말 나토 국방장관회의에서 핵계획을 협의하기 위한 4~5인으로 구성되는 위원회의 창설을 제안했으며 이를 계기로 핵기획 그룹이 창설되게 되었다.

맥나마라는 나토의 정치지도자들, 특히 국방책임을 맡는 각국 국방장관이 미국의 핵계획을 이해, 검토하고 이에 시사를 줌과 동시에 여기서 합의된 내용이 나토의 공식견해로서 동맹국을 구속하는 것을 생각했다.

NPG는 핵단추를 누를 것인가 말 것인가를 결정하는 것이 아니라 미국 대통령이 최종적으로 결정하는 핵무기 발사의 여러 조건에 대해서 동맹국들의 정치지도자가 알아두어야 할 지식을 축적하는 방향을 지향했다(金子讓, 2008).

1960년대 핵무기의 통제권을 둘러싼 미국과 서유럽의 공방은 1966년 12월 나토의 핵기획그룹(NPG)의 설치로 일단 진정되었지만 그것은 일시적인 미봉책에 지나지 않았다.

수년에 걸쳐 명백해진 것처럼 핵기획그룹의 창설이나 양자 협정(이중열쇠)은 미국의 핵우산의 신뢰성에 대한 의구심도, 유럽에서의 핵전쟁 개시에 대한 미국의 일방적인 결정 가능성에 대한 의구심도 풀어주지 못했다. 미국이 나토 내에서 자국의 핵무기 독점(미전략핵무기를 나토의 소속에서 제외시키고 전술핵무기도 탄두는 미국이 관리한다)을 견지했기 때문이다.

5) 나토의 핵우산 기능이 사실상 발휘되지 않았고 발휘될 수 없었다

손 그레고리는 나토의 핵무기 지휘통제에 관한 연구에서 다음과 같이 결론을 맺고 있다.

40년 이상 나토의 방위는 핵무기를 사용하겠다는 위협을 전제로 했다. 이런 위협을 더욱 신뢰성 있게 만들고 그럼으로써 그 억제효과를 보장하고자, 나토는 실현 가능한 전략을 개발하고, 핵무기의 집단적인 정치적 통제와 집단적인 군사적 사용을 가능하게 하는 수단을 개발하고, 전략에 담긴 핵무기 운용을 뒷받침하는 지휘통제 기반시설을 개발하기 위해 애썼다. 그런데 중요한 결론은 나토의 이런 시도들이 실패했고 결과적으로 유럽의 안보는 무시무시한 위험을 무릅써야 했다는 것이다.

그레고리는 나토가 다국적 핵전력을 기반으로 억제력을 유지하기 위해 스스로 세운 목표들이 있는바 이들 목표가 정치적 수준, 전략적 수준, 군사적 수준에서 각기 얼마나 충족되었는가를 면밀히 검토했다.

정치적 수준에서 나토의 목표는, 핵전력의 철저한 정치적 통제(핵무기 개발과 전개에 관한 핵 의사결정을 공유하는 수단 또 핵무기 사용의 집중적이고 집단적인 정치적 통제를 제공하는 수단)였다.

그런데 나토는 이런 정치적 통제 영역에서 실패했다. 나토가 운영한 많은 핵전력들은 작전 범주에서 철저한 정치적 통제를 따르지 않았다. 미해군 핵무기와 영국 핵무기와 같은 일부 체계들은 어떤 실질적인 통제조치에도 구속되지 않았으며 고위수준의 정치적 통제는 기껏해야 군의 순종에 의존했다. 다른 체계들 ─ 단거리전술핵무기 등 ─ 은 실시간의 정치적 통제를 배제한 상황 속에서 사용할 수 있게 되어 있었다.

정치적 의사결정의 면에서 나토는 핵공유의 정교한 기반시설 ─ 이 기반시설을 통해 회원국의 정치지도자들이 일부 핵결정에 대한 의견을 제시했던 것은 분명했다 ─ 을 개발했다. 그러나 이런 형식적인 평시의 장치들은 핵 의사결정의 측면에서 일부 나라들이 다른 나라들보다 더욱 우월하다는 현실을 가렸고 또 핵무기 사용에 관한 운용적인 의사결정이 공식적으로나 관행적으로 집단적 영역보다는 개별 국가적 영역에 머물러 있었던 현실을 숨겼다. 핵사용에 관한 운용에서 의사결정이 개별 국가의 영역에 머물렀다는 사실은 40년간 나토가 핵전력의 집단적 통제를 달성하는 문제를 풀지 못했다는 것을 의미한다.

그레고리는 "핵무기를 사용할 의사가 생겼을 경우 정치지도자들이 직면하게 되는 문제들을 살펴본 결과, 핵무기 사용을 결심하는 문제와 핵무기를 사용하는 문제에 관한 집단적 의사결정은 실질적으로 허구라는 것이,

특히 과거 위기 때의 증거로 볼 때, 명백하다"(Gregory, 1996: 193)라고 단언했다.

군사적 수준에서 나토의 목표는 억제태세를 뒷받침하고 또 다국적 핵 방위를 실행할 수 있게 하는 수단을 제공해줄 **전략의 명확한** 제시다. 그런데 1952~1957년까지의 인계철선전략(대량보복전략)은 소련의 공격 시에 동이든 서든 유럽을 상호 절멸에 빠뜨리는 전략이었고 결국 1960년대에 신뢰성이 부족하고, 또 경직되고 자멸적인 전략으로 여겨져 배척되었다.

그래서 채택된 전략이 '유연반응전략'이다. 나토는 이 전략에 입각해 서유럽 전구 전역에 걸쳐 전투 시 사용할, 소형의 전술체계(핵폭탄 등)에서 ICBM에 이르기까지 광범위한 무기를 배치했다. 그런데 평시 나토의 지휘 조직은 수평적인 국가별 지휘구조와 나토 지휘구조로 이원화되어 있었다. 그런 만큼 나토의 작전준비태세와 작전은 평시에서 전시 형태로 전구차원의 지휘구조를 대대적으로 전환하는 것을 전제하고 있었다. 그렇지만 16개 나라, 지휘센터 수백 개, 재래식 무기와 핵무기 수천 개, 군인 수백만을 포함하는 이 과정은 실행되지 못했다. 나토는 이런 유연반응전략의 지휘통제 요구사항들을 이행하고자 지휘통제의 기반시설을 구축했다. 하지만 체계구조의 전면성 부족, 상호운용성 결여, 체계의 제한성과 취약성, 위기 및 전시 때의 체계 성능(전투시작 또는 전투 중 공격받을 가능성이 가장 높은 것이 나토의 지휘통제 자산. 또 지휘통제가 핵전쟁 종료를 염두에 두지 않고 설계된 점, 대규모 분산도 정치적 통제 상실 위험요인) 등에서 파생된 여러 문제들이 드러났다. 이는 유연반응전략이 너무나 까다롭고 또 너무나 복잡하다는 것, 즉 사실상 실행불가능한 전략이라는 것을 말해준다.

결국은 핵전략에 내포된 작전과 이들 작전을 수행할 능력 사이에 커다란 틈이 벌어져 있었던 것으로, 그 이유는 정치, 전략과 군사 차원에서 찾을 수 있다.

정치적 차원에서 평화 시의 관심사항들 – 동맹 내 평등성, 핵무기의 집단적 통제를 위한 분명한 장치의 필요, 핵문제에 관한 가시적인 동맹의 응집력 – 은 위기 및 전시의 현실까지를 포함했고 일차적으로는 평시의 요구를 충족시키기 위해 정교한 논의모임과 절차의 발전을 가져왔다. 위기 시에 명확해진 것은 집단적 논의모임이 필요한 의사결정을 하는 데는 부적절한 조직이라는 것, 집단적 절차와 장치가 나토 회원국들 사이의 국익 및 인식, 분석, 해석의 차이를 해결해줄 수 없다는 것, 의사결정이 자연적으로 또 빠르게 각국 정부로 이동한다는 것이다. 핵무기를 사용하는 결정은, 최소한 핵보유국의 현 헌법적 제도를 고려하면 공유될 수 없다.

전략 수준에서 보면 두뇌집단에 의해서 고안된 유연반응전략은 평시의 정치적 관심에 대처하는 것이었기 때문에 일종의 개념으로서 이해되었고 또 이 전략을 실현 가능하도록 하는 지원시설들이 설치되지 않은 채로 도입되었다. 유연반응전략은 소련의 공격이 있으면 자동으로 상부에서 하부로 핵무기의 동시발사 명령이 발해지게끔 설계된 (대량보복 전략개념에 입각한) 체계의 맥락 속에서 도입되었고 그 뒤 나토는 유연반응전략을 전면적으로 뒷받침하는 수단을 고안하거나 배치하지 못했다.

군사적 수준에서 보면 지휘구조는 지리적으로 광범한 범위에 걸쳐 있고, 사용하는 언어가 국별로 다르고, 정치적 우선순위가 다른 16개국의 군대를 통합하기 위한 수단으로서 발전했다. 군대가 나토 정책만이 아니라 자국의 정책까지를 충족시킬 수 있으려면 병행적인 지휘구조가 필요했다. 나토가 전쟁하는 것이 아니었기 때문에 회원국이 전쟁하는 동안 보통은 국가정책이 우선순위가 되었다.

이러한 이유로 나토의 지휘통제체계는 그 체계구조가 국부성을 면치 못했고 임무영역 범위에서 전구사령부 또는 주요 나토 사령부의 상호운용성이 부족했는데, 이는 국가체계의 확장이 허용되어야 한다고 주장하는 국가들의 자국중심적 태도 때문이자 또한 체계의 취소와 지체, 세부적인 부분의 훼손을 가져온 재정적 제약 때문이었다.

7. 한반도 비핵화와 평화를 위한 대안적 안보론

1) NSA의 법적 한계와 한반도 평화협정의 필요성

미국 국무장관 밴스가 1978년 유엔연설에서 처음 천명한 이래 지금까지 미국이 견지해오고 있는 NSA는 NPT에 가입하거나 이와 유사한 국제조약에 가입해서 핵무기 보유를 포기한 국가에 대해서 핵무기를 사용하지 않겠지만 핵무기 보유국가와 동맹을 맺었거나 유대가 있는 비핵국가가 미국 영토, 미군과 미국의 동맹국을 공격하는 경우에는 이러한 약속을 파기하고 핵무기를 선제사용할 수 있다는 것이다.[30] 그런데 NSA는 조건부이기 때문에 미국은 북의 사례에서 보듯이 핵개발 의혹이나 NPT 의무의 불이행 등을 내세워 하루아침에 NSA를 철회할 수 있다.

또 NSA나 대북 불가침 약속(9·19 공동성명)은 어디까지나 정치적 선언일 뿐이고 법적 구속력이 없으며 더욱 근본적으로는 이를 군사적으로 보증하는 조치가 없는 한은 유명무실할 수밖에 없다. 북은 미국에 대해서 '적대국의 지위'에 있다. 이런 상황에서 미국은 정치적으로는 NSA나 불가침 약속을 해도 군사적으로는 적으로 간주해 '방어'라는 명분이지만 실제

---

30) 1995년 4월 5일 러시아, 영국, 프랑스 3국은 유엔총회에서 비핵국에 대한 핵보유국의 안전보장을 재확인하면서 미국의 이런 조건부 NSA를 문안까지 그대로 베껴 발표했다.

로는 북을 공격하고 붕괴시키기 위한 군사적 대응을 멈추지 않는 행보를 해왔다. 미국은 북에 대해 핵이든 재래식이든 공격하지 않겠다고 외교적으로는 약속하고서도 실질적으로, 즉 군사적으로는 대북 선제 핵공격 전략을 펴고 있는 것이다.

이런 적대관계 속에서 북을 군사적으로 압박, 봉쇄하기 위한 한미연합군의 군사태세가 지속되고 있는 한은 NSA 또는 불가침 약속이 선언 형식으로 이뤄진다 해도 그것은 실질적인 의미가 있을 수 없다는 것이 그간의 경험이다. 즉, 한반도 비핵화를 위해서는 불가침 약속과 함께 이를 군사적으로 보장하는 조치, 즉 대북 적대적 군사행위의 중단(대북 전쟁연습의 중단, 대북 전쟁 수행을 위해 전진배치된 주한미군의 철수, 핵우산 제공의 철회, 북을 적으로 하는 한미동맹의 폐기 등)이 필요하다.

오바마 정권 들어 중단된 6자회담의 재개 조건으로 북이 대북 제재 해제와 함께 평화협정체결 논의의 개시를 제기한 것은 미국의 NSA 보장이나 불가침약속이 별 법적 구속력이 없이 쉽게 부정되고 마는 전철을 또다시 밟을 수 없다는 북의 입장이 반영된 것이다. 즉, 북과 미국 사이의 교전관계가 종결되지 않고 그에 따라 미국의 대북 적대정책이 고수되는 한 미국이 문서든 선언이든 NSA를 북에 제공한다 하더라도 그 법적 구속력이란 것이 한순간에 종잇조각으로 변해버릴 수 있다는 것이다.

대북 적대정책을 해소하고 북과의 평화적 관계를 회복하는 평화협정체결은 이런 점에서 북핵 문제의 평화적 해결과 한반도 비핵화를 보장하기위해서는 결코 빠트릴 수 없는 요소라고 할 수 있다. 한반도 평화협정이체결되면 남쪽도 핵우산에 의존할 필요가 없게 될 것이며 한반도의 비핵화도 실현하게 된다. 그리고 이를 바탕으로 동북아시아지역의 비핵지대화도추진 동력을 얻을 것이다.

2) 비공격적 방어체제로의 전환 필요성

한반도가 핵전쟁 위험에서 벗어나려면 비핵지대화와 함께 비공격적 방위(NOD: Nonoffensive Defense)[31]체제로 전환해야 한다.

공격적인 방어전략은 본질적으로 불안정성을 야기하거나 증대시킨다. 모든 국가가 경쟁관계에 있는 무정부적 세계에서 한 국가가 공격적 전략을 도입하게 되면 - 그것이 실제로 순수한 방어적 목적으로 설계되어 있다 하더라도 - 그 국가의 잠재적 적국이 이러한 행동을 공격적 목적을 위한 준비로 잘못 해석할 수 있다. 공격적 전략을 위한 군전력 태세는 침략적 전쟁을 수행하는 데 필요한 군 태세와 동일하거나 매우 유사하기 때문이다. 공격적 방어전략은 상대방이 이러한 위협에 대비하기 위해서 군전력을 강화할 필요를 느낄 수 있기 때문에 군비경쟁을 야기하게 된다. 또 공격적 작전에서는 기습과 주도권 확보가 사활적이기 때문에 공격적 방어전략은 선제공격을 부추긴다.

공격적 방어전략이 갖는 이런 전략적 불안정성을 피할 수 있는 대안이 비공격적 방어체제다. 비공격적 방어는 다음과 같이 정의된다. "한 국가의 군대가 전체적으로 볼 때 방어는 충분히 할 수 있지만 공격을 할 수 있어서는 안 된다"(Bjørn Møller, 1995: 243).

방어적 범주와 공격적 범주는 무기의 용도(방어용인가 공격용인가), 지리적 공간에 따른 구분(사거리, 운반체제의 이동성 등), 전반적인 무력태세(방어적 전투태세인가 공격적 전투태세인가) 등을 따져서 구분한다.

---

31) 방어지향적 전략은 비공격적 방위, 방어적 방위, 비도발적 방위, 방어적 억제, 보존적 방위, 상호 방위 우월성 등 여러 가지 이름으로 불린다. 여기서는 비공격적 방위로 통칭한다.

토마스 린치는 비공격적 방어의 원칙으로 다음 세 가지를 제시하고 있다(번스 H. 웨스톤, 1992: 27).

첫째, 기동성이 양호하고 장거리 사정을 갖는 무기체계(더욱 큰 위협을 주게 되어 불안정화를 초래한다고 판단되는)는 피하고 방어용 방공 및 대전차 무기 체계 위주로 무기를 조달한다.

둘째, 무한정의 기동성과 공세이전 능력은 피하고 약간의 역습능력(작전이나 전략 수준보다는 전술적 수준의 능력)만을 갖춘 축성된 진지로 편성된 방어대형 특성을 갖추어 침략군의 전술상 이점과 돌파를 거부하도록 하는 재래식 군사전략 방향으로 움직인다.

셋째, 공격하는 쪽이, 방어하는 쪽을 표적으로 삼고 효과적인 방어를 저지하는 기회를 감소시키기 위해, 방어부대를 분산시키고 분권화 통제가 되도록 한다.

비공격적 방어는 전체적으로 방어에는 명백히 충분한 능력을 보유하지만 공격에는 적합하지 않은 체제다. 비공격적 방어 체제에서 자위가 허용되고 자위를 위한 준비가 전개되지만, 그 방식은 주변국들 또는 상대진영이 이 때문에 위협을 느끼지 않아야 한다. 군사작전은 자국영토나 근접지역에 국한되어야 한다. 이러한 형태는 잠재적 적국에 기습 공격을 감행하거나 위기 시 선제공격을 감행하게 하는 유인을 제공하지 않음으로써 안정성을 높이게 된다. 비공격적 방어전략은 상대방의 입장에서 공격이나 침략을 받을 수 있다는 두려움을 축소하거나 제거함으로써 안보의 필요성에서 제기될 수 있는 군비경쟁의 동기나 정당화의 근거를 제거할 수 있다(심재권, 1996: 92).

비공격적 방어체제로 전환하면 공격을 위한 전력을 갖출 필요가 없고 자력으로 자위가 가능하기 때문에 다른 외부 국가와의 동맹을 맺을 필요가 없게 된다. 비공격적 방어체제는 동맹을 맺지 않아도 되므로 군사적·정치적 종속과 상대국(또는 주변국)과의 불필요한 대립과 경쟁을 피할 수 있다. 그리고 비공격적 방어체제를 갖게 되면 우리나라가 자주성을 갖고 북은 물론 동북아시아지역의 다른 나라들과 우호적 관계를 맺으면서 지역의 협력안보체제를 구축하는 것도 가능하게 된다.

3) 비군사적(비적대적) 억제정책이 중심이 되는 국가안보전략의 필요성

(1) 비군사적 억제를 위주로 군사적 억제를 결합하는 전략

군사력은 보통 세 가지 기능, 즉 억제기능,[32] 강제·유도기능(군사력의 직접적 사용 또는 위협적 사용에 의해서 자국의 의지를 타국에 강제하고 국익에 적합한 정치목적이나 경제목적 등을 힘으로 달성하는 기능), 거부저항기능(타국이 무력공격을 할 경우 또는 정치목적 달성을 위해 위압이나 공갈을 해올 경우 이를 거부하고 저항하는 기능)을 가진다고 본다.

그런데 두 번째 강제·유도 기능으로서의 군사력의 사용, 즉 자위권에 반하는 무력사용 또는 무력사용 위협은 현대 국제법이 금지하고 있다. 따라서 군사력의 합법적 기능은 억제기능과 거부저항기능(방어기능)에 한정된다.

억제정책은 비록 방어를 명분으로 하나 군사적 위협을 통해서 국가

---

32) 억제측이 적대자에 대해서 자신의 이익에 반하는 행동을 사전에 단념하도록 하기 위해서는 적대자에 대해서 쟁점이 되는 이익을 방어할 '의지와 결의'를 전해야 하고 그 이익방어에 효과적이라고 자신도 믿고 적대자도 그렇게 믿도록 하는 '능력'을 갖춰야 한다. 군사력은 바로 이런 '능력'의 핵심적 요소다.

간 무력충돌을 막고자 하는 정책이다. 힘의 과시를 통해서 상대의 공격의사를 단념시키는 정책이 절대화되면 이는 군사는 물론이고 정치·경제 등 사회의 전 부문에서 평시에도 전쟁을 준비하는 전쟁국가가 된다는 것을 뜻하며 적국은 이것을 단순한 방어가 아니라 자신에 대한 공격의도로 받아들이게 된다. 그래서 결국 군사력의 억제기능은 억제정책의 절대화 속에서는 공격기능(강제유도기능)과 구별되지 않게 된다.

이런 우를 피하기 위해서는 군사력의 억제기능에 절대적으로 의존하는 국가안보 및 외교전략이 아니라 비군사적 억제 수단을 위주로 하고 여기에 억제수단으로서 군사력의 억제기능이 결합되는 국가안보 외교전략을 구사할 수 있어야 한다.

우리의 국가안보전략 기조는 평화지향적이어야 하며 군사력은 이런 평화지향적 안보전략기조 속에서 운영되어야 한다. 특히 북은 화해하고 협력하며 통일해야 할 대상이기 때문에 군사력의 위협 또는 제재를 속성으로 하는 억제전략을 북에 적용해서는 안 된다.

군사적 또는 적대적 억제는 국제체계에서 위기와 전쟁의 발발을 막고자 하는 외교정책 결정자들이 취할 수 있는 하나의 정책형태에 지나지 않는다. 또 억제정책은 분쟁해결과는 구분된다. 분쟁해결은 그 목표가 어떤 이견에 대한 국가 간 분규를 해결하는 것인 데 반해 억제는 외교정책목표를 추구하는 수단으로서 군사력이 사용되는 것을 단순히 막고자 할 뿐이다.

곤도 미치오는 "제2차 세계대전 이후 선진국 사이에 전쟁이 일어나지 않은 것이 군사적 억제전략의 효과 때문인가는 거의 입증할 수 없다. 군사력 외에 비군사적 억제요인으로서 전쟁억제와 평화유지를 위한 부단한 외교적 정치활동, 전쟁을 억제하는 국제환경, 각국의 국내 안정화 노력 등의 여러 요인이 전쟁억제의 결과를 낳았다고 볼 수 있다"고 하면서 군사적 수단만이 아니라 이용 가능한 모든 비군사적 수단을 동원한 종합적인 억제전략을 국가전략으로 해야 한다고 말한다.

브리안 마틴도 "많은 나라가 핵무기를 갖지 않고, 핵동맹도 맺지 않고 있는데도 공격을 당하지 않고 있다. 페루나 미얀마, 스와질란드, 말리, 더욱 최근에는 뉴질랜드 등의 나라들은 (핵무기도 없는데) 도대체 어떻게 핵무기 공격을 피하고 있는 것일까? 한 가지 답은 아마도 그러한 공격으로 얻을 것이 거의 없다는 것이다. 그러지 않는가? 공격자에게 쏟아질 세계적 분노는 믿을 수 없을 정도로 중요한 (억제) 요인이다"(Brian Martin, 1989: 259)라고 하면서 군사적 수단에 의하지 않는, 비폭력적 수단에 의한 억제의 중요성을 역설한다.

(2) 비군사적(비적대적) 억제의 형태

비군사적 방법을 활용한 비폭력적 전쟁 억제전략에는 다양한 방법이 활용될 수 있다(近藤三千男, 1978: 30~40 참조).

첫째, '비적대적 억제' 기능이다. 이는 장기적으로 끈질긴 정치적·경제적·문화적 접촉과 교류를 통해서 신뢰관계를 쌓아 적대관계를 완화하고 마침내 진정한 공존관계로 전환하는 것을 말한다. 그 과정에서 분쟁문제가 생기면 적대국에게 무력행사의 구실을 주지 않으면서 정치교섭으로 해결한다. 이런 비적대적 억제기능은 남북관계에 적용될 수 있고 또 그동안 적용됨으로써 그 효과가 인정된 것이다.

둘째, '보상적 억제' 기능이다. 이는 보상(경제원조, 기술원조, 편의제공 등)을 줌으로써 적대국이 바라는 요구와 비슷한 가치를 군사력의 행사 없이도 확보했다는 만족감을 갖게 해 침략행동을 단념시키는 것이다. 글렌 스나이더는 "억제란 어떤 의미에서 정치력의 부정적 측면일 따름이다. 억제는 강제해 복종시키는 힘(the power to coerce and compel)과는 반대로,

단념시키는 힘(the power to dissuade)이다"(Snyder, 1961: 9)라고 하면서 징벌을 가하겠다는 암묵적 내지는 분명한 위협에 의한 보복적 억제 말고도 보상 약속에 의한 보수적 억제가 존재한다는 것을 강조한다.

셋째, '상황적 억제 기능'으로 이는 잠재적 침략국에 불리한 국제적 상황을 조성하거나 촉진함으로써 자국에 대한 침략행동을 할 만큼의 여유를 갖지 못하도록 하는 것이다.

넷째, '상호의존적 억제 기능'이다. 이는 잠재적 또는 실제적 적대관계에 있는 나라와의 상호의존관계를 경제적 수단으로 강화해 그 상호의존관계가 주는 이익을 잃고 싶지 않다는 마음을 갖게 함으로써 이런 관계를 파괴하게 될 침략을 자제시키는 것을 말한다.

다섯째, '비대의명분적 억제기능'이다. 이는 분쟁문제가 발생하기 전에 평상시부터 자국의 평화국가 인상을 만들어둔다든가 잠재적 또는 현실적 적대국과 불가침조약을 체결해둠으로써 침략의 명분을 주지 않는 것을 말한다.

<보론>

최소억제론

1. 개념

핵철폐의 잠정적 대안으로 최소억제론이 미 과학자협회(FAS)나 천연자원보호협회(NRDC) 등 미국의 일부 NGO에서 주장되고 있다. 최소억제론은 핵억제가 최소한의 억제태세에 그쳐야 한다는 주장이다. 최소억제론은 원래 보복목표를 도시와 병력(핵미사일) 가운데 어느 쪽으로 정할 것인가 하는 맥락 속에서 논의되었다. 대도시를 목표로 하면 많은 미사일이 필요하지 않기 때문에 이를 최소억제로, 핵미사일기지를 목표로 하면 엄청난 수의 미사일이 필요하기 때문에 이를 최대억제로 보았다.

중국이나 영국, 프랑스가 최소억제론의 입장에서 자신들의 훨씬 적은 (미·러에 비해) 핵무기로도 신뢰할 수 있는 파괴의 보증(assured destruction)을 충분히 달성할 수 있다고 주장한다(Green, 2001: 3 참조).

미 과학자협회의 한스 크리스텐슨 등은 "최소억제 교리가 단지 요구하는 것은 잠재적 침략자가 선제 핵공격을 할 경우 아주 비싼 대가를 치러야 한다는 것을 보여주기에 충분한 정도의 핵무기 보유일 뿐이다 …… 미국의 핵전력이 가상 적의 핵전력을 표적으로 하는 것이 아니기 때문에 미국의 핵무기 규모는 적의 핵무기의 수와 기술적 특성에 연동되지 않을 것이고 결과적으로 군비경쟁의 유인을 없애줄 것이다"(Kristensen, Norris and Oelrich, 2009: 21)라고 말한다.

그들은 "핵무기 사용을 억제하는 것을 유일한 임무로 하는 최소억제 교리를 채택하게 되면 핵무기의 합법성이 줄게 되고 또 세계의 핵무기 재고도 상당히 줄게 된다. 최소억제 교리는 거의 정의상으로 선제불사용 및 제한된 제2격의 교리이다. 이런 접근방식을 택하면 공격적인 핵계획 입안을 끝낼 수 있고 끝없는 (핵)현대화 충동을 줄일 수 있으며 핵철폐의 길로 가는 안정된 중간체제를 이룰 수 있다"고 말한다.

한스 크리스텐슨 등은 핵무기의 파괴력을 감안할 때 처음에는 1,000기의 탄두, 나중에는 수백 기의 탄두만 가지면 핵보유국 미국을 공격할 정도로 무분별한 자들을 억제하는 데 충분하고도 남는 양이라고 주장한다. 또 표적선정이 가치 기준으로 정해지는 최소억제 정책과 태세하에서는 핵전력이 비상대기하거나, 선제공격 진용을 갖추거나 심지어 신속히 보복할 필요가 없게 된다는 것이다. 그들은 최소억제 교리가 채택되면 모든 핵보유국가는 핵철폐의 더 먼 길을 가기에 앞서 어쨌든 그들의 핵전력을 본질적으로 균등하게 하는 안정된 균형을 이룰 수 있다고 말한다. 또 핵보복이 유일한 핵무기 임무가 되면 핵무기의 특출한 지위가 저하되게 되므로 최소억제는 핵 철폐의 길에서 중요한 진전이 된다고 말한다.

미 전국과학아카데미는 핵억제가 긴장을 유발하고 군비경쟁을 자극하며, 위기불안정성[1] 또는 사고로 인한 핵전쟁의 가능성을 증대시킨다고 하면서 "과거 미국이 실행한 이런 억제전략의 모순과 위험은 냉전 종식의 안보환경하에서 완화될 수 있고 또 완화되어야 하는데 그러기 위해서는

---

1) 위기 안정성(crisis stability)이란 "대치하는 양쪽이 선제공격의 심리적 중압감에서 벗어난 상태"를, 위기 불안정성(crisis instability)이란 "한쪽 또는 양쪽이 곧 전쟁이 불가피하고 어느 쪽이든 먼저 치지 않으면 상대에게 선제공격을 당할 가능성이 있다고 느끼는 심리적 상태"를 가리킨다. 위협을 수반하는 억제정책이나 원상회복을 목적으로 하는 강제외교는 상대국이 이런 위기 불안정성의 심리상황을 쉽게 느끼게 한다.

'억제'가 미국과 동맹국에 대한 핵공격이나 핵공격위협을 통한 강제를 단념(억제)시키는 핵심적 기능에 그쳐야 한다"(National Academy of Sciences, 1997: 3)고 말한다. 핵심적 기능에 억제를 제한하는 것은 미국이 재래식이나 생·화학 공격에 대해서 핵무기로 응수하겠다는 위협을 더 이상 하지 않는 것이며 곧 최소억제를 말한다. 이 단체는 이어서 "적절한 재래식 전력만 가지면 (이런 최소억제 아래서는) 대규모 전쟁의 발발 가능성에 별 부정적 영향을 미치지 않고서도 또 미국과 동맹국의 사활적 이익이 걸려 있는 지역분쟁을 효과적으로 다룰 수 있는 미국의 능력에 별 부정적 영향을 미치지 않고서도 냉전 시기에 핵무기에 부여된 적극적이고 현저한 역할은 크게 줄일 수 있다"(National Academy of Sciences, 1997: 3)고 주장한다.

2. 최소억제론의 한계

최소억제론은 미국과학자협회 등 일부 NGO에서 핵무기 철폐의 '중간체제(또는 과도적 단계)'로서 주장된다. "(그래서) 최소억제는 …… 당연히 핵무기의 완전 철폐를 위한 과도적 단계에 지나지 않는 것으로 여겨진다"(Bjørn Møller, 1995: 224).

그러나 이 주장은 당장 핵무기의 위험성을 낮추고 단계적으로 핵철폐로 나아가자는 긍정적인 취지가 있지만 다음과 같은 한계도 안고 있다.

첫째, 최소억제론은 핵보복 위협(또는 제재 위협)을 통해서 핵전쟁을 억제한다는 핵억제이론을 전제하고 있다. 최소억제론은 억제론 위에 서 있는 이상 억제론에 내재하는 근본모순(억제론의 부정적·공격적 성격과 안보딜레마)에서 비켜갈 수 없다. "일반적 원칙으로서 억제전략은, 그것(위기불안정성)이 결의를 보여주어야 할 교리상의 필요에서 연유한 것이든 혹은 미리 짜인(때로는 자동화된) 결정에 따르다 보니 비롯된 것이든 위기불안정성을 초래하는 가장 중요한 원인이었다"(Mccgwire, 2006 재수록)는 맥과이어의 지적처럼 최소억제라 하더라도 그 공격성과 도발성을 피할 수 없다. 따라서 핵철폐로 가는 안정적인 중간체제를 제공해줄 것이라는 최소억제론자의 주관적인 희망과 달리 그것은 현실에서는 관념적 주장에 그칠 가능성이 매우 농후하다.

또 억제론은 보복(제재)을 유일한 정책수단으로 하는 편향성 때문에 핵무기 보유국들의 협동적 노력이 있어야 가능한 핵무기철폐와 양립되지 않는다.

핵무기철폐를 위한 기본 전제는 핵무기철폐 과정에 참여하는 모든 당사국이 목표를 공유하고 또 방법에 이견이 있을 때는 징벌의 위협이 아닌 다양한 범위의 정치적·경제적 교환을 포함하는 교섭을 통해서 이를 해결하는 것이다.

그러나 억제론은 "단 하나의 정책수단, 즉 징벌을 강조한다. 이런 편향은 반드시 고정된 적 개념을 더욱 굳히고 때로는 새로 만들어낸다 …… 정치학자들이야 그들이 스스로 지어낸 용어법에 따라 문제제기자와 방어자로 구분해 억제론을 설명할 수 있을지 모르나 억제론이 정책입안가들과 대중들에게 주문하는 인상은 형사재판관과 범법자 – 후자는 사형판결의 위협에 의해서만 억제될 수 있다 – 의 인상이다"(Mccgwire, 2006: 782).

이런 억제론의 편향성 때문에 억제개념은 집단적·협력적 안보 개념을 포함하는 협동적 노력이 있어야 비로소 성공할 수 있는 핵무기 보유국들의 점차적인 핵철폐 과정에 어울리지 않는다. 맥과이어는 "핵억제론은 본질적으로 불화적이어서 그것이 개입되면 핵무기 없는 세계 사업은 틀림없이 실패한다"고 단언하고 있다.

둘째, 최소억제론은 핵무기의 위협 또는 사용을 불법으로 규정하는 국제법의 흐름과 요구에 반한다. 최소억제론은 잠정적이라고는 하나 '억제'(핵 보복 위협)를 핵무기의 임무로 인정한다는 점에서 핵무기 위협 또는 사용을 불법으로 규정한 국제사법재판소의 1996년 권고의견에도 미치지 못하는 안으로서의 문제점을 안고 있다.

셋째, 최소억제론하에서 미국이 동맹국을 관리하는 수단으로서의 핵우산 또는 연장억제가 용인된다는 점이다. 미국의 핵우산 또는 연장억제는 동맹국에 대한 공격을 억제하기 위한 것으로 정당화되지만 사실은 동맹국을 예속시키는 수단으로 핵패권을 이용하는 것에 지나지 않는다. 일본이나 한국, 유럽의 나토동맹국에 대한 핵우산 제공은 불필요한데도 미국은 이를 제공함으로써 동맹국을 관리하고 종속시키게 된다. 그러나 최소억제론은 이러한 핵우산의 폐기를 주장하지 못하고 오히려 기정사실화하고 있다는 점에서 미국의 핵패권적인 동맹정책을 용인하는 결과가 될 수 있다.

넷째, 최소억제론은 미국에 의해 직접적으로 핵위협을 받고 있는 비핵보유국 지위의 제3세계국가 입장(비핵국가에 대한 핵무기 위협의 포기 및 핵무기 철폐)과는 거리가 멀다. 미국은 자신의 세계패권에 순종하지 않는 나라들 가령 북이나 이란, 시리아 등에 대해서 핵개발 의혹을 제기하면서 공격적인 대확산(counterproliferation)을 포함하는 확산방지정책을 펴왔다. 그러나 이런 핵개발 의혹 제기와 이를 빌미로 한 미국의 공격적인 핵억제 전략과 WMD 전략은 어디까지나 미국의 핵패권주의의 발로로서, 미국이 세계패권주의 추구를 단념하지 않는 한 미국의 공격적인 핵억제·전략이나 WMD전도 포기되지 않을 것이다.

최소억제라 하더라도 억제가 신뢰성을 가지려면 미국은 최소한도의 보복 능력과 결의를 보여주어야 한다. 가령 북에 대해서 보면 미국은 대가치전략 차원에서 북의 타격목표를 설정하고 이를 실행하기 위한 핵탄두와 그 운반수단을 보유하며 또 핵공격 훈련, 핵공격 계획 입안 등의 형태로 대북 보복 결의를 보여주게 될 것이다. 당연히 미국의 대남 핵우산 제공도 인정된다. 이런 상황은 최소억제론 이전과 크게 차이가 나지 않으며 한반도에서 핵대결과 핵전쟁 위험성은 계속된다. 특히 북이나 이란 등 비핵무기보유국 지위를 갖는 제3세계 나라들이 미국으로부터 느끼는 핵공격 위협을 감안할 때 최소억제론은 이런 현실적이고 절박한 문제에 대한 대안을 제시하지 못하고 미국의 군사패권적인 세계지배를 기정사실로 인정하고 있다는 점에서 중대한 한계를 안고 있는 주장이다.

참고문헌

국방부. 2007. 『대량살상무기에 대한 이해』.

미 국방부장관, NPR, 2010.4.

미 전략사령부(STRATCOM). 2004. *Strategic Deterrence Joint Operating Concepts Version1.0.* 2004.2.

미국 국방부. 2007. 『군사용어사전』.

미합참 2009. *Combating Weapons of Mass Destruction*, Joint Publication 3-40, 2009.6.10.

박원곤. 2007. 「미국의 대한국 핵우산 정책 분석 및 평가」. ≪국방정책연구≫ 2007년 가을. 한국국방연구원.

백재옥 외. 2005. 『2005 국방예산 분석· 평가 및 2006 전망』. 한국국방연구원.

서재정. 2009. 『한미동맹은 영구화하는가』. 한울.

심재권. 1996. 『한반도 평화를 위하여』. 한울.

웨스톤, 번스 H. 1992. 『대안적 안보론— 핵억지 없는 삶』. 국방대학원 안보문제연구소

유엔사무총장 보고. 1982. 『핵무기의 포괄적 연구』(일역), 연합출판.

이삼성. 1993. 『현대 미국외교와 국제정치』. 한길사.

임채홍. 2009. 「미국의 대량살상무기 대확산 정책 발전과 함의」. 국방부군사편찬위원 회. ≪軍史≫ 70호(2009.4.).

전성훈. 2006. 「미국과 북한의 핵 억지전략과 한국의 대응전략」. ≪전략연구≫ 통권 37호.

_____. 2010. 「북한 비핵화와 핵우산 강화를 위한 이중경로정책」, ≪국가전략≫ 제16권 1호.

전호훤. 2008. 「미국의 대한 핵우산 공약에 대한 역사적 조명」. ≪국방정책연구≫ 24권 2호(2008. 여름).

해리슨, 셀리그(Selig Harrison). 2003. 『코리안 앤드게임』. 삼인.

金子讓. 2008. 『NATO北大西洋條約機構の研究—米歐安全保障關係の軌跡』. 彩流社.

近藤三千男. 1978. 『抑止戰略』. 原書房.

杉江榮一. 2004. 『ポスト冷戰と軍縮』. 法律文化社.

島恭彦. 1970. 『軍事費』. 岩波書店.

山田浩. 1979. 『核抑止戰略の歷史と理論』. 法律文化社.

日本防衛大學校 安全保障學研究會 編著. 2004. 『安全保障學入門』. 亞紀書房.

土山實男. 2004. 『安全保障の國際政治學』. 有斐閣.

片岡徹也·福川秀樹 編. 2003. 『戰略·戰術用語事典』. 芙蓉書房出版.

Ali, Sheikh R. 1989. *The Peace and Nuclear War Dictionary*. ABC-CLIO.inc.

Arkin, William. 2005.5.15. "Not Just A Last Resort? A Global Strike Plan, With a Nuclear Option" *Washington Post*.

Carnovale, Marco. 1993. *The Control of NATO Nuclear Forces in Europe*. Westview Press.

CRS Report for Congress, *U.S.* 2006. *Conventional Forces and Nuclear Deterrence: A China Case Study*, 2006.8.11.

CRS, 2008. *U.S. Nuclear Weapons*, 2008.1.23.

Dunnigan, James F. 2003. *How to make war*. HarperCollins Publishers Inc

Dyson, F. J. et al., 1976. *Tactical Nuclear Weapons in Southeast Asia*, Institute for Defense Analyses Jason Division.

Evans, Graham & Jeffrey Newnham, 1998. *The Penguin Dictionary of International Relations*.

Green, Robert D. 2001. *Re-thinking Nuclear Deterrence: Summary of Arguments from The Naked Nuclear Emperor*. The Disarmament and Security Centre.

_____. 『檢證 '核抑止論'』(*The Naked Nuclear Emperor-Debunking Nuclear Deterrence*의 일역서), 高文研.

Gregory, Shaun R. 1996. *Nuclear Command and Control in NATO*. Macmillan Press LTD.

Hayes, Peter. 1991. *Pacific Powderkeg*. Lexington Books.

James Martin Center For Nonproliferation Studies. 2010. *Delegitimizing Nuclear Weapons: Examining the validity of nuclear deterrence*(2010.5).

Kriestensen. Hans M. 2010. *Obama and the Nuclear War Plan*, 2010.2.

Kristensen, Hans M., Robert S. Norris and Ivan Oelrich, 2009. *From Counterforce to Minimal Deterrence*. Federation of American Scientists & The Natural Resources Defense Council.

Martin, Brian. 1989. *Nonviolent Deterrence*〔*Beyond Deterrence: a multifaceted study*〕. Centre for Peace and Conflict Studies.

Mccgwire, Michael. 1996. "Nuclear deterrence." [*International Affairs* (82,4,2006) 재수록].

Møller, Bjørn. 1995. *Dictionary of Alternative Defense*. London: Adamantine Press.

National Academy of Sciences. 1997. T*he Future of U.S. Nuclear Weapons Policy.*

NATO Handbook. 2001.8.21.

NPR(Experts) submitted to Congress on 31 December 2001, 2002.1.8.

Office of the Secretary of Defense. 2004. *Report on Allied Contributions to The Common Defense July 2003: A Report to the United States Congress by the Secretary of Defense,* p.c-3.

Pringle, Peter & William M. Arkin, 1983. *SIOP: The Secret U.S. Plan for Nuclear War.* Norton.

Snyder, Glenn H. 1961. *Deterrence and Defense: Toward a Theory of National Security.* Princeton University Press.

The Atlantic Council of US, 2007. *A Framework for Peace and Security in Korea and Northeast Asia: Report of the Atlantic Council Working Group on North Korea*(April 2007).

The Canberra Commission on the Elimination of Nuclear Weapons. 1996. *Report of The Canberra Commission on the Elimination of Nuclear Weapons*(1996.8).

제2부

이명박 정권과 한미동맹의 현주소

제 3 장

한미 '전략동맹'을 추진하는
이명박 정권의 동인과 문제점

박 기 학

1. 시작하며

이명박 대통령은 한미정상회담을 위해 미국을 방문했을 때 '21세기 한미전략동맹 구축'(2008년 4월 19일 코리아소사이어티 연설)을 제시함으로써 노무현 정권 아래에서 추진된 신한미동맹과의 차별화를 꾀했다.

그는 2008년 4월 20일 한미정상회담 보고 기자회견에서 "자유·민주주의·인권·시장경제 원칙에 기초한 동맹, 세계평화와 안보에 기여하는 21세기 전략동맹으로 발전시켜나가야 한다는 데 합의했다"고 밝혔다. 이명박 대통령과 오바마 대통령은 2009년 6월 16일, 「한미동맹 공동비전」[1]을 채택했다. 이 문서는 노무현 정권 때 시작된 한미동맹 재편논의를 기초로 하면서도 향후 구축될 한미동맹을 '포괄적 전략동맹'으로 규정하고 있다.

---

1) 이 문서는 2008년 이명박 대통령과 부시 대통령이 정상회담에서 한미동맹을 21세기 전략동맹으로 격상하기로 합의한 데 따라 마련된 것이며 영문제목은 'Joint vision for the Alliance of the Republic of Korea and the United States of America'이다.

그런데 '전략동맹'은 미국보다는 이명박 정권이 더 주도적으로 제시했다는 점에서 「한미동맹 공동비전」에서 규정된 '포괄적 전략동맹'은 이명박 정권의 한미동맹 구상을 구체화하고 있다.

위 문서는 '한미전략동맹'의 최초의 공식적인 활동지침의 성격을 가진다. 노무현 정권 때는 정상차원이나 외교장관 차원에서 신한미동맹의 구체적인 행동목표를 규범화한 공식적인 문서를 채택하는 데까지 이르지는 못했다. 이런 점에서 구체적인 행동목표가 공식으로 채택된 것은 2009년 6월의 「한미동맹 공동비전」이 처음이라 할 수 있다. 즉, 「한미동맹 공동비전」은 한미전략동맹의 행동목표를 더욱 구체화, 세분화함으로써 원칙 천명에 그친 신한미동맹을 넘어서 실행문서로서의 성격을 띤다.

'포괄적 전략동맹'은 노무현 정권 때의 신한미동맹('포괄적·역동적·호혜적 동맹')을 기본적으로 계승하고 있으며 따라서 이 둘 사이에 본질적인 차이는 없다. '포괄적 전략동맹'이나 '포괄적·역동적·호혜적 동맹'은 다 같이 공동가치의 실현을 표방하고, 협력범위를 군사 이외의 경제 등의 분야로 확장하고, 지역 및 세계안보 사안의 협력을 약속한다. 이 점에서 신한미동맹이나 포괄적 전략동맹은 다 같이 대미 종속동맹으로서 대북 적대성과 공격성, 나아가 지역 및 세계 규모의 침략동맹으로서의 본질을 갖고 있다.

그런데 신한미동맹(포괄적·역동적 동맹)과 '포괄적 전략동맹'은 본질에서 차이가 나지 않지만, 이명박 정권 들어 한미동맹의 위상이 이전 정권과 비교해 더욱 높게 설정되면서 한미동맹의 불평등성과 대북 적대성, 공격성이 더욱 증폭되어 나타나고 있다.

신한미동맹이 북 및 주변국과의 평화공존을 국가안보전략(평화번영정책)으로 채택한 정권하에서 추진된 데 반해 '포괄적 전략동맹'은 공세적이고 대외지향적인 국가안보목표를 설정한 정권에 의해서, 사실상 우리의 독자적인 국가안보목표와 국가안보전략을 포기하고 미국의 국가안보목표와 안보전략으로 대치시킨 정권에 의해서 추진되기 때문이다.

다른 국가안보목표와 안보전략의 설정은 **한미동맹에 대해서도 각기 다른 지위를 부여하고** 있다. 노무현 정권은 북 및 주변국과의 평화공존을 달성하기 위한 수단으로서 실용적 균형외교와 한미동맹 등을 나란히 들고 있고 또 한미동맹과 자주국방의 병행 추진을 내걸었다.

반면 이명박 정권은 '한미전략동맹'을 국가안보목표를 달성하기 위한 핵심수단(핵심적 안보전략)으로 여기고 있다.

한미동맹에 '전략동맹'의 지위를 공식적으로 부여하고자 한 것은 미국보다도 이명박 정권이 더욱 주도적이었다. 이는 한미동맹 강화(이전 정권과의 차별화)를 통해 자신의 국내적인 지지기반을 다지기 위한 것이며 동시에 미국 지배의 위계질서 내의 지위상승을 통해 한국의 대외적 지위 상승을 꾀한다는 이명박 정권의 구상과 연관이 있다. 이명박 정권은 미국 지배의 국제질서 그리고 미국의 가치가 마치 국제규범이고 우리가 나아가야 할 궁극적인 방향인 것으로 믿고 있다. 이런 신념 속에서 이명박 정권은 우리의 국가목표나 국가안보전략 – 이 '국가목표'나 '국가안보목표'는 그것을 내세우는 정권의 성향을 반영하며 사회역사발전의 합법칙성에 부합할 수도, 거스를 수도 있다 – 을 대외지향적으로, 공세적으로 설정하고 이 목표를 미국과의 적극적인 협력을 통해서 이루고자 한다. '선진화를 통한 세계일류국가'는 바로 이런 신념이 국가목표로까지 나타난 것이다.

'포괄적 전략동맹'은 이런 미국식 가치에 바탕을 둔 국가안보목표를 실현하기 위한 핵심수단으로서의 지위를 갖고 있다. 이 점에서 '한미전략동맹'은 유일 초강대국인 미국의 힘을 빌려 한국의 대외적 지위상승을 노리는 이른바 편승형 동맹2)이고 미국 지배의 세계질서에 협조하면서 한국의 국제적 지위 상승을 추구한다는 점에서 아류 패권주의라 할 만하다.3)

이 글은 이명박 정권이 추구하는 '포괄적 전략동맹'이 시대를 거스르는 것이며 우리 국민과 민족의 이익과 요구에 배치된다는 점을 밝힌다.

아울러 '동맹'이나 '편승', '아류 패권주의'와 같은 방식의 국가발전전략 또는 국가안보전략이 낡은 세계패권주의의 역사적 유물일 뿐이며 구소련의 붕괴와 그에 뒤이은 미국의 일방주의와 신자유주의의 파산으로 그 점이 분명해지고 있음도 밝힌다.

우리나라의 자주적 발전과 한반도의 평화와 통일을 위해서는 미국의 가치를 절대화하면서 그에 편승하는 '포괄적 전략동맹'을 폐기하고 새로운 대안적 안보관을 세워야 한다. 그것은 정치·경제·외교 등의 국가적 발전과 한반도 평화와 통일을 미국의 힘을 빌려 실현하려는 친미사대적 자세의 근본적 전환이 있을 때 비로소 가능하다.

---

2) 편승(bandwagoning)은 강한 측의 동맹에 가담하는 것이고 균형은 약한 측과 제휴하는 것이다. 슈엘러는 편승을 방어적 편승, 자칼식 편승, 영합적 편승 세 가지로 구분했다. 방어적 편승은 강대국과 대립하는 약소국이 무모한 전쟁의 비용을 피하기 위해 현상유지 국가와 동맹하는 것이며, 자칼식 편승은 끝없는 욕망을 가진 수정주의 국가의 팽창정책을 지지하는 대가로 수정주의적 국가(현상변경을 추구하는 국가)와 세력권에 관한 협정을 체결하고 이익을 추구하는 것이며, 영합적 편승은 전쟁의 결과가 거의 확정적일 때 승리의 배당을 챙기기 위해 승자 측에 편승하는 것을 말한다. '포괄적 전략동맹'은 자칼식 편승이나 영합적 편승 개념에 딱 들어맞지는 않지만, 패권국과 동맹함으로써 국제적 발언권과 지위 향상을 꾀한다는 점에서 자칼식 편승 또는 영합적 편승과 같은 공세적 편승에 속한다.

3) 화해 상생마당이 '전환기에 선 한반도, 통일과 평화의 새로운 모색'이라는 제목으로 2009년 9월 2일 연 토론회에서 박세일 한반도선진화재단 이사장은 "북한은 전형적인 실패국가로서 선진화 통일은 사실상 남한 주도로 북한의 정상국가화와 근대국가화가 수반되어야 한다"고 주장했다. '선진화'가 국내의 제도에 적용되는 것을 넘어서 북쪽에 대해서도 적용되는 체제전환 정책목표임을 보여준다. 자유민주주의에 입각한 한반도 통일을 천명하고 있는 「한미동맹 공동비전」과 상통한다.

2. 국제관계에서 '전략적 관계'와 '전략동맹'의 의미

1) 전략적 관계의 정의

군사전략이란 목적 또는 목표를 가장 효과적으로 이루기 위한 전쟁 이론이나 방법을 가리킨다.[4] 보통 '전략'이란 전술이나 병참 등의 병력운용의 개념에 한정되지 않으며 전시와 평시를 불문하며 전구의 안팎에서 군사·비군사를 구별함이 없이 글로벌한 수준에서 말단의 사업 수준에 이르기까지의 사고, 이론과 계획, 행동을 포함하는 넓은 개념이다.

국가전략이란 '국가목표(국가이익)'의 실현을 위한 수단(방법)을 말한다.

국제관계에서 전략적 관계란 "양국의 관계가 단지 두 나라나 지역에 한정되지 않는 **글로벌한 영향력과 국제사회에 대한 책임을 갖는 대국 간 관계를 가리킨다**"(佐島直子, 2004: 10). 세계적 범위에서 이해관계를 조절하는 대국들의 전략적 관계의 한 유형으로서 냉전 시대 미소관계를 들 수 있다. 미국과 소련은 적대적 관계로서 대립과 경쟁을 벌였지만 다른 한편으로 공포의 균형을 유지하고 상대의 세력권을 인정함으로써 공멸을 피하고 자신의 진영에서의 패권국으로서의 지위 안정도 꾀했다.

중국은 외교관계에서 자신의 국익과 해당 국가의 세계적 비중 등을 고려해 다양한 수준과 형태의 국제관계[5]를 적용해왔다.

중국은 1996년 4월에 중·러 공동성명에서 '전략적 협업(協作) 동반자관

---

[4] 클라우제비츠는 『전쟁론』(1832)에서 전략은 "전쟁목적의 달성을 위한 전투의 사용에 관한 이론"으로, 전술은 "전투 때 군사력을 사용하는 것에 관한 이론"으로 정의했다.

[5] 중국의 대외관계 유형은 대체로 전략적 동반자관계, 갈등을 전제한 전략적 관계, 동반자관계, 전통적 선린우호관계, (비전략적·비동반자적) 우호협력관계, 일반 수교 관계로 구분할 수 있다.

계(strategic partnership)'를 선언하면서 이를 동맹과는 다른 '21세기의 새로운 형태의 국가 간 관계'를 가리킨다고 설명했다. 그러면서 전략적 협력이 '장기적 협력', '국제문제의 협의와 협조', '국제정세의 완화와 안정 및 신국제질서 구축을 위한 협력'을 내용으로 한다고 설명했다. 또 '전략적'이란 군사적 의미로 쓰인 것이 아니라 '장기적이고 전면적'이란 의미로 쓰였다고 설명했다. 2008년 세계금융 위기 뒤에 시작된 미국과 중국의 전략·경제 대화도 전략적 관계의 한 형태라 할 수 있다. 미·중의 전략적 관계는 세계적 사안의 협력과 대화를 통한 쟁점해소를 지향하지만, 그와 함께 미국이 군사적인 대중 압박을 포기하지 않고 있다는 점에서 중·러 관계와는 다른 형태다.

중국은 한국과 2008년 5월 '전면적 협력동반자관계'에서 '전략적 협력 동반자관계'로 격상하기로 합의했다. 세계적 사안에 대한 공통된 이해관계를 바탕으로 장기적이고 건설적인 협력을 목표로 성립하는 미·중 또는 중러 간의 전략관계와는 달리 한중간 전략관계는 지역에 초점을 둔 관계라 할 수 있다. 그럼에도, 전략적 관계로 한중관계를 규정한 배경에는 북핵문제나 한국전쟁종식 문제, 한반도 통일 문제, 한중 간 경제협력 문제(중국은 한국의 첫 번째 수출국이며 한국은 중국의 세 번째 수입국이자 다섯 번째 수출국임), 동북아시아지역에서 군비경쟁과 진영 간 대결을 막고 평화와 안정을 구축하는 문제, 동아시아지역의 경제통합 문제는 한중 양국의 장래에 공히 결정적인 중요성이 있는 문제로 이의 건설적 해결을 위해 전면적인 협력관계 구축이 필요하다는 상호 공감이 작용했다.[6]

---

6) 한국 정부는 "전략적 협력 동반자관계하에서는 양국이 군사동맹까지는 아니더라도 외교, 안보, 경제, 사회, 문화 등 전 분야를 망라해 협력을 강화하는 것은 물론 한·중·일 3국간, 더 나아가 유엔 등 국제무대에서 한반도 및 동북아 현안과 기후변화,

중국이 국제관계에서 사용하는 '전략적 관계'란 "중장기적인 차원의 문제를 논의하고 양자 간의 관계를 넘어서 지역적 및 세계적 이슈들을 다룰 수 있는 관계를 지칭하며, 제3의 대상에 배타성을 전제하지 않는 관계"(김흥규, 2009: 293)라고 할 수 있다. 전략적 관계는 우호적인 국가 사이나 대립하는 국가 사이, 어느 경우에도 성립될 수 있는 관계이다.

요약하면 국제관계에서 '전략적 관계'란 국제적 차원의 국가목표(이익), 즉 국제정세의 완화와 안정, 국제문제의 협의와 협조, 신국제질서 구축 등에 대해서 공동의 이해관계를 바탕으로 장기적으로 논의하고 협력하며 두 나라 간에 갈등이 있을 경우 대화를 통해 해결해나가는 관계로 볼 수 있다.

2) 전략동맹의 개념

'전략동맹'[7]은 미국과 미 동맹국이 세계적 범위에서 잠재적 적 또는 현실적 적을 설정하고 세계적 규모의 공동 군사행동을 약속하는 관계다. 세계적 규모에서 미국과의 공동(연합) 군사작전을 벌이면서 미국의 세계패권 추구에 협력하는 전략동맹의 대표적인 사례로는 흔히 영미동맹이 거론된다.

대량살상무기(WMD) 비확산 등 전 세계적 이슈에 대한 긴밀한 협조체제를 구축하게 된다"(≪연합뉴스≫, 2008.5.27)고 설명했다.

7) 여기서 전략동맹은 국가 간의 정치군사적 동맹을 가리키며 현대경영전략에서 쓰이는 '전략적 제휴(Strategic Alliance)' 개념과는 다르다. 그렇지만 이 개념이 경영전략에도 원용되고 있다고 할 수 있다. 경영전략으로서 전략적 제휴는 "둘 또는 그 이상의 개체나 실체가 공동목표를 이루기 위해 일정한 방식으로 행동할 것을 표명한 합의"를 가리키며 "체약 당사자가 서로 보완적인 경영자산을 가지고 있을 때 성립되는 것이 보통이다"(www.investorwords.com).

미국과 동맹국은 세계적인 공동군사작전을 수행하는 데 필요한 전략적 능력(자산)을 주고받는다. 가령 미영동맹의 경우 영국은 자신이 보유한 전략적 가치를 갖는 군사기지와 정보능력, 핵능력을 미국에 제공하고 미국은 자신이 보유한 전략적 군사자산을 영국에 제공한다. 미일동맹도 세계적 규모의 동맹으로의 전환을 추진하면서 일본에 대한 미국의 정보기술 제공의 확대와 일본의 무기수출 3원칙의 대미 적용의 제외 등의 형태로 전략자산의 보완·협력 관계가 점차 깊어지고 있다. 이런 협력관계는 모두 미국의 세계패권추구에 기여하기 위한 것이다.

전략동맹은 그 목적이 동맹구성국 영토방어, 즉 국제법(「유헌헌장」)에서 인정되는 (집단적) 자위권의 행사를 넘어서서 제3국을 공격하는 것을 임무로 하는 공격동맹으로서의 성격을 가진다. 냉전 종식 이후의 나토와 미일동맹이 이런 동맹의 예에 속한다. 그렇지만 집단적 자위권을 넘어서서 제3국을 무력으로 공격하거나 타국의 내정에 무력으로 개입하는 것은 현대 국제법의 원칙인 불간섭주의와 전쟁금지원칙을 기본적으로 위배한다.

전략동맹의 또 하나의 특징은 대미 종속성이다. 전략동맹은 미국이 동맹국을 세계패권체제에 편입시키고 미 동맹국은 미국에 협력함으로써 세력확대와 이익을 꾀하는 동맹이다. 미영동맹이나 나토, 미일동맹은 각기 대미 종속성에서 서로 차이가 있지만, 본질적으로는 대미 종속동맹이다.

미영동맹은 "그(영국의) 정치적 술수(manoeuvering)가 미국의 군사적 패권체계에 깊숙이 편입되어 있고 미국이 군사적 의사결정을 내릴 때 작전적·전략적·지정학적 수준에서 사실상의 부서원(insider)처럼 자신의 발언권을 행사한다"(Masahiro Matsumura, 2008: 95)는 지적처럼 대미 종속동맹이다.

전략동맹은 힘이 강한 자에 붙어 세력확대와 이익을 챙긴다는 의미에서 편승형 동맹이기도 하다. 패전국으로 미국에 의해 종속동맹을 강제 당한 일본이지만 자신의 군사대국화와 지역패권을 위해 미국의 세계패권질서에의 체계적 편입을 마다하지 않는다. "일본의 동맹행동의 기본적 논리는 이익획득과 세력확대를 위한 밴드웨건에 있다"(土山實男, 2004: 307)는 지적은 일본의 입장에서 바라본 전략동맹 형성의 동인을 말해준다.

전략동맹은 세계적 규모에서 미국과의 공동군사행동을 약속하고 제3자에 대해서 배타성(공격성)을 가지며 대미 종속을 본질로 한다는 점에서 국제관계에서 독립된 국가 간에 형성되고 제3자에 대해서 배타성을 갖지 않는 '전략적 관계'와는 구분된다.

3) 전략동맹의 사례 검토

(1) 미영동맹

① 국가 안보 목표 및 전략의 공유

미영동맹은 1940년 9월에 체결된 '구축함·해공군기지 교환 협정'에서 그 기원을 찾을 수 있다. 이 교환협정은 미국이 노후 구축함을 영국에 제공하고 그 대가로 미국은 대서양과 카리브해의 영국령 여러 섬에 미해공군기지를 설치하는 협정으로 미영동맹의 동기가 드러난다. 1939년 이래 루스벨트는 대영 원조계획의 일환으로 영국이 담당하던 대서양의 방위책임을 미국이 맡고, 덧붙여 서방방어의 관점에서 뉴펀들랜드, 버뮤다, 자메이카, 세인트루시아, 안티구아, 트리니다드, 영국령 가이아나, 바하마 등의 영국 영토에 미군기지를 설치하겠다는 의사를 표시했다. 한편 처칠은 자국 해상수송로의 취약성, 특히 독일해군의 U보트 잠수함에 위협을 느끼고 미국에 노후잠수함 40~50척을 대여해줄 것을 요청하고 있었다.

이 협정으로 이들 영국령 섬이 미국 방위선의 외연으로 편입되었으며 영국의 안전과 미국의 안전이 불가분의 관계가 되었다. 또 1940년 8월에는 양국통합의 총괄적인 전략작성기관으로 미영 합동참모본부가 구성되었다.

　영국의 입장에서 미영동맹은 "1940~41년에, 영국이 순전히 생존방도로 미국에 도움을 요청하면서 시작되었다. 동맹의 궁극적인 존재의미는 언제나 본토방위를 위해 영국의 힘을 어떻게 키울 것인가 하는 점이었다. 영국은 16세기 말부터 유럽대륙의 일국 지배체제의 성립을 막는 것을 자국의 안전보장으로 파악해 정기적으로 대항세력을 조직하거나 원조해왔다. (영국은) 제1차, 제2차 세계대전 중에, 오랜 세월을 요하는 이 목적을 이루는 데에 미국의 힘이 없어서는 안 된다는 것을 깨닫는다…… 이 목적은 1949년의 「북대서양조약」을 통해서 이뤄졌는데 이것이 영국인 주도로 시작된 것은 우연이 아니다"(ジョン. L. ハーパ, 2001: 228).

　미국의 입장에서 미영동맹 추진세력은 영국의 군사력이 미군의 전방주둔전력의 역할을 할 수 있다고 보았으며 특히 유럽대륙의 세력균형 유지, 즉 어느 일국의 패권 방지가 미국과 영국 양국의 이해에 일치한다고 보았다. "미영협정의 발기인은 시어도어 루스벨트나 알프레드 마한 등의 지정학자들인데 그들은 영국해군을 미군 방위의 전선으로 여겼으며 미·영의 이해가 중남미나 동아시아지역에서 다소 일치하며, 특히 유럽에서 세력균형을 유지하는 데 미영의 이해가 일치한다고 생각했다. 영국과 그 식민지에는 군사적으로 귀중한 자산과 전초기지가 있고 그것이 적의 수중으로 넘어가면 미국도 심각한 위기에 빠질 것"(ジョン. L. ハーパ, 2001: 231~232)이라고 보았다.

② 제2차 세계대전 뒤 미국의 대소 전략공격의 기지가 된 영국

　제2차 세계대전 직후인 1946년 3월 미군부는 향후 3년을 내다보는

대소전쟁계획 작성에 착수했다. '핀처(Pincher)'라는 이름의 대소 전쟁계획은 영국에 대해서 '동맹국의 장래의 전쟁노력에서 영국의 안전 확보는 결정적으로 중요하다. 영국을 보전하는 것은 유용한 기지를 제공할 뿐만 아니라 그 공업 잠재력은 효과적인 전쟁을 수행하는 데 헤아릴 수 없이 중요하다'고 평가했다. 그리하여 영국의 공군기지는 미국의 지구적인 대소 전쟁을 위한 출격기지로 자리매김 되었다.

1947년 초에는 영국에 핵무기의 집적·장전 시설이 설치되고 그해 7월에는 미공군 전략폭격 유럽부대의 정기적인 이동이 시작되었다. 그리고 미국은 소련의 베를린 봉쇄(1948.6~1949.5) 때 3개의 폭격기부대의 영국 주둔을 요청했고 이로써 영국은 미국의 대소전략공격 주요 기지의 하나가 되었다.

③ 주영 미전략공군의 출격조건으로 보는 미영동맹의 대미 종속성

미영 사이에 "(핵무기)사용절차에 관한 의무적이거나 구속력 있는 합의가 전혀 없다"(Gregory, 1996: 84)는 것은 미영동맹의 대미 종속성을 상징한다.

양국의 긴밀한 협력은 1943년 퀘벡협정으로 소급하는데, 이 협정에서 각 체약국은 다른 체약국과의 사전협의 없이는 제3자에 대해서 원폭을 사용하지 않기로 약속했다. 그러나 제2차 세계전쟁 뒤 이 공약은 약해져 명목상의 거부권이 사라지게 되었다. 1948년 1월 미국이 영국의 핵무기사업 지원을 확대하는 잠정협정이 체결되고 그 대가로 영국은 자국에서 출격하는 미국의 비행작전에 대해서조차 명목상의 거부권을 포기했다.

한국전쟁을 계기로 영국 내에서 주영 미군기지 사용조건(특히 원폭사용절차)에 관한 분명한 합의를 이루어야 한다는 것이 정치쟁점이 되었다. 1950년 12월 8일 트루먼 대통령과 애틀리 수상은 "(미) 대통령은 자신의 바람은 세계정세가 원폭의 사용을 결코 요청하지 않는 것이라고 말했다.

대통령은 그런 입장의 변화를 가져올지도 모르는 새로운 정세에 대해서는 어느 때든지 수상에게 **통보하는**(informed) 것이 또한 자신의 바람이라고 (영) 수상에게 말했다"(US Department of State, 1950: 1479)는 공동성명을 발표했다.

그런데 이 구절(위 굵은 글씨)의 해석을 놓고 뒤에 미국과 영국은 대립했다. 미국은 영국의 의사에 관계없이 자국의 결정과 행동을 일방적으로 '통보'하면 충분하다고 생각한 데 반해 영국은 예스로 답하든 노로 답하든 미국과의 '사전협의'를 할 권리를 보장받았다고 해석했다. 계속된 논란 끝에 1952년 1월 7~8일의 트루먼과 처칠의 회담에서 영국기지로부터의 미전략공군의 출격조건에 대해 겨우 다음의 합의(공동성명)가 이뤄졌다.

> 공동방위를 위한 여러 협정에 의거해, 미국은 영국 내의 특정 기지를 사용할 권리를 가진다. 우리는 긴급 시 이들 기지의 사용은 **당시의 상황에 비춰** 폐하의 정부와 미국 정부의 **공동결정**의 대상이 될 것이라는 양해를 재확인한다(Gregory, 1996: 85에서 재인용).

그러나 이런 정상 간 합의가 있기는 했지만 '공동결정'에 대한 미영간의 해석은 다르다. 영국은 '공동결정'에 대해 '거부권'을 포함한다(퀘벡협정[8]의 '동의'조항의 부활)고 보는 데 반해 미국은 '거부권'을 전혀 의미하지 않는 것으로 해석하고 있다. 또한 위의 '당시의 상황에 비춰'라는 구절은, 의심할 바 없이, 양쪽의 상반되는 해석과 상관없이 '회피' 조항으로 해석될 수 있다.

[8) 1943년 미영 간의 퀘벡협정은 '제3국에 대해 핵무기 사용 시 서로 상대국의 동의를 얻는다'고 되어 있다.

④ 주영미군의 지위와 관련된 영미동맹의 대미 종속성

1940년 9월의 '구축함·해공군기지교환 협정'은 영국영토에 미군기지가 설치된 효시를 이룬다. 이 협정의 하위협정이라 할 '해군 및 공군기지 대여 협정'(1941.3)을 보면 미국이 유사 때 바람직하다고 여기는 일체의 군사작전에 필요한 '모든 권리, 권한, 권능'을 행사할 수 있고(2조 특별긴급 권한) 또 '재판관할권'(4조)은 원칙적으로 '합중국 군대의 구성원, 합중국 국민, 또는 영국 신민이 아닌 자로, 군사적 성격의 범죄를 범한 자는, 그것이 대여된 구역 안이든 바깥이든 묻지 않고 합중국의 법률에 따라 처벌된다'고 규정하고 있다. 제2차 세계대전이라는 비상사태 속에서 미국은 반항구적으로[9] 긴급 시에는 영국령 내에서 무제한에 가까운 권리를 행사할 수 있게 되어 있다.

양국은 1950년 4월에 기지건설비용의 부담과 기지사용기한에 관한 협상(1950.4.15~4.20)을 했으나 기지사용기한에 대해서는 "연합왕국내의 비행장은, (미영) 양국정부가 공동방위의 이익이라는 점에서 그것이 바람직하다고 생각하는 기간, 합중국 공군의 사용에 제공하기 위해 사용된다"라고 합의함으로써 미공군(핵무기 포함)의 영구주둔에 사실상 동의했다. 반면 영국은 1952년 '주둔군법'을 제정함으로써 종전의 미군의 배타적 재판관할권을 개정했다. 그러나 영국은 오늘날 환경, 교통·운수, 조세 등의 분야에서 여러 문제가 새로 생기고 있기 때문에 이에 대처하기 위해 새로운 법을 제정하거나 개정하는데 그때 국방장관이 영국군 그리고 '주둔군 (1952년)법' 1조에서 동법 적용국으로 정의되는 나라들의 군대에 대해서 '국가안보 이익'에 비춰 법상의 규제와 금지사항을 면제해주는 규정이

---

9) 위 교환협정을 보면 영국이 미국에게 해공군기지를 99년간 대여하는 것으로 되어 있다.

포함되는 일이 많다.

(2) 미일동맹의 세계적 규모의 전략동맹으로의 변환

① 냉전 시기 미일동맹의 대미 종속성

일본은 집단적 자위권을 부인하는 평화헌법 때문에 지역 및 세계 규모에서 미국과의 공동 군사작전을 직접 전개할 수는 없었다. 하지만 일본의 외교안보전략은 미국에 종속되어 있으며 주일미군기지의 사용조건, 주일미군의 법적 지위, 주일미군과 자위대의 지휘관계 등의 미일군사관계 또한 대미 종속적이다. 이런 대미 종속성은 비단 군사에 그치지 않고 정치, 경제, 외교에까지 이른다.

미국은 일본을 공산주의의 대항세력으로 키웠으며 일본은 이런 미국의 의도에 편승해 군사대국화를 꾀해왔다.

냉전 시기 미일동맹의 주적은 소련 등 공산주의세력으로 주일 미군기지는 동아시아지역에서 공산주의세력 및 민족해방운동을 봉쇄, 포위, 공격하는 전진기지 역할을 했다. 주일본 미군기지는 대소 및 대중, 대북 봉쇄 역할을 해왔고 또 베트남전쟁이나 중동전쟁의 발진기지로서 역할을 해왔다. 또 일본의 막대한 대미군 재정지원(동정예산, 미일소파 특별협정에 의한 미군운영비 지원 등)은 해외주둔 미군의 운영비를 크게 덜어주었다. 또 경제동맹으로서의 미일동맹의 기능, 즉 일본의 미국과의 경제정책 조정 – 미일 무역마찰의 완화 등으로 실제로는 일본이 일방적으로 양보, 희생하는 경우가 많았다 – 가령 1985년 플라자 합의[10] 등은 미국이 세계 최대의 경제대국

---

10) 1985년 9월 22일 뉴욕 플라자호텔에서 미·영·독·프·일 주요 5개국 재무장관과
중앙은행총재가 달러 평가절하, 일본 엔화 평가절상에 합의했다. 그 뒤 엔화 대비

으로서의 지위를 지탱하도록 하는 데 큰 기여를 했다.

② 냉전 이후 신미일동맹의 구축과 대미 종속의 전면화

냉전 시기 미일동맹은 미국의 세계(지역) 패권주의 요구에 부응하는 데 많은 법적·지리적·군사적 제약을 안고 있었다. 「미일안보조약」상의 지리적 범위의 제약, 특히 교전권, 집단적 자위권을 부정하는 평화헌법 9조의 제약, 일본 자위대와 미군과의 지휘관계상의 제약 등이 그 예다.

냉전 종식 뒤 미일동맹은 이런 제약들을 모두 털어내고 미영동맹과 같은, 전 세계적 범위에서 미국과의 공동 공격작전을 수행할 수 있는 동맹으로의 변환을 꾀하고 있다.

냉전이 끝나자 미국은 주적을 이른바 '지역패권국가'로 바꾸고 동북아시아지역에서는 대북 및 대중국 봉쇄정책을 폈다. 그리고 21세기 들어 미국의 최대 안보목표는 중국을 군사적으로 봉쇄하는 데 초점을 맞추고 있다.

미국과 일본은 구소련 붕괴 뒤 신미일동맹의 구축에 나서 1996년 「신안보공동선언」과 1997년 「신미일방위협력지침」을 채택했다. 「신안보공동선언」은 미일동맹의 지리적 적용범위를 기존의 '일본과 극동지역'에서 '아시아태평양지역'으로 확대한 것이며 신방위지침은 자위대의 군사활동 영역을 '일본 유사'로부터 '(일본) 주변사태'로 확대한 것이다. 이처럼 미일동맹의 활동 영역을 일본 방어에서 '주변사태'로 확장한 것은 소련의 붕괴 뒤 미국의 안보전략이 주적을 이른바 '지역패권국가'로 설정한 상황에서 대북 및 대중 군사작전에 대한 일본의 협력을 얻기 위한 것이다. 하지만

달러가치는 절반으로 평가절하되어 미국 수출증대와 경제회생에 크게 기여한 반면 일본은 엔화강세로 수출에 큰 타격을 받았다.

'주변사태 시'의 자위대의 주일미군 협력 규정은 「미일안보조약」 5조(일본 유사)나 6조(극동유사)의 규정을 벗어나는 것으로 「미일안보조약」에 위배된다.

21세기 들어서 미일동맹은 '신미일동맹'을 뛰어넘는 제2의 동맹변환을 추구하고 있다. 1차 아미티지보고서(2000년)[11]는 미일동맹을 미영동맹 수준으로 격상할 것을 미국정부에 건의했다. 이 문서는 일본에 대해서 집단적 자위권의 금지를 규정한 평화헌법 9조를 개정할 것을 제안하고 있고 미국에 대해서는 대일 군사정보협력을 제안하고 있다. 이런 건의는 미일동맹의의 세계적 규모의 공격동맹으로의 전환을 촉구하는 것이다.

2005년 2월에 미일 양국의 외교 및 국방장관(안보협의위원회로 2+2회의)은 '미일 양국의 공통전략목표에 관한 공동발표문'을 발표했다. 이 문서는 공동 전략목표로 지역차원에서는 열두 가지를, 세계적 차원에서는 다섯 가지를 명시했다. 지역차원의 전략목표로 양안문제에 대한 미일의 개입이 공식적으로 처음 천명되었다. 미일 양국은 이후 양안문제 발생에 대비한 공동작전 계획 및 상호협력 계획수립작업에 착수했다(≪아사히신문≫, 2005.5.12). 그 밖에도 북한 핵·미사일 문제 등의 평화적 해결, 중국과 러시아의 건설적 역할(중국과 러시아가 지역패권국가가 되지 않도록 억제하는 것을 가리키는 표현이다 - 필자 주)을 위한 미일의 공동대응 등이 지역차원의 전략목표로 설정되었다. 세계적 차원의 전략목표로는 인권·민주주의·법의 지배라는 기본적 가치의 실현, 국제평화협력활동이나 개발지원에서의 미일 협력 강화, 대량살상무기 확산 방지, 테러 근절, 일본의 유엔 상임이

---

11) 정식명칭은 "The United States and Japan: Advancing Toward a Mature Partner-ship"이며 2000년 10월 11일 미 국방대학국가전략연구소(INSS)의 특별보고서로 발간되었다.

사국 진출 등이 설정되었다. 이로써 미일동맹은 단순히 일본방어동맹이 아니라 아시아태평양지역 나아가 세계적 규모에서 미일의 전략목표 실현을 추구하는 공격동맹으로 변화되었다.

부시와 고이즈미는 2006년 6월 29일 교토에서 정상회담을 가진 뒤 발표한 공동성명에서 "(미일)동맹을 '보편적 가치와 공동이익'— 두 나라의 전통적인 안보협력의 바깥 영역에 위치하는 가치와 이익도 포함한다 — **에 기반을 둔 지구적 규모의 동맹**으로 강화, 확대하기로 **재확인했**"으며 "두 나라가 자유, 민주주의, 인권 등의 공통가치와 공동이익 — 공동이익에는 고이즈미가 부시의 가장 충실한 동맹이 되어온 분야인 반테러투쟁이 포함된다 — 을 공유한다는 데 합의했"[12]고 밝혔다.

미일동맹을 가치에 기반을 둔 지구적 규모의 동맹으로 확장하는 것은 일본이 지구적 규모에서의 미국의 군사작전에 보조를 같이하기 위한 것이며 지역적으로는 중국을 군사적으로 견제하고 포위하기 위한 것이다.

③ 일본 국방정책 및 군사력의 변화와 그 문제점

미일은 2005년 10월 29일 전략목표 실현을 위한 미일 양국, 특히 자위대와 미군의 역할·임무·능력을 규정한 「미일동맹 : 미래를 위한 변혁과 재편」을 발표했다. 이 문서는 두 가지 분야, 즉 일본방위 및 주변사태 대응분야와 국제안보환경의 개선분야로 나눠 자위대와 미군의 역할·임무의 기본개념을 규정하고 있다. 국제안보환경 개선분야에 대해서 보면 '지역 및 세계의 공통전략목표 달성을 위해 양국은 각각의 능력에 근거해 적절한 공헌', '양국 간 협력 및 정책조정을 통해 신속하고 실효적인 대응

---

12) Koizumi, Bush declare new global-scale alliance with common values, Washington, June 29 Kyodo.

을 위한 유연한 능력의 확보', '국제안보환경 개선을 위한 타국과의 협력 강화'를 기본개념으로 채택하고 있다. 즉, 일본 자위대와 주일미군의 역할과 임무, 능력이 단순히 일본방어에 머무르지 않고 지역 및 세계 규모의 개입을 수행할 수 있는 역할과 임무, 능력으로 규정되고 있다.

일본은 지역 및 세계 규모의 공동군사작전에 대한 이러한 요구를 따르기 위해 국방정책의 수정, 평화헌법의 개정, 군사력 증강 등을 추구해왔다.

미일동맹이 영미동맹과 같은 세계적 규모의 공격동맹이 되기 위해서는 집단적 자위권을 금지한 평화헌법 9조의 개정을 포함해 전쟁을 할 수 있는 나라로서의 국내법체계를 갖춰야 한다. 그렇지만 평화헌법 9조 개정은 국제사회의 반대는 물론이고 일본 국내 여론의 반대도 적지 않기 때문에 일본의 국내 정치상황을 지켜보지 않으면 안 된다.

일본 국방정책의 기본방향을 담은 「2004년 방위계획대강」[13]은 대외 공격적인 기조(군사팽창주의 기조)를 명확히 천명하고 있다. 이는 사상 처음으로 북한과 중국을 '위협'(주적)으로 규정했고 자위대의 해외활동(국제평화 협력활동)을 부수적 임무에서 본래 임무로 격상했으며 MD를 일본 방어의 주요 골간으로 삼는다 - 일본의 안보전략이 전수방어에서 전쟁(선제공격 포함)전략으로 바뀌었음을 뜻한다 - 는 방침을 공식 천명했다.

일본 자위대는 또한 지역 및 세계적 규모로 전개가 가능한 전략적 군사 능력(특히 정보전력)을 추구하고 있다.

2004년 「방위계획대강」과 「중기방위계획(2005~2009)」은 "일본이 이

---

13) 1976년에 발표된 「방위계획대강」은 냉전 시기의 것으로 미국의 우산 밑에서 구소련을 견제하는 데에 중심적인 목적을 둔 것이다. 1995년에 개정된 「방위계획대강」은 냉전 종식 뒤 북한과 주변지역에 대한 공격을 노린 것이었다. 2004년 12월에 개정된 「방위계획대강」은 미국의 '반테러전'에 협력해 해외군사작전과 그 능력을 더욱 강화하기 위한 것이다.

러한 지역적·세계적 책임을 완수하기 위해 자위대가 기동성과 빠른 대응 능력, 3군 합동작전을 수행할 지휘구조와 능력, 증진된 유엔군과 미군과의 작전호환성, 최첨단 정보와 군사기술 등의 특징을 지닌 '다기능적이고, 유연성을 갖추고 있으며, 효율적인' 세력(전력)"(휴즈, 2009: 54)을 갖춰야 한다고 말하고 있다.

육상자위대는 해외작전을 위해 기동군으로의 변환을 추구하고 있으며 항공자위대 및 해상자위대도 해외전력 투사능력의 향상을 꾀하고 있다. 로켓탄에도 끄떡없는 50t M-90 탱크, 44t TK-X 탱크, CH-47A 헬리콥터, F-2 전투기, 공중 재급유가 가능한 4대의 KC767기 등의 구입이 2009년 (일본)국방예산에 포함되어 있다(≪한겨레≫, 2010.1.30).

일본이 전략적 군사능력을 갖추기 위해서는 미국과의 협조가 필수적이다. 이에 따라 2004년 방위계획대강 발표와 동시에 MD구축을 위한 미국과의 무기 공동개발과 생산에 대해서는 무기수출 3원칙의 적용 대상에서 제외한다는 방침을 표명했다.[14]

세계적 규모에서 일본과의 공동군사작전을 바라는 미국은 일본에 대해 RMA — 세계적인 차원에서 미국과의 공동군사작전이 가능한 군사력의 구축(군사력의 현대화)을 뜻한다 — 공세를 펴왔다. 미국은 대일 RMA공세와 함께 미사일방어체제(MD) 구축 등을 위해서는 일본에 대한 고도의 전략적 군사

---

14) 2004년 12월 17일 일본 방위청장관과 일본주재 미국대사가 미사일방어체계 공동개발에 관한 양해각서에 조인했다. 이에 따라 일본과 미국은 미사일방어체계 연구 및 개발과 미사일방어작전 수행과 관련한 정보를 교환하게 된다. 또 일본은 요격미사일생산에 필요한 부분품들을 미국에 제공하게 된다. 일본 정부는 2004년 12월 관방장관 담화에서 미사일방어(MD)체계의 공동개발과 공동생산을 무기수출 3원칙의 예외로 규정했는데 이는 미국과의 미사일방어체계 공동개발에 필요한 부분품들을 보장하기 위한 것이다.

정보의 제공이 불가결하다고 보고 2007년 일본과 GSOMIA협정을 체결했다.[15] 그동안 미국은 나토회원국이나 한국 등 60여 개국과 GSOMIA를 체결했지만, 일본과는 협정이 없었다. 물론 미국이 동맹국과 체결하는 GSOMIA는 그 수준이 일률적이지 않다. 미일 간에는 군사비밀의 기존 보호체제로 상호방위 원조협정(MDA)이 있는데 이는 일본 정부가 협정에 따라 비밀보호법을 제정하고 미국 측에서 제공되는 무기장비와 관련된 방위비밀의 보호를 방위청(현 방위성)과 방위 관련기업에 의무화하고 있다. 하지만 비밀보호법은 미일 양국의 기술협력을 통한 공동연구와 공동개발을 상정하지 않고 있다.

반면 GSOMIA는 무기장비뿐 아니라 기술정보, 작전정보, 훈련정보에 관한 문서와 화상까지 포함해 미일 양국 정부와 민간기업 전체에 비밀 준수의무를 부과하고 있다.

일본은 미국의 세계적 군사패권체제 내에서 동맹관계의 지위를 높여간다는 방향(미국과 일정하게 정치적 거리를 두는 프랑스 유형이 아닌 미국의 세계 패권체제에 깊숙이 편입된 영국 유형의 선택) 속에서 미국의 RMA 요구에 대해서 적극적인 RMA 전환을 취하되 최초의 우선순위는 제도적 변환 그리고 네트워크 중심적 플랫폼 및 기반시설의 점진적이나 제한된 획득에 두는, 단계적 정책 우선순위와 연속적인 정책집행을 특징으로 하는 일본식 RMA를 추진하고 있다(松村昌廣, 2004: 97 참조). 이런 방식은 집단적 자위권을 금지한 일본 평화헌법과 같은 일본 국내의 여건과 급속한 RMA 추진 시 예상되는 대미 군사적 종속 우려 등을 감안한 것이다.

---

15) 마사히로는 1차 아미티지보고서의 미일 정보협력 제안을 분석해보면 미일동맹의 미영동맹 수준으로의 격상이 '허구'일 수밖에 없다면서 동맹 격상의 최소한의 요건으로 미일 GSOMIA체결을 주장했다(松村昌廣, 2004: 266 참조).

하지만 일본이 세계적 규모로 미일동맹 변환(미영동맹 수준으로의 동맹의 격상)의 요건을 갖추기 위해 단계적이고 점진적인 방식을 취한다 하더라도 그것은 미국에 대한 일본의 군사적·정치적 독립성을 보장해주지 않는다.

세계적 규모로의 미일동맹의 변환이나 미영동맹 수준으로의 미일동맹의 격상은 미국의 위계적 동맹 질서 내에서 일본 지위를 한 단계 더 높여줄지 모른다. 일본은 대미 관계에서는 미국과의 마찰을 줄일 수 있고 유엔안보리 상임이사국으로 진출하는 데 미국의 지원을 받을 수 있고 미국으로부터 이전과는 다른 일정한 전략적 군사능력을 이전받아 군사적·경제적 이익을 얻을 수도 있다.

하지만 그로 인해 일본이 치러야 할 대가는 크다.

첫째, 이런 미일동맹의 변환은 평화헌법을 정면으로 위배한 것이다. 현 평화헌법은 집단적 자위권을 금지하고 있다. 따라서 미일동맹의 세계 규모로의 변환은 정당성을 가질 수 없고 일본 민중의 강력한 저항과 반발을 살 것이며, 또 국제적으로도 그 정당성을 인정받을 수 없다. 평화헌법 개정을 둘러싼 일본 국내의 갈등과 분열은 깊어질 것이다. 그리고 평화헌법 9조가 개정된다면 일본은 고삐 풀린 말처럼 군사적 대국주의로 치닫게 될 것이며 그에 따른 일본 민주주의와 민중 삶의 심각한 후퇴, 동북아시아의 군사적 긴장의 첨예화가 불을 보듯 뻔히 예상된다.

일본이 영국처럼 세계를 대상으로 한 미국의 세계패권주의전쟁에 참전하게 되면 국제적으로 반평화세력으로, 침략주의국가로서 더욱 각인될 것이다. 전 세계적 규모의 미일동맹은 전형적인 침략동맹의 한 형태로서 「미일안보조약」, 국제법의 내정간섭과 무력사용 금지 원칙을 위반한 것으로 국제법적 정당성을 갖지 못한다.

둘째, 일본은 미국과의 공동 공격작전과 이를 위한 전략자산의 공유를 통해 미국의 세계군사패권체계에 더욱 깊숙이 편입되지 않을 수 없으며 일본의 국가안보전략과 정치적 자주성은 독자성과 유연성을 더욱 상실하게 된다. 일본이 미국의 국가안보전략에 종속되면 될수록 동아시아나 아시아태평양지역에서 고조되고 있는 상호협력과 공동번영의 흐름에서 정세주도권을 상실하고 밀려날 가능성도 있다.

셋째, 미국은 핵우산과 정보우산 속에 일본을 묶어두려 하기 때문에 일본의 동맹 내 지위도 기대만큼 향상되지 못할 가능성이 크다.16) 반면 일본이 미국에 기대어 군사적 팽창주의를 추구하려 하는 한 첨단 전자기술 제공, 비용 분담(방위비 분담), 기지 제공 등 일방적인 미일관계에서 여전히 크게 벗어나지 못할 것이다.

넷째, 일본 국민들은 세계적인 침략국가로 일본이 전락해가면 갈수록 자원의 거대한 군사적 낭비에 따른 사회복지의 희생을 감내해야 할 것이다. 그와 함께 일본은 국내 분열과 갈등, 국제적 갈등과 대립에 자신의 힘을 소모할 수밖에 없게 되어 일본국민의 균형적이고 조화로운 삶의 향상, 지역 및 세계와의 조화와 친선을 통한 평화번영은 점점 멀어지게 되고 그에 따라 일본의 안보는 더욱 위태롭고 국가적 존엄은 추락하게 될 것이다. 일본의 이런 어두운 전망이 60년 이상 지속되어온 자민당정권을 종식시키고 대등한 미일관계와 미일동맹의 재검토, 우애외교, 동아시아공동체 건설 등을 내건 민주당 정권의 집권을 일본 국민들이 지지한 배경의 하나다.

---

16) "현재 미국은 정보통신기술, 정밀유도무기기술, 센서기술을 시스템화해 통합하고 '군사 하이테크혁명'형의 전력을 구축함으로써 패권을 강화하고자 한다. 이 전략에서 결정적인 중요성을 가진 것이 정보의 범지구적인 차원의 수집·분석능력이다. 미국은 '정보우산', 즉 동맹국에 대한 선택적·한정적 정보제공을 통해서 동맹국이 미국 의존에서 벗어나지 못하도록 관리한다"(松村昌廣, 2004: 271).

3. 한미동맹의 '포괄적 전략동맹' 전환의 의미와 문제점

1) 한미전략동맹을 보는 한미의 시각

(1) 이명박 대통령의 정의

대선 후보 때부터 한미동맹의 복원을 내건 이명박 대통령은 집권하자마자 한미동맹 강화에 나섰다. 그는 2008년 4월 19일 한미정상회담 뒤 열린 공동기자회견에서 "한미동맹을 자유와 민주주의, 인권, 시장경제의 원칙에 기초한 동맹, 즉 세계평화와 안보에 기여하는 21세기 전략동맹으로 발전시켜나가야 한다는 데 의견을 같이했습니다"[17]라고 말했다. 이 발언에서 '한미전략동맹'은 활동목적(미국식 가치 실현)이나 지리적 측면에서 한반도 영역을 넘어서 세계적인 규모로 활동을 벌이는 동맹으로 정식화되고 있다.

이에 앞서 2008년 4월 15일 한미정상회담 차 방미한 이명박 대통령은 코리아 소사이어티 연설에서 '21세기 한미전략동맹'을 한미의 '새로운 전략적 마스터플랜'으로 제기하면서 '가치동맹, 신뢰동맹, 평화구축동맹'을 전략동맹의 3대 지향점으로 제시했다.

가치동맹은 자유민주주의와 시장경제 가치의 공유를 바탕으로 이의 증진을 목적으로 하는 동맹을 가리킨다. 신뢰동맹은 동맹의 협력범위를

---

17) 이명박 대통령과 부시 대통령은 2008년 4월 19일 정상회담 뒤 발표한 공동기자회견문 제1항에서 "양 정상은 현 한미동맹을, 21세기의 새로운 안보과제와 양국 내외의 상황 변화에 효과적으로 대처하기 위해, 보편적 가치와 튼튼한 신뢰를 바탕으로 공동 이익의 확대를 추구하는 전략적 동맹으로 발전시킨다는 데 합의했다."라고 밝혔다(Lee, Bush agree to deepen economic, security alliance, April 20, 2008).

군사, 정치외교, 경제, 사회, 문화 등 포괄적인 영역으로 확대한다는 것으로 사실상 사회 전 분야에서 미국과의 통합을 목표로 하는 동맹이다. 또 평화구축동맹은 한반도만이 아니라 동아시아 지역 및 범세계적 차원의 전략적 이익을 공유하고 국제평화 구축에 기여하며 인도주의에 기초한 인간안보 증진을 위해 노력하는 동맹 다시 말해 지리적 적용범위가 한반도 영역을 넘어서 지역 및 세계적 범위에서 미국지배의 평화질서를 구축하는 세계규모의 동맹을 말한다.

한미동맹의 지향성으로 보면 노무현 정권하의 신한미동맹이나 21세기 한미전략동맹은 크게 차이가 나지 않는다. 그럼에도 '가치동맹', '신뢰동맹', '평화구축' 동맹으로 한미동맹을 개념화하는 것은 이명박 정권이 이전 정권과의 차별화를 꾀하려는 의도로 읽히며 국가정책의 우선순위나 강조점을 더욱 더 한미동맹 쪽으로 옮기겠다는 것으로 이해할 수 있다.

(2) 미국의 시각

2008년 4월 19일 한미정상회담 뒤 기자회견에서 한미동맹 관계가 어떤 관계인가에 대한 기자의 질문에 답하면서 부시 대통령은 '21세기 전략동맹'에 대해서 다음과 같이 설명했다. "21세기 전략동맹이란 우리가 21세기 문제들, 가령 핵물질 확산 문제, 우리 아이들이 생산적 시민으로 자랄 수 있게 필요한 도구로 교육받는 것을 보장하는 문제, 21세기에는 자유롭고 공정한 무역체계가 번영에 필수적이라는 인식을 갖는 문제 등에 대처하기 위해 다방면으로 노력하는 것을 말한다. 그리고 그 때문에 우리 의회가 한국과 자유무역협정을 비준하는 것이 중요하다. 21세기 동맹이란 다음의 사실을 인식하는 것이 중요한데 그것은 중국이 두 나라가 건설적 방식으로 간여할 어떤 기회라는 것이다. 우리는 중국에 대해서 우리의 문제들, 물론

인권문제, 달라이 라마와 미얀마에 대한 중국지도부의 대처 방식 문제 등 다양한 문제들을 제기해왔다. 다른 한편 건설적 관계를 맺을 수 있고, 우리는 건설적으로 중국과 일할 수 있다. 아니면 우리는 파괴적 관계를 맺을 수도 있다. 나는 건설적 관계를 맺기로 결정했다."

부시의 이 발언은 한미동맹에 '21세기 전략동맹'이라는 이름을 붙이려면 최소한 한미동맹이 중국과의 관계 문제, 미국의 핵패권 유지를 위한 핵물질 확산 방지, 아이들의 가치관(자유민주주의와 인권 등을 염두에 두고 한 말일 것이다) 교육 문제, 자유무역 증진 문제 등을 다룰 수 있어야 한다는 지적이다.

그런데 이들 문제는 곧 미국이 21세기 세계패권을 추구하는 데 핵심적인 국가안보목표로 제기하고 있는 문제들이며 미국의 가치를 증진하는 문제들이다. 특히 부시가 '중국에 대한 간여'를 '21세기 전략동맹'의 과제로 언급한 것은 전략동맹이 미국의 대중국전략의 수단이 되어야 한다는 인식의 일단을 드러낸 것이다.

2008년 8월 6일 한미정상회담 뒤 열린 기자회견에서 부시는 "한미동맹이 현대적이고 효율적인 동맹으로 변형되고 있다. 동맹이란 정체되어서는 안 된다. 동맹은 계속해서 재평가되어야 한다. 그리고 이런 재평가는 바로 여기 한반도의 자유수호를 돕는 것뿐만이 아니라 우리가 새로운 세기의 도전과제들에 대처하는 것을 돕는 방식으로 이뤄지고 있다"고 말했다. 이런 발언 또한 한미동맹이 한국을 방어하는 옛 동맹 목적에서 벗어나서 세계제국으로서 미국이 부딪히는 당면 문제들에 기여하는 동맹으로 변해야 한다는 부시의 인식을 보여주는 것이다. 이런 인식 역시 '한미전략동맹'이 미국의 세계적인 국가이익 – '새로운 세기의 도전과제'로 표현되고 있다 – 의 실현에 기여해야 한다는 미국 중심의 시각을 보여준다.

그런데 이명박 대통령이 코리아 소사이어티 연설에서 '21세기 전략동맹'을 적극적으로 주창하고 있는 것과 비교하면 부시의 한미정상 기자회견 발언은 한미동맹을 '전략동맹'으로 새롭게 정식화하는 데 대한 비교적 조심스러운 의견표시라고 할 수 있다. 이는 이명박 정권이 한미동맹을 '전략동맹'으로 표현하는 데 훨씬 더 적극적이었고 미국은 이를 따라가는 초기의 모양새를 반영한 것이라 여겨진다.

2) 가치동맹과 신뢰동맹, 평화구축동맹(세계규모동맹) 표방의 의미

(1) 가치동맹의 의미

포괄적 전략동맹은 '가치동맹'을 표방한다. '포괄적 전략동맹'은 「한미동맹 공동비전」에서 "공동의 가치와 상호신뢰에 기반한 양자·지역·범세계적 범주의 포괄적인 전략동맹"으로 정식화되고 있다. 여기서 공동의 가치란 '자유민주주의'와 '시장경제', '인권'을 말한다.

2003년 5월 15일 노무현과 부시의 공동성명은 "양 정상은 양 국민이 공유하고 있는 민주주의, 인권, 시장경제의 가치증진과 한반도 및 동북아의 지속적인 평화와 번영을 위한 포괄적이고 역동적인 동맹관계를 구축해 나가는 데 공동 노력하기로 다짐했다"라고 밝히고 있다. 이어 2005년 11월 17일 경주선언(한미동맹과 한반도 평화에 관한 공동선언)은 "양 정상은 한미동맹이 위협에의 대처뿐만 아니라 아시아와 세계에서 민주주의, 시장경제, 자유 및 인권이라는 공동의 가치 증진을 위해 있다는 데 동의했다"라고 밝히고 있다.

'가치동맹'은 이명박 정권이 이전 노무현 정권의 정책을 이어받은 것이며 미국이 주도적으로 제기하고 있음을 알 수 있다.

냉전 시대 미국이 거느린 동맹은 공산주의 체제의 봉쇄와 타도를 목적으로 했다는 점에서 가치동맹의 성격을 띠었다. 그런데 동서 이념대립이 의미를 잃은 지금에 와서 다시금 '가치동맹'을 강조하는 이유는 무엇일까?

첫째 냉전 시대 공산주의 진영에 대항한다는 '가치'의 '공통성'은 한미동맹이나 미일동맹, 나토 등의 개별적 동맹들이 각자의 지리적 제한성을 뛰어넘어 세계패권전략의 실현이라는 미국의 세계적인 안보목표로 합류시키는 이념적 역할을 했다.

냉전 종식 이후 '가치동맹'의 재강조는 미국의 가치로 전 세계를 일색화해 단일지배체제를 세우려는, 미국의 새로운 세계안보목표를 실현하려는 전략이다. 냉전 종식 이후 미국 일각에서는 '대서양공동체'[18]가 주장되기도 했다. 일본의 아소 다로 정권이 내건 '동아시아 가치공동체'는 아시아판 '대서양공동체'라 할 수 있다.

둘째, '가치동맹'은 냉전 종식 이후 미국의 신개입주의(유고 공습이나 이라크전, 아프간전쟁 등)에 동맹국들을 동원하기 위한 방법이다.

미국은 냉전종식 이후 인도주의적 개입이나 민주주의 확산, 대량살상무기 확산 방지 등을 21세기의 가치로 규정하면서 이를 명분으로 무력사용(이나 그 위협)과 내정간섭을 금지한 국제법의 위반을 정당화했다. 즉, 민주주의나 인권은 국가주권에 우선하는 절대적 가치로 이를 수호하기 위한

---

18) 브레진스키는 부시 정권 말 새로운 대선(2008년)을 앞두고 쓴 책 『미국의 마지막 기회(Second Choice)』에서 미국이 두 번의 역사적 기회를 놓쳤다고 한탄하면서 "탈냉전의 승리를 전략적이고 전 지구적인 중심을 공유하는 대서양 공동체 형성의 토대로 삼는 것"이 그 하나의 기회였다고 주장했다. 그러면서 그는 소프트파워를 토대로 미국과 유럽이 중심이 된 '대서양공동체'를 확립하고 여기에 필연적으로 중요한, 군사 강국이 될 일본 그리고 가능하다면 한국까지 포함한 '중용과 부, 민주주의를 갖춘 지배적 핵심세력'을 창출하는 것을 우선 목표로 하는 미국 주도 세계전략의 재편을 역설하고 있다.

국제적 간섭은, 내정간섭과 전쟁을 불법화한 전통적 국제법에 구애받지 않는다는 주장이 미국의 신개입주의다. 블레어는 이미 1999년 나토의 유고 공습을 '가치에 기반을 둔 정의의 전쟁', 즉 가치(수호) 전쟁으로 규정한 '국제공동체' 독트린을 발표한 바 있는데 '가치동맹'은 바로 이런 전쟁관의 연장선 위에 서 있다.

부시는 2003년 11월 영국방문 때 미영동맹을 가치동맹으로 칭송했고 2006년 10월 나토 사무총장과의 면담 때 나토가 가치에 기반을 둔 조직이 되었다고 칭송했다. 부시가 미영동맹과 나토에 가치동맹의 의미를 부여한 것은 이라크전쟁이나 아프가니스탄전쟁을 '가치(민주주의) 수호 전쟁'으로 보기 때문이다. 즉, 가치동맹은 미국이 국제법을 어기고 감행한 침략전쟁을 정당화하면서 동맹국의 참전을 이끌어내고 요구하기 위한 '수사'이고 '명분'인 것이다.

셋째 '가치동맹'의 강조는 외부의 공격으로부터의 한국영역의 방어라고 하는 현 한미동맹의 지리적으로 제한된 목적을 '가치'실현이라고 하는 지리적 구분이 없는 목적으로 탈바꿈시킴으로써 미국의 세계적 범위의 패권행동에 한미동맹을 동원하려는 의도다.

넷째, '가치동맹'의 강조는 김대중 정권과 노무현 정권 때 꾸준히 진전된, 그래서 한미동맹의 약화로 귀결될 수밖에 없는 남북관계의 진전을 견제하는 미국의 의도와 함께 대북 대결정책의 강화 및 친미보수주의를 통해서 국내의 정치적 지지 기반을 다지려는 이명박 정권의 의도가 작용하고 있다.[19]

---

19) "대북강경책으로 복귀를 통해, 즉 공통의 적에 대한 위협인식의 재강화를 가치동맹 실현의 가장 중요한 출발로 삼고 있기 때문에 탈냉전적이라기보다는 오히려 냉전적이고 과거의 한미군사동맹으로 복구시키겠다는 의도가 숨겨져 있다"(김준형, "한미

한국은 7·4 공동성명과 남북기본합의서, 6·15 선언과 10·4 공동선언을 통해서 사실상 한미동맹과 모순되고, 한미동맹의 반민족성과 불평등성을 부분적으로 넘어서는 탈냉전적 성과를 가져왔다. 가치동맹의 재강조는 이런 민족적 화해와 단결을 대결과 반목으로 역전시키고 종국에는 대북 흡수통일을 이루려는 의도라 할 수 있다.

다섯째 구한미동맹하에서 미국은 군사·경제원조를 미끼로 한국에 대해서 '사유재산제'와 '자유시장경제' 원칙을 강제했으며 국유기업과 국내산업 육성을 통한 독자적인 국가자본주의 발전의 길을 걷는 것을 봉쇄했다. 즉, 동맹은 경제적으로 보면 신생국 한국을 미국의 신식민지지배체제로 편입하기 위한 수단으로서 역할을 했다.

'가치동맹'의 표방은 이전의 원조와 같은 지렛대가 없는 조건에서 신흥경제 강국으로 성장한 한국의 경제제도를 미국식 제도로 재편·통합하려는 의도를 가진다. 아울러 한국을 앞세워 국제경제문제에서 미국의 발언권을 높이고 나아가 중국 등 경쟁국에 대항하는 경제블록을 구축하려는 의도를 갖고 있다.

하지만 냉전 시대 반공이념(가치)이 갖는 규정성과 냉전 종식 이후 자유민주주의 가치가 한반도(우리 국민과 민족)에 대해서 갖는 규정성은 똑같을 수 없다.

구소련의 붕괴로 냉전이 종식되자 미국은 자유민주주의와 시장경제, 인권 등 미국의 가치가 마치 보편적인(전일적인) 세계이념인 것처럼 행세하면서 이런 가치를 제3세계 국가들에게 힘으로 강제하는 이른바 신개입주의정책을 폈으며 거기서 한발 더 나아가 부시 정권은 유엔 등의 국제기관과 심지어 서유럽을 비롯한 동맹국들과의 관계에서도 일방적으로 행동했다.

___

전략동맹론, 화장을 지워라", ≪프레시안≫, 2010.3.3).

구소련과 바르샤바조약기구의 붕괴와 그에 따른 세계 사회주의체제의 붕괴가 공산주의 이념을 다른 나라에 힘으로 강제하던 패권주의의 붕괴였음에도 이를 미국 패권주의의 승리로 받아들인 미국은 냉전 종식과 함께 '자유민주주의'와 '시장경제', '인권' 등의 가치를 구사회주의국가나 제3세계 국가 등에 이식, 확산하기 위한 맹렬한 공세를 폈다.

특히 미국은 자신의 가치를 강제하기 위해 인도주의적 개입이라는 미명하에 이라크에 대한 강제적인 비행금지구역 설정, 유고 공습, 아프가니스탄 및 이라크전 등의 침략행위를 감행했으며 북이나 이란에 대해서도 핵무기 확산을 저지한다는 명분으로 무력사용 위협을 멈추지 않았다. 이것은 개별적 또는 집단적 자위권과는 아무 상관도 없는 것으로 내정불간섭과 무력행사를 금지한 국제법을 어긴 것이며 이른바 신개입주의로 불린다.

그러나 이라크전과 아프가니스탄전의 사실상 패배와 2008년 미국의 금융위기는 자신의 가치를 무력으로 강제하기 위한 미국의 일방주의와 신개입주의 또한 공산주의이념을 힘으로 강제하려던 구소련과 마찬가지로 파탄되었음을 말해준다.

미국은 이라크전쟁과 아프가니스탄전쟁에서 참담한 결과에 직면했고, 2008년 금융위기는 미국의 신자유주의 경제체제가 미국민은 물론 세계경제를 어떤 위기로 몰아가고 있는가를 생생히 보여주었다.

힘으로 자신의 가치와 제도를 다른 주권국가와 민족에 강제하려는 미국 또는 구소련의 패권주의(일방주의)의 파산은 세계초강대국이라 하더라도 자신의 가치를 다른 민족에 강요할 수 없다는 것, 아울러 세계의 양 초강대국이 자신의 세력권 내에 거느리고 있는 나라라 하더라도 그 나라의 자주적이고 독자적인 발전을 종국에는 막을 수 없다는 것을 보여준다.

각 민족 또는 국가가 독자적인 체제와 가치를 추구하는 것은 여전히 민족의 고유한 자결권에 속하며 이에 대한 어떤 외부세력의 강제도 불법임에는 변함이 없다. 오히려 미국의 일방주의, 신개입주의의 파산은 각 국가와 민족이 자신의 고유한 특성을 살린 자주적이고 독자적인 발전을 기본으로 하면서 지역별 또는 범세계적 규모에서 상호존중과 평화공존에 입각한 협력을 적극적으로 도모하는 것이 역사의 합법칙성에 부합된다는 것을 말해준다.

이런 점에서 현시기에 '가치동맹'을 표방하는 것은 냉전 시대로의 회귀를 의미하는 것으로 역사발전의 합법칙성에 거스르는 퇴행적인 행위이자 냉전의 파산에 따른 역사의 교훈을 망각하는 것이다.

(2) 신뢰동맹의 의미

포괄적 전략동맹은 신뢰동맹을 표방한다. 「한미동맹 공동비전」은 포괄적 전략동맹이 상호 신뢰에 기반을 둔 동맹임을 표명하고 있다.

'상호신뢰'의 강조는 '방기(abandonment)와 연루(involvement)'라고 하는 동맹의 모순(딜레마)을 의식한 것이다. 방기는 상대편에 의해 버려질 가능성을 말하며 연루는 동맹국의 이익을 위해 원하지 않는 분쟁에 휘말리는 위험을 말한다. 어느 나라가 동맹국으로부터 안보를 확실하게 보장받으려고 하면 할수록 상대의 분쟁에 휩쓸릴 우려(연루 가능성)가 생기며 역으로 상대의 분쟁에 휩쓸리지 않으려고 하면 할수록 동맹국으로부터 배신(방기) 당할 수 있다는 우려가 생긴다. 국제정치학에서는 이를 연루와 방기의 딜레마 또는 동맹 딜레마라고 부른다.

이명박 대통령은 '신뢰동맹'에 대해 2008년 4월 15일 미국방문 연설 때 "그러한 가치(자유민주주의와 시장경제)의 공감대 위에 한국과 미국은 군사, 정치외교, 경제, 사회, 문화 등 포괄적인 분야에서 서로 공유하는 이익을 확대해나감으로써 신뢰동맹을 구축해야" 한다고 말했다.

여기서 '신뢰동맹'이란 양국의 의무적인 협력범위를 '군사영역'에 제한했던 구한미동맹과 달리 정치, 경제, 외교, 문화 등 사회 전 분야로 확대함으로써 한국이 군사적인 분야만이 아니라 사회 전 분야에서 미국식 가치를 표준으로 받아들인다는 의미를 갖고 있다. 즉, 신뢰동맹은 한국사회의 미국화를 모든 부문에서 이루겠다는 대미약속이라 할 수 있다.

한미동맹에 신뢰동맹의 의미를 새로이 부여하는 데서 가장 강조되는 것이 곧 경제동맹이고 한미FTA의 체결이다. 군사동맹이 군사부문의 일체화를 의미하듯이 경제동맹도 경제의 일체화를 의미한다. 경제동맹(economic union)이란 가입국 사이에 무역의 자유화와 자본, 노동 등 생산요소의 자유로운 이동을 실현하고 재정금융 기타 경제정책까지 일체화하는 가장 높은 형태의 경제통합을 말한다. 경제통합은 가입국들이 경제적 장벽을 제거하는 수준에 따라 자유무역지역, 관세동맹(가입국 간의 관세의 폐지 또는 인하와 비가입국에 대한 단일한 공통관세 부과), 공동시장(자본·노동의 자유로운 이동), 경제동맹으로 구분된다. 경제동맹을 맺게 되면 가입국들 사이에 상품은 물론 자본, 노동 등 생산요소의 자유로운 이동이 실현되며 공통적인 조세제도와 화폐제도가 실시된다. 또한 공동의 기구를 창설하고 금융, 재정 분야뿐만 아니라 통화, 경기정책까지 통일적으로 취급한다. 경제동맹에서는 궁극적으로 정치적 통합까지를 목표로 하고 국가주권을 초국가적이고 초민족적인 것으로 전환시키려고 한다. 한미동맹이 경제동맹으로까지 발전한다는 것은 결국 한국경제를 미국경제에 일방적으로 통합시키는 것이다.

한미FTA는 신뢰동맹이란 것이 미국의 신뢰를 얻기 위해 한국이 일방적으로 양보하는 동맹임을 보여준다. 자유무역협정은 경제통합의 가장 낮은 형태이지만 한미FTA를 보면 단순한 자유무역협정을 훨씬 뛰어넘어 한국경제(제도)의 미국경제(제도)로의 흡수를 사실상 강제하는 협정임을 알 수 있다. 한미FTA는 헌법 119조의 '경제 민주화' 규정과 양립되지 않는다. 이 헌법조항은 "국가는 균형 있는 국민경제의 성장 및 안정과 적정한 소득의 분배를 유지하고 시장의 지배와 경제력의 남용을 방지하며, 경제 주체 간의 조화를 통한 경제의 민주화를 위해 경제에 관한 규제와 조정을 할 수 있다"고 규정하고 있다. 그렇지만 한미FTA의 체결로 중소기업과 자영업자, 농민 등 사회적 약자를 보호하는 국가의 권한, 경제민주화를 위한 국가의 '경제 규제·조정' 권한, 대외무역을 육성하고 규제·조정하는 국가의 권한이 제한, 침해되지 않을 수 없게 된 것이다.

이것만이 아니다. 미국 의회가 제정한 「한·미 자유무역협정 이행법」은 미국법률에 어긋나는 일체의 한미협정 조항은 항상 무효(102조)라고 규정 하고 있다. 또 이 이행법은 그 어떤 개인이나 기업도 미국에서 한미협정 위반이라는 이유로는 소송할 수 없도록(102조) 규정하고 있다. 반면 우리 나라에서는 '한·미 협정'이 국내법과 동등한 지위를 지닌다. 한미FTA협정 에 대해 우리나라는 국내 법률에 우선하는 지위를 부여한 반면, 미국은 연방 법률은 물론 각 주의 법률보다 아래의 지위에 둘 것임을 분명히 한 것이다. 또 한미FTA는 한쪽의 의무만 규정한 조항(shall)의 경우 우리 쪽 의무규정 수가 미국의 8배나 된다. 한·미 협정으로 인해, 우리나라는 자동차법부터 우편법, 의약법, 저작권법, 공정거래법, 행정절차법에 이르 기까지 모두 23개 법률을 개정해야 하지만 미국이 바꾸는 법률은 관세법· 무역법 등 4개뿐이다(≪한겨레≫, 2011.11.2).

'포괄적 전략동맹'이 표방되기 이전에도 한국은 정치, 외교, 경제적으로 미국의 요구에 순응함으로써 미국에 대한 신뢰를 보여왔다. 그렇지만 한 국민의 민주주의와 민족의 권리에 대한 요구가 상승하면서 미국과 대립, 갈등해온 측면이 있는 것 또한 사실이다. 방위비 분담 문제, 남북관계 문제, 미군기지 이전비용 문제, 이라크 파병 문제, ABM조약 문제 등이 그런 예다.

남북관계와 한미관계가 충돌할 때 한미관계를 우선적으로 고려해야 하는 것이 바로 신뢰동맹이다. 또 외교관계에서도 우리의 국익보다는 미국의 국익을 우선적으로 고려해야 하기 때문에 우리의 외교적 자주성은 부인된다. 한국은 중국과 2008년 5월 '전략적 협력동반자관계'를 맺었는데 이는 포괄적 전략동맹과 충돌한다. 이 경우 신뢰동맹의 입장에서 한미관계가 우선적으로 고려될 것이고 한중관계는 뒤처질 수밖에 없다.

신뢰동맹의 표방은 바로 이처럼 한미동맹의 불평등성에서 벗어나 독자적인 자주적 발전의 길을 걸으려는 한국민의 요구에 족쇄를 채우고 다시금 미국의 종속 아래 한국민을 묶어두기 위한 것이다.

(3) 세계규모 동맹(평화구축동맹)

평화구축동맹으로서 전략동맹은 어떤(누구의) 평화를 구축하기 위한 동맹인가? 포괄적 전략동맹은 활동목표로서 **한반도 차원에서는** '자유민주주의와 시장경제에 입각한 평화통일'과 '북한 주민들의 기본적인 인권 존중과 증진'을, **아시아태평양지역에서는** '인권, 민주주의, 자유시장의 증진'을, **범세계적인 범주에서는** '테러리즘, 인권침해, 대량파괴무기 확산 등의 범세계적 도전에 대한 대응'을 천명하고 있다.

위의 활동목표들은 모두 미국의 국가안보목표에 근거를 두고 설정된 것으로, 우리나라의 민족적·시대적 요구를 기준으로 제시된 것은 아니다. 이런 점에서 평화구축동맹은 한국이 미국의 국가안보목표를 자기의 국가안보목표로 수용하고 이를 위해 협력하는 동맹이라 할 수 있다.

게이츠 미 국방장관은 41차 SCM(2009년 서울) 참석을 위한 방한 때 「한미동맹 공동비전」에 규정된 '포괄적 전략동맹'을 상기시키면서 "한국은 물론, 지난 50년 사이에 베트남과 이라크 등 많은 우발사태에 군을 파견하고 미군과 함께 싸웠다. 나는 오늘날 한국의 국제적 군사역할에 대해 다른 역학과 논리로 본다. 과거 한국군의 파견은 한국이 미국을 위해서 하는 것으로 여겨졌다. 이제 사고를 전진시켜서 한국의 국제적 군사기여는 그 현재 상태 그대로 즉, 한국 자신의 안보와 핵심적인 국익에 도움이 되는 것으로 인식해야 한다"[20]고 연설했다.

이런 게이츠의 발언은 한국군의 국제적 역할을 주문한 것으로 한미동맹이 단순한 역내방어를 목적으로 하는 것이 아니라 세계적 규모에서 안보역할을 수행해야 한다는 주문이다. "한국의 국제적인 군사적 기여는 한국자신의 안보와 핵심적인 국익에 도움이 되는 것"이라는 게이츠의 발언에 대해서 유명환 외교장관은 "글로벌 코리아로 가기 위해 테러와의 전쟁에 참여하는 것이 하나의 의무이며 아프간 정세의 안정은 안정적인 주한미군주둔 여건을 조성하는 문제와도 직접적으로 연결되어 있다"(2009년 10월 26일 국회 외교통상통일위에서 한 발언)고 말함으로써 화답했다.

3) 동맹의 활동목표로 보는 '한미전략동맹'의 성격

(1) '북 위협' 인식의 강화와 공격적인 대북 전략목표의 설정

포괄적 전략동맹 구축이 천명된 이후 두 번째로 열린 2010년 SCM에서는 '북의 불안정 사태'가 처음 명시된 공동성명이 채택되었다.[21] 이로써

---

20) 로버트 게이츠 미 국방장관이 2009년 10월 21일 한미연합사 장병 앞에서 한 연설.
21) "한미 연합방위태세가 '상시 전투태세(Fight Tonight)'의 능력과 준비를 갖추고 있으

한미군의 공식적인 '대북 위협인식'이 기존의 '북의 대남공격가능성'만이 아니라 '북 내부의 급변'사태 가능성까지로 확장된 것이다. 물론 이 SCM 공동성명 이전에도 한미연합군은 북 내부의 급변사태를 상정한 작전계획이나 군사훈련을 실시해왔지만 그것은 어디까지나 비공식적이고 내부적인 지침일 뿐이었다. 그러나 이제 SCM 공동성명에 북 불안정 사태가 명시됨으로써 북이 남을 공격하지 않은 사태, 즉 평시에도 한미군이 북한에 대해 군사작전을 할 가능성을 공식화한 것이다. 이는 이명박 정권 들어 한미동맹 강화와 함께 대북정책이 더욱 도발적이고 공격적으로 변화되고 있음을 보여주는 것이다.

「한미동맹 공동비전」은 '동맹을 통한 전 민족의 더 나은 미래 건설'을 내걸고 있는데 그 미래 중 하나가 '한반도의 지속적인 평화 수립'이다. 한반도 평화수립이라고 하는 우리 민족의 목표가 단지 우리만의 목표가 아닌 미국과 공동으로 추구되어야 할 목표로 제시되고 있다. 이는 한반도 평화의 수립방법과 내용에서 모두 미국의 요구에 따르겠다는 것을 뜻한다.

또 「한미동맹 공동비전」에서는 '자유민주주의와 시장경제 원칙에 입각한 평화통일'이 '동맹을 통한 전 민족의 보다 나은 미래건설'[22]의 또 하나의 구체적인 목표로 제시되고 있는데 이는 포괄적 전략동맹이 '흡수통일'

며, 어떠한 도발, 불안정 사태 또는 침략에 대해서도 효과적으로 대응할 준비를 갖추고 있다"(2010년 10.8일 42차 SCM 공동성명 8항).

22) 셀리그 해리슨은 '자유민주주의와 시장경제 원칙에 입각한 평화적 통일'이 "(북한 처지에서 보자면) 직접적인 공격이다. 지난 2000년, 2007년 두 차례 남북정상회담에서 남북은 서로 다른 체제를 인정하는 형태의 통일을 약속했다. 그런데 이번 한미 정상회담 선언문(「한미동맹 공동비전」)은 이를 번복했다. 북한으로선 한미 정부의 목표가 다시 '흡수통일'로 돌아갔다고 이해하게 된다"(≪한겨레≫, 2009.7.27)고 썼다.

을 공동의 행동목표로 규정하고 있음을 말한다.

2010년 9월 SCM에서 채택된 '한미 국방협력지침'은 "한미 국방부는 서로 어깨를 나란히 하면서, 어떠한 북한의 위협과 기타의 위협들을 억제 및 격퇴하고 민주적 가치와 시장경제에 기반을 둔 미래 한반도의 평화통일 을 보장할 수 있도록 강력한 연합 방위태세를 지속적으로 유지한다"고 해 자유민주주의체제로의 평화적 통일을 보장하는 것을 연합방위태세의 임무로 명시하고 있다.

구한미동맹도 통일문제에 대한 미국의 개입을 허용하고 있다. 1954년 한미합의 의사록을 보면 한국이 이행해야 할 정책사항 첫째가 "한국은 국제연합을 통한 가능한 노력을 포함하는 국토통일을 위한 노력에서 미국 과 협조한다"고 되어 있다. 이 점에서 포괄적 전략동맹은 우리의 민족자결 권을 부인하는 구한미동맹과 달라진 것이 없다.

그런데 한미합의 의사록은 '미국과 협조한다'라고 규정하고 있는 데 반해 「한미동맹 공동비전」은 '흡수통일'을 포괄적 전략동맹의 공동행동 목표로, 국방협력지침은 평화적 흡수통일의 보장을 연합방위태세의 의무 로 규정하고 있다. 아울러 「한미동맹 공동비전」에서는 통일이 '우리가 미 국과 협조할' 사항에서 '미국이 한국과 공동으로 수행해야 할 의무와 책임, 권리'로 규정됨으로써 우리의 민족자결권이 더욱 심하게 훼손되고 있다.

그리고 한미연합방위태세의 임무로 평화적 흡수통일 보장을 든 것은 '평화적' 흡수통일에 대한 북의 군사적 반발이 있을 경우 이를 군사력으로 제어하거나 아니면 아예 군사적 반발의 엄두를 내지 못하게 함으로써 결과적으로 평화적 흡수통일을 보장한다는 의미로 여겨지는 부분이다. 평화적 흡수통일을 유도해 내기 위한 한미연합군의 군사적 역할이 공식적 이고 명시적으로 규정된 문건은 이것이 처음이다. 흡수통일을 위한 한미 연합군의 역할이 비공개적이고 비공식적으로 제기된 이전과 달리 이번에는 아예 한미 간의 공식합의문서로 규정된 것으로 이는 한미동맹이 더욱 도발적이고 공격적으로 변해가고 있음을 말해준다.

「한미동맹 공동비전」은 '북한 인민의 근본적인 인권 존중을 위한 공동 노력'을 선언하고 있다. 이는 인권 보호를 명분으로 주권국가에 대해 무력 개입(강제력 행사)을 정당화하는 이른바 인도주의적 개입23)의 가능성을 열어놓은 것이다. 국제법은 주권국가에 대한 내정간섭과 무력사용을 금지 하고 있는데 인도주의적 개입은 미국이 이런 국제법 위반의 시비를 묵살하 고 적대국에 대한 무력개입을 단행해 그 나라의 체제(정권)를 전복하기 위해 냉전 종식 이후 들고 나온 신개입주의(신침략주의)이다. 1997년 코소 보개입이나 1999년 유고공습이 그 예다.

인권존중을 위한 대북개입을 표방하는 '포괄적 전략동맹'은 이 점에서 미국의 신개입주의전략의 도구로서 기능하고 있다.

이명박 정권은 인권외교, 가치외교를 내세우면서 북한 인권문제에 대한 간섭을 당연시하고 북한의 인권문제에 대해서 유엔총회의 발기자로 되어 미국과 보조를 같이하고, 대북지원을 인권과 연계시키는 등 인권을 대북 압박정책의 주요수단의 하나로 간주하고 있다.

「한미동맹 공동비전」은 또한 한국에 대한 미국의 확장억제 제공을 명시 하는 가운데 "북의 핵무기와 현존 핵프로그램 및 탄도미사일의 완전하고 검증 가능한 폐기"(「한미동맹 공동비전」)를 행동목표로 제시하고 있다. 확장 억제 제공의 명시는 한미동맹이 북을 선제 핵공격 대상으로 여기고 있음을

---

23) '인도주의적 개입(humanitarian intervention)'은 "대규모의 인권 침해로부터 주민
   을 보호하기 위해 어느 국가의 내정에 무력으로 개입하는 것을 뜻한다. 이는 강압을
   수반하지 않고 또 해당 국가의 동의에 의거하는 인도적 지원(humanitarian assis-
   tance)과는 구별된다"(Evans and Newnham, 1998: 231).

말해준다. 이는 이전의 한미동맹과 별 차이가 없다. 북 핵·미사일의 완전하고 검증가능한 폐기를 「한미동맹 공동비전」으로 제시한 것은 부시 정권의 대북 패권정책을 그대로 이어받은 것으로 대화를 통해 북핵문제를 평화적으로 해결하기로 한 6자회담 합의를 정면으로 위배한 것이다.

(2) 대중국 견제와 봉쇄에 시동을 건 '포괄적 전략동맹'

포괄적 전략동맹(「한미동맹 공동비전」)은 지역 차원의 공동행동 목표로서 '개방사회와 개방경제에 대한 신념'[24]을 바탕으로 "인권, 민주주의, 자유시장, 무역 및 투자자유화를 아시아태평양지역에서 증진"하는 것을 들고 있다.

아시아태평양지역의 '인권, 민주주의, 자유시장, 무역 및 투자자유화'의 증진을 포괄적 전략동맹의 행동목표로 한다는 것은 자주적이고 독자적인 정치경제체제를 지향하는 아시아태평양지역 나라들을 견제하고 이들 나라의 체제를 미국식 가치로 바꿔나가겠다는 것으로 이는 포괄적 전략동맹이 지역적 범주에서 미국적 가치의 실현을 목적으로 하는 동맹임을 말해준다. 이 점에서 본다면 포괄적 전략동맹의 최우선적인 표적은 중국과 북한이 될 것이다.

또 아태지역의 안보를 증진하는 방안으로 포괄적 전략동맹은 "역내 국가들 사이의 안보문제에 관한 상호이해와 신뢰 및 투명성[25]을 높이기

---

24) "개방사회와 개방경제가 번영을 창출하고 인간의 존엄을 지지한다"(「한미동맹 공동비전」)는 신념을 가리킨다.

25) 이 문구는 '동북아 국가 간에 대화를 통한 상호이해·신뢰·협력 증진(to enhance mutual understanding, confidence, and cooperation among countries in Northeast Asia through dialogue)'을 회의목적으로 표방한 동북아시아협력대화(NEACD)의

위한 역내협력노력에 대한 지지와 참여"를 제시하고 있다.

그런데 '상호이해와 신뢰,[26] 투명성'은 잠재적 불안정 요인을 안고 있거나 적대하는 국가들(국가집단) 사이에서 상대 의도에 대해 갖는 위협인식을 불식시키고 상대를 안심시키기 위한 목적에서 추구된다. 아시아태평양지역에서 미국이 생각하는 상호이해와 신뢰, 투명성의 최우선적인 대상은 중국일 것이다.

「한미동맹 공동비전」은 직접 중국을 지칭하는 것을 피하고 있지만 '투명성의 증대를 위한 역내 협력노력에 대한 참여와 지지' 등의 우회적 표현을 통해서 중국의 군사력에 대한 견제를 목표로 추구하고 있다고 볼 수 있다.

미국은 중국의 군사비나 군사전략이 불확실하고 불투명하다면서 이를 중국위협론의 중요한 근거로 제시하고 대중국 군사적 봉쇄를 강행하고 있다. 미국은 '2009년 중국 군사력 연례보고서'에서 "중국이 증강된 군사력을 어떻게 사용할지 불확실성이 커지고 있다"면서 "잠재적으로 오해와 오판의 가능성을 크게 해 국제질서의 안정을 위협하는 요소가 되고 있다" (≪경향신문≫, 2009.3.27)고 주장했고 중국의 국방관련 예산과 정책에 대해서도 그 투명성을 문제 삼고 있다. 이어 2010년 8월 미 국방부가 의회에 제출한 '중국의 군사·안보 발전'이란 제목의 「중국 군사력 연례평가보고

문구를 차용한 것으로 보인다. 「공동비전」에서는 '협력' 대신 '투명성'이 쓰이고 있다.

26) "신뢰는, 규범만큼 강한 규제력을 가진 것은 아니지만 한번 신뢰관계가 형성되면 상대의 기대를 배신하는 행위를 억지한다. 그로써 상대의 행위가 예측 가능하게 된다. 행위자는 상대의 행동을 예측할 수 있을 만큼 충분한 정보를 갖고 있지 않기 때문에 신뢰가 필요하다. 신뢰는 현재 가진 정보를 최대한 이용함으로써 상대의 행동을 예기 가능하게 한다"(猪口孝, 2000: 539).

서」역시 "중국의 군사·안보문제에 대한 제한적 불투명성이 불확실성을 증폭시키고 오해와 오판을 불러일으킬 잠재력이 있다"고 주장함으로써 중국을 세계안보의 위협요인으로 규정하는 가운데 "중국 인민해방군의 역할과 임무가 중국의 영토적 이익을 넘어서고 있다"거나 "대만과의 관계 개선에도 불구하고 중국이 해협을 겨냥한 군사력 증강을 줄이지 않아 양안의 군사적 균형이 중국 우위로 계속 기울고 있다"고 기술함으로써 중국의 군사적 패권주의를 기정사실화하고 있다.

한편「한미동맹 공동비전」과「한미상호방위조약」의 추진을 위한 국방 분야 지침문서로 2010년 9월 SCM에서 공식 채택된「한미 국방협력지침」 은 '지역 및 범세계적 안보 도전'과 관련해 "PSI와 UN안보리 결의안 이행을 포함한 정부 간, 정부 내의 광범한 노력에의 적극적 참가를 통해 WMD, 관련 물질 및 기술, 투발수단의 확산방지를 지원"하는 것, "양자· 삼자·다자간 국방협력을 강화"하는 것 등을 들고 있다.

미국이 주도하는 PSI에 대해서 북은 물론이고 중국도 이것이 자신을 겨냥하고 있다는 의구심을 버리지 않고 있다. 또 국방협력지침에서 삼자 및 다자간 국방협력 강화가 명기됨으로써 한일 및 한·미·일 간 군사적 협력(제휴 또는 동맹), 나아가서는 한, 미, 일, 호주 등을 포함한 동아시아 및 태평양지역에서의 더욱 광범한 공동의 군사적 활동을 추구한다는 것이 천명되고 있다. 이 역시 대북 및 대중국 군사적 포위를 염두에 둔 것이라 하지 않을 수 없다.

특히 국방협력지침에서 주목되는 부분의 하나는 북의 '불안정 사태'에 대한 여러 대응 시나리오의 하나로서 중국이 개입하는 상황에 대한 군사적 대비책을 한미연합군의 공식적인 활동으로 준비하고 또 태세를 갖출 것을 지시하고 있다는 의구심이다.

42차 SCM에서 '북의 불안정 사태'가 처음으로 '위협'으로 명시되었다.

같은 회의에서 함께 채택된 한미 국방협력지침은 '지침의 목적'에서 「한미동맹 공동비전」과 「한미상호방위조약」에 기반을 두고 있고 이를 추진하기 위한 지침임을 밝히고 있다. 사실 「한미동맹 공동비전」과 「한미상호방위조약」이 서로 모순되는 부분들을 포함하고 있음에도 국방협력지침이 굳이 「한미상호방위조약」에 근거하고 있다고 밝힌 것은 중국이 북에 개입하는 상황까지를 염두에 두고 있기 때문이라 생각된다. 국방협력지침은 '한미동맹 강화'라는 항목에서 "한미 국방부는 조약상 의무의 모든 범위(full scope)와 한계(정도)를 재확인한다"라고 밝히고 있다. '모든 범위와 한계'라는 표현에는 중국이 북을 군사적으로 지원하는 상황까지를 포함하고 있다고 할 수 있다.

미 국방부의 2010년 「중국 군사력 연례평가보고서」는 "중국의 해외자원접근과 운송기회를 가시적으로 위협하는 상황이나 한반도의 혼란으로 역내 안보역학이 바뀔 경우 중국이 군사적 전개나 배치상황을 변화시킬 수 있다"며 한반도 유사시 중국의 군대이동가능성을 정부보고서로는 처음으로 언급했다(≪한겨레≫, 2010.8.19).

이런 맥락에서 보면 한미국방협력지침에서 "한미 국방부는 어떠한 북한의 위협과 **기타의 위협들**을 억제 및 격퇴하고 민주적 가치와 시장경제에 기반을 둔 미래 한반도의 평화통일을 보장할 수 있도록 강력한 연합방위태세를 지속적으로 유지한다"고 해 '기타의 위협들'을 거론한 것, "명확한 전략지침 제공을 통해 한미군이 직면할 수 있는 **다양한 시나리오와 우발상황**에 대한 작전계획 발전능력을 강화한다"고 한 것, "동맹이 직면하고 있는, 현재 새롭게 대두되는 안보 도전들에 적합한 **맞춤식 연합연습 프로그램**을 발전시키며 필요시 유엔사와 전력을 제공하는 국가들을 연합연습에 참여시킨다"고 한 것 등은 중국이 북한의 급변사태에 개입하는 상황까지를 포괄하는 것으로 여겨진다.

중국은 '21세기 한미전략동맹' 또는 '공동의 가치에 기반한 포괄적 전략동맹'에 대해서 자신을 포위하기 위한 것이라는 시각을 숨기지 않고 있으며 노골적으로 한미동맹의 해체를 강력히 요구하고 있다.

2008년 5월 27일 이명박 대통령의 방중 때 친강 대변인은 "냉전 시대의 군사동맹으로 세계와 각 지역에 닥친 안보문제를 대하고 다루고 처리할 수 없다"면서 "한미 군사동맹은 역사적 산물"(《연합뉴스》, 2008.5.29)이라는 입장을 공식 표명했다. 이 발언은 중국이 '21세기 전략동맹'에 대해서 이를 중국 포위를 위한 것으로 경계하며[27] 한미동맹의 폐기를 강력히 요구한 것이다. 친강 대변인의 발언이 있던 날 중국 공산당 상하이시위원회 기관지인 《지에팡르바오》에 실린 한 평론은 "이명박 대통령이 '가치동맹' 등의 주장으로 미국의 네오콘과 일본의 우익세력을 기쁘게 하고 한·미·일의 연합안보체제 구축을 추구하며 지역정세를 불안하게 만드는 것에 대한 우려가 존재하며, 그 우려가 근거가 없는 것은 아니다"라고 지적했다(《국민일보 쿠키뉴스》, 2008.5.29).

스융밍 중국 외교부산하 국제문제연구소 연구위원은 "한미동맹이나 미일동맹이 한국과 일본 두 나라의 안보를 지키기 위해서가 아니라 이 지역과 세계에 대한 통제권을 유지하기 위한 도구라면 심각한 문제를 야기한다"[28]고 하면서 한미동맹이 한국방어를 넘어서 패권주의 실현도구의 성격을 띠어가는 데 대한 경계감을 내보이고 있다. 그런가 하면 「한미동맹 공동비전」이 발표되던 날(2009.6.16) 《환추왕(環球網)》(중국의 국제뉴스

---

27) 지난해(2008년) 5월 친강 중국 외교부 대변인은 한중정상회담을 앞두고 '한미군사 동맹은 냉전의 유물'이라며 한국과 미국이 추구하려는 '가치동맹'이 뭘 겨냥하는 것인지 의문을 제기했다(《한겨레》, 2009.6.17).

28) "오바마 시대 한반도 정세(좌담 기사)", 《한겨레》, 2008.11.23.

전문 사이트) 논단에 실린 '미국의 북 핵실험에 대한 압박은 중국을 포위하기 위한 것'이라는 제목의 평론은 "미국과 이명박 정부가 조선반도를 전쟁으로 몰아가고 있다"라고 씀으로써 한미의 가치동맹(전략동맹)을 곧 자신들에 대한 적대선언으로 간주하는 중국인들의 시각을 보여주고 있다. 이희옥도 "한미동맹에 '21세기', '전략동맹', '가치동맹'이란 말이 들어가면서 한미동맹을 (한국과 미국 사이의) 내부의 문제라고 보던 중국의 시각이 변하고 있다"[29]라며 한미동맹 강화의 목적을 중국 포위로 보는 중국의 시각을 전하고 있다. 김흥규도 "중국은 이미 이명박 정부가 제시하는 '가치'에 입각한 외교가 중국을 겨냥한 '한·미·일 군사동맹', 혹은 호주와 뉴질랜드를 포함한 '동아시아판 나토체제'를 형성하려는 노력이 아닌가 하는 우려의 눈으로 바라보고 있다"[30]고 지적했다.

천안함 사건 이후 엄청난 해공군력을 동원한 한미연합군의 서해 및 동해 해상훈련은 그것이 북 위협을 빌미로 하지만 사실상 중국에 대한 군사적 압박과 봉쇄의 의미도 갖고 있다는 점에서 포괄적 전략동맹의 창끝이 점차 중국 쪽으로 돌려지고 있음을 보게 된다.

(3) 세계규모 동맹의 대미 종속성

미국은 냉전 종식 이후 21세기 들어 테러리즘이나 대량파괴무기 확산, 인권침해 등을 미국의 세계패권질서에 대한 새로운 위협으로 보면서 테러 및 WMD 위협 제거를 국가안보정책의 최우선 목표로 정하고 필요 시

---

29) "오바마의 '변화', 우리에겐 '변화 없음'으로 보인다·오바마의 동북아 정책을 바라보는 중국의 시선", 《오마이뉴스》, 2008.11.20.

30) "방중, 실용외교의 시험대"(시론), 《조선일보》, 2008.5.26.

단독행동 및 선제공격 불사, 동맹 강화(나토, 미일동맹, 한미동맹 등을 세계적 규모의 동맹으로의 변환시키는 것 등) 등의 국가안보전략 기조를 채택하고 있다(미 백악관, 2002 참조).

"미국은 모든 나라 및 모든 문화를 상대로 그 내부의 민주화 운동과 민주적 제도를 추구하고 지원해 궁극적으로는 전 세계에서 폭정을 종식시키는 것을 국가정책으로 한다. …… 우리 통치술의 목표는 민주적이고 선정을 베푸는 국가들 - 그들 국민들의 요구를 만족시키고 국제체계에서 스스로 책임 있게 행동할 수 있는 국가들 - 로 이루어진 세계를 만들어내는 데 기여하는 것이다"(The White House, 2006.3.16: 1). 미국은 이런 국가목표를 달성하기 위한 국가안보전략으로 '인간존엄 추구의 옹호', '반테러 동맹강화 및 미국·우방국에 대한 공격저지', '대량살상무기 위협으로부터 미국 및 동맹국·우방국의 보호', '자유시장과 자유무역을 통한 새로운 세계경제성장 시대의 개막' 등을 국가안보전략으로 제시하고 있다(The White House, 2006.3.16: 1).

「한미동맹 공동비전」을 보면 포괄적 전략동맹의 세계적인 공동행동 과제로 '테러리즘, 대량파괴무기(WMD) 확산, 해적, 조직범죄와 마약, 기후변화, 빈곤, 인권 침해, 에너지 안보와 전염병' 등의 '범세계적 도전'이 열거되고 있다. 평화유지, 전후 안정화, 개발원조 등도 한미동맹이 공조를 강화해야 할 사안으로 규정되고 있다.

그런데 테러리즘이나 대량파괴무기 확산, 평화유지, 조직범죄, 인권침해 등은 미국이 세계패권질서 구축에 방해되는 세력을 제압하기 위한 명분으로 이용하는 문제들이거나 아니면 에너지 안보와 대량파괴무기 확산, 기후변화 등처럼 미국의 세계패권질서 유지에 깊은 이해관계가 달려 있는 문제들이다.

위의 '범세계적 도전들'은 외부의 공격으로부터 우리나라의 주권과 영토 안전을 지키는 우리 한국의 국가안보와는 직접적으로 연관이 없다. 또 '범세계적 도전들'은 미국이 세계패권을 추구하지 않는다면 미국 자신의 안보를 위협하지 않는 문제들이다.

4. 한미 '전략동맹'을 추구하는 이명박 정권의 동인

1) 공세적·대외지향적·대미종속적 국가비전과 국가안보목표[31]

(1) 이명박 정권의 국가비전(국가목표)

이명박 정권은 장기적 국가목표로서의 '국가비전'→임기 중 실현할 '국정목표'(단기적 국가목표) → 국정목표를 이루기 위한 부문별 준거로서 '5대 국정지표' → 20대 국정전략 → 100대 국정과제를 차례로 제시하고 있다.[32]

'선진화[33]를 통한 세계일류국가 건설'[34]을 국가비전으로 정한 이명박

---

31) '국익 및 국가목표'와 '국가전략', '군사전략'의 위계구조를 보면 가장 상위에 국가이익 및 국가목표가 있고 그 밑에 국가전략이 있으며 그 아래에 군사전략, 외교전략 등의 요소(부문) 전략이 있다. 또 국가목표에는 국가안보목표가 포함되어 있으며 국가안보목표를 실현하기 위한 방도로서 국가안보전략이 있다.

32) 청와대, 보도자료, 2008.10.7(이날 국무회의는 2008년 2월 5일 대통령직 인수위가 발표한 이명박 정부의 5대 국정지표 192개 국정과제를 수정보완한 100대 국정과제를 의결했다) 청와대 홈페이지 http://www.president.go.kr/kr/policy/principal.php 참조.

33) 이명박 정권은 한국역사가 건국 → 산업화 → 민주화 단계를 밟아왔다고 하면서 이제 '선진화' 단계로 나갈 때라고 본다. 선진화는 '세계화', '지식정보화', '지구적

정권은 선진일류국가가 "경제의 선진화, 삶의 질의 선진화, 국제규범의 능동적 수용과 창출 등을 통해 세계에서 인정받는 고품격 국가(를) 지향"한 다고 말한다.

5대 국정지표는 '섬기는 정부', '활기찬 시장경제', '능동적 복지', '인재 대국', '성숙한 세계국가'이며 이 중 **성숙한 세계국가(글로벌코리아)**는 "국 가안보분야에서 정부가 지향하는 비전"으로 설정되어 있다. **성숙한 세계 국가(글로벌코리아)**는 "북핵 중심, 한반도 중심의 외교안보전략을 벗어나 경제, 문화, 환경 등 다양한 글로벌 이슈까지 포함해 전 세계 국가들과 교류협력하는 **적극적·개방적 대외전략을 추진해** 세계평화와 공동발전에 기여한다는 개념이다"(국방부, 2008: 39)[35]라고 설명하고 있다.

'선진일류국가'를 국가비전으로, '성숙한 세계국가'를 국가안보비전으 로 삼는 것은 이명박 정권이 강한 강대국 지향성을 갖고 있음을 보여준다. 그런데 '선진화'니 '일류'니 하는 기준은 세계최대의 경제대국으로서 국 제경제질서를 지배하는 나라가 미국이라는 점에서 곧 미국의 제도와 가치 를 뜻한다.

글로벌 코리아를 상징하는 사업으로는 2010년 11월 한국이 서울에서

문제의 부각'과 '인간 중심의 보편적 가치의 부상', '미국의 군사변환과 중국의 부상'이라고 하는 세계사적 변화에 대응하는 발전단계로 설정되고 있다.

34) 세계일류국가는 "일류의 시민의식과 문화, 일류의 과학기술과 산업을 통해 경제발 전과 사회통합이 실현되는 나라이다. 구체적으로는 대다수 국민이 잘사는 나라, 차가운 시장경제를 녹여줄 따뜻한 사회, 고품격의 소프트파워가 강한 나라를 의미 한다"(국방부, 2008: 34)고 되어 있다.

35) '성숙한 세계국가' 건설을 위한 4대 국정전략(외교안보전략)으로는 '한반도의 새로 운 평화구조 창출', '국익을 우선하면서 세계에 기여하는 실용외교 수행', '굳건한 선진안보체제 구축', '품격 있고 존중받는 국가 건설'을 제시하고 있다.

주최한 G20 정상회의를 들 수 있다. 또 2012년 제2차 핵안보정상회의 한국개최결정도 그런 사례에 해당한다. 그런데 한국이 G20 정상회의의 회원자격을 얻는 데서나 한국이 2010년 G20회의 개최지로 결정된 것, 또 2012년 제2차 핵안보정상회의 개최지가 된 것은 모두 미국의 도움이 있었기 때문에 가능한 것이었다. 세계적 사안에 대한 적극적·개방적 개입을 통해 세계평화와 공동발전에 기여한다는 '성숙한 세계국가'라는 것이 미국 지배의 국제안보질서나 우리나라의 대미 종속적 지위를 감안할 때 미국 지배의 현 세계질서에 적극적으로 협력하고 이를 통해 국제적 발언권이 강화된 나라를 의미한다고 할 수 있다. 이 점에서 '글로벌 코리아'가 대미 종속의 심화와 우리의 자주성의 심대한 훼손으로 이어지게 되리라는 것은 불 보듯 뻔하다.

(2) 이명박 정권의 국가안보목표

국가안보목표는 다음 세 가지로 제시된다. 첫째, 한반도의 안정과 평화유지, 둘째, 국민안전보장 및 국가번영기반 구축, 셋째, 국제적 역량 및 위상 제고가 그것이다.

첫째 목표는 '우리의 방위역량과 한미동맹을 바탕으로 한반도의 안정을 유지하고, 남북 간 교류협력과 주변국과의 다양한 협력을 통해 한반도의 평화를 보장'한다는 것이다. 그런데 '한반도의 안정과 평화 유지'라는 안보목표를 이루기 위한 국가안보전략 기조(바로 뒤에서 살펴본다)의 하나로 '새로운 평화구조(를) 창출'이 제시되고 있다. 그런데 이 '새로운 평화구조 창출'을 이루기 위한 국정과제로는 평화협정체결을 통한 전쟁상태의 종식과 평화상태의 회복, 평화군축, 미국의 대북 적대정책 해소, 남북 불가침과 평화공존과 평화통일이 제시되는 것이 아니라 '북핵 폐기'나 '북한 체제

개방', '한미전략동맹', '인도적 문제 해결' 등이 제시되고 있는바 이는 미국이 그동안 추진해온 대북 적대정책의 답습이다. 결국 한반도의 안정과 평화유지에 대한 이명박 정부의 국가안보목표란 대북 압박을 통한 북 체제의 변화 유도라고 할 수 있다.

두 번째 안보목표인 '국민안전 보장과 국가번영기반 구축'은 '**다양한 안보위협**'으로부터 국민생활의 안전을 지키고, 동시에 '국가번영의 기반이 되는 경제·사회적 안전'을 확보하는 것으로 설명하고 있다.

세 번째 국제적 역량 및 위상 제고는 "세계 평화, **자유민주주의**와 공동번영에 적극적으로 기여하고, 국제사회와 협력을 강화해 **연성강국**[36]으로 도약하는 것"을 말한다고 설명하고 있다(국방부, 2008: 35).

세 번째 목표인 '연성강국 도약'은 국가안보목표의 공세적·대외지향적·친미적 성격을 잘 보여준다.

연성권력[37]이란 특히 냉전이 해체되면서 강권(군사력과 경제력) 이른바 '경성권력'에 의존한 세계지배가 제3세계 민중들의 거센 저항에 직면하는 상황에서 미국적 가치와 문화('연성권력')를 활용해 미국의 세계패권활동을 저항을 덜 받으면서 부드럽게 추진해야 한다는 것을 강조하기 위해 만들어낸 개념이다(한국정치학회 엮음, 2008: 228 참조). 미국이 세계패권국

---

36) "강한 국력을 바탕으로 경제력과 문화력을 겸비한 세계일류 선진국으로서, 한반도 및 동아시아의 안정과 세계평화에 적극 기여하는 부드럽고 강한 나라"(국방부, 2008: 35)를 가리킨다.

37) 조지프 나이(Joseph S. Nye)가 처음 이 개념을 사용했는데, 연성권력이란 군사력이나 경제제재 등 물리적으로 표현되는 힘인 경성권력과 달리, 미국적 가치와 삶의 질, 그리고 자유시장경제의 흡인력으로 미국이 원하는 것을 얻을 수 있는 능력을 의미한다. 나이는 경성권력만으로는 미국의 이익을 실현하기에 부족하기 때문에 미국적 가치와 문화를 활용해야 한다고 말한다.

가로서의 위태로운 지위를 안정적으로 유지하기 위한 방법론으로서 제기된 경성권력(강권)과 연성권력(자발적 동의)의 논리를 그대로 차용한 것이 바로 '연성강국'이다. '연성강국'은 우리나라 국민들의 차별 없는 균등한 삶 또 주변국과의 평화공존과 공동번영을 추구하는 국가상이 아니라 외형적 국력의 크기와 주변국과의 경쟁을 절대적으로 강조하는 국가상이다.

또 '연성강국'은 세계평화, 자유민주주의와 공동번영에 적극적으로 기여하고 국제사회와의 협력을 강화해 이루는 것으로 되어 있다. 이는 미국 지배의 현 세계질서에 적극적으로 협력하고 이를 통해서 한국의 국제적 위상을 높이는 것으로 연성강국이 곧 미국의 세계패권질서의 충실한 협력자에 지나지 않는다는 것을 의미한다.

2) 국가안보목표 달성의 핵심적 수단으로서의 '한미전략동맹'

국가안보목표는 다음과 같은 세 가지 국가안보전략(국가안보목표 달성 방법 또는 수단) 기조, 즉 첫째, **새로운 평화구조 창출**, 둘째, **실용적 외교 및 능동적 개방 추진**, 셋째, **세계로 나가는 선진안보추구**(국방부, 2008: 35 참조)를 통해서 달성된다고 한다.

첫째 '새로운 평화구조 창출'은 그 의미가 '남북관계를 상호이익이 되는 방향에서 미래지향적으로 발전시키는 것', '공통의 가치와 이익 및 신뢰를 바탕으로 한반도의 평화정착과 지역안정 및 세계평화에 기여하는 21세기 **한미전략동맹을 추진하는 것**', '주변국들과의 긴밀한 협력관계를 구축하는 것'으로 설명되어 있다.

이 새로운 평화구조 창출을 위한 국정과제로 북핵폐기 추진, 비핵·개방·3000구상 추진, 한미관계의 창조적 발전, 남북 간 인도적 문제 해결, 신아시아 외교협력추진이 제시되고 있는 데서 알 수 있듯이 '새로운 평화구조'라는 것은 새로운 것이 아니라 대북압박을 통한 북 체제변화에 지나지 않는다. 그렇기에 '새로운 평화구조 창출'에서 핵심적인 위치를 차지하는 것이 '한미전략동맹 추진'일 수밖에 없다.

남북관계를 상호이익이 되는 방향에서 발전시킨다는 것은 결국 북쪽이 남쪽의 요구를 수용하는 한도 내에서만 남북관계 발전에 응하겠다는 소극적이고 고압적인 사고의 발상으로 남북관계를 민족 내부의 관계로 보지 않고 수많은 거래대상 가운데 하나 또는 변화시켜야 할 대상으로 여긴다는 것을 말한다.

반면 한미관계는 공동의 가치와 이익 및 신뢰를 바탕으로 하는 관계이기 때문에 남북관계에 대해 절대적으로 우선하는 것으로 그 위상이 설정되어 있다.

더욱이 한미전략동맹은 체제가 다른 북 및 중국을 (잠재적) 적으로 간주하기 때문에 남북관계 발전이나 주변국과의 긴밀한 협력관계 구축은 이러한 한미전략동맹의 틀 속에서만 허용될 수 있을 것이고 따라서 남북관계든 주변국과의 협력관계든 실질적으로는 근본적인 진전을 기대할 수 없을 것이며 도리어 악화를 피할 수 없게 될 것이다.

이명박 대통령은 2008년 5월 중국과의 정상회담에서 한중관계를 '전략적 협력 동반자관계'로 격상하기로 합의했는데, 이는 한미전략동맹과 충돌한다. 따라서 새로운 평화구조 창출은 한미전략동맹이 추구하는 평화구조일 뿐이거나 아니면 자체 모순으로 실천이 불가능한 목표이다. 새로운 평화구조 창출은 한미전략동맹 추진을 핵심적인 내용으로 함으로써 한반도와 동북아시아지역에서 미국의 패권이 더욱 보장되는 구조(질서)의 창출을 의미하는 데 지나지 않는다고 할 수 있다.

둘째 '실용적 외교' 및 '능동적 개방 추진'이라는 안보전략기조는 그 내용이 '경제 살리기에 기여하는 실리외교'와 '경제성장기반을 확보하기 위한 에너지외교 강화', '경제규모와 외교역량에 상응하는 국제협력과 기여외교 적극 추진'으로 되어 있다.

'실용외교'와 '능동적 개방'을 내세운 외교안보전략 기조는 미국과의 관계를 가장 중시하는 국가안보전략에 규정되는 것이어서 실용외교는 친미외교에 자리를 내주었고 '능동적 개방'은 미국과의 경제통합으로 나타나고 있다.

셋째 '세계로 나가는 선진안보 추구'는 그 내용이 "안보환경 변화와 미래전에 능동적으로 대응할 수 있는 군사능력을 갖추고, 선진 국방운영체제를 구축하며, 다양한 안보위협에 대응할 수 있도록 **포괄안보** 분야에서의 역량을 구비하며, 국제평화유지와 재건활동에 적극 참여하는" 것으로 되어 있다.

'세계로 나가는 선진안보 추구'라는 안보전략 기조 자체가 벌써 안보의 지리적 범위를 한국 영역에서 전 세계로 확장하는 것이라는 점에서 기본적으로 미국의 요구를 반영하는 것이다. 그리고 그 구체적인 방법으로 제시되고 있는 '안보환경 변화와 미래전 대비 군사능력 구비'나 '국제평화유지와 재건활동 참여'는 말할 것도 없고 '포괄안보 역량 구비'는 모두 미국과의 군사적 협력, 미국과의 공동군사작전을 위한 군사능력과 군사태세를 갖추겠다는 것을 말한다.

선진 국방운영체제[38] 구축의 내용을 이루는 '국방자원관리의 선진화'

---

38) 국방부는 '선진 국방운영체제 구축'에 대해서 "군복을 입은 군인은 오직 전투임무에 전념할 수 있도록 비전투 관리분야의 중앙집권적 지원역량을 강화하고 국방조직과 경영의 효율화 달성은 물론, 방위산업과 국방예산의 국가경제에 대한 순기능적 요소를 극대화"하는 것이라고 설명하면서 다음 세 가지, 즉 '국방자원관리의 선진화', '국방부문의 국가경제 성장 동력화', '미래를 대비하는 국방정보화 추진'을 과제로 제시하고 있다(국방부, 2008: 40 참조).

나 '미래를 대비하는 국방정보화 추진', '국방부문의 국가경제성장 동력화'는 그 어느 것이나 미국과 연계해, 미국의 기술과 표준에 의존해서, 한미연합방위체제의 틀 속에서 추진되고 있다.

그런가 하면 비전통적·초국가적·비군사적 위협 등의 '다양한 안보위협'[39])에 대해서 국방부는 "초국가적·비군사적 위협은 단일국가만의 단독대응으로는 한계가 있어 동맹국·우호국을 비롯한 국제사회와의 협력이 강조되고 있다"(국방부, 2008: 10)고 씀으로써 한국 단독으로 대응할 수 있는 것이 아님을 밝히고 있다. 이는 포괄안보 역량을 갖추기 위해서는 미국과의 협력이 필수적임을 표현하고 있는 것이다.

국가비전이나 국가안보목표가 대외지향적이고 공세적이며 친미적으로 설정되고 있는 가운데 국가안보전략 기조 또한 미국과의 군사적 협력을 적극적으로 천명하고 불가결한 것으로 여기고 있다는 점에서 한미전략동맹이 국가안보목표의 핵심적인 달성수단(국가전략)으로 규정되고 있다고 할 수 있다.

한미전략동맹을 국가안보목표 달성의 핵심적인 수단으로 삼고 있다는 것은 우리 국민의 힘과 지혜를 불신하고 맹목적으로 강대국에 대한 의존을 추구하는 뿌리 깊은 사대주의적 사고에서 기인하는 것이지만 달리 보면 국가안보목표가 우리 자신의 힘으로는 달성할 수 없는, 즉 미국의 힘을 빌리지 않으면 달성할 수 없는 과도한 목표로 설정되었음을 자인하는 것이기도 하다. 이는 국가안보목표가 우리 자신의 요구와 이해관계, 우리나라의 국가적 능력 등에 의거해 설정된 것이 아니라 우리의 국가적 능력

---

39) '다양한 안보위협'이란 세계유일패권을 추구하는 미국 입장에서의 범세계적 위협인식이며 우리나라 안보에 대한 직접적인 위협과는 무관하다. 이 점에서 국가안보목표로서 잘못 설정된 것이며 국가안보목표의 대미 종속적 성격을 보여준다.

을 훨씬 뛰어넘어, 세계패권을 추구하는 미국의 요구를 의식해 무리하게 대외지향적으로, 공세적으로 설정된 것임을 뜻한다.

3) '포괄적 전략동맹'과 '포괄적·역동적·호혜적 동맹'의 차이점
– 국가안보전략 기조 및 한미동맹 위상의 차이

'포괄적·역동적·호혜적 동맹'과 '포괄적 전략동맹'은 공동가치의 증진을 표방한다거나 협력영역을 군사만이 아니라 경제 등으로 확장한다거나, 지리적 적용범위를 한반도 영역을 넘어 지역 및 세계로 확대한다는 점에서 보면 큰 차이는 없다. 이 점에서 두 경우 모두 조약상 방어동맹으로서의 성격을 띤 구(舊)한미동맹과 달리 기본적으로 공격동맹으로 그 성격이 바뀌었다고 할 수 있다.

신(新)한미동맹과 포괄적 전략동맹은 공통성과 함께 차이점도 명확히 갖고 있다. 이명박 정권과 노무현 정권은 우리나라의 국가(안보)목표를 다르게 설정하는 가운데 국가안보목표를 달성하는 수단으로서 한미동맹에 대해서 그 지위를 각기 다르게 부여한다는 점에서 결정적인 차이를 드러낸다.

노무현 정권 때는 국가이익을 '국가안전보장', '자유민주주의와 인권신장', '경제발전과 복리증진', '평화적 통일', '세계평화와 인류공영에 기여' 등 다섯 가지로 설정했다. 그와 함께 국가안보목표로는 첫째 '한반도의 평화와 안정'(대화를 통한 북핵 문제 해결과 한반도 평화체제 구축), 둘째 '남북한과 동북아의 공동번영', 셋째 '국민생활의 안전 확보'(전통적인 외부 군사적 위협 및 다양한 비군사적 위협으로부터의 국민생활 안전 보장)가 설정됐다(청와대 NSC, 2004.4.1: 20~22 참조).

또 노무현 정권은 국가안보전략 기조로 **남북한 공동번영 추구 및 동북아**

공존·공영토대 마련, 균형적 실용외교 추구,[40] 한미동맹과 자주국방의 병행추진, 포괄적 안보지향을 설정했다(국방부, 2006: 28).

즉 노무현 정권은 국가안보목표를 달성하기 위한 수단으로 '균형적 실용외교'와 '한미동맹'을 나란히 열거한다거나 한미동맹과 자주국방의 병행추진방침을 천명함으로써 '한미동맹'을 유일하거나 절대적인 수단으로는 간주하고 있지 않다.

이명박 정권은 '선진화를 통한 세계일류국가'를 국가비전(장기적 국가목표)으로, '성숙한 세계국가'(글로벌 코리아)를 안보분야의 국가비전으로, '연성강국으로의 도약'을 국가안보목표로, '21세기 한미전략동맹'과 '세계로 나가는 선진안보 추구'를 국가안보전략의 중심기조로 삼고 있다. 이명박 정권의 국가안보목표에서는 '한반도 평화체제 구축'에 대한 언급이 빠졌으며 또 '남북한과 동북아의 공동번영'이 국가안보목표에서 아예 제외되고 대신 '세계 평화와 자유민주주의, 공동번영에 적극 기여해 국제적 위상을 제고하는' 것이 목표로 들어갔다.

이명박 정권의 국가안보목표는 노무현 정권과 비교해 한반도와 동북아시아에 대한 패권을 추구하는 미국의 국가안보목표에 더욱 충실하게 바뀌었다.

노무현 정권 때는 '포괄적·역동적 동맹'을 표방하면서도 한국의 독자적인 안보정책과 행동반경이 제한되나마 있었다. 노무현 대통령은 한반도 평화정착과 남북한 공동번영, 동북아시아 공존·공영을 원칙으로 하는 평화번영정책을 내걸고 이를 위해 남북화해와 북한 핵문제의 평화적·외교적

---

40) "균형적 실용외교란 대외관계에서 우리가 동시에 실현해나갈 대립되거나 상이한 목표와 요구 간의 균형을 취하고, 설정된 목표를 달성하기 위해 외교적 유연성을 발휘하는 것을 뜻한다"(청와대 NSC, 2004.4.1: 24).

해결, 한반도 평화체제 구축, 동북아시아 균형자론, 동북아시아 다자안보 협력 모색 등을 표방했으며 이에 대한 미국의 지지를 이끌어내기 위한 과정에서 미국과 대립, 갈등을 빚기도 했다.

그러나 이명박 정권은 '한미 간의 공통의 가치와 이익 및 신뢰를 바탕으로 한반도의 평화정착과 지역안정 및 세계평화에 기여하는' '21세기 전략동맹'을 국가안보전략으로 제시함으로써 북한 및 동북아시아 국가들과의 평화공존을 지향하는 평화번영정책을 폐기하고 한반도와 동북아시아지역 및 세계평화에 대한 미국의 패권적 안보전략을 우리의 안보전략으로 설정했다. 이로써 이명박 정권은 원천적으로 안보문제에서 한미 간의 갈등의 여지를 없애고자 했다. 아울러 이명박 정권은 한미전략동맹을 국가안보목표 달성의 핵심적인 수단으로 삼고 있음을 알 수 있다.

5. 이명박 정권의 국방목표[41]의 자기부정과 국방정책[42]의 대미 종속성 심화

이명박 정부는 국가안보 목표를 달성하기 위한 국방목표로 세 가지를 든다(국방부, 2008: 36).

첫째 국방목표는 "외부의 군사적 위협과 침략으로부터 국가를 보위"하는

---

41) 국가의 평화와 안전 그리고 독립을 위협하는 요소를 제반 군사적 활동을 통해 제거하고 예방함으로써 국가목표 달성에 기여하는 군사적 활동의 기본방향을 제시한 것을 말한다(합동참모본부, 2006).

42) 국가안전보장정책의 일부로서 외부로부터의 위협이나 침략에 대해 국가의 생존을 보호하기 위해 군사, 비군사에 걸쳐 각종 수단을 유지, 조성 및 운용하는 정책(합동참모본부, 2006).

것, 둘째 목표는 "평화통일을 뒷받침한다"는 것, 셋째 목표는 "지역의 안정과 세계평화에 기여한다"는 것이다. 이런 국방목표는 노무현 정권 때와 차이가 없다. 그러나 좀 더 세부적으로 들어가면 상당한 차이가 발견된다.

국방부는 국방목표를 달성하기 위한 수단으로서의 국방정책의 기조를 '포괄안보를 구현하는 국방태세 확립', '한미 군사동맹의 창조적 발전', '선진 방위역량 강화',[43] '한반도 평화구조 창출의 군사적 뒷받침', '실용적 선진 국방운영체제 구축' 등 여덟 가지로 제시하고 있다. 노무현 정부 때는 국방목표를 구현하기 위한 국방정책의 기본방향으로 '확고한 국방태세 확립', '미래지향적 방위역량 강화', '선진 국방운영체제 구축', '신뢰받는 국군상 확립' 네 가지가 설정되었다.

1) 대북 위협 강조와 국방목표의 자기부정

(1) 대북 위협 인식의 강화

첫째 국방목표와 관련해 국방부는 '외부의 군사적 위협'으로 '현존하는 북한의 군사적 위협'과 '미래 잠재적 위협'을 들고 있다. 노무현 정권 때와 달라진 부분은 '북한의 재래식 군사력, 핵·미사일 등 대량살상무기의

---

43) 국방정책의 세 번째 기조인 '선진방위역량 강화'는 대북 군사적 우위에 머물지 않고 주변국과의 군사력경쟁에서 뒤지지 않으며 나아가 세계적 규모에서 군사작전이 가능한 방위역량을 갖추는 것을 말한다. 이런 기조는 '국방개혁 기본계획'의 조정, 군구조의 개편(합동성·통합성의 강화), 전력구조의 첨단화와 이를 통한 다양한 안보위협에 대한 능동적 대비, 예비전력의 정예화, 한미동맹을 기반으로 한 주변국들과의 협력적 군사관계 증진, 군사외교의 글로벌 차원의 확대, 국제평화유지활동 강화 등으로 구체화된다.

개발과 증강, 군사력의 전방배치 등'이 '우리 안보에 **직접적이고 심각한 위협**'(「2008 국방백서」, 36쪽)으로 규정되고 있는 점이다. 이는 '우리 안보에 대한 **심각한 위협**'(「2006 국방백서」, 31쪽)으로 본 노무현 정권 때의 대북 위협 인식보다 더욱 강도가 높아졌다.

2005년 수립된 '국방개혁 기본계획'(2006~2020)은 2020년 전후의 안보환경에 대해서 "북한의 군사위협은 점진적(으로) 감소"할 것으로 전망했는데 "한국의 동북아 중심국가 부상, 남북 간 국력격차 심화, 한미동맹의 미래지향적 발전으로 한국군의 역할 확대"(한국국방연구원, 2005.9.22)가 예견되기 때문인 것으로 봤다. 그와 함께 전략환경도 "남북관계 성숙으로 군사적 긴장(이) 점차 완화"(한국국방연구원, 2005.9.22: 21)될 것으로 전망했다. "지역 내 '잠재적 위협'의 현실화 가능성, 세계적으로 초국가적·비군사적 위협증대"하는 것으로 전망했다.

반면 2009년 6월에 발표된 '국방개혁 기본계획 조정안'(2009~2020)은 북한의 군사적 위협이 변함이 없는 가운데 "체제의 불안정성은 더욱 증대"할 것으로 보고 있다. 또 이 문서는 "동북아시아에서는 잠재적 분쟁요인의 표면화 가능성, 세계적으로 초국가적·비군사적 위협이 지속적으로 증대"하는 등 "급변하는 (북·동북아·세계) 안보정세는 불확실성의 증대와 분쟁발생 가능성이 상존해, 이에 능동적으로 대처 가능한 군사능력 구비(가) 요구"되는 것으로 본다.

'국방개혁 기본계획 조정안'은 "북한은 대규모 재래식 전력을 유지한 가운데 핵·미사일·장사정포·특수전부대 등 비대칭 전력을 중점 육성"하고 있는 것으로 평가하면서 "북한, 잠재적·비군사·초국가적 위협에 동시 대비하되, 위협의 강도와 현실화 가능성이 가장 큰 북한 위협에 우선 대처"해야 한다고 쓰고 있다.

이명박 정권 들어서 북을 위협으로 보는 정도가 이전 정권과 비교해 훨씬 강화되었고 특히 북체제의 불안정성(붕괴 가능성)을 부각시키고 있음을 알 수 있다. 하지만 이런 대북 위협인식의 변화는 남북 간 군사력 균형에서 변화가 있어서도 아니고 2005년 국방개혁 기본계획 입안 당시 예측하지 못한 어떤 새로운 요인이 발생해서도 아니다. 2009년에 북이 인공위성을 발사하고 추가 핵실험을 한 것은 사실이지만 이로 인해 남의 대북 군사적 우위가 무너진 것은 아니다. 또 애초의 '국방개혁 기본계획'(2006~2020)이 성안될 당시도 북한의 핵개발과 보유가 기정사실로 되어 가던 때였기 때문에 전략환경도 지금과 크게 다를 바 없었다고 봐야 할 것이다. 따라서 북 위협 감소와 군사적 긴장완화라고 하는 한반도 안보환경과 전략환경에 대한 애초의 전망(정세인식)이 바뀌어야 할 근거가 없다. 그러면 대북 위협인식이 더욱 호전적이고 대결적으로 바뀌고 언제든 대북 전쟁 또는 대북 군사적 개입을 즉각 수행할 수 있는 체제의 구비를 강조하는 이명박 정부의 국방정책의 배경에는 무슨 요인이 작용하고 있는 것인가? 여기에는 북을 평화통일의 대상이 아닌 전복, 붕괴 대상으로 여기고 또 북의 체제가 근본적인 불안정성을 안고 있어 군사적·비군사적 압박을 가하면 북이 스스로 붕괴할 것이라고 바라보는 이명박 정권의 시각이 작용하고 있으며 이런 시각이 호전적이고 적대적인 대북 국가안보 목표 및 국가안보전략의 수립 배경이라고 할 수 있다.

(2) 북을 군사적 위협으로 보는 인식의 부당성

북을 군사적 위협으로 보는 것은 타당하지 않다. 이런 잘못된 국방목표 설정이 이명박 정권 들어서 완화되기는커녕 더욱 심화되고 있다.

'위협'이란 적 또는 잠재적 적을 가리키며 자신에 대해 악의나 적의나 증오를 품은 타자의 존재를 뜻한다. 위협은 순군사적 의미에 한정되지 않고 경제적·정치적·사상적·심리적인 경우에도 쓰인다. **군사적 위협은 의도와 능력으로 파악된다.**[44] 군사적으로 대치관계에 있고 '우리나라'에 대해 침략을 기도하는 나라가 있더라도 명백히 '우리나라'의 힘이 우세해 침략을 저지할 수 있는 경우 그 나라는 '위협'이 되지 않는다. 또 강력한 힘을 갖고 독자적인 침략·침공이 가능한 나라라 하더라도 그 나라와 '우리나라'가 우호적인 관계에 있어 전혀 적대적인 심리상태에 있지 않은 경우에도 이 나라를 위협이라고 하지 않는다. 또 객관적으로 적대관계에 있고 침략하는 데 충분한 군사력을 가진 국가관계라 하더라도 당사국끼리 외교적 수단을 통한 해결을 우선하고 군사적 대응을 전략적인 선택방안으로 하지 않는 것이 명확하면 그 경우에도 군사적 '위협'이라 하지 않는다(佐島直子, 2004: 4).

남쪽이 북에 대해 월등한 군사적 우위에 있어 북은 군사적 위협이 되지 않는다. 또 북이 핵을 보유하게 되었지만, 그 방어적 성격, 군사적 효과의 제한성, 북의 전쟁수행력의 현저한 열세를 고려할 때 북이 남에 대해 군사적 위협이 되지 않는 것은 마찬가지다.

그간 쌓은 남북의 화해와 교류협력 그리고 평화통일에 대한 민족적 합의, 종합국력의 월등한 대북 우위, 전쟁도발 시 고립될 수밖에 없는 동북아시아

---

44) 수식으로는 T(위협)=I(공격적 의도)×P(군사력, 종합적 국력)로 표시한다. 단기위협을 판단할 경우 P는 현존 군사력을, 장기위협을 판단할 경우 P는 종합국력을 기준으로 한다. 즉, 단기적으로는 타국이 현재 보유하는 군사력이, 장기적으로는 군사력으로 전환될 수 있는 종합국력이 위협 원천을 이룬다. 어느 나라가 위협으로 인식되는가 아닌가는 군사력으로 집약되는 힘만이 아니라 해당국과 자국과의 정치외교관계에 의해 결정된다. 잠재 적국은 '자국에 대해 어떤 이유로 공격의도가 있다고 보이는 나라'를 말한다. 국가지도자의 발언에 의해 명확히 되지 않는 타국의 공격적 의도는 타국의 군비나 군비태세, 군사행동 등에 의해 추측할 수밖에 없다.

의 외교적 지형 등에 비춰서도 북은 남에 대해 위협이 될 수 없다.

그런데도 이명박 정권 들어 대북 위협인식의 강도가 더욱 높아진 것은 한미동맹 강화를 통한 대북 군사적 압박과 흡수통일로의 대북정책기조의 전환을 반영하는 것이다. 그리고 이는 우리 국민과 민족의 진정한 요구와 이익에 기반을 둔 것이 아니라 친미보수정권이 바라는 것으로 미국의 패권주의적인 국가목표에 충실한 것이다.

(3) 국방목표의 자기 부정

국방목표 두 번째는 "평화통일을 뒷받침한다"는 것으로 "한반도에서 전쟁을 억제하고 군사적 긴장완화와 평화정착을 이룩해 평화통일에 이바지하는 것을 의미한다"(「2008 국방백서」)라고 적고 있다.

그런데 전쟁 억제와 군사적 긴장완화, 평화정착을 이루는 방법으로 노무현 정권은 종전선언이나 평화협정 체결 등을 추구했다. 하지만 이명박 정권은 종전선언 추진을 담고 있는 10·4 선언을 부인하고 있다. 2009년 6월 한미정상이 흡수통일을 '한미동맹'의 행동목표로 정하고 또 그 하위 문서로서의 한미국방협력지침이 흡수통일을 한미연합방위의 활동목표로 규정한 것 또한 "평화통일을 뒷받침한다"는 국방목표에 어긋난다. 대북 선제타격 가능성을 국방장관 또는 합참의장이 공식석상에서 수시로 언급한 데 이어 천안함 사건에 대한 대응방안으로 국군통수권자인 이명박 대통령이 2010년 5월 24일의 대국민 담화에서 '능동적(적극적) 억제' 원칙과 즉각적 자위권 발동을 천명함으로써 이전의 대북방어전략에서 선제공격에 입각한 대북군사전략으로의 전환방침을 공식화한 것 역시 평화통일 뒷받침이라는 국방목표를 정면으로 부인하는 것이다.

전시작전권의 환수 시점을 애초 합의한 2012년에서 2015년으로 미룬 가장 큰 이유의 하나가, 위키리크스의 미 국무부 전문 폭로내용에 따르면 북 급변사태(김정일 국방위원장의 사망)에 대비하기 위한 것인데 이 점 역시 평화통일이 아닌 무력흡수통일을 내막적으로 추구하고 있음을 말해주는 것이다.

셋째 국방목표는 "지역의 안정과 세계평화에 기여한다"는 것으로 '주변 국과의 군사적 우호협력관계 증진' 및 '국제 평화유지활동 적극 참여'를 통해 동북아지역의 안정과 세계평화에 기여하는 것으로 되어 있다. 이런 설명은 노무현 정권 때와 차이가 없다. 하지만 이명박 정부는 중국과의 갈등·대립을 피할 수 없는 한미 전략동맹을 중심적인 국가안보 전략으로 삼음으로써 '주변국과의 군사적 우호협력 관계 증진'이라는 국방목표와 배치되는 방향으로 가고 있다. 일본과의 군사적 관계가 제휴관계를 넘어 사실상 내용적으로 동맹관계를 추구하고 있는데 이 또한 주변국과의 군사적 우호협력 관계를 일탈해 동북아시아지역에서 진영 간 군사적 대립을 촉발시키고 있다.

이처럼 세 번째 국방목표가 부인되고 있는 것은 '연성강국'을 국가안보 목표로, '21세기 한미전략동맹'과 '세계로 나가는 선진안보 추구'를 국가안 보전략의 중심기조로 삼은 데 따른 논리적 귀결이라고도 할 수 있다.

2) 주한미군 주둔비 지원

이명박 정권은 주한미군이 포괄적 동맹의 임무를 수행하는 부대로서, 즉 한반도 방어역할을 넘어서 지역 및 세계적인 기동군으로서[45] 자기

---

45) 구한미동맹이 신한미동맹으로, 또 포괄적 전략동맹으로 바뀌면서 주한미군 및 주한 미군기지의 기능도 함께 변화해왔다. 주한미군이 한국방어 임무를 띤 붙박이 부대

역할을 하도록 재정적 지원을 아끼지 않고 있다.

한미동맹의 공격적·전략적 동맹으로의 전환과 함께 주한미군은 '전반을 관장하는 관리사령부'에서 '합동전투사령부'[46]로 변화되고, 주한미군 기지도 새로운 기능을 위해 용산 및 미2사단이 평택기지로 이전되고 있으며 주한미군의 근무형태도 영구주둔에 적합한 형태로 변경된다. 그런데 이런 주한미군과 미군기지의 기능변화에는 막대한 예산이 소요된다. 하지만 미국으로서는 예산 제약이 따르기 때문에 한국의 협조가 필수적이나 한국으로서도 재정적 여건과 합법성, 국민 여론을 무시할 수 없는 형편이다. 그런데 이명박 정권은 한미갈등을 없애고 한미동맹을 강화한다는 명분으로 주한미군에 대한 비용지원을 노무현 정권 때보다 더욱 과감하게 늘리고 있다.

첫째, 미군 감축 규모를 당초 합의(노무현 정권 때의 합의)보다 줄여 결과적으로 더 많은 미군이 한국 국민의 부담으로 한국에 주둔토록 보장한

에서 지역 및 세계를 지리적 범위로 해 즉각 군사작전에 투입되어 전투를 수행할 수 있는 합동전투부대로 바뀌는 것이다. 주한미군의 전략적 유연성, 전체를 관장하는 관리사령부(Title 10 of U.S. CODE oversight headquarters)에서 합동전투사령부 (joint war fighting command)로의 주한미군사령부의 기능 전환, 평택미군기지로 용산기지 및 미2사단의 이전, 전작권 환수와 새로운 한미군사지휘체계 수립, 주한미군 근무형태의 변화 등은 바뀐 주한미군의 기능을 수행하기 위한 것이다.

46) "주한미군사령부는 전체를 관장하는 사령부(일종의 관리사령부 — 필자 주)에서 미한국사령부로 변환될 것이며, 이는 대한민국 군대와의 관계를 교리적으로 지원하는 유능하고 인력과 자원이 뒷받침되는 합동전시조직으로 바뀔 것이다."〔"U.S. Forces Korea will transform from a Title 10 oversight headquarters to U.S. Korea command(USKORCOM), a fully capable, manned, and resourced joint war fighting command in a doctrinally supporting relationship to the ROK armed forces"〕(JFQ/issue 47, 4th quarter 2007: 80). 미국 법전의 title 10은 미국군대의 역할을 규정하고 있다.

것을 들 수 있다.

2008년 5월 한미정상회담에서 이명박 대통령은 주한미군 규모를 3만 7,000명에서 2008년까지 2만 4,500명으로 줄이기로 한 2004년의 한미 합의를 뒤집고 2만 8,500명에서 동결하자고 제안해 그렇게 하기로 합의했다. 한국에 남는 주한미군 수가 늘어나면 미국은 미국 본토 복귀 시 소요되는 비용을 줄일 수 있다.

둘째, 한국은 방위비 분담(비용 분담) 특별협정에 대해서도 더욱 굴욕적인 자세로 미국의 요구를 수용해주었다. 특별협정을 통한 방위비 분담은 일본 이외에는 한국만이 제공하고 있고 일본도 이를 삭감한다는 방침을 명확히 하고 있지만 이명박 정권은 경제난 속에서도 방위비 분담액을 크게 늘려주었을 뿐만 아니라 5년이라는 전례 없이 긴 기간 동안 지급을 보장해주었다. 이전의 방위비 분담 특별협정의 경우 모두 유효기간이 2년 아니면 3년이었지만 2009~2013년도 적용의 8차 협정은 5년이나 되는 장기의 유효기간을 가진다. 국가재정의 어려운 여건이나 경제난을 이유로 2006년부터 2020년까지의 국방개혁의 총 소요비용을 애초 621조 원에서 599조 원으로 줄이기로 한 것에 비춰 보면 2009년도 분부터 매년 방위비 분담금을 큰 폭으로 증액해주기로 한 것은 미국의 입장만을 일방적으로 고려한 것이다.

셋째, 이명박 정권은 방위비분담금 구성항목의 하나인 군사건설비를 미군기지 이전비용으로 전용하는 것을 2013년까지 보장해주는 별도의 합의를 미국과 했다. 그런데 미국은 이런 불법적 전용마저 2년 더 연장해줄 것을 2010년 6월 한국에 요구했다(≪한겨레≫, 2010.8.18).

넷째, 방위비 분담금 특별협정에 대한 한국의 일방적 양보는 미군기지 이전에 소요되는 막대한 미국의 부담을 덜어주기 위한 데도 핵심적인 의도가 있다. 주한미군기지 이전비용(한국과 미국 부담 합계)은 2005년 3월

미 하원 세출위원회에 80억 달러로 보고되었는데 이것이 2007년 3월 MP(종합계획) 발표 때는 10조 4,905억 원으로, 미군기지이전 사업관리업체(PMC) 중간보고서(2008.8)에서는 무려 14조 3,105억 원으로 늘어났다. 이처럼 비용이 늘어나는 것은 C4I기반시설 설치, 미군기지 내 미군 자녀학교 건설 등 미군의 요구수준 증가, 주한미군의 근무형태 변경에 따른 추가 비용 등의 요인 때문이다. 미군 자녀학교의 경우 건설비용이 일반교의 8배에 달하는 것으로 알려졌다.

결국 이처럼 늘어난 기지이전 비용을 방위비 분담금(군사건설비)으로 충당한다는 것은 곧 주한미군의 영구주둔과 세계적 공격기동군으로의 전환에 대한 한국의 지원과 협력이 전폭적으로 이뤄지고 있음을 말해준다.

미국은 주한미군의 근무형태를 영구주둔에 적합한 가족동반 근무로 바꾸어야 할 필요성이 있었는데 이명박 정권은 집권하자마자 주한미군의 근무형태 변화(가족동반 근무)를 한국이 요청하는 모양새를 취해 그에 소요되는 막대한 비용부담을 자청하기도 했다. 미국 국방부는, 미 의회가 회계연도 2012 국방수권법에서 주한미군 가족동반근무 소요예산을 삭감하자 일단 가족동반근무 추진을 보류했다.

또 이명박 정권은 주한미군가족 주택사업(HHOP)에 대해서 투자금 회수기간(45년) 전에 미군의 필요가 없게 되어 제공을 해제할 경우 '잔여기간의 토지사용권을 민간사업체에 자동으로 보장해주는 방식'으로 민간사업체의 투자금 회수를 보장해주기로 했다.[47] 이는 주한미군이 부담해야 할

---

47) 한미당국은 민간투자로 짓는 주한미군 가족주택의 경우 미군이 조기에 철수할 경우 민간업자에게 '정지조건부' 사용허가라는 국제적으로 전례가 없는 방식으로 그 이익을 보장하기로 사실상 합의했다. 정지조건부 사용허가는 투자금 회수기간인 45년 이전에 주한미군이 철수하고 캠프 험프리 제공이 해제되더라도 잔여기간의 토지사용권을 사업체에 자동으로 보장해주는 방식을 말한다. 이는 주한미군뿐만

비용을 우리 국민이 떠맡는 것으로 주한미군 가족주택의 경우 그 비용을 미국이 부담하기로 한 용산기지이전 협정을 어겨가면서까지 주한미군을 지원하는 또 하나의 사례다.

다섯째 반환 미군기지의 오염 치유 비용 협상에서 이명박 정부의 자세가 이전 정권보다 더욱 굴욕적으로 바뀌었다. 이런 후퇴된 자세는 위키리크스가 공개한 주한미대사관 전문에서 확인된다. 이 전문은 "2008년 5월 15일 열린 SOFA 특별 합동회의 대표자회의에서 한국 외교부 심의관이 한국 환경부의 제안(10개 정도)을 3~4개만 관철했다. 2007년 협상과는 분위기가 상당히 달랐다"(≪경향신문≫, 2011.9.20)고 전하고 있다. 그뿐 아니라 외교부는 치유수준 협의과정에서 미국 측에 가장 완화된 기준을 제시했다. 또 중금속 오염에 대한 대응에서도 미국 주장을 수용해 '한미 양측 사이에 별도의 동의가 있는 경우에만 치유가 가능하다'고 합의했다. 캠프 하야리아 반환협상(MBC TV, 2010.1.13)의 경우 한미공동 환경평가절차서(JEAP. 2009.3.20 체결)에 따라 한미공동으로 '위해성 평가'를 한 결과 '일부 지역에 유류에 의한 토양오염으로 인해 인체 위해도가 확인되었'[48]음에도 미국의 부담을 덜어주기 위해 우리 비용으로 치유하기로 한 것은 전략동맹과 함께 대미 굴욕성이 더욱 심해지고 있음을 보여준다.

여섯째 WRSA-K(War Reserve Stocks for Allies-Korea)의 인수도 한미동맹 강화가 미국에 대한 퍼주기로 연결된 사례다. 국방부는 우리의 탄약자급 능력이나 WRSA-K의 노후화에 비춰 이를 인수해서는 안 된다고 시민사회단체가 요구했음에도 국방비 절감과 전력향상에 도움이 된다면서[49]

아니라 메릴린치, 뱅크오브아메리카 등의 미국 투자자에게도 특혜를 주는 것이다.
48) 권영길 의원의 서면질의(2009.12)에 대한 환경부의 답변 내용.
49) 국방부는 "2012년 전시작전통제권 전환 등에 대비해 우리 군 전력에 절대적으로

WRSA의 50%에 이르는 25.9만 톤을 2,713억 원에 인수했다. 그뿐 아니라 국방부는 미국으로부터 받아야 할 최소 3조 원에 이르는 WRSA-K의 과거저장비를 포기했다. 그런데 협상이 끝나고 1년이 조금 지나 인수 탄약의 50%이상이 사용할 수 없는 불량품임을 국방부 스스로 밝히고 나섰다(≪동아일보≫, 2010.2.16). 국방부가 협상의 잘못을 시인하고 나선 의도가 어디에 있는가는 좀 더 따져봐야겠지만 한미전략동맹이 미국의 국익을 우선적으로, 통 크게(?) 보장하는 동맹임을 보여준다.

3) '포괄안보' 천명과 선제공격 전략의 공식 표방

(1) '전방위 군사대비태세'에서 '포괄안보'로의 전환

이명박 정부 들어 '포괄안보'를 국방태세의 기조로 천명함으로써 국방정책이 더욱 깊숙이 미국의 국가안보전략에 종속되는 방향으로 기울고 있다. 「2006 국방백서」는 '전방위 군사대비태세'의 유지를 국방태세의 정책기조로 제시한 데 반해 이명박 정부 들어서는 '포괄안보'를 정책기조로 표방하고 있다.

'전방위 군사대비태세'는 '현존하는 북한의 군사적 위협', '테러 등의 비군사적 위협', '미래의 잠재적 위협'에 대비하는 것이며 동시에 이런 '다양한 위협에 즉각적이고 효과적으로 대응하는' 것으로 되어 있으며 군사대비태세의 구체적 항목으로 조기경보와 위기관리체제 확립, 침투·국지도발 대비태세 유지, 전면전 대비태세 확립, 테러 대비태세 유지가 지적된다.

필요하고 성능이 검증된 탄약과 장비, 물자들을 골라 인수하기로 했다"(≪동아일보≫, 2008.10.7)고 주장함.

반면 포괄안보는 "언제, 어디서, 어떤 상황이 발생하더라도 즉각 대응해 현장에서 완전 작전을 수행할 수 있도록 준비하고, 북한의 위협은 물론 **모든 스펙트럼의 위협**에 대비할 수 있는 전방위 태세를 확립"(국방부, 2008: 38)하는 것을 가리킨다. 전방위 군사대비태세나 포괄안보는 그 개념이 전혀 다르다고 할 수는 없지만 포괄안보의 개념이 더욱 추상적이고 자의성이 강하고 안보대상영역이 더욱 무한하다. 전방위 군사대비태세도 문제 있는 국방정책이지만 '포괄안보' 또한 이웃과 공존을 통해 안보를 도모해야 할 우리나라의 국방정책 기조로서는 전혀 어울리지 않는, 세계패권국가에나 해당할 수 있는 기조다.

모든 스펙트럼의 위협이란 전통적인 군사적 위협 말고도 냉전 종식 이후 새로운 위협으로 간주되는 초국가적·비군사적 위협을 포함한 말이다. 새로운 형태의 위협으로는 테러·대량살상무기 확산·사이버공격 등 초국가적 위협이나 전염성 질병·자연재해·지구온난화·환경오염 등 비군사적 위협, 또 영토·자원분쟁, 종교·인종갈등, 분리·독립운동 등과 같은 요인들에 의한 다양한 형태의 국지분쟁, 또 에너지 안보 등의 위협이 거론된다. 이런 사안들은 주로 세계패권질서를 추구하는 미국이 자국의 안보에 대한 '위협'으로 인식하는 것들이다.

모든 스펙트럼의 위협에 대비하는 포괄안보 태세를 갖춘다는 것은 한국군이 세계 어디서나 작전이 가능한 부대로서의 기능과 체제를 갖추며 동시에 다양한 형태의 군사작전(공격과 방어, 전면전, 국지전, 비정규전, 시가전, 특수전, 산악전 따위)을 수행할 수 있게 준비한다는 것을 의미한다.

'어디서'란 지리적으로는 한반도는 물론 지역 및 세계적 범주를 다 포함하는 포괄적 개념이다. '어떤 상황'이란 북과 관련해서 보면, 국지전, 전면전, 핵전쟁, 북한 급변사태(김정일 국방위원장의 건강 이상, 재난, 쿠데타 등) 등의 모든 상황을 상정한 것이고, '언제'는 지금이라도 곧 군사작전(전쟁)

을 수행할 수 있다는 것을 의미한다.

결국 '포괄안보를 위한 국방태세 확립'은 한반도에서 대북 군사작전을 지금이라도 수행할 수 있도록 군사태세를 갖추는 것임과 동시에 지역 및 세계적 범위에서 자유민주주의, 인권, 대량살상무기 확산, 재난, 테러, 빈곤, 해적, 마약 등을 명분으로 미국과 공동군사작전을 할 수 있는 군사태세를 갖추는 것을 말한다.

(2) 대북 선제공격 전략의 공식화

이명박 정권 들어 대북 선제공격 가능성을 언급하는 국방장관과 합참의장의 발언이 잇따랐다. 김태영 합참의장의 대북 선제타격 발언(2008.3.26 인사청문회), 이상희 국방장관의 대북 선제공격 발언(2008.8.18), "핵심시설 및 투발수단 타격계획과 적 투발수단 운용 시 공중요격 및 차단계획, 방호시설능력 확충 등"의 유사시 북핵 대비계획을 밝힌 합참의장의 발언(2009. 12.14), 김태영 국방장관의 대북 선제공격 발언(2010.1.20) 등이 바로 그것이다.

천안함 사건 이후에는 국방장관이나 합참의장의 개별적 발언을 뛰어넘어 이명박 대통령이 2010년 5월 24일 대국민 담화에서 '적극적 억제' 원칙의 견지를 천명함으로써 선제공격 전략을 정부정책화 하겠다는 입장을 공개적으로 밝혔다. 청와대는 '적극적 억제(proactive deterrence)'[50]가

---

50) 청와대는 "북한 추가도발 및 대남 위협행위를 선제적으로 관리하는 안보대비태세 구축, 북한이 우리 영토침범 시 즉각 자위권 발동, 향후 남북경협 및 대북지원은 남북 간 정치군사적 신뢰구축과 연계해서 고려 등을 담은 개념"으로 설명했다. 이런 청와대 설명에 따르면 사실상 적극적 억제 원칙은 선제공격 원칙을 천명한 것이라 할 수 있다.

"북한 추가도발 및 대남 위협행위를 선제적으로 관리하는 안보대비태세 구축"이라고 설명했다.[51] 천안함 사건 이후 구성된 대통령 직속의 국가안보 총괄점검회의는 2010년 8월 16일 '능동적 억제(proactive deterrence)'를 대북 군사전략으로 할 것을 청와대에 건의했다. 이 능동적 억제전략에 대해서 이상우 국가안보 점검회의 의장은 그것이 선제공격 전략임을 명확히 하면서 "북한이 도발하려는 움직임이 있을 때 북한의 전쟁 지휘계통을 정밀 타격해 전쟁을 하기 전에 분쇄할 수 있는 능력을 보유해야 한다"라고 부연했다.

대북 선제공격의 공론화는 중대한 안보정책의 변화라고 할 수 있다. 한미연합군의 대북 작전계획과 그에 의거한 연합훈련은 이미 1998년부터 대북 선제공격을 기조로 해왔다. 이 점에서 선제공격 전략의 표명은 내용적으로는 변화라고 보기 어렵다. 하지만 지금까지 국방부 및 한미연합사는 대북 선제공격 전략을 공식으로 부인해왔다. 한미연합군도 연합훈련을 하면서 그것이 대북 방어훈련이며 공격훈련이 아니라는 공식입장을 표명해왔다.

'능동적 억제' 원칙의 표명은 선제공격을 처음 국가정책으로 공론화(사실상 공식화)하는 점에서 중대한 변화다. 선제공격 전략이 불법성과 도발성을 갖고 있고, 남쪽의 대북 군사적 우위가 지속되고 있는데도 방어전략에서 선제공격 전략으로의 전환을 공개적으로 표방하는 것은 다음과 같은 의도를 갖고 있다.

---

51) 천안함 사건 대응과 관련한 2010년 5월 22일 군 핵심수뇌부회의에서 "앞으로 북한이 도발하면 한국형 구축함에 실려 있는 함대지 미사일과 육군과 공군의 정밀 타격 미사일 등 전군의 모든 화력을 집중해 북한군의 발진기지를 초토화하기로"(≪아시아투데이≫, 2010.5.24) 한 것으로 알려졌다.

첫째 북의 붕괴를 유도하고 촉진하기 위한 전략적 계산이다.

이명박 정권의 대북정책은 사실상 흡수통일정책이라 할 수 있다. 대북 국방정책은 이런 목표의 달성을 뒷받침하는 가장 중요한 부문 정책으로서 의미를 갖는다. 국방정책의 초점이 북의 붕괴를 유도, 촉진하는 데 모아지고 있다. 이명박 정권 들어 북한 급변사태에 대비한 「개념계획 5029」를 「작전계획 5029」로 격상시키기로 미국과 합의한 것, 또 「작전계획 5029」의 수립 직후인 2010년 1월에 범정부 차원의 북한 급변사태 대비 비상계획인 '부흥'을 완성한 것은 무력개입을 통한 북 붕괴정책이 더욱 구체적이고 실제적으로 가동되고 있음을 보여준다.

선제공격 전략의 표방 역시 북의 붕괴를 유도하려는 목적이 있다.

이상우는 '능동적 억제전략'에 대해서 "국방기조를 전수방어전략에서 억지전략으로 바꿈으로써 '선제공격' 역량을 다지는 것이 북한으로서는 경제적인 파산까지 이를 수 있는 가장 고통스럽고 엄청난 부담이 될 것"(≪조선일보≫, 2010년 8월 16일)이라고 강조함으로써 북의 붕괴를 노린 전략임을 명확히 드러냈다. 이는 북에 대한 선제공격 위협을 공개적으로 밝히고 이를 위해 북에 대해 압도적 군사역량을 추구함으로써 북을 항시적인 전쟁위협과 군비경쟁으로 내몰아 붕괴를 유도·촉진하려는 전략이다. 이는 레이건 정권이 냉전 시대 구소련에 대해 '동시다발 보복전략'을 통해 무한 군비경쟁을 강요해 소련의 붕괴를 유도하려 했던 것과 같은 맥락이다.

또 '능동적 억제' 원칙은 북의 급변사태를 명분으로 한 대북 군사적 개입을 위한 군사전략이라고도 할 수 있다. 즉, 능동적 억제원칙은 북이 남을 공격하는 사태가 아니더라도 인도주의나 대량살상무기 확산저지, 민주주의 수호, 통일 등을 명분으로 대북 군사문제에 개입하겠다는 것을 뜻한다.

둘째 미국의 군사전략에 대한 동조화(대미 군사적 종속)다.

북이 핵무기를 보유하게 된 상황에서 미국의 최우선적인 대북 목표는 북의 핵능력의 파괴 및 제거, 확산저지로 이동했다. 이런 목표를 달성하기 위한 미국의 군사작전은 전략사령부가 주관하는 「작전계획 8010-08 전략적 억제 및 지구적 공격」과 「개념계획 8099-08 대WMD전」에 따라서 시행된다. 한반도에서 대북 전쟁은 한미연합사령관의 권한과 책임하에서 수행되지만 예방전쟁(선제공격)에 초점을 두고 지상전을 수반하지 않으며 핵무기 및 전략 재래식 무기 사용을 뼈대로 하는 '전략적 억제' 및 '지구적 공격'은 전략사령부의 임무로 되어 있다. 또 미국의 '대WMD전(WMD확산저지 전투)'의 경우 지역전투사령부(한미연합사)가 책임을 지고 수행하되 전략사령부가 이를 조정하고 동시통합하는 지휘(lead) 역할을 맡고 있다. 그런데 '전략적 억제 및 지구적 공격'이나 '대WMD전'의 군사작전계획은 모두 선제공격 교리(전략)에 의거해 작성된, 선제공격 계획이다.

한미동맹하에서 한국군의 대북 군사행동은 이런 미국의 최우선적 목표 및 이를 달성하기 위한 군사전략기조에 따라가는 것이고 한국 국방장관의 '대북 선제공격' 발언이나 이명박 대통령의 '능동적 억제' 원칙 표명은 바로 이런 미국의 「작전계획 8010」 및 「개념계획 8099」가 입각하고 있는 선제공격 전략을 뒷받침하는 것이기도 하다.

유사시 북핵 대비계획으로 "핵심시설 및 투(하)발(사)수단 타격계획과 적 투발수단 운용 시 공중요격 및 차단계획, 방호시설 능력확충 등"(《통일뉴스》, 2009.12.14)을 언급한 이상의 합참의장의 발언은 한국의 대북 군사전략이 미국의 '대WMD전' 작전개념에 입각해 있음을 보여준다. 그가 **"미국의 확장억제 공약을 통해 북한의 핵사용을 억제하면서 군사적으로는 (한미)연합감시자산을 운용해 24시간 핵 관련 시설을 집중 추적·감시하고 있다"**(위와 같은 자료)고 밝힌 것은 미국의 핵억제 전략이 한반도에서 가동되고 있고 그 속에서 한국군의 역할이 규정되고 있음을 확인해준다. "북한이 핵공격을 할 경우 이를 막고 대응하기엔 너무 큰 타격이 있기 때문에

(핵공격 징후를) 식별하고 분명한 공격의사가 있으면 바로 타격해야 한다"(≪한겨레≫, 2010.1.21)는 김태영 국방장관의 발언 또한 한국의 대북 군사전략이 미국의 '전략적 억제 및 지구적 공격'의 선제공격 전략 기조를 그대로 따라갈 필요성을 제기한 것이다.

이명박 정권은 PSI와 관련해서 5개 항에 참관 자격으로 참여하기로 한 이전 정부의 방침을 수정해 2009년 5월 26일 PSI 전면참여를 선언했다.[52] 또 한미는 2010년 5월에는 천안함 대응조처의 하나로 PSI에 따른 역내 차단훈련(한미 연합 대잠수함 훈련과 해상 선박저지 훈련)을 2010년 10월에 서해에서 실시했으며 여기에는 일본 자위대도 참가했다. 이전까지는 북과 중국의 반발을 의식해 실제로는 역내 PSI훈련에 참여하지 않았는데 천안함 사건을 계기로 역내 PSI훈련 참여를 공식화한 것이다.[53] PSI는 북한 위협을 명분으로 한 미국의 대중국 군사적 포위를 겸하고 있다.

셋째 남쪽 군부의 기득권을 더욱 확고히 하기 위한 것이다.

'능동적 억제전략'은 선제공격 전략이기 때문에 북의 군사력의 3~4배에 이르는 전력을 갖추어야 한다. 따라서 능동적 억제전략이 채택되면 공격적·방어적 무기체계의 도입이 급증하게 되고 국방비는 더욱 팽창하게

---

52) PSI 전면참여가 실익이 없다고 정부 스스로 인정하고 또 오바마 정권이 한국에 PSI 전면참여를 강하게 요구하지도 않은 상황에서 기어이 이를 선언한 것은 "94개 국이 참가하는 국제규범이며 미국도 이를 제도화하려고 하므로 참여해야 한다"(≪한겨레≫, 2009.5.27)는 정부의 말에서 보듯이 맹목적인 대북 압박·봉쇄 정책 때문이다.

53) 중국은 러시아, 북, 베트남 등과 함께 PSI의 불참국이다. 친강 중국 외교부대변인은 2009년 3월 "중국은 PSI가 「유엔헌장」과 국제법의 틀을 벗어날 가능성에 대해서 우려하고 있다"고 밝힌 바 있다. 한미 양국은 그동안 대잠훈련을 매년 4차례 해왔지만 훈련장소는 남해와 동해였다. 중국을 불필요하게 자극하지 않겠다는 판단에 따른 것이다(≪한겨레≫, 2010.5.26).

된다. 이는 자신의 기득권을 더욱 성역화하고 확장하기를 바라는 군부의 요구와 일치한다. 또 '국방개혁'이 자신의 기득권을 제약하지 않을까 노심 초사해오던 군부로 하여금 '국방개혁'의 '개혁성'을 거세하고 더욱 기득 권을 안정적으로 굳힐 수 있는 명분이 되기도 한다.

4) 전시작전통제권 환수 연기

한국정부는 2010년 6월 26일 전시작전통제권 환수시기를 애초의 2012 년에서 2015년으로 연기하기로 오바마 대통령과 합의했다. 이명박 정권 은 집권하자마자 한미동맹 강화 차원에서 전작권 환수 연기를 집요하게 추구해왔는데 마침 천안함 사건이 좋은 명분이 되었다.

전작권 환수 연기는 친미 보수세력이 미국과의 동맹을 이용해 자신들의 국내정치 입지 강화를 꾀하는 또 하나의 사례다.

외교통상부는 전작권 환수 연기의 고려요인으로 "한반도 및 주변 정세 의 새로운 유동성 증대 및 관련 여건의 변화"를 제일 먼저(국방부는 두 번째로 지적) 들고 있다. 그러면서 2012년은 "북한 내부적으로도 김정일 위원장 건강문제 등 새로운 정세변화 가능성"이 있을 수 있고 "우리를 비롯해 미·중·러 등 대선 및 정권 변화 가능 시기"(외교통상부, 2010.7.7)라 고 말하고 있다.

북 내부의 정세변화 가능성은, 위키리크스의 미 국무부 전문 폭로에 따르면 북 최고지도자의 건강문제로 인한 북 정권의 붕괴 시나리오다. 북정권의 붕괴는 북사회에 대한 과학적 분석이나 그간의 역사적 경험에 근거하지 않은, 어디까지나 하나의 추정일 뿐인데도 이를 이유로 전작권 환수 시기를 미룬 것은 한미 양국정부가 객관정세에 근거하지 않고 주관적 인 희망 사항을 근거로 정책을 수립하고 시행하고 있음을 보여준다는 점에서 국가를 혼란과 위험에 빠트릴 수 있다. 또 이는 이명박 정권의 대북정책이 대화를 배제하거나 대화를 순전한 전술로 삼은 채 북 붕괴를 일관된 목표로 정하고 한미동맹 강화에 전력을 기울이고 있음을 보여주는 것이다. 전작권 환수 연기는 대북압박과 붕괴, 흡수통일을 추구하고 있는 정부가 최첨단의 선제공격능력을 자랑하는 미군의 작전통제권하에서 북한 급변사태에 개입함으로써 대북 무력개입과 흡수통일을 더욱 확실하고 효과적으로 추진하겠다는 의도라 하겠다.

전작권 환수 연기사유로 '한국의 대선을 비롯해 미, 중, 러의 대선 및 정권 변화 가능성'을 들었는데, 그 또한 연기사유가 되지 않는다. 남쪽의 정권교체나 주변국의 정권변화로 안보정세의 변화가 설사 있을 수 있다 하더라도 그에 대한 각국의 대응은 고유의 주권사항으로 그것이 우리의 군사주권을 계속 미국에 남겨두어야 할 이유는 되지 않는다. 그럼에도 이를 연기사유로 든 것은 미국의 작전통제권하에서, 미국의 대한반도 군사전략 기조 속에서 국내정치변화는 물론, 대북 관계, 동북아시아 정세변화를 관리하겠다는 의도를 드러내는 것이다.

2012년의 한국의 총선과 대선, 미 대선의 결과에 따라서 한반도 평화협정 체결과 통일에 더욱 유리한 정세가 조성될 수도 있고 좀 더 불리한 정세가 조성될 수도 있다. 어떤 정세든 전작권을 한국이 갖고 있다면 좀 더 자주적인 대응이 가능하다. 그렇지만 미국에게 여전히 전시작전통제권이 주어져 있다면 미국은 한반도 정세가 평화와 통일로 급진전 되면 이를 반전시키는 방향으로 전작권을 행사하려 들 것이다. 또 북을 붕괴시키는 데 유리한 정세가 조성되면 미국은 직접 북에 개입하는 방향으로 전작권을 행사하려 들 것이다. 미국 국방부도 한미 간의 전작권 전환 합의문에는 "전작권 전환이 이뤄지기 이전에 (한반도의) 정치적 조건에 대한 지속적인 평가와 명백한 결정을 하도록 매우 분명하게 되어 있다"(≪연합뉴스≫,

2009.10.18)라고 말한 바 있다. 이 점에서 정치상황을 이유로 전작권의 환수를 늦추는 것은 결국 한반도 정세에 대한 미국의 주도권을 보장해주려는 의도가 있는 것이다.

국방부는 전작권 환수 연기의 배경으로 "북한의 핵, 미사일 등 비대칭위협을 포함한 군사적 위협의 증가 등 한반도 안보여건의 변화"(국방부 보도자료, 2010.6.27)를 제일 앞에 (외교통상부는 두 번째로) 적고 있다. 그렇지만 전작권 환수에 애초 합의했던 2006년 9월 당시와 비교해 남북 사이의 군사력 균형이 달라지지 않았다는 점에서 이런 정세인식은 그 자체가 근거가 없다. 다만, 변화가 있다면 그 사이 북이 두 차례 핵실험을 했고 인공위성 발사에 성공한 차이가 있을 뿐이다. 하지만 이로 인해 남쪽의 대북 군사력 우위가 바뀐 것은 아니다. 북의 핵실험과 인공위성 발사는 한미연합군의 대북 공격에 대한 북의 핵억제력이 그 이전에 비해 더 신뢰성을 갖게 되었으며 그만큼 한미연합군의 대북 선제공격 전략의 수행이 곤란하게 되었다고 할 수 있다.

따라서 전작권 환수 연기사유로 북의 군사적 위협의 증가를 든 것은 그 속뜻이 이런 신뢰성이 더 높아진 북의 핵억제력을 무력화하기 위해 미국의 주도적인 작전통제가 필요하다고 보는 것이다. 다시 말하면 전작권 환수 연기는 정부가 북의 핵능력을 파괴, 제거하겠다는 목표를 갖고 있고 이를 미군의 지휘 속에서 실현하겠다는 의도를 내보인 것이다. 이런 점에서 전작권 환수 연기는 실로 한반도를 핵전쟁의 위험으로 몰아넣을 수도 있는 위험천만한 사고가 그 배경에 깔려 있다.

북의 군사적 위협 증대를 환수 연기의 사유로 든 것은 이를 핑계로 각종 공격무기를 추가로 들여올 수 있으며, 국방예산을 늘릴 수 있고, 또 '국방개혁'의 기득권 제한요소를 제거하고 기득권을 더욱 보장하는 '국방개혁'으로 변질시킬 수 있기 때문이다.

국방부는 환수 연기사유로 "미래 군사능력 구비를 위한 재정여건 등을 반영"(국방부 보도자료, 2010.6.27)을 들고 있는데, 이는 마치 그동안 재정여건 때문에 필요한 군사능력을 갖추는 데 제한이 있었고 그래서 이런 능력을 갖추기 위해 시간이 필요하다는 주장이다. 그러나 전작권 문제는 군사력 수준의 문제가 아니다. 한국군은 북에 대해서 전쟁억제력을 넘어서 공격능력까지 갖추고 있으며 미국의 동맹국 가운데서도 최상위의 군사력을 갖고 있다. 또 군사능력을 전작권 연기사유로 드는 것은 "한미 양국군은 그동안 전작권 전환을 충실하게 준비해왔으며, 한국군은 연합방위를 주도할 충분한 능력을 보유하고 있다"(≪한겨레≫, 2010.6.27)는 국방부 자신의 말과도 배치된다. 따라서 '미래 필요한 군사능력 구비'를 명분으로 한 전작권 환수 연기는 국가 재정난에 따른 국방예산 절약 여론을 회피하고 국방예산 증액을 정당화하기 위한 구실이라고 할 수 있다.

포괄적 전략동맹을 표방한 이후 군사주권의 대미 종속성이 더욱 심화되는 현상은 전작권 환수 연기 결정이 있기 전에도 나타났다. 그것은 환수 뒤에 한미연합사를 대신하게 될 한미 공동방위체제에서 미군의 작전통제권을 더욱 확실히 보장하는 것이었다.

이명박 정권은 미7공군 사령관이 지휘하는 한미연합공군사령부를 창설한다는 방침을 공식으로 발표해 공군의 경우 전시작전통제권을 환수하지 않는다는 방침을 명확히 했다. 또 한국군 독자적인 작전계획 작성을 포기하고 한미 단일 공동작전계획을 작성하는 것(2008.7 작계발전을 위한 MOU 체결)으로 되었다. 작전통제권 환수 뒤 「작전계획 5027」을 대체하는 「신연합작전계획 5012」(전작권 환수 연기 합의에 따라 신작전계획명칭이 「작계 5015」로 바뀜)를 작성하고 있으며 여기에는 대북 선제정밀타격 계획인 「작전계획 5026」이 상당 부분 흡수된다고 한다. 월터 샤프 주한미군사령관은 2009년 10월 한미안보연구회 초청연설에서 "2012년 전시작전권 전환 이후에도 북한의 대량파괴무기를 제거하는 작전과 해병대의 강습상륙 작전은 미군이 주도하기로 합의했다"고 공개적으로 말했는데 북한 급변사태 시 대북 군사작전의 경우는 미국이 현재처럼 계속 전시작전통제권을 행사하기로 했음을 말해준다.

5) 국방개혁 뒤집기

국방개혁도 미국과의 전략동맹을 의식해 더욱 왜곡되고 기형적으로 수정되고 있다. 「국방개혁 기본계획」(2006~2020)에 대한 이명박 정권의 수정은 애초 경제적(재정적) 여건을 무시한 과도한 국방비 소요에 대한 문제의식에서 출발했지만 수정 내용을 보면 포괄적 전략동맹의 전략목표 실현, 즉 대북 선제공격 및 점령 능력의 확충과 즉각적인 전쟁수행체제 구비, 한반도 영역 바깥의 원거리 작전능력 구비, 한국군에 대한 미군의 작전통제권한 보장에 그 초점이 맞춰져 있다.

2009년 6월에 발표된 「국방개혁 기본계획 조정안」(2009~2020)은 전략 환경평가 결과 '북한위협에 우선 대처', '네트워크중심전(NCW) 수행능력 구비', '초국가적·비군사적 위협에 대해서 국내외 동시대비', '한미동맹 강화 및 주변국과의 우호증진, 국제협력 동참' 등이 요구된다고 밝히고 있다.

'북한 위협에 우선 대처'하기 위해 다음 네 가지, 즉 첫째, 수도권 안전 확보를 위해 접적부대는 초전 즉각 전투력을 발휘할 수 있도록 완전하게 편성, 둘째, 북한의 비대칭위협(핵·미사일)을 적 지역에서 최대한 차단 및 제거하기 위해 감시·정찰, 정밀타격, 요격능력 확충, 셋째, 수적으로 우세한 적에 대응할 수 있도록 제대별로 강력한 기동예비를 확보하고 합동성 강화, 넷째, 예비전력 정예화 등을 통해 전쟁지속능력 확보 등을 추진하겠다고 밝히고 있다.

이는 「국방개혁 기본계획 조정안」이 한반도에서 전쟁발발 가능성을 극히 높게 보면서 즉각적으로 전쟁을 수행할 수 있는 체제를 갖추며 대북 선제공격 전략을 도입하고 이를 실행할 수 있는 방향에서 군 구조개혁 계획과 무기도입 계획도 수정하고 있음을 말해준다. 즉, 국방부의 대북 군사정책이 지극히 호전적이고 대결적이며 공세적으로 선회하고 있음을 알 수 있다.

국방개혁 기본계획의 수정(조정) 내용은 다음과 같다. 첫째, 병력 감축의 폭을 줄였다. 목표연도의 병력규모가 50만 명에서 51만 7,000명으로 늘어났다. 목표연도의 육군 병력규모 증대의 내역을 보면 수도권 방어를 위한 즉응전력 보강을 이유로 '평시부터 4개 동원사단을 유지'[54]하는 것으로 바뀌었다. 이에 따라 「국방개혁 기본계획 조정안」에서 육군은 목표연도의 사단 수가 평시 28개, 전시 38개를 유지하는 것으로 수정되었다. 여단의 경우 「국방개혁 기본계획」에서는 16개 여단을 23개로 늘리는 것으로 되어 있었는데 「국방개혁 기본계획 조정안」에서는 1개 특공여단을 추가 유지하는 것으로 수정되었다.

「국방개혁 기본계획」은 현 300만 명의 예비군을 150만 명으로 줄이는 것으로 되어 있는데 「국방개혁 기본계획 조정안」에서는 실소요를 고려해 185만여 명 수준으로 재판단하고 상비군 수준으로 정예화하는 것으로 수정되었다.

또 「국방개혁 기본계획」에서는 도서방어는 해병사단에서 맡는 것으로

---

54) 「국방개혁 기본계획」에서는 47개 사단을 24개로 줄이고 동원사단(12개 사단)의 경우 평시에는 해체하는 것으로 되어 있었는데 「국방개혁 기본계획 조정안」에서는 4개 동원사단을 평시에도 유지하고 전시에는 10개 사단을 추가로 창설하는 것으로 됨.

했으나 「국방개혁 기본계획 조정안」에서는 800여 명 규모의 별도의 도서 방어부대를 편성하는 것으로 수정되었다. 도서방어부대를 별도로 편성하는 것은 해병사단의 상륙작전임무를 그만큼 더 보장하는 것이기 때문에 대북 공격력을 더욱 강화하는 의미를 갖게 된다. 또 1만 7,000명의 추가 병력소요에는 한미연합방위체제를 고려한 카투사 병력유지와 해외파병 상비부대 편성이 포함되어 있다.

카투사는 그 불법성 그리고 불평등한 한미관계의 상징성 때문에 진작 폐지되어야 할 임의적이고 불법적인 부대운영이나 이것을 유지하는 쪽으로 바꿈으로써 국방개혁 기본계획의 수정이 미국의 부담을 덜어주고 미국의 요구를 더욱 반영하는, 결국 한미관계의 종속성을 더욱 연장, 보장하는 방향으로의 수정임을 확인해준다.

해외파병 상비부대 편성은 「국방개혁 기본계획」에서는 1,160여 명 PKO 상비부대를 편성하는 것으로 되어 있었으나 「국방개혁 기본계획 조정안」에서는 3,000여 명의 '해외파병 상비부대'를 편성하는 것으로 바뀌었다. 인원도 거의 3배로 늘어났고 또 해외파병부대의 성격도 UN PKO 에 한정된 부대에서 그런 제한성을 없앴는데 동맹국(미국)의 파병 요구에 더욱 협력적으로 대응하자는 취지라 하겠다.

목표연도의 병력규모를 1만 7,000명 늘린 것은 미국의 대북 전쟁목표 및 주한미군의 전략적 유연성과 관련해서 그 의미를 생각해봐야 한다. 한국은 미국을 제외하면 미 동맹국 가운데 최대의 지상전력(동맹국 가운데 지상전투력은 미국에 이어 2위를 기록)을 가지고 있다(미 국방장관, 2003.7: C-3). 그렇기 때문에 동맹국인 한국에 대한 미국의 요구는 지상군전력에 집중될 가능성이 크다.

미국은 한국 지상군의 병력규모와 훈련(전투준비)수준, 장비수준에 대해서 미국의 국가안보목표 및 국가전략과의 연계하에서 일정한 기준을 제시하고 이를 지키도록 강요해왔다. 1954년 한미합의 의사록은 한국이 이행해야 할 정책사항 세 번째로 "부록 B에 규정된 바의 국군병력 기준과 원칙을 수락한다"라고 규정하고 있다.[55] 이때 규정된 지상군 20개 사단 규모의 병력은 대중국 봉쇄라고 하는 극동전략 차원에서 정해진 것으로 이후 두 차례(1958년과 1960년) 개정되긴 했으나 20개 사단 60만 명 규모는 기본적으로 큰 변화가 없이 오늘날까지 이어져 왔다.

미국의 대북 전쟁목표(대북 점령과 민사작전)를 위해서 미국은 한국 지상군의 대폭적인 병력감축을 바라지 않는다. 최소한 30만 명 수준까지 한국군 병력규모를 줄일 수 있는데도 50만 명 수준으로 규정된 것은 북 점령을 대북 군사목표로 하기 때문이다. 「신연합작전계획 5015」의 시나리오는 미국의 우월한 해·공군력을 이용해 대북 선제정밀폭격을 가하고 이와 동시에 한국군 위주의 대규모 지상병력을 북진시키는 내용으로 작성되어 있다. 국방개혁의 핵심을 이루는 병력감축은 이런 작전계획 때문에 적정 군사력 규모로 여겨져 온 25~30만 명 수준을 훨씬 넘어서는 50만 명 수준으로 목표가 설정될 수밖에 없었다. 그런데도 미국은 50만 명으로의 감축에 대해서 대북 전쟁목표(점령 시 민군작전이 가능한 병력수준)를 실행하기에는 너무 많은 감축이 아닌가 하는 의구심을 표해왔다. 버웰 벨 주한미군 사령관은 미 하원 군사위 청문회에서 한국군이 현역과 예비역을 포함해 2007년 현재 370만 명의 병력을 2020년까지 200만 명으로 46% 감축할 계획임을 미 의회에 보고하면서 "북한군이 비슷한 규모로 줄지 않을 경우

---

55) 1954년 한미합의 의사록 부록 B는 1955 회계연도 병력 상한으로 육군 20개 사단 66만 1,000명을 포함해 총인원 72만 명을 명시했다. 이 병력 상한은 부록 B의 1958년 11월 18일 개정을 통해서 18개 사단 63만 명(육군은 56만 7,000명)으로, 다시 1960년 12월의 개정으로 60만 명으로 줄게 된다.

한국군도 대규모 병력감축을 신중히 고려하기를 바란다"고 말했다(≪경향신문≫, 2007.3.9). 이에 미국의 우려를 반영해 이명박 정권은 목표연도 병력감축 목표를 변경해 4개 동원사단을 해체하지 않고 평시에도 유지하는 것으로 수정했다. 또 「국방개혁 기본계획 조정안」이 「국방개혁 기본계획」에 없었던 '전시 10개 사단 추가 창설' 계획을 포함시킨 것은 북한지역 안정화 작전을 위한 소요를 감안한 것이라 할 수 있다.

한국 지상군에 대한 미국의 요구 때문에 한국은 대폭적인 병력감축도, 3군의 균형적 발전도 기대하기 어려우며 국방비 절감은커녕 도리어 더욱 무거운 국방비부담을 안게 되는 것이다.

둘째, 「국방개혁 기본계획」은 북의 핵·미사일 위협에 대응하는 전력을 조기 도입(탄도탄 조기경보 레이더와 패트리엇 미사일 등)하는 방향으로 수정되었는데 이는 대북 선제공격에 대비하는 의미를 갖는다. 탄도탄 조기경보 레이더와 패트리엇 미사일 등의 조기도입은 또 미국의 미사일방어체제 구축에 협력한다는 의미를 갖는다.

셋째, 전작권 전환 뒤 수립될 새로운 한미 공동방위체제의 수정이다. 「국방개혁 기본계획」에서는 '협력적 자주국방' 기조하에 독자적 전쟁기획·수행체제를 구축하는 것으로 했는데[56] 「국방개혁 기본계획 조정안」에서는 "한미전략동맹을 바탕으로 신 연합방위체제하 한국군 주도의 작전수행체제(를) 구축"하는 것으로 바뀌었다. 그에 따라 한국군의 독자적인 작전계획 작성도 한미 공동작전계획을 작성하는 것으로 바뀌었다.

---

56) 「국방개혁 기본계획」은 국방개혁의 동인의 하나로 '한미연합방위 태세하 균형발전 미흡(한국적 전략 및 군사교리 발전 지연, 작전기획 및 수행능력 미흡)'과 그에 따른 '한국군의 역할 확대에 부합하는 작전수행능력 향상 필요'를 꼽고 있다(한국국방연구원, 2005: 6).

6) '국방경영 효율화'의 기형화와 재정주권 훼손의 심화

이명박 정권이 이전 정권과 달리 강조하는 국방정책 중 하나가 '국방경영 효율화'다. '국방경영 효율화'는 이명박 정부의 외교안보 전략목표(새로운 평화구조 창출, 실용외교 등)인 '미래지향적 선진안보체제 구축'을 실현하기 위한 중점과제의 하나로 제시되고 있다. 국방경영 효율화는 '유사중복 조직의 통폐합을 통한 조직과 예산낭비의 절감 및 업무효율성 증대', '민간자원의 적극 활용을 통한 군의 전문성과 효율 강화', '방위산업의 수출시장 적극 진출' 등을 그 내용으로 한다(청와대, 2009.3: 37).

그러나 '국방경영 효율화'는 이명박 정부가 강조하기는 했지만[57] 기형화되고 있고 실제 효율화는 전혀 실행되지 않고 있다. 부대 구조는 간소화한다는 방침과 달리 오히려 사이버사령부 창설, 서북도서방위사령부 창설 등으로 더욱 복잡하게 되고 있다. 국가재정난 속에서도 방만하고 위법적인 국방예산 편성과 집행이 여전하며 각종 무기도입 비리가 끊이지 않고 있다.

이처럼 국방경영 효율화가 구두선에 그치는 것은 집행 또는 운영상의 문제로 국방효율화에 접근하는 시각의 한계 때문이다. 국방경영 효율화가 이뤄지려면 비효율을 낳는 근본원인인 비대한 병력 그리고 그와 짝을 이루는 방만한 국방예산의 과감한 감축이 선행되거나 동시적으로 이뤄져야 하지만 병력 규모와 국방예산이 여전히 성역화되어 있기 때문이다.

---

57) 이명박 대통령은 군 전략과 연계된 획득 및 조달업무와 관련, "투명한 국방예산 집행을 위해 제도개선을 포함한 선진운영방안을 마련하라"고 지시(≪연합뉴스≫, 2009.11.9). 또 "무기도입과 조달, 병무관련 업무 등은 우리가 분단국가라는 특수성과 함께 업무의 틀이 거의 고정되어 있다는 성격 때문에 문제가 생길 소지가 많"으며 "현재의 구조에는 근원적으로 비리가 생길 틈이 있다. 예산을 절감하면서 효과를 높일 수 있는 방안이 있다고 본다"고 말함(2009.12.9).

앞에서 병력감축이나 군 구조개혁이 미국의 요구 때문에 기형화되고 후퇴되고 있음을 보았는데 국방예산 역시 이명박 정권 들어 팽창을 멈추지 않고 있으며 예산편성과 집행과정에서 낭비와 비효율, 위법성이 여전하다.

제8차 방위비 분담금 특별협정에는 연합방위력 증강사업(CDIP)이 규정되어 있지 않은데도 2010년도 국방예산에 CDIP 사업비로 440억 원이 배정됐다. 또 「주한미군을 위한 대량 유류지원의 전환에 관한 한미 합의서」(2004.8.9)는 대량 유류지원을 위한 용역비용을 미국이 부담한다고 규정하고 있고 또 이를 전제로 국회동의 절차도 생략했다. 한국종단송유관(TKP) 후속 대량 유류지원비(방위비 분담금 구성항목인 군수지원비의 하나)로 52억 원이 2010년 국방예산에 배정된 것은 '주한미군을 위한 대량유류지원 전환협정'의 위반으로, 굴욕적인 예산편성 사례다. 반환 미군기지 환경오염 치유비 812억 원, 주한미군 송유관 철거부지 오염토양복원사업 예산 205억 원 등의 2010년 국방예산편성 또한 미국이 부담해야 할 비용을 우리 국민에게 부당하게 떠넘기는 사례다.

2010년도 연합지휘통제체계(AKJCSS) 연구개발 50억 원 배정도 재정주권이 한미동맹 때문에 훼손된 사례다. 한국군 C4I는 "적(북한)의 5대 위협의 총화를 능가하는 한국군 비교우위의 비대칭전력"(한국 합참, 『합참』 20호: 225)이라는 합참의 평가대로 대북 전력이 압도적으로 우위에 있어 추가로 구축해야 할 이유가 없다. 그런데도 주한미군이 바라는 C4I 운용개념과 작전요구능력에 맞추기 위해 실시된다. AKJCCS의 총연구개발사업비는 '2008~2012년 국방 중기재정계획'(2006년 말 수립)에서 120억 원이었는데 2009년 1~5월의 한미 워크숍에서 AKJCCS의 ROC(작전요구능력)가 수정되면서 총사업비가 애초보다 무려 3배 이상 늘어난 386억 원으로 껑충 뛰었다. 그에 따라 AKJCCS 예산도 2009년도에 24억 8,300만 원에서 2010년도에는 106억 7,600만 원으로 330%나 늘어났다(방위사업청,

2009.10: 1209). 또 국방예산편성 지침은 다년도 사업의 경우 사업기간별 연부율을 편성하되 매년도 예산증가율이 최대 300%를 넘지 않도록 하고 있는데 2010년도 AKJCCS의 예산편성은 이런 지침을 어긴 것이다. 이런 사실은 한미전략동맹 표방 이후 국방예산의 대미 종속성, 재정주권의 침해가 더욱 심해지고 있음을 보여준다.

7) 해외파병의 상시화 추구

해외파병 상비부대를 설치·운영하고 국회동의 전이라 하더라도 국군의 해외파견에 관해 유엔과 합의할 수 있도록 하는 내용의 「국제연합 평화유지활동 참여에 관한 법률안」(PKO 신속 파병법)을 2009년 12월 제정했다. 다국적군 파견법 제정도 추진 중이다.

김태영 장관은 "해외파병 전담부대 창설과 평화유지활동(PKO) 센터 강화를 추진 중"이라며 "올(2010년) 7월 이후에는 명령만 있으면 한 달 내에 부대를 해외에 파병할 수 있도록 할 계획"이라고 말했다.

이런 조치는 세계적 규모로 동맹군을 운용하고자 하는 미국의 요구를 국내법적으로 보장하기 위한 것이다. 그 하나의 사례가 소말리아 해적 대응을 명분으로 청해부대가 미5함대의 예하에 설치된 '연합해군사령부(CMF)'에 배속돼 활동하는 것이다. 평화유지활동을 명분으로 미국 주도의 다국적 훈련인 코브라 골드 훈련에 사상 처음으로 해병대를 파견한 것 또한 소말리아 부근 해역 파병, 아이티 파병과 함께 테러와 재난 등 범세계적 문제에 대한 군사협력 차원에서 진행되는 것이기도 하지만 북한 지역에 유사한 문제가 발생할 경우에 대비한 것이기도 하다.

8) 미국 MD 참여에 적극적인 입장으로 선회

미국은 일본, 한국, 호주, 대만을 미국의 MD에 끌어들임으로써 대중 군사적 포위망을 구축하려는 의도를 가지고 있다.

미국의 2010년 「탄도미사일방어 검토보고서」(BMDR)는 한국을 일본과 더불어 동아시아지역의 미국 탄도미사일방어의 중요한 협력국(an important U.S. BMD partner)으로 지칭하고 있다. 이 보고서는 이러한 평가의 근거로 한국이 미사일방어 전력을 획득하는 데 관심을 보여왔다는 것, 또 한국과 미국 정부가 "미래 MD 소요를 확정하는 작업을 진행하고 있다"는 것, 또 미국은 "이런 소요가 산출되는 대로, 북의 미사일위협에 대응해 한국 보호를 강화하기 위해 한국과 함께 일할 준비가 되어 있다는 것"을 지적하고 있다. 그러면서 미국은 "운용상 조정의 향상과 진행 중인 미사일방어협력의 발전"을 위한 추가적 조치에 대한 기대감을 표명하고 있다. 한국의 미래 MD 소요를 확정하기 위해 한국과 미국이 함께 작업하고 있다는 것은 MD에 대한 미국의 요구가 사실상 우선 고려된다는 의미다.

이명박 정권은 미국 MD 참여를 부정하다가 위의 「BMDR」처럼 다시 참여하려는 태도를 취하고 있다. 이는 김대중, 노무현 정권이 기술적·재정적 문제나 중국·러시아와의 외교적 관계 등을 이유로 미국 MD 참여를 반대해왔던 것과는 상반되는 태도다.

이명박 정권은 탄도탄 작전통제소(AMD CELL) 설립과 조기경보 레이더 도입을 추진하고 있는데(국방부, 2009.2.15) 한국이 도입하는 MD 무기체계는, 북 탄도미사일에 대한 조기경보능력이 없다는 점에서 미국의 정보에 의존해 운용될 수밖에 없고 또 AMD CELL의 경우 주한 미7공군 AMD CELL과 연합으로 구축하게 된다. 한국형 MD란 어디까지나 명분이고 미국 MD체계의 참여로 이어질 수밖에 없다.

김태영 장관은 "북한의 핵미사일을 요격할 수 있는 미사일방어(MD) 체계에 전술적인 차원58)에서 참여할 계획"(≪중앙일보≫, 2010.1.20)임을 밝히기도 했다.

9) 한·미·일 군사동맹 및 세계적인 동맹네트워크 구축

(1) 한·미·일 군사동맹 구축 행보

한일관계의 민감성 때문에 한일동맹 구축은 단계적으로 추진되고 있지만 한·미·일 동맹을 통한 중국 포위를 바라는 미국의 요구에 부응해 특히 천안함 사건과 연평도 포격사건을 계기로 한·미·일 간 군사관계는 노무현 정권 때와는 차원을 달리해 전개되고 있다.

「한미동맹 공동비전」의 하위 문서인 「한미국방협력지침」은 '지역 및 범세계 안보 도전'에 대한 한미 국방당국의 협력지침의 하나로서 "양자·삼자·다자간 국방협력을 강화한다"고 규정하고 있다. 이는 한미 국방협력을 한·미·일 국방협력으로 확대하는 것으로 사상 처음으로 한·미·일의 군사작전 차원의 공동행동을 한미 국방 당국의 협력사항으로 공식화한 것이다. 더불어 "(2010년 10월 17~23일 사이 열린 13차 아태지역 군 고위급 서울 회의 기간 중의) 한·미·일 회담에서 역내 분쟁억제와 북한의 군사적 도발억제를 전략·지역 안보목표로 제시할 예정"이라는 한민구 합참의장의 기자회견 발언(≪동아일보≫, 2010.10.19)이나 한·일 양국이 2011년에 '안전보장협력'을 포함한 공동선언 작성도 모색하고 있다(≪한겨레≫,

---

58) MD의 전술적 참여란 사정거리 500km 이하의 탄도미사일을 100km 이하의 고도에서 요격하는 것이다. 요격 미사일로는 패트리엇 개량형(Pac-3) 등이 사용된다.

2010.12.6)는 보도 등은 한일간 군사적 관계가 단순한 교류협력 관계를 넘어서 연합작전적 차원으로 발전하고 있음을 보여주는 것이며 사실상 동맹의 초입단계에 들어서고 있다.

한·미·일 J-5(기획 및 정책참모) 부장회의가 2008년 12월 한국에서 열린 것이나 일본 자위대와 미군이 육해공 군종별로 한국과 오스트레일리아를 포함해 비밀리에 전략협의를 해온 것(≪한겨레≫, 2010.11.9) 또 일본 해상 자위대가 2011년에 한국·미국과 3개국 해군 참모회의를 개최하기로 한 것(≪니혼게이자이≫, 2010.9.5) 등은 한·미·일의 3국 군이 정책과 기획 차원에서 공동군사작전체제 구축을 모색하고 있음을 보여준다.

또 한일은 「군사정보포괄보호협정」(GSOMIA) 체결을 위한 의견교환을 본격화했다(≪아사히신문≫, 2010.11.9). "북한의 급변사태에 대비한 한미간 컨틴전시플랜과 함께 일본과도 군사·전략과 관련한 정보를 교환하는 환경을 구축할 필요성이 높아졌다"는 청와대의 발언이나 "3자(한·미·일)간 실질적인 정보공유체제 구축 방향도 시간이 되면 논의될 것"이라며 "한국과 일본은 모두 비밀보호협정 체결의 필요성을 느끼고 있다"(≪동아일보≫, 2010.10.19)는 한민구 합참의장 발언 등은 공동군사작전을 위한 정보의 교환 및 공유 필요성을 제기한 것이다.

이명박 정부는 2010년 7월 25∼27일 동해상에서 실시된 한미연합훈련에 일본 해상자위대 장교 4명이 미국 함선에 옵서버 자격으로 탑승해 훈련상황을 파악토록 허용했으며 2010년 10월에는 한국이 주관하는 PSI 역내 해상훈련에 일 자위대의 호위함과 초계기 등이 참여했다. 또 한국군도 2010년 12월 3일부터 10일까지 실시된 미일연합훈련에 장교 4명을 보내 참관했다.

한국 정부가 유엔평화유지(PKO) 활동 때 한국군과 일본 자위대 간에 무기부품과 연료 등을 서로 융통하는 「물품·서비스 상호제공 협정」(ACSA)

을 추진하고 있다(≪한겨레≫, 2010.7.20)는 보도는 한일이 공동군사작전체제 구축을 목표로 군수협력을 추진하고 있다는 것을 보여준다.

군사작전 수행을 위해서 필수적인 전략, 기획, 정보, 훈련, 군수 등의 부문에서 한국군과 일본 자위대가 직접 논의·협력 관계를 구축한다는 것은 한국군과 일본 자위대가 사실상 군사동맹관계로 진입한다는 것을 의미한다.

(2) 세계적인 동맹네트워크 구축

미국은 나토의 글로벌 파트너십을 통해 전 세계를 단일 전구화하고 세계적인 동맹네트워크 구축을 꾀하고 있다. 이에 따라 공세적 대외지향적 국가안보목표를 설정하고 포괄적 전략동맹을 추구하는 이명박 정권은 나토의 제휴·협력 요구에도 더욱 적극적인 자세로 임할 것으로 예상된다.

지역 및 세계적 차원의 한미 공동작전체제는 군사훈련에서 그 모습이 드러나고 있다. 그동안 한국은 림팩(RIMPAC) 훈련 등 지역차원의 미국 주도 다국적 훈련에 제한적으로 참가해왔는데 앞으로 이런 훈련 참가가 더욱 적극적으로 이뤄질 것으로 보인다. 한미공군의 연합전투능력을 향상시킨다는 명목으로 막스 선더(Max Thunder) 훈련이 2008년 6월 17일 실시되었는데 이는 2008년 8월 열린 래드 플래그(red flag) 훈련 대비차원에서 실시된 것이기도 하다. 레드 플래그 훈련은 미 공군 주도하에 나토와 일본, 호주 등 아태지역의 미 동맹국들이 참가하는 아태지역 최대의 공대공 공대지 가상 전쟁훈련이다. 여기에 한국 F-15K가 참가한 것은 한국이 이제 지역 및 세계적 범위의 미국 주도 훈련에 본격적으로 참가한다는 신호라고 할 수 있다. 또 한국군은 미 태평양사령부가 주관하는 코브라

골드 훈련에 사상 처음으로 참여했는데(MBC TV 뉴스, 2010.2.3) 한국 지상군 정규부대가 해외에서 대규모 연합상륙훈련에 참가한 것은 이것이 처음이다.

6. 아류(기생적) 패권주의의 근시안적 사고

이명박 정권이 '포괄적 전략동맹'을 추진하는 동기에는 세계유일 초강대국인 미국이 지배하는 세계질서에 협력하고 미국의 지원을 얻어 한국의 국제적 지위를 강대국 반열로 끌어올린다는 사고가 깔려 있다. 이 점에서 '포괄적 전략동맹'은 세계적 패권국가와 한편이 됨으로써 자신의 이익과 세력확대(현상변경)를 꾀하고자 하는 편승형 동맹이자 기생적 패권주의(또는 패권주의 아류)의 한 유형이라고 할 수 있다. 동맹행동의 유형으로 분류하면 편승의 행태를 보이는 것이다. 밴드웨건 식의 동맹행동 행태에는 여러 유형이 있는데 한미동맹은 딱 맞아떨어지는 것은 아니지만 "끝없는 욕망을 가진 수정주의국가(현상변경을 추구하는 국가)의 팽창정책을 지지하는 대가로 수정주의적 국가와 세력권에 관한 협정을 체결하고 이익을 추구하는"(이호영·이기완, 2008: 55) 자칼식 편승에 비유될 수 있다.[59]

---

59) G20 서울 정상회의에 대한 이명박 정권의 태도를 보는 장하준 교수의 다음과 같은 일단의 시각도 호가호위의 허세를 지적한 것이다. 장하준은 '한국 정부가 선전하는 것처럼 대단한 일은 아니다'라며 '조금 시간이 지나 우리도 조폭(선진국)에 편입됐으니 저놈들(후진국) 때리고 살자고 할 수도 있다'는 점을 우려했다(≪경향신문≫, 2010.10.28).

1) 근시안적 정세인식

아류패권주의는 미국이 세계유일 패권국가로서 국제질서를 좌우하고 있다는 정세인식에 근거하고 있다. 그러나 이는 세계의 어떤 초강대국도 혼자서든 아니면 몇몇 나라가 담합해서든 자신의 가치 또는 이념을 각 주권국가 또는 민족에 힘으로 강제할 수 없으며 오늘의 시대는 각 주권국가 또는 민족의 독자적이고 다양한 가치가 공존하는 가운데 지역적 및 세계적 협력이 긴밀히 추구되는 시대라는 것을 보지 못하는, 과거 냉전시대의 사고틀에 사로잡힌 퇴행적 사고다.

일찍이 공산주의 이념을 다른 민족에 힘으로 강제하던 구소련이 붕괴됐고 그 뒤 미국이 마치 냉전에서 승리자인 것처럼 오만하게 일방적으로 행동하면서 자신의 가치를 다른 나라와 민족에 힘으로 강제했지만 마찬가지로 이런 미국의 일방주의 또한 파산하고 말았으며 급기야 미국은 세기적인 경제위기에 처하게 되었다.

미국의 가치와 힘을 절대화하면서 그에 편승하고자 하는 아류패권주의는 미국 패권주의의 쇠퇴, 세계의 다극화 경향과 지역적 협력 강화, 신흥국들의 국제적 발언권 강화 등의 추세를 읽지 못하는 관성적이고 근시안적인 정세인식을 보여준다.

오바마 정권의 등장과 세계경제 위기를 촉발한 미국 금융위기는 미국이 국제관계를 좌지우지하는 시대가 막을 내리고 세계경제 문제들을 중국, 러시아, 인도, 브라질, 한국 등 신흥국들과 협력해 풀어야 하는 새로운 시대가 찾아왔음을 상징적으로 보여준다. "이번 금융위기는 세계화를 통해 세계가 상호 의존하고 있다는 점을 증명해줬다. 새로운 세계에선 어느 한 나라가 절대적으로 안전할 수 없다. 공동의 안보를 생각해야 한다. …… 미국이 독자적으로 세계를 제어할 수 있는 시기는 아니다"(스융밍,

2009.11.24).

≪파이낸셜타임스≫의 기디언 래치먼은 "브라질, 남아공, 인도, 터키 등 자유민주주의국가들이 미국과 같은 대열에 들어서기보다는 개도국 입장을 대변하는 중국과 같은 입장을 취하기 시작했다. 미국이 중국의 강화된 위상으로 자유세계의 리더로서 지위를 잃어가고 있다"(≪한겨레≫, 2010.1.7)라고 쓰고 있다.

미국 국가정보위원회조차 "2025년께 미국은 단일국으로는 가장 강력한 행위자로 남겠지만, 지배적 지위는 줄어들 것"이며 "영향력 있는 행위자들이 다양해지고, 막대한 영향력에 대한 불신으로 미국은 **협력 없이** (세계를) 통제하기 어렵게 될 것"(미국국가정보위원회, 2008.11.21)으로 전망한다.

오바마도 "미국경제는 이제 세계경제 성장의 유일한 엔진이 될 수 없다"(2009년 4월 1일 G20 런던 회담을 앞두고 한 발언)라고 말함으로써 세계경제에서 차지하는 미국의 절대적 지위의 쇠퇴와 신흥국들과의 협력의 불가피성을 인정하고 있다.

미국과의 공조 속에서 대중국 견제를 추구하는 아류패권주의는 중국과의 협력이 불가피함을 인정하고 견제 위주에서 대중국 협력과 견제로 방향을 선회한 미국과 일본의 대중국 정책과도 배치된다. 특히 미국 일극주의의 쇠퇴와 신흥국들의 부상은 동아시아지역의 향후 정세에서 격변을 예고한다. 하지만 가치(사회제도)가 다른 중국을 잠재적 적으로 보는 한미전략동맹에 매달리는 이명박 정권의 태도는 이런 동아시아지역의 격변하는 정세를 외면하는 것이다.

오바마 대통령은 2009년 11월 아시아 순방을 통해 중국의 힘을 공인하고 중국이 협력대상임을 명확히 천명했다. 이는 미국이 견제 위주의 대중국 정책에서 협력과 견제의 양면 정책으로 선회했음을 뜻한다. 이에 대해서 위안펑 중국 현대국제관계연구원 미국연구소장은 "미일은 동맹을 이루고, 중국은 다른 한편에 있었는데 중미일 3자 대화는 동아시아에서 냉전구조가 깨지기 시작한다는 긍정적·상징적 의미가 있다"(≪한겨레≫, 2009.11.16)고 평가했다.

간 나오토 총리가 전임 하토야마 총리의 노선을 다시 거꾸로 돌리고 있지만 자민당의 50년 아성을 무너뜨리고 집권한 민주당이 대등한 미일관계, 우애외교, 동아시아공동체를 공약으로 내세웠던 것은 미국과의 동맹이라는 기존전략만으로는 자국의 안전과 이익을 확보할 수 없다는 판단때문이다. 동아시아공동체 구상도 "요즘 급속도로 미국의 힘이 쇠퇴해가는 과정에서 경제적으로나 군사적으로 미국 일변도의 의존에 의구심을 품게 된 일본인들이 약삭빠르게 거꾸로 '탈구입아'로 방향을 전환해야하겠다는 번민"(정경모, ≪한겨레≫, 2009.12.17)을 반영한다.

대만 민진당의 천수이볜 정권도 중국으로부터의 독립과 친미노선을 집요하게 추구했으나 결국 중국과의 화해를 바라는 국민당에 정권을 넘겨주었으며, 중국과 대만 간의 관계가 대립에서 대화와 협력의 관계로 전환되고 있다.

아류패권주의는 경제성장 전략이라는 측면에서도 타당성을 갖기 어렵다. 바람직한 성장전략을 위해서는 수출 위주 성장에서 내수 위주 성장전략으로 바뀌어야 한다. 그렇지 않으면 한국경제는 경제발전의 자기동력을 확보하지 못해 지금처럼 외부의 조건에 심하게 휘둘리는 종속성을 탈피할수 없게 된다. 수출전략이라고 하는 측면에서 봤을 때도 아류패권주의는 타당성을 갖기 힘들다. 한국의 지역별 수출에서 미국의 비중은 절대적으로 줄고 중국, EU, 기타 지역의 수출이 더 큰 비중을 차지하게 되었다. 미국 시장을 중시하고, 미국과의 경제협력을 절대적으로 중시하고 미국의 신자유주의적 경제규범(정부개입의 최소화, 월가 금융자본에 대한 통제 최소화, 주주 위주의 경영방식, 노동유연화 등)을 맹목적으로 숭배하는 아류패권주의는 미국시장의 쇠퇴와 신흥시장의 급속한 성장 그리고 미국식 경제 표준의 파산이라고 하는 새로운 국제경제의 변화를 외면하는 것이다.

오늘 세계경제 위기의 원인은 시장만능주의, 자본통제 철폐, 달러지폐 남발이라고 하는 미국의 신자유주의 지배체제하에서 유례없이 거대한 규모로 성장한 미국의 금융독점자본이 경제주권을 상실한 개도국들의 자본과 민중은 물론 자국의 민중들을 상대로 무차별적인 투기·약탈 행위를 한 결과라 할 수 있다. 이에 미국 자신은 물론 세계의 주요국들은 세계경제 위기의 해결책으로서 시장만능주의 반성과 국가의 개입, 자본이동 통제, 은행산업 규제(겸업과 대형화 규제)를 표방하고 있으나 이명박 정권은 은행산업의 대형화와 겸업, 규제완화, 외환시장 안정을 위한 미국과의 정책공조 강조를 여전히 경제선진화의 주요한 정책수단으로 여기고 있다.

이는 급변하는 세계경제정세에는 아랑곳하지 않고 미국의 철 지난 가치에만 매달리는 관성적 사고로 미국의 가치나 힘에 대한 과도한 환상이 낳은 현상이다.

이런 시대의 변화를 읽지 못하는 아류패권주의는 정세에 대한 유연성과 독자적 대응력을 상실함으로써 우리 자신의 힘으로 발전과 도약을 이룰 수 있는 기회를 잃고 불필요하게 대결에 힘을 낭비하는 결과를 가져온다.

2) 끝없는 대결과 고립을 자초하는 기생적 패권주의

미국과의 전략적 동맹을 통해서 세계국가로 발전한다는 아류(기생적) 패권주의는 강자의 편에 붙어 약자를 억압함으로써 자신의 이익을 취한다는 점에서 정의롭지 못한 부도덕한 발전전략이다.

특히 아류패권주의는 같은 동족인 북 그리고 이웃 나라들(중국 등)을 적 또는 경쟁자로 돌림으로써 이익을 취하고자 한다는 점에서 끝없는 대결을 불러오고 상대가 수용할 수도 없는 무모한 발전전략이다. 아류패권주의는 공존공영해야 할 동족과 이웃을 적 또는 경쟁상대로 내모는 것으로 한반도 및 동북아시아지역의 평화를 위태롭게 하고 우리 자신의 안보도 항상적인 위험에 빠뜨리는, 대결을 속성으로 하는 생존전략이다.

북을 적으로 돌리는 아류패권주의는 이미 미국이 북의 체제를 인정하고 북과 평화공존하기로 방침을 정하고 또 그 외에는 북핵문제의 해결 방도가 없다는 점에서 보더라도 미국으로부터 이용만 당하고 실익은 얻을 수 없는 전략이다. 또 중국을 견제대상으로 간주하는 아류패권주의는 중국과 맺은 전략적 협력동반자관계와도 양립되지 않는다.[60]

아류패권주의는 또 중국과의 관계에서도 전혀 실현되기 어려운 전략이다. 오바마 정권이 '아시아에로의 귀환'을 내걸고 중국에 대한 군사적 봉쇄전략의 강화를 꾀하고 있지만 중국과의 경제적인 협력 없이는 미국 자신의 경제위기를 헤쳐나갈 수 없다는 것도 엄연한 현실이다. 미국의 대중국 군사적 봉쇄전략 그 자체도 군사력 면에서나 외교적인 면에서 반드시 미국에 유리한 것만도 아니다. 미국의 이런 봉쇄전략은 미국 경제에 갈수록 부담을 지울 것이며, 또 동아시아 지역 나라들의 중국과의 경제적 관계 등을 감안하면 미국의 봉쇄전략을 동남아시아 국가들이 일방적으로 편들기는 쉽지 않을 것이다.

---

60) 한미 전략적 동맹과 한중 전략적 관계는 모순된다. 당장 MD계획이 문제가 된다. 미국은 이 계획추진 초기부터 우리나라의 동참을 요구해왔다. 한국이 미국과의 전략적 동맹을 고려해 이 계획에 참여하는 순간 중국과의 전략적 관계는 깨진다. 중국은 한·미·일 삼각동맹을 경계하며, 동북아에서 주한미군 활동이 활발해지는 것도 바라지 않는다. 대북정책에서도 충돌이 나타난다. 미국과는 달리 중국은 이명박 정부의 비핵·개방 3000 정책을 지지하지 않는다. 북한의 반대를 무릅쓸 이유가 없기 때문이다["전략적 관계들이 성립하려면", ≪한겨레≫(2008.5.29)].

아류패권주의는 또 지구적 범위에서 미국의 패권주의에 협력하는 것이기 때문에 우리나라는 세계적으로도 평화 파괴와 긴장 격화의 주범으로 몰리게 되어 고립을 면할 수 없다. 아류패권주의는 민족통일에 대한 국제적 지지를 확보해야 하는 우리의 처지로 보나 대륙세력과 해양세력이 맞부딪히는 지정학적 위치로 보나 우리가 추구해야 할 국가전략은 아니다. 이라크, 아프가니스탄이나 예멘에서 테러에 의한 한국 민간인의 희생은 한국이 미국의 국가안보목표와 국가전략에 종속되고 또 이를 수행하기 위한 미국의 침략전쟁에 함께하게 될 때 한국이 지게 될 부담과 희생이 어떠할지를 상징적으로 보여주었다.

아류패권주의적 국가발전전략은 우리나라와 우리 민족의 운명을 외세(미국)에 맡기는 사대주의적 생존전략이다. 아류패권주의는 군사만이 아니라 정치, 외교, 경제, 문화 등 모든 면에서 대미종속을 전면화하는 결과를 낳는다. 한국은 외교적으로도 독자적인 발언권을 가질 수 없기에 국제적 지위가 상승하기는커녕 오히려 고립을 자초하게 된다.

또 아류패권주의는 미국의 신자유주의를 추종하기 때문에 우리 경제를 미국, 일본 등의 외국 거대독점자본에 내주어야 한다. 아류패권주의는 우리나라보다 경제적으로 뒤진 발전도상국과의 관계에서도 외국 거대독점자본과 경쟁할 수 없어 실익을 추구하기 어려울 뿐만 아니라 발전도상국가의 민족자본과 대립적 관계에 설 가능성이 크다.

미국의 신자유주의를 추종하는 아류패권주의 경제는 외형이 커질수록 국내의 경제발전 토대가 더욱 위축되는 결과를 가져와 세계적인 경기변동에 따른 끊임없는 동요로 국내의 발전동력을 지속적으로 축적하지 못하고 상실하게 된다.

3) 패권안정론의 이론적 오류와 역사적 검증

(1) 패권안정론이란

아류패권주의의 밑바탕에는 미국이 제공하는 국제안보에 의해 우리나라의 안보를 보장받아왔고 또 미국이 제공하는 자유무역의 혜택을 한국이 누려왔다는 인식이 작용하고 있다. 이런 인식을 이론적으로 뒷받침하는 것이 국제정치학의 일파를 이루는 이른바 패권안정론이다.

'패권안정론'은 국제정치, 경제 체계에서 다른 나라를 압도하는 힘을 가진 패권국이 존재할 때 국제정치에서는 큰 전쟁이 일어나지 않고 국제경제에서는 자유경제(또는 자유무역) 체제가 구축, 유지된다고 주장한다. 팍스 아메리카의 국제체계는 미국 자신의 이해에 의거해 형성되지만 다른 나라들도 평화와 자유무역의 혜택을 입는다는 주장이다.

그러나 패권국이 국제공공재[61](국제평화, 자유무역)를 공급한다는 '패권안정론'의 주장처럼 미국의 패권적인 세계지배로 국제평화가 유지되고 각국이 자유무역의 혜택을 누리고 있는 것인가?

---

[61] 비용을 치르지 않은 특정의 사람이라 해도 이익의 향유를 배제(규제)할 수 없는 성질인 비배제성(nonexcludability)과 어떤 사람의 소비가 다른 사람의 이용가능한 몫을 줄이지 않는 성질인 비경합성(nonrivaly)을 가진 재화를 공공재라 한다. 공공재가 2개국 이상의 나라에 관계할 때 국제공공재가 된다. 패권안정론은 국제공공재이론에 기반을 두고 있다. 패권국은 안정된 통화(기축통화)를 공급하며 자국의 시장을 개방하고, 다른 나라들이 자유롭게 이용할 수 있는 서비스를 제공하고 그럼으로써 국제체계를 안정시킴과 동시에 각국에 이익을 주어 질서에 대한 지지를 확보한다는 것이다.

(2) 패권안정론의 허구성

패권안정론의 가설, 즉 패권국가가 존재할 때 국제체계가 안정되고 패권국가가 존재하지 않을 때 국제체계가 불안해진다는 것은 "안보, 통화, 무역 등의 문제영역에서 검증되었듯이 일반적인 법칙으로 성립될 수 없"(猪口孝, 2000: 879)다.

세계패권주의 체제는 설사 겉으로는 일시적으로 안정되는 듯이 보일 수 있을지 모르나 패권국가가 다른 주권국 또는 민족의 자주권과 독자적 발전을 인정하지 않고 자신의 이념 또는 가치를 힘으로 강요하기 때문에 세계 규모든 지역적 규모든 패권주의지배 체제는 기본적으로 끊임없는 저항과 반발을 부를 수밖에 없는 불안정한 체제이다.

패권국가(미국)가 제공하는 재화 또는 용역(기축통화, 국제안보, 자유무역 따위)을 국제공공재라고 보는 것도 근거가 없다. 보통 국제공공재라고 하는 것의 대부분은 공공재의 성질(비배제성과 비경합성) 중 어느 하나만을 갖고 있는데 특히 무역이나 군사적 안보는 특정국을 배제하는 것이 기술적으로 쉽고 현실도 그처럼 되고 있다(坂井昭夫, 1995.12: 344 참조).

자유무역체제와 IMF체제를 세계의 공동이익으로 보는 것도 무리한 주장이다. 자유무역체제는 자본력과 기술력이 뒤지는 개발도상국에게 불리하게 작용한다. 또 IMF는 기축통화국인 미국이 특권을 행사하는 국제통화기구로, 달러화의 공급을 무기로 개도국의 경제를 농단하고, 미국 투기자본의 투자손실을 보전해주는 역할을 한다.

패권국을 언제나 자유무역의 수호신인 것처럼 보는 것도 옳지 않다. 미국이 「하바나 헌장」 비준을 거부한 것이나 미국의회가 제정한 「한미자유무역협정이행법」(102조)에서 미국의 법과 어긋나는 한미협정의 규정은 무효라고 한 것은 그 좋은 예이다.

그리고 패권국만이 국제공공재를 공급한다는 주장 또한 옳지 못하다. 왜냐하면 몇 나라의 전략적 판단에 의한 공동부담으로 국제공공재가 공급될 수도 있기 때문이다(坂井昭夫, 1995.6: 201).

(3) 역사적 사실에 비추어 본 패권안정론의 오류

냉전 시대 양대 초강대국인 미·소는 세계를 양분한 채 자기 세력권에서 패권을 휘두르는 한편으로 '공포의 균형'을 유지했다. 그렇지만 소련의 위계적인 세계사회주의 지배체제는 물론이고 구소련도 붕괴하고 말았다. 소련의 철저한 통제하에 있던 동유럽 사회주의국가들이 하나같이 체제가 붕괴한 반면 소련과 비교적 독립적인 관계를 유지했던 중국, 베트남, 북한, 쿠바 등의 사회주의국가들은 구소련 붕괴 뒤에도 나름대로 체제를 유지하고 있는 것만 봐도 패권안정론은 허구라 할 수 있다.

구소련 붕괴 뒤 마치 세계유일패권국이 된 것처럼 행동하며 미국은 걸프전을 치러 승리했고 9·11 테러 뒤에는 아프가니스탄과 이라크를 잇달아 침공했다. 하지만 미국은 이라크와 아프가니스탄전쟁에서 참담한 실패를 맛보았으며 대테러전쟁이라는 용어를 폐기하지 않으면 안 되게 되었고 오바마는 일방주의의 폐기를 공식 선언했다. 미국이 자국의 금융위기와 그에 촉발된 세계경제 위기를 신흥국들과의 정책협조를 통해서 풀어가지 않으면 안 되는 오늘의 상황 또한 패권안정론의 허구를 말해준다.

패권안정론은 우리나라의 경험에 비추어 볼 때 그 허구성이 더욱 뚜렷이 드러난다. 왜냐하면 패권국가인 미국이 제공한 이른바 국제안보와 자유무역으로부터 가장 직접적이고 큰 피해를 본 것이 우리 민족이고 지금도 이 때문에 우리 민족은 큰 고통을 받고 있기 때문이다.

분단은 세계의 양대 패권국인 미국과 소련에 의해 강요된 것인데 만약 우리나라가 분단되지 않았다면 한국전쟁의 비극을 겪지 않아도 되었을 것이며 반세기 넘게 반복되어온 소모적인 남북대결도 불필요했을 것이다. 안보의 대미의존은 민주주의의 후퇴, 대결적 남북관계의 고착, 군사·외교의 자주권 상실, 주한미군의 운영유지비에 대한 감당하기 힘든 재정적 부담 등을 초래했다.

대미 수출은 우리 경제의 외형을 성장시킨 요인이지만 이 때문에 치른 대가가 너무나 크고, 우리 경제가 질적인 발전을 하는 데 발목을 잡는 본질적인 문제로 남아 있다. 대미 수출 위주의 성장전략은 우리 스스로 선택한 것이 아니라 미국에 의해서 강요된 것이며 그에 따라 자립적 발전 토대의 상실과 대외적 요인에 의한 끊임없는 변동성, 계급계층 간 빈부 양극화가 자리를 잡았다.

7. '한미전략동맹'의 위법성

1) 우리 헌법의 기본원리[62]를 부인하는 '포괄적 전략동맹'

포괄적 전략동맹은 '공동의 가치'로서 '개방사회', '개방경제', '자유민주주의'와 '시장경제', '인권' 등을 표방하고 '인권', '민주주의', '무역 및 투자자유화'를 지역 및 세계로 확산하는 것을 사명으로 한다.

또 포괄적 전략동맹은 북을 흡수통일의 대상으로 공식화하고 있으며

---

62) 우리 헌법은 그 기본원리(또는 지도원리)로서 국민주권주의, 자유민주주의, 평화통일 주의, 국제평화주의, 복지국가주의, 사회적 시장경제주의 등을 표방하고 있다(김철수, 2006: 83~88 참조).

이런 행동목표 달성을 위한 국방정책으로 한미연합 방위체제를 천명하고 있으며 이라크나 아프가니스탄에서 이뤄지고 있는 것과 같은 '평화유지와 전후안정화, 개발원조에 대한 한미동맹의 공조'를 제고하기로 약속하고 있다.

그러나 첫째 '자유민주주의'와 '시장경제', '인권', '자유무역'을 '공동의 가치'로 표방하는 것은 우리 헌법이 규정한 '국민주권주의', '자율과 조화를 바탕으로 하는 자유민주적 기본질서'(기회균등과 균등한 국민생활이 보장되는 자유민주적 사회체제)와 충돌한다.

우리 사회가 어떤 가치(사회제도)를 선택하고 추구할 것인가는 우리 헌법이 보장하는 국민의 고유한 주권사항으로 미국식 사회제도(가치)와의 일치를 강요하는 것은 내정간섭이고 주권침해에 해당한다.

특히 우리 헌법은 '자율과 조화'를 바탕으로 하는 자유민주적 질서(사회적 시장경제주의)를 우리 사회가 지향해야 할 사회제도로 규정함으로써[63]

---

63) 헌법은 자립적이고 균등한 국민생활이 보장되는 사회시장경제체제를 우리 사회가 추구해야 할 사회제도로 규정하고 있다. 「헌법 전문」에서 '독립정신'이 건국이념의 하나로 천명되고 있고 또 "자율과 조화를 바탕으로 자유민주적 기본질서를 더욱 확고히 해 정치·경제·사회·문화의 모든 영역에 있어서 각인의 기회를 균등히 하고, 능력을 최고도로 발휘하게 하며 …… 안으로는 국민생활의 균등한 향상을 기"한다고 해 자유민주적 기본질서가 '자율'과 함께 '조화'(특정 지역·계급·계층의 독점의 부정)를 바탕으로 기회균등과 국민생활의 균등한 향상을 보장해야 함을 명시하고 있다. 또 경제사회질서의 근본원칙을 규정한 「헌법」 제119조는 "국가는 균형 있는 국민경제의 성장 및 안정과 적정한 소득의 분배를 유지하고, 시장의 지배와 경제력의 남용을 방지하며, 경제주체 간의 조화를 통한 경제의 민주화를 위해 경제에 관한 규제와 조정"을 할 수 있도록 하고, "대한민국의 경제질서는 개인과 기업의 경제상의 자유와 창의를 존중함을 기본으로 한다"고 하고 있다. 이것은 한국의 경제사회질서가 "모든 국민의 인간다운 생활의 보장"(「헌법」 제34조 1항)에 그 목적이 있음을 천명한 것이며, 우리의 경제질서의 원칙이 빈익빈 부익부를 허용하

'자율'을 일방적으로 강조하는 미국의 '자유민주주의'나 '시장경제'와 다른 가치를 헌법의 기본원리로 삼고 있다. 이 점에서 사회제도(가치)의 차이를 인정하지 않고 '공동의 가치'만을 규정한 것은 사회제도 선택권의 부인이자 우리 사회제도의 미국식 사회제도로의 변화를 강요하는 횡포다.

둘째 포괄적 전략동맹의 하위 문서인 「한미 국방협력지침」(2010.9)은 '평화적 흡수통일'을 한미 연합방위체제의 임무로 규정하고 있는데 이는 우리 헌법의 평화통일주의 원칙을 위반한 것이다(김철수, 2006: 87~88).

연합방위체제가 '평화적 흡수통일'을 뒷받침한다는 것은 결국 평화적 흡수통일을 추구하는 과정에서 있을 수 있는 북한의 군사적 반발을 무력의 위협 또는 행사로 제어함으로써 결과적으로 흡수통일을 이루겠다는 것이기 때문이다.

셋째 지역 및 세계 범위에서 '민주주의', '인권', '시장경제', '무역 및 투자자유화' 등의 미국적 가치의 증진(전파)을 전략동맹의 사명으로 규정한 것이나 이런 미국식 가치 증진을 명분으로 한 미국의 무력개입(침략전쟁)에 대한 한미동맹의 공조 강화를 의무로 규정한 것은 우리 헌법의 국제평화주의 원칙에 위배된다.

「헌법 전문」은 "밖으로는 항구적인 세계평화에 이바지함으로써"라고 해 국제평화주의를 선언하고, 그 구체적인 표현으로 「헌법」 제5조에서 "대한민국은 국제평화의 유지에 노력하고 침략적 전쟁을 부인한다."라고 규정하고 있다. 그러나 포괄적 전략동맹은 가치가 다른 이웃국가들에 대해서 그들 국가의 가치를 존중하고 협력하는 것이 아니라 가치가 다른 나라들을 배척하고 '한미 공동의 가치'를 전파할 대상으로 여기고 있다.

지 않고 '생활의 균등한 향상'을 기하고자 하는 사회적 시장경제주의에 근거하고 있음을 말해준다.

2) '포괄적 전략동맹'은 민족자결권의 부인이다

북에 대한 선제공격과 북 붕괴를 추구하는 포괄적 전략동맹은 남북 사이의 화해와 협력, 평화통일에 관한 민족적 합의에 위배된다. 한미동맹을 통한 흡수통일 방침은 그간 민족의 합의를 무시한 처사이자 대북 전면 대결 선언이다. 이는 7·4 남북공동성명과 공동의 통일방안에 합의한 6·15 공동선언 그리고 10·4 선언을 정면으로 부정하는 것이며, 이명박 정권이 남북대화의 기준으로 제시해온 남북기본합의서마저 부정하는 것이다.

남북 사이의 화해와 협력, 평화통일에 관한 합의는 어느 민족, 어느 인민도 부정할 수 없는 우리 민족의 고유한 자결권에 속하는 것으로 이를 어기고 흡수통일을 미국과 공동행동목표로 하는 포괄적 전략동맹은 적법성을 가질 수 없다.

3) 「한미상호방위조약」의 위배

「한미동맹 공동비전」과 「한미상호방위조약」은 서로 충돌한다. 「한미상호방위조약」은 한국영역의 방어를 규정하고 있고 이런 목적 속에서 주한미군의 주둔을 허용하고 있다. 반면 「한미동맹 공동비전」은 단지 한국영역의 방어만이 아니라 대북 흡수통일, 지역적 및 세계적 범위의 위협에 대한 공동대처를 규정하고 있다. 포괄적 전략동맹의 지리적 적용범위는 「한미상호방위조약」의 규정을 위배하는 것이다.

그런데 「한미상호방위조약」은 국회의 비준을 받은 조약이지만 「한미동맹 공동비전」은 국회의 비준을 받지 않은 정상 간의 정치적 선언일 뿐이다. 이 점에서 「한미상호방위조약」은 「한미동맹 공동비전」에 대해서 법적 우위를 갖는 문서라 할 수 있다.

4) 전쟁금지와 내정불간섭 원칙의 위배

포괄적 전략동맹은 '인권, 자유민주주의, 시장경제'라고 하는 가치를 지역 및 범세계적 범주에서 실현하는 것을 목적으로 한다는 점에서 내정불간섭을 원칙으로 하는 국제법의 위반이다.

흡수통일을 포괄적 전략동맹의 활동목표로 제시한 것은 우리 민족문제에 대한 외세의 개입을 허용한 것으로 민족자결권의 전면 부정이고 이 점에서 민족자결권을 보장하고 있는 국제법의 위반이다.

또 포괄적 전략동맹은 한국영토가 외부의 공격을 받지 않는다 하더라도 한국영역 밖에서 군사적 대응을 할 수 있게 되어 있어 국제법에 위배된다. 「한미상호방위조약」은 한국영역의 방어라는 점에서는 침략전쟁을 부인하는 우리 헌법이나 전쟁을 불법화한 국제연합헌장을 위배한다고 할 수 없다. 그러나 '포괄적 전략동맹'은 단순히 한국영역의 방어에 머물지 않고 지역 및 세계의 범위에서 미국과 공동군사작전을 할 수 있게 되어 있어 우리 헌법과 국제법 위반이다.

'테러리즘'이나 '인권침해', '대량파괴무기 확산' 등은 미국이 내정불간섭과 무력행사금지라고 하는 전통적인 국제법 원칙이 제한될 수 있다고 주장하는 즉, 다른 나라에 대해서 선제공격을 가할 수 있고 유엔안보리의 수권 결의 없이도 무력행사(무력개입)를 할 수 있다고 주장하는 사안들이다. 이 점에서 이른바 '범세계적 도전'에 대한 한미전략동맹의 발동은 이런 미국의 일방주의적인 국제법 위반(침략) 행위에 한국 자신도 동참해야 할 의무를 지게 됨을 뜻한다.

또 '포괄적 전략동맹'하에서 주한미군기지는 중국 및 러시아를 포함해 제3국에 대한 미국의 군사적 개입을 위한 기지로서의 기능을 갖게 된다.[64]

우리 영토를 제3국(중국 등)에 대한 봉쇄기지로 제공하는 것은 침략행위로서 국제법 위반이다. 「유엔총회 결의 3314호」(1974.12.14)는 자국의 영토를 타국이 제3국을 침략하기 위한 영토로 제공하는 것을 침략으로 규정해 금지하고 있다.

8. 글을 맺으며

지금 시대는 상호존중과 호혜에 입각한 지역적 및 세계적인 협력이 나날이 높아져 가면서도 각 주권국가의 다양한 자주적이고 독자적인 발전이 보장되고 또 그것과 조화되어야만 하는 시대다.

이런 정세에 비추어 보면 자신의 고유한 가치를 버리고 세계강대국이라 해 그 가치를 일방적으로 추종하는 가치동맹, 세계최강대국 미국의 버림을 받을까 두려워하면서 미국의 신뢰를 얻는 것을 최우선적인 외교목표로 하는 신뢰동맹은 시대착오적이다.

한반도와 동북아시아로 눈을 돌려보면 1945년, 더 가까이는 1950년 이래 무력을 통해서 한반도에 어느 한쪽의 이념이나 가치를 전일화해 보려는 시도는 끊임없는 소모와 대결, 적대와 불신, 종속과 빈곤만을 낳았다. 북의 체제를 무력으로 제압, 붕괴시키기 위한 부시 정권의 일방주의, 패권주의가 맹위를 떨쳤지만 부시 스스로 9·19 공동성명 합의를 통해서 자신의 일방적인 대북 패권주의가 파산했음을 선언하지 않으면 안 되었다.

---

64) 미 국방부는 "주한미군은 '전진배치(forward-deployed)'에서 가족을 동반하는 '전진주둔(forward-stationed)'으로 전환되고 있다"며 "가족동반 근무제가 완전히 시행되면 주한미군의 전개가 한국으로부터 가능하게 되어 전 세계의 비상사태에 파견 가능한 전력이 늘어난다"[미 국방부, QDR2010 (2010.2.1), p.51]고 말하고 있다.

일본에서조차도 미일동맹의 재검토와 대등한 미일관계, 동북아시아공동체를 내건 민주당이 전후 60년 이상 지속된 자민당체제를 무너뜨리고 집권함으로써 새로운 시대가 열리고 있다. 물론 민주당에서도 간 나오토 총리가 집권하면서 이런 기조가 퇴색되고 있으나 결국 대세를 막을 수는 없을 것이다.

미국의 가치(세계지배체제)를 절대적으로 보면서 미국과의 동맹을 최우선적인 국가안보전략으로 하고 북과 대결하고 또 중국과의 대결도 불사하는 것은 냉전 시대의 역사적 교훈을 망각하고 시곗바늘을 거꾸로 돌리는 것이다.

이명박 정권 들어 한미동맹이 이전의 어떤 정권보다도 국가정책(정치, 경제, 군사, 문화, 교육 등 모든 면에서)에서 최우선순위에 놓이게 된 후과는 상상을 초월한다. 사실 이명박 정권은 국가목표를 이루기 위한 수단의 하나일 뿐이어야 할 '한미동맹'을 국가목표 그 자체, 그것도 최우선적인 목표로까지 설정함으로써 우리 국민과 민족에게 크나큰 손실과 기회상실을 가져왔다. 우리 국민 내부의 계층양극화(빈익빈 부익부)와 가치 혼란, 소모적 정쟁이 정점으로 치달았다. 남북관계의 파탄과 소모적 대결의 재현, 남북 간 군사적 위협의 일상화와 무력충돌까지 빚어지게 되었으며 전쟁종식 및 한반도 평화협정 체결, 한반도 비핵화와 남북 화해를 갈망하는 우리 국민과 민족의 기대가 좌절감으로 바뀌고 있다. 그뿐만이 아니라 한·미·일 군사동맹의 강화, 중국과의 새로운 갈등과 대립의 표면화, 동북아시아지역의 군사적 긴장과 미중 대결의 고조 등의 신냉전의 먹구름이 한반도를 긴장과 대결의 한복판으로 몰아가고 있다.

한미전략동맹은 우리 국가와 민족이 확보해야 할 국가적·민족적 목표인 자주와 주권, 한국민의 내적 통합, 한반도 평화, 민족통일 그리고 동북아시아지역의 평화공존과 공영과는 결코 양립될 수 없는 길임이 드러나고 있다.

우리의 국민적 동력과 민족적 동력을 단결시켜낼 수 있는 자주적 발전 전략을 기본으로 하면서 상호존중과 호혜평등에 입각한 지역 및 세계와의 긴밀한 협력을 동시에 추구하는 것이 우리나라가 나아가야 할 올바른 길이다. 이런 길을 걷기 위해서도 대미 종속적인 '포괄적 전략동맹'을 폐기하는 것이 긴요하다.

참고문헌

국방부. 2006. 「2006 국방백서」.

_____. 2008. 「2008 국방백서」.

김철수. 2006. 『헌법학개론』. 박영사.

김홍규. 2009. 「중국의 동반자외교 소고」. ≪한국정치학회보≫ 제43집 제2호.

미 국방장관, 2003. *Report on Allied Contributions To The Common Defense* (2003.7).

미 백악관. 2002. 「국가안보전략」.

미국국가정보위원회. 2008. *GLOBAL TRENDS 2025-A Transformed World* (2008. 11.21).

미 국방부. 2010. *QDR2010* (2010.2.1).

방위사업청. 2009. 『2010년 예산안 및 기금운용계획안 사업설명자료(II-1)』(2009.10).

스융밍 중국 외교부 산하 국제문제연구소 연구위원, ≪한겨레≫, 2009.11.24.

외교통상부. '전작권 전환 연기 조정 참고자료', 2010.7.7.

이호영·이기완. 2008. 『동맹의 이론과 현실』. 창원대출판부.

청와대 NSC. 2004. "평화번영과 국가안보"(2004.4.1).

청와대. 2009. 『성숙한 세계국가(Global Korea) − 이명박 정부 외교안보의 비전과 전략』 (2009.3).

한국 합참. ≪합참≫ 20호.

한국국방연구원. 2005. 『국방개혁, 어떻게 할 것인가?』(16차 국방NGO포럼 2005.9.22)

한국정치학회 엮음. 2008. 『정치학이해의 길잡이 V5: 국제정치와 안보』. 법문사.

합동참모본부. 2006. 『합동·연합작전 군사용어사전』.

휴즈, 크리스토퍼. 2009. 『일본의 재군사화』. 한국해양전략연구소.

松村昌廣. 2004. 『軍事情報戰略と日美同盟』. 芦書房.

佐島直子 編著. 2004. 『現代安全保障用語事典』. 信山社.

坂井昭夫. 1995. "覇權國理論をめぐる論壇槪況". ≪關西大學商學論集≫ 第40券 第2 号(1995.6).

坂井昭夫. 1995. "ネオ·リアリズムと國際公共財". ≪關西大學商學論集 第40券第

4·5号 合倂號≫(1995.12).

猪口孝. 2000. 『政治學事典』. 弘文堂.

土山實男. 2004. 『安全保障の國際政治學』. 有斐閣.

ジョン. L. ハーパ. 2001. "米英同盟 :その 過去, 現在, 未來" 船橋洋一 編,『同盟の比
較研究』. 日本評論社.

Evans, Graham & Jeffrey Newnham. 1998. *The Penguin Dictionary of International
Relations*.

Gregory, Shaun R. 1996. *Nuclear Command and Control in NATO*. Macmillan Press
LTD.

Koizumi, Bush declare new global-scale alliance with common values, Washington,
June 29 Kyodo.

Masahiro Matsumura. 2008. "Japanese RMA Policy and its Impact on Northeast Asian
Security". ≪전략연구≫ 44호.

The White House. 2006. *The National Security Strategy of the United States of America*
(2006.3.16).

US Department of State. 1950. *FRUS*. vol.Ⅶ(Korea).

김준형. 2010.3.3. "한미전략동맹론, 화장을 지워라". ≪프레시안≫.

제4장

미국의 신개입주의와
가치동맹 · 신뢰동맹 · 포괄동맹

박 기 학

1. '가치동맹'의 본질

1) 미국식 제도를 강요하는 '가치동맹'

'(한미의) 포괄적 전략동맹'은 가치동맹(alliance of values 또는 value-based alliance)[1]을 표방한다.

「한미동맹 공동비전」은 '영속적인 우의와 가치공유, 상호존중이 한국 민과 미국민을 굳게 결속시키는 역할을 하고 있는바 공개사회 그리고 자유민주주의와 시장경제에 대한 신념이 이런 우의와 가치공유, 상호존중 의 바탕을 제공한다'고 말한다.

그러나 가치의 공유라고 하지만 한국과 미국은 가치공유 측면보다는

---

1) "민주주의와 시장경제라는 기본가치를 공유하는 동반자로서 인권침해, 테러, 마약, 환경침해, 재난 등 '인간의 안위에 대한 위협'(인간안보위협)에 공동 대처해나가는 동맹이다"(이상현, 2008).

가치대립(차이) 측면이 더 크다.

한국과 미국의 사회제도는 외형상으로 보면 다 같이 자유민주주의와 시장경제를 표방하나 그 발전단계나 성격이 엄연히 다르다. 한국의 자본주의사회는 신식민지적 특성과 분단국가로서의 특성을 동시에 갖지만, 미국의 자본주의 사회체제는 고도로 발달한 자본주의국가로서 국가독점이 지배하며 압도적인 군사력과 경제력을 앞세워 세계적 팽창과 지배를 추구한다.

미국의 자유민주주의 정치체제는 세계적인 지배질서를 유지하고 미 금융자본의 대외팽창욕을 세계적 범위로 추구하는 정치체제다. 이에 반해 한국의 자유민주주의 정치체제는 개도국, 약소국으로서의 자주권을 지키고 국민적·민족적 통합과 단결을 추구하며 이웃 나라와 화합과 친선을 통해서 생존과 번영을 이룩해나가야 할 과제를 안고 있다. 우리 헌법은 전문에서 자유민주적 기본질서가 '자율'과 '조화'를 바탕으로 해야 함을 명시하고 있다.

또 미국의 시장경제(신자유주의)는 기축통화로서의 달러와 월가의 금융자본, 군산복합체, 나아가서 IMF나 세계은행과 같은 국제금융기구를 기반으로 세계적인 지배체제를 구축하고 있다. 반면 한국의 자유시장경제는 대외적으로 보면 미국, 일본 등의 (국가) 독점자본에 종속되어 자립적 재생산기반을 갖지 못하고 있다. 또 우리 헌법은 시장만능주의(고전적 자유시장경제나 신자유주의 시장경제)가 아닌 빈익빈 부익부 방지와 균등한 국민생활을 위해 국가가 규제와 조정을 하는 사회적 시장경제주의를 채택하고 있다.

이 점에서 한국과 미국의 정치 및 경제 체제는 본질적으로 다르며 한국과 미국은 가치의 '공유'보다는 '대립' 측면이 훨씬 더 강하다.

이런 조건에서 '자유민주주의'나 '개방사회', '시장경제', '인권' 등의 사회체제 또는 가치의 공유와 이의 실현을 위해 동맹을 맺고 조약을 체결하는 것은 미국이 자신의 가치를 기준으로, 자신의 입맛에 따라 한국의 사회체제(정치나 경제, 무역, 문화 등)에 대해서 내정간섭할 수 있는 법적 근거를 주는 것이다.

결국 '가치의 공유'는 압도적인 경제력을 갖고 있고 한국의 안보를 좌우하는 미국의 가치 및 제도의 공유를 의미하며 '가치동맹'은 한국이 미국의 가치('인권, 자유민주주의, 시장경제')를 일방적으로 수용하는 동맹이다.

이 점에서 '가치동맹' 표방은 사회제도 선택에 대한 우리의 자주적 권리를 부인하는 것이다. 특정 사회체제(가치)의 수호를 한미의 공동비전으로, 우리나라의 비전으로 규정한 것은 사회체제(사회제도)의 선택이 주권국가의 고유한 권한에 속한다는 점에서 우리의 자주권을 부인하는 것이다.[2]

2) 미영동맹에 비춰본 '가치동맹'의 실체

흔히 '가치동맹'의 보기로 미영동맹을 든다. 부시도 2003년 11월 영국 방문 때 미영동맹을 가치동맹이라고 칭송한 적이 있다.

---

[2] 「미일안보조약」이 일본 국민의 자주적인 사회체제 선택권을 부인하는 문제점에 대해서는 다음 글을 참조할 것. "안보란 어느 누구를 상대로 하든 일본의 주권에 대한 침해를 배제해 독립과 주권, 국민안전을 지키는 것이다. …… 그런데 정부·자민당이 말하는 안보란 독립과 주권을 지키는 것이 아니라 '자유주의체제' 결국 독점자본주의체제라고 하는 특정 체제를 지키는 것이다. …… (「미일안보조약」 제2조는) '자유로운 제제도'의 강화를 명시하고 있는데, 이 '자유로운 제제도'란 곧 '자유주의체제'를 지칭한다. …… 그러나 한 나라가 어떤 사회체제, 정치체제를 선택하는가 하는 문제는 그 나라 국민 자신이 결정해야 한다. 그런데 특정의 정치사회체제를 지키기 위해 외국과 조약을 맺고 협력하는 것은 참된 안보가 아니며 무엇보다도 주권자인 국민의 정치체제 선택의 당연한 권리를 유린하는 것이므로 허용되어서는 안 된다"(坂井昭夫, 1981: 427).

그러나 동맹 연구자인 존 하퍼(John L. Harper) 교수는 미영동맹을 예로 들어 공통의 가치관에 바탕을 둔 동맹이란 허구이며 존재하지 않는다고 주장했다.

존 하퍼는 동맹의 2대 기능으로 첫째, 국제사회에 미칠 수 있는 힘의 증강, 둘째, 동맹국에 대한 구속력 또는 통제력을 꼽은 로버트 오스굿 (Robert E. Osgood)의 견해에 동감을 표시하면서 "이 견해에 따르면 공통의 가치관이나 민족·문화적 일치는 국가 간의 정식 맹약을 유지하는 데 2차적인 의미에 지나지 않는다"(船橋洋一, 2001: 226)라고 말한다. 존 하퍼는 "법률, 관습, 행동방식, 생활습관의 유사성만큼 나라와 나라 사이의 우호를 강하게 하는 것은 없다. 이런 내적인 힘은 조약보다 강하다. 마음속에 각인된 계약이다"라는 에드먼드 버크(Edmund Burke)의 자신에 찬 어조에 의문을 표하면서 다음과 같이 말한다. "만일 '마음속에 각인된' 동맹관계라는 것이 이전에 한 번이라도 있었다면 그것은 자유주의국가라고 하는 비슷한 외형을 하고, '피는 물보다 진한' 영국과 미국의 관계가 아닐까? 하지만 이 미영 동포의 동맹이 증명하는 것은 다름 아니라 오스굿이나 슈엘러의 견해가 옳다는 것이다. 왜냐하면 분명히 영국과 미국은 19세기 초부터 사이좋은 민주주의국가로 문화가 비슷하고, 경제적으로도 의존해 왔으나 장기적인 동맹관계가 된 것은 기껏해야 1939년 이후부터이기 때문이다"(船橋洋一, 2001: 226).

존 하퍼는 미영동맹이 1940~1941년 사이에 영국이 순전히 생존을 위한 방법으로 미국에 도움을 요청하면서 시작됐다고 하면서 영국이 미국과 동맹을 맺은 것은 미국을 이용해 유럽대륙에서 일국 지배체제를 막기 위해서였다고 말한다. 미국의 입장에서 보면 영국의 요청에 응한 것은 주로 지역균형과 군사력의 관점에서였다. "미국은 영국 해군을 미군 방위의 전선으로 여겼고, 미영의 이해가 동아시아나 중남미에서 많든 적든 일치하며, 특히 유럽의 세력균형에 관해서는 일치한다고 생각했다. 영국과 그 식민지에는 군사적으로 귀중한 자산과 전초기지가 있어 그것이 적에게 넘어가면 미국도 심각한 위기에 빠진다고 생각했다"(船橋洋一, 2001: 232).

3) '가치'수호를 명분으로 하는 미·영의 신개입주의

'인도주의'나 '민주주의' 등의 가치수호를 이유(명분)로 한 무력개입은 탈냉전 이후 미·영의 새로운 형태의 개입주의(제국주의)다. 이 신개입주의는 '인권', '민주주의' 등의 가치에 대한 심각한 침해가 있을 경우 이의 가치를 수호하기 위해서 유엔 안보리의 수권이 없더라도 국제사회가 무력개입을 할 수 있으며 그 경우 불간섭주의는 제한될 수 있다는 주장이다. 토니 블레어 영국 총리는 1999년 4월 워싱턴에서 열린 나토 정상회의(이 회의에서 나토의 2차 전략개념이 채택된다) 참석을 위해 미국을 방문했을 때 가치수호를 명분으로 한 서방의 무력개입을 정당화하고 불간섭주의가 제한될 수 있다는 '국제공동체(International Community)' 독트린을 발표했다. 이때 그는 나토의 유고 공습이 "영토 야망이 아닌 가치에 근거한 정의의 전쟁"[3]이라고 주장했다. 블레어의 '국제공동체 독트린'의 요지는 다음과 같다.

---

3) 영어 원문은 "This is a just war, based not on any territorial ambitions but on values."이다[(The Blair Doctrine, 1999.4.22) 블레어 총리가 나토의 유고공습이 있은 지 얼마 되지 않은 시점에 미국의 Chicago Economic Club에서 '국제공동체 독트린'이라는 제목으로 한 연설문 중 일부이다].

지구촌화는 경제를 변화시키고 국제사회의 국가와 기업과 사람들의 행동 양식을 변화시켰으며 안전보장의 조건도 변화시켰다. 상호의존성은 엄청나게 켜졌으며 새로운 이념으로서의 국제공동체(a new doctrine of international community) 개념이 등장했다. 전례 없이 상호의존이 강화된 오늘날 국가이익은 그 상당 부분이 국제협력을 통해서 통제된다. (국제)공동체 개념, 즉 동반자관계와 협력이 자기 이익을 증진하는 데 필수적이라는 믿음은 이제 국내정치에서처럼 똑같이 자신의 존재를 당당히 주장하게 되었다. 국제공동체의 원리는 국제안보에도 똑같이 적용된다. 우리가 **자유, 법의 지배, 인권 및 개방사회라고 하는 가치들**을 확립하고 확산할 수 있다면 그 또한 우리의 국가적 이익이 된다. 우리 가치의 확산은 우리를 더욱 안전하게 만든다. 우리가 직면한 가장 당면한 외교정책문제는 우리가 다른 민족의 분쟁에 적극적으로 개입해야 하는 환경을 인정하는 것이다. 불간섭은 오랫동안 국제질서의 중요한 원칙이었다. 그러나 이 불간섭 원칙은 대량학살행위와 같은 중요한 사안에서는 제한되어야 한다.[4]

어떤 정권이 소수 지배에 의거하는 경우 그것은 국가주권의 정당성을 상실하는 것이고 내정불간섭 원칙을 방패로 국경 안쪽에 숨어 지낼 수는 없다(森原公敏, 2005: 18 참조).

인도주의적 개입을 명분으로 한 미국과 영국 등 서방의 무력개입은 냉전 해체 이후의 새로운 세계지배전략이다. 냉전 종식 뒤의 첫 사례로는 소수민족인 쿠르드족의 인권을 사담 후세인 독재정권으로부터 보호한다는 명분으로 미국과 영국 등이 걸프전 뒤 주권국가인 이라크의 북부지역에

---

4) 블레어의 국제공동체 독트린 연설문 참조.

1991년 비행금지구역(safe havens)을 강제로 설정한 것을 들 수 있다. 이를 분기점으로 인권을 보호한다는 명분으로 연이어 미국, 영국, 프랑스 등은 소말리아, 아이티, 라이베리아, 르완다(프랑스의 개입 사례), 보스니아, 유고 (코소보) 등에 대해서 인도주의적 개입을 단행했다.

탈냉전 이후 감행된 이들 대부분의 미국의 침략전쟁은 자위권의 발동도 아니고 유엔안보리의 수권에 의한 것도 아니었다. 나토는 회원국이 외부 의 공격을 받지 않았는데도 코소보의 알바니아계 주민을 보호한다는 명분 으로 1999년 3월 24일 유고에 대한 공격을 감행했다. 또 나토는 회원국이 아프가니스탄으로부터 공격을 받지 않았음에도 아프가니스탄전쟁에 군대 를 파견했다. 부시는 미국 자신은 물론 미국 동맹국이 이라크의 공격을 받지 않았는데도 사담 후세인의 독재로부터 주민을 보호하고 이라크 민주 주의를 지킨다는 명분으로 즉, 인권과 민주주의 가치를 수호한다는 명분 으로 이라크를 침공했다.

이는 내정불간섭과 무력행사금지를 원칙으로 하는 국제법 위반이며 침략행위다. 대량살상무기 보유를 이유로 한 이라크, 이란, 북한, 시리아 등에 대한 미국의 무력위협 또는 무력행사 또한 자위권 발동의 요건이 되지 못한다는 점에서 인도주의적 개입과 같은 미국의 신개입주의를 보여 주는 것이다. 해밀턴은 "미국 주도의 이라크 침공은, '보호책임론'(이에 대해서는 뒤에서 본다 – 필자 주)이 세계적 규모의 초강대국들의 **개입주의를 합법화해줄 것**이라고 우려하는 사람들에게는 그 적절한 실례로 비치게 된다"(Hamilton, 2006: 293)고 지적했다.

미국과 영국이 이른바 '가치방어'를 앞세워 제3세계를 공격하는 것(신개 입주의)은 냉전 종식으로 구소련의 위협이 사라짐으로써, 미국과 그 동맹 국이 개별적 또는 집단적 자위권을 발동할 수 있는, 즉 형식상 합법적으로 무력개입을 단행할 수 있는 여지가 이제는 원천적으로 없어졌기 때문이다.

즉, 자위권 행사라는 이름으로는 나토나 미일동맹, 한미동맹을 미국의 패권전쟁에 동원할 기회를 잡을 수 없게 된 것이다. 구소련의 위협이 소멸한 상황에서 미국과 영국이 계속 패권을 추구하기 위해서는 이제 내정불간섭과 무력행사금지를 규정한 국제법을 어길 수밖에 없고, 이에 이런 위법 행위를 정당화할 수 있는 새로운 명분이 필요하게 된 것이며, '인권, 자유민주주의, 시장경제'라고 하는 가치의 수호 또는 대량살상무기 확산 방지가 자위권이라는 구명분을 대신하는 신명분으로 등장한 것이다.

그러나 이런 논리가 미국과 영국의 세계패권추구에 걸림돌이 되는 무력행사금지 및 내정불간섭 원칙을 무너뜨림으로써 제3세계에 대한 무력개입의 길을 열려고 하는 것임은 물론이다. 칼슨 전 스웨덴총리와 럼펠 전 영연방사무국장은 "「유엔헌장」은 모든 나라의 상위법이다. 「유엔헌장」은 자위의 경우와 유엔의 수권하에 이뤄지는 경우를 제외하고 어떤 나라, 어떤 집단도 타국에 대해서 무력행사를 해서는 안 된다고 규정하고 있다. 유고에 대한 나토의 공습은 유엔이 인정한 것이 아니다. 그러한 요청조차 없었다. 따라서 이 공습은 주권국가에 대한 침략행위이다. 그것은 국제법의 핵심 규정에 대한 공격이고 유엔 기능에 대한 공격이다. …… 나토의 여러 나라가 갖는 자신들의 평화노력에 대한 좌절감을 이해할 수 있으며 세르비아정권의 인도적 악행에 분개하는 것은 당연하다. …… 그러나 그 대응에서 우리 자신도 위반자가 된다면 결국 힘만이 정의이고 법은 총구에서 나온다는 암흑시대로 되돌아가는 것이다"(森原公敏, 2000: 14)라고 엄중히 비판했다.

이런 내정불간섭 제한 논리는 친미 독재정권에는 적용되지 않고 주로 미국과 영국의 패권주의에 저항하는 나라들(북한, 이란, 시리아, 쿠바 등이 대표적)에 대해서 적용된다. 이 점에서도 지구촌화를 근거로 한 불간섭주의 제한 주장은 탈냉전 이후 등장한 미국의 '신개입주의'라 부를 수 있다.

4) 신개입주의 도구로서의 가치동맹

블레어가 유고공격을 '가치수호'전쟁으로 정식화하고 이를 '국제공동체' 독트린을 통해 이론적으로 뒷받침했다면 부시는 가치동맹(alliance of values 또는 value-based alliance)이란 말을 공식적으로 처음 사용했다.

부시는 2003년 11월 영국방문 때 미영동맹을 가치동맹으로 칭송했고 2006년 6월 고이즈미와의 정상회담 때 미일동맹이 보편적 가치에 기반을 둔 지구적 규모의 동맹이라고 선언했으며, 2006년 10월 나토 사무총장과의 면담 때 나토가 가치에 기반을 둔 조직이 되었다고 칭송했다.

부시는 영국을 방문한 2003년 11월 19일 공식연회 때 "영국민과 미국민이 맺은 동맹은 안보 및 무역동맹이라기보다 가치동맹의 성격이 더 강하다"고 연설했다. 부시는 이 연설에서 시종 이라크와 아프가니스탄 침공을 옹호하면서 이를 '위대한 민주주의국가의 위대한 책임'이라고 하는가 하면 '미국은 민주주의가 이라크와 아프간에서 정착되어야 철수할 것'이라든지, '이라크와 아프간에 대한 우리의 책임은 우리가 시작한 민주화 작업을 끝내야 완전히 이행되는 것'이라든지, '폭정은 그 희생자에게 결코 관대하지 않다. 위대한 민주주의국가들은 폭정이 행해지는 곳이 어디든 폭정을 반대해야 한다'느니 '더 많은 중동국가들이 세계의 많은 나라들이 이룬 민주혁명에 동참한다면 이 지역의 수백만의 삶이 개선되고 분쟁과 공포의 추세도 그 근원이 소멸할 것'이니 하고 말하고 있다(PA News Political Staff, 2003.11.19).

부시가 이라크전쟁을 '공동가치'(민주주의)의 방어를 위한 전쟁으로, 그 전쟁에 참전한 영국을 가치동맹으로 규정한 것은 미영동맹이 자신들의 영토가 외부의 무력공격을 받지 않더라도 또 유엔의 결의가 없더라도 제삼국을 선제공격할 수 있는 동맹임을 공표하는 것이다.

「유엔헌장」제2조 4항은 "국가의 영토보존이나 정치적 독립에 대해 또는 국제연합의 목적과 양립하지 아니하는 어떠한 기타 방식으로도 무력의 위협이나 무력행사를 삼가"도록 함으로써 무력행사를 불법화하고 있고 같은 조 7항에서 불간섭주의를 천명하고 있다.

또 「유엔헌장」제51조는 '무력공격이 발생한 경우'에 한해 회원국의 개별적 또는 집단적 자위권을 인정하고 있다. 그런데 민주주의 확산을 명분으로 하는 무력행사는 「유엔헌장」제51조에서 인정되는 자위권 발동에 해당되지 않고 또 「유엔헌장」제42조에 규정된 유엔안보리의 군사적 조치의 요건에도 해당되지 않는 불법적인 선제공격이다. 이라크전쟁은 유엔안보리의 결의를 얻지 못했다.

따라서 부시가 미영동맹을 가치동맹으로 규정한 것은 미영동맹이 벌써 국제법에 법적 근거를 둔 집단적 자위를 목적으로 한 합법적 동맹이 아니라 미국의 불법적인 신개입주의 전략을 직접 실행에 옮기는 도구로, 공격적 동맹이 되어준 것을 기뻐하고 또 계속 이러한 관계가 되어줄 것을 강하게 주문하는 것이다.

부시는 라트비아의 리가에서 열린 나토 정상회의를 앞둔 2006년 10월 27일 백악관에서 셰퍼(Jaap de Hoop Scheffer) 나토 사무총장(네덜란드인)을 만나 "나토는 이제 '가치에 기반을 둔 조직'이 되어 미국과 함께 세 대륙에서 근본주의자와 극단주의자들을 제압하기 위해 활동하고 있다. …… 당신이 나토를 21세기의 진짜 위협(true threats)을 다룰 수 있는, 가치에 기반을 둔 조직으로 만들었다"고 추켜세웠다. 그러면서 부시는 "온건한 민족들과 청소한 민주주의국가들이, 우리의 이데올로기에 같이하지 않고 세계전망을 음울하게 보는 근본주의자들 및 극단주의자들의 위협과 공격에 굴하지 않고 성공하게 돕는 것이야말로 미래의 진정한 과제다"(Crawley 2006.10.27)라고 말했다. 부시가 나토를 가치동맹이라고 칭송한 것은 나토가 조약상의 지리적 활동범위를 넘어서는 아프간전쟁에 미국을 지원해 참전하고 있는 것을 염두에 둔 것이다. 나토에 대한 부시의 가치동맹 규정은 나토가 외부의 공격을 받지 않아도, 또 유엔의 결의가 없더라도 무력행사를 할 수 있는 침략동맹임을 공표하는 것과 같다.

5) '동맹'의 '가치공동체'로의 전환과 미국의 전일적인 세계지배 체제 실현 전략

미영동맹, 나토, 미일동맹, 한미동맹에 대해서 가치동맹이라는 의미를 부여하고자 하는 미국의 의도가 미국 자신의 힘만으로는 갈수록 힘에 부치는 신개입주의적 군사작전에 동맹국의 전력을 동원하려는 것이지만 거기에만 그치지 않는다.

미국은 기존의 지역안보동맹에 '가치에 기반을 둔 동맹'이라는 의미를 새로이 부여함으로써 동맹을 가치공동체로 전환시키려 하고 있다. 이는 동맹을 가치공동체로 재정의함으로써 우선 미국이 지구촌 곳곳에서 벌이는 미국의 간섭전쟁에 대한 동맹국의 적극적인 참여를 의무화하는 데 그치지 않고 미국과 가치를 달리하는 나라들, 미국의 세계유일패권에 위협이 되는(미국의 패권적 지배에 고분고분하지 않은) 나라들을 포위하기 위한 것이며, 이를 통해서 궁극적으로는 미국의 가치와 법이 세계를 규율하는 이른바 '국제공동체'의 건설을 꾀하고 있는 것이다.

유럽에서 미국은 나토를 동유럽으로 확장함으로써 '대서양공동체'를 지향하고 있다. 또 미국은 동아시아에서 미일동맹을 가치에 기반을 둔 세계적 규모의 동맹으로 확대하고 한미동맹을 가치동맹으로 발전시키며 일호주동맹을 새로 구축해 중국을 견제, 포위하는 전략을 구사하고 있다.

대서양공동체 구상은 동아시아에서는 '동아시아 가치공동체' 구상으로 나타나고 있다.

2006년 6월 부시와 고이즈미는 미일동맹을 가치에 기반을 둔 세계적 규모의 동맹으로 확대하기로 재확인했다. 그리고 그 직후인 2006년 11월 당시 외무장관인 아소 다로(뒤에 총리)가 '자유와 번영의 호' 구상을 제시한다. 이 구상의 핵심내용은 '보편적 가치'를 기초로 하는 윤택하고 안정된 지구촌 사회를 형성한다는 기본 구상 아래 유라시아 대륙의 주변지역을 따라 북구유럽, 발트 3국, 중·동유럽, 중동, 인도대륙, 동남아, 동북아시아를 연결해 구축하는 것으로, 일본을 동맹국인 미국을 비롯해 가치관을 공유하는 유럽연합(EU), 북대서양조약기구(NATO: 나토), 인도, 호주, G8 등과 긴밀히 협력해 '유라시아 대륙의 주변 지역에서 성장하고 있는 신흥 민주주의 발전국가들을 지원하며 '자유와 번영의 호'를 형성, 구축한다는 것이다. 이 구상은 "지미파 그룹에 의해 주도되었고, 따라서 글로벌 차원으로 확대되어가는 미일동맹을 보완하려는 전략적 의도가 투영"(배정호, 2008: 86~87)된 것으로 그 본질은 '대중국 견제용 가치공동체'(문정인, ≪한겨레≫, 2009.9.7 참조)라 할 수 있다. 이 구상은 미국과 유럽 중심의 대서양 공동체를 동아시아지역에 적용한 개념으로 유럽과 아시아를 미국의 가치와 법이 지배하는 '가치공동체'로 통합하자는 구상이다.

한편 미국 오바마 정권은 패권적 외교전략으로 '스마트외교'[5]를 표방하고 있다. 스마트파워는 미국이 세계에 권력을 행사할 때 군사력까지 동원

5) 스마트외교는 '스마트파워'에 기초한 버락 오바마 정권의 대외정책 기조를 말한다. 스마트파워란 군사력과 경제제재 등 하드파워와, 정치·외교·문화적 접근 등 소프트 파워를 접목시킨 개념이다. 국제전략문제연구소(CSIS)가 초당적 인사들로 구성된 '스마트파워 위원회'(조지프 나이와 리처드 아미티지가 공동의장)를 조직해 대선 직전인 2007년 11월 펴낸 보고서에서 부시 정권의 일방주의외교의 대안으로서 제시된 개념이다.

해 일방적으로 몰아붙이는 부시식 하드파워보다는 무력을 사용하지 않고 사람들을 내 편으로 끌어당기는 능력, 곧 소프트파워에 무게중심을 두는 것이다. 이를 위해서는 미국의 주장이 일방적이어선 안 되고 공정하고 정당하다고 세계가 받아들일 수 있어야 하며, 그러려면 너무 미국중심의, 미국 이익만 앞세운 행동양식을 취해서는 안 된다는 것이다. 스마트파워 전략이 초점을 맞추고 있는 영역은 21세기형 과제에 공동대처하는 동맹·동반자관계 제도, 미국과 세계인 모두에게 득이 되는 세계차원의 개발, 다른 나라 국민·시민을 '우리 편'(미국 편)으로 만드는 공공외교, 자유무역의 혜택을 골고루 나누는 경제통합, 에너지 안보와 기후변화에 대처하는 기술과 혁신 다섯 가지다(≪한겨레≫, 2009.2.27).

그러나 스마트외교는 미국의 가치와 문화의 힘을 강조함으로써 동맹국은 물론 적에 대해서도 설득력과 정당성을 얻는다는 것인데, 이 역시 가치와 문화가 다른 나라들에 대해서 미국의 가치와 문화를 앞세우는 변형된 패권주의이기 때문에 본질적으로 한계가 있을 수밖에 없다. 스마트외교를 표방한 힐러리 클린턴 국무장관이 2009년 아프리카순방 내내 법치와 투명성, 부정부패 척결 등을 강조했지만 "우리를 통치하는 방식에 대한 설교는 필요가 없다"라며 "통치와 투명성과 관련한 문제들에 대한 설교는 올바르지 못하다"라는 케냐 총리의 반박을 샀던 사례는 스마트외교 또한 미국의 가치와 문화를 중심에 놓는, 미국 패권주의의 또 다른 형태를 보여주는 것이라 하겠다.

6) '인간안보'와 '보호책임'에 관한 유엔의 논의에 비춰본 '가치동맹'의 국제법적 문제점

냉전이 해체되자 유엔은 기존의 국경안보 중심의 협소한 안보관을 대체하는 새로운 안보개념을 제시했는데, 그것이 '인간안보'[6]다. 그 이후 이 새로운 안보개념은 유엔 논의과정에서 애초의 뜻을 살리지 못하고 주권국가에 대한 국제사회의 무력개입을 허용하는 문제, 즉 '보호책임론(responsibility to prevent)'으로 협소화되었으며, 이를 둘러싸고 커다란 논란이 제기되었다. 이런 유엔의 공식적인 논의와 연관해서 가치동맹의 문제점을 살펴볼 필요가 있다.

냉전이 해체되면서 유엔개발계획(UNDP)은 1994년 「인간개발보고서」에서 국경안보 및 군사력 중심의 기존의 협소한 안보관을 대체하는 새로운 안보관으로서 '인간안보' 개념을 제창했다. 이후 '인간안보' 개념[7]을 정식

---

6) 유엔개발계획(UNDP)은 1990년부터 「인간개발보고서」를 발간해왔는데, 갈리 유엔 사무총장하에서 평화유지활동이 급속히 군사화하는 데 위기감을 느끼고 1993년 보고서에서 새로운 안보개념으로서 '인간안보'를 제기했다. 이어 1994년 「인간개발보고서」는 '인간안보' 개념을 전면적으로 전개했는데, 주 내용은 다음과 같다. 그동안 안보개념은 국가 간 분쟁에 집중되고 '국경에 대한 위협'과 동일시됨으로써 무력에 의해 자국의 안전을 보장한다는 사고에 사로잡혀왔다. 그렇지만 많은 사람에게 안전보장이란 질병이나 기아, 실업, 범죄, 사회갈등, 정치적 억압, 환경파괴 등의 위협으로부터 자기 자신을 지키는 것을 의미한다. '인간안보'는 '공포로부터의 자유'와 '결핍으로부터의 자유'로 구성되며 이것이 유엔 창설 때의 '안전보장' 인식이었는데도 그 뒤 오로지 전자를 가리키는 것으로 되었다. 이제 국가의 안전보장이라는 협의의 안보개념에서 '인간안보'라는 포괄적 개념으로 이행해야 하며, 구체적으로 '영토편중의 안전보장에서 인간 중시의 안전보장으로', 또 '군비에 의한 안전보장에서 지속가능한 인간개발에 의한 안전보장으로' 전환해야 한다는 주장이다.

7) 제3세계 입장에서 '인간안보' 개념을 비판하는 시각이 있다. 프리얀카 우파드야야는 "'인간안보'가 서구의 후원을 받아 서구의 가치를 전파하는 활동으로 종종 낙인찍히고, 빈곤국과 약소국에 대한 간섭을 합법화하는 데 가끔 이용되고 있다"라거나 "제3세계 나라들은, '원조를 제공하는 국가들'이 '인간안보'를 세계화 세력을 합법화하려는 의도에서 하나의 '정치과제'로 추진한다고 의심한다"(Priyankar Upadhyaya, 2004)고 쓰고 있다.

화하고 이를 규범화하기 위한 유엔 차원의 노력(위원회 구성 및 보고서 발간, 세계정상회의의 문서 채택 등)이 진행되었다.

'인간안보'에 대한 접근방식은 두 가지가 있다. 하나는 일본정부 주도로 조직된 '인간안보위원회'가 2003년 5월에 유엔사무총장에게 제출한 「오늘의 인간안보(Human Security Now)」라는 제목의 보고서8)이며 다른 하나는 캐나다정부의 주도로 조직된 '개입과 국가주권에 관한 국제위원회(ICISS)'가 2001년 12월에 발표한 「보호책임(Responsibility to Protect)」이라는 제목의 보고서9)다. 전자(일본정부 주도 보고서)는 평화적 접근, 개발주도 접근방식이라 할 수 있는데 '인도주의 활동이 군사개입의 구실이 되어서는 안 된다'고 단호하게 주장한다. 내전하에 있는 사람들을 보호하고 지원하는 경우에 국가주권과 내정불간섭의 원칙이 중심이 되어야 하며 모든 국가가 그 책임을 공유한다는 사고를 해서는 안 된다고 말함으로써 타국의 개입을 배제하고 있다. 9·11 사태를 계기로 한 미국의 일방주의적인 국가안보전략에 대한 경계와 비판을 숨기지 않고 있다. 군사개입을 반대하고 타국의 개입을 배제한다는 점에서 유엔개발계획의 '인간안보' 개념을 정통으로 계승하고 있다.

반면 후자(캐나다정부 주도 보고서)는 '군사적 개입'의 접근방식이다. 「보

---

8) 인간안보위원회(The Commission on Human Security)는 2000년 9월 열린 유엔 새세기 정상회의 때 유엔사무총장이 요청한 '공포로부터의 자유'와 '결핍으로부터의 자유'의 2대 목표의 실현에 응하기 위해 조직되었으며 일본의 자금을 지원받았다.

9) 2000년의 유엔 새세기 총회 때 유엔사무총장은 내전·분쟁에 의한 학살 또는 살육의 비인도적 사태에 대한 국제사회의 대응을 검토하도록 요청했는데 캐나다정부는 이런 요청에 응하기 위해 개입과 국가주권에 관한 국제위원회(the International Commission on Intervention and State Sovereignty)의 구성을 처음 제안했고 위원회의 활동기간 정치적 후견인 역할을 했다.

호책임(R2P)」보고서는 국내적 기능과 대외적 책임 모두에 대해서 '통제하는 주권'이 아니라 '책임지는 주권'으로 '주권'을 재정의해야 한다고 하면서 국가주권이 대량학살이나 강간 등의 파국 또는 기아가 발생하고 여기서 주민을 보호할 의사가 없든가 능력이 없으면 국제사회가 보호할 책임이 있다고 주장했다. 이런 '주권론'의 재검토가 필요한 이유에 대해서 보고서는 국제인권이 오늘날 가지게 된 강력한 규범성과 국제사회의 고양된 인간안보 추구 노력이 요청하기 때문이라고 설명하면서 국제사회의 '보호책임'을 '예방책임', '대응책임', '재건책임'으로 유형화했다. '대응책임'은 무력에 의한 인도적 개입을 의미하며 그 조건은 '예방책임'을 다하고 유엔안보리가 승인하는 경우라고 했다. 구체적으로 개입은 '임박한 인명의 위협'에 대한 경우로 '다수 인명손실의 우려'와 '살해·배제·테러·강간 등에 의한 대규모 인종 청소'가 있을 때라고 주장했다. 이 ICISS의 보고서에 대해서 캐나다, 독일, 영국 등은 환영했지만, 비동맹운동(NAM)은 보고서의 제안 자체를 거부했다. 비동맹운동을 대표해 말레이시아 정부는 「보호책임」이 국제법에 아무런 근거도 두지 못한 인도주의적 개입의 부활에 지나지 않는다고 주장했다. 중국은 군사력 사용에 관한 모든 문제는 유엔안보리에서 다루어져야 한다고 주장했고, 러시아도 이에 동의했다. 미국은 국익이 걸려 있지 않은 지역에 대한 미군 파병을 미리 약속할 수 없다는 이유에서, 또 언제, 어디서 군사력을 사용할지에 대한 결정권한을 제약하는 어떤 기준에도 제약될 수 없다는 이유에서 ICISS의 보고서에 반대했다(베일리스 외, 2009: 619 참조). 미국은 나중에 2005년 「유엔·세계정상회의 결과보고」 채택 때에 찬성하는 입장으로 바뀌었다. 미국은 「보호책임」이 '의무'가 아닌 '책임'의 성격을 띠고 있어 개입 또는 불개입의 자유로운 선택권을 견지할 수 있는바 자신에게 무해한 원칙이라고 생각한 때문이었다(大久保史郎, 2007: 115~116 참조).

코피 아난 유엔사무총장은 유엔창설 60주년을 앞두고 유엔의 개혁방안 검토를 16명의 지식인에 의뢰했는데, 이 결과가 2004년에 「더욱 안전한 세계: 우리의 공동책임 – 위협·도전·변화에 관한 고위패널 보고서」라는 제목으로 유엔에 보고되었다.

이 고위패널 보고서는 캐나다의 접근방식을 채용한다. 보고서는 '대량학살'이나 '인종 청소', '국제인도법의 중대한 위반'의 경우 주권을 가진 정부가 무력하거나 방지할 의사가 없다고 판명된 경우 국제사회가 집단적·국제적인 보호책임을 가지며 최종적인 수단으로 유엔안보리가 군사적 개입을 승인하는 규범을 만들어야 한다고 주장했다. 그러나 이 보고서는 '인간안보'를 '(주민)보호책임'에 종속되는 개념 또는 그 수식어쯤으로 전락시키고 있다. 또 이 보고서는 선제적 자위권(선제공격)이 국제법으로 허용되지 않고 있음에도 선제공격이 국제법의 원칙이라고 기술하고 있다. 그런가 하면 이라크전쟁을 예로 들어 모든 나라가 반드시 무력행사를 위해서 유엔안보리의 수권을 요구해야 하는 것은 아니라고 주장하고 있다. 이는 자위권 발동이 아닌 이상 모든 국가가 무력을 행사하기 위해서는 유엔안보리의 승인을 받아야 한다는 국제법의 상식조차 무시하는 것으로 미국의 불법적인 이라크 침공에 면죄부를 주는 주장이다.

코피 아난은 2005년의 유엔창립 60주년 기념 유엔·세계정상 회의를 위한 준비문서로 「더욱 큰 자유를 누리기 위해(In Larger Freedom)」라는 보고서를 제출했다. 여기서 2004년의 고위패널보고서를 인용해 '보호책임'의 존재를 확인했다. 그렇지만 사무총장의 보고서는 고위패널보고서와 달리 '법의 지배'라는 제목이 붙은 항목에서 '보호책임'을 언급함으로써 '보호책임'의 군사적 개입론을 희석시키려는 의도를 읽을 수 있다. 그리고 이 사무총장 보고서는 국제사회가 '보호책임'을 이행하는 방법으로 무력행사를 전혀 언급하고 있지 않다.

2005년 유엔·세계정상회의는 「세계정상회의 결과보고(World Summit Outcome)」를 채택했는데, 여기서 '인간안보'와 '보호책임' 개념이 마지막으로 정리된다. 인간안보 개념은 앞으로 토의한다는 결의 표명에 그쳤으며 '보호책임'에 대해서는 각국은 대량학살, 전쟁범죄, 인종 청소 및 인도에 관한 죄[10]로부터 주민을 보호할 책임을 진다고 말했다. 그리고 국제사회의 '보호책임'에 대해서 이 「세계정상회의 결과보고」의 139절은 "유엔을 통해 대표되는 국제사회는 「유엔헌장」 제6장과 「유엔헌장」 제8장에 의거해 외교적·인도주의적 그리고 여타 평화적인 수단을 사용함으로써 전쟁범죄, 인종 청소, 반인도적 범죄 등으로부터 시민을 보호할 책임을 진다. 이러한 맥락에서 우리는 다음의 조건하에서 적절하고도 결정적인 방식으로 공동행동을 취한다. 유엔 안보리의 의결을 거쳐, 「유엔헌장」 제7장을 준수하면서, 일률적인 기준을 적용하는 대신 사례별로 사안의 심각성을 고려해, 가능하다면 지역기구와의 협의를 거쳐, 평화적인 수단이 적절하지 않은 경우, 해당국 정부가 집단학살, 전쟁범죄, 인종 청소, 반인도적 범죄로부터 자국민을 보호할 능력이 없는 것이 명백한 경우"(베일리스 외, 2009: 619 재인용)로 적고 있다. 이 문서에서는 국제사회(유엔)의 '보호책임' 개념이 극히 제한된 사안 그리고 그 경우에도 극히 제한된

---

10) 인도에 관한 죄(crimes against humanity)는 제2차 세계대전 뒤의 뉘른베르크 국제군사법원과 극동 국제군사법원의 각기 재판소 조례에서 '인류의 평화에 반하는 범죄'(침략전쟁을 행한 죄)나 '통상의 전쟁범죄'와 더불어 규정된 전쟁범죄의 한 형태다. 전쟁 전 또는 전쟁 중에, 전쟁의 실행을 위해 또는 그와 관련해 감행된 일반인민의 살해·집단적 살인·노예화·강제적 이동·기타 잔인한 행위, 정치적·인종적 또는 종교적 이유로 인한 박해 그리고 인종적·민족적·종교적 이유로 인한 전체 주민 또는 개별적 주민·집단의 섬멸행위와 인종차별에 기초한 주민의 강제적 분리행위에 의한 박해행위는 인도에 관한 죄를 이룬다.

조건에서 적용될 수 있으며 어느 경우든 개별국가의 군사적 개입은 명백히 배제되고 있음을 볼 수 있다.

이상의 인간안보와 관련된 유엔 문서를 통해서 알 수 있는 것은 '인간안보' 개념의 중요성이 '보호책임' 개념에 비해 상대적으로 낮고 '보호책임' 개념이 용인되면서 인간안보는 단순한 이념으로 표명되는 데 지나지 않게 되었다는 점이다. 또 '보호책임'이 일부의 지식인들의 과도한 제안으로 실정국제법과 괴리되게 되었는데 유엔총회를 거치면서 제3세계의 입장이 반영되고 결국은 실정국제법의 틀 내의 의견에 머무르게 되었다.11) 그러나 '보호책임'이 유엔문서로 채택된 결과 그 내용이 미국, 영국 등의 세계 초대국의 입맛에 맞게 무리하게 확장될 가능성이 있다.

7) 가치절대적(초국가적) 국제법 흐름에 대한 비판적 검토

국제법은 근대 국제법을 거쳐 제2차 세계대전 뒤 현대 국제법으로 발전했고 냉전 해체 뒤 지구촌화와 함께 새로운 발전이 모색되고 있다.

근대 국제법은 17세기 후반에서 20세기 초에 걸쳐 서구의 근대국가체계를 기초로 형성되었다. 그런데 근대 국제법은 '문명국'만을 법 주체로 인정했는데, '문명국'이란 기독교를 기초로 한 유럽문명을 갖는 국가이고 시장경제질서를 유지할 수 있는 국내법제도를 갖춘 국가를 의미했다. 이런 의미에서 근대 국제법은 서구의 선진자본주의국가에 대해서만 적용되

---

11) "이러한 의심들(ICISS의 「보호책임」 보고서에 대한 비동맹운동, 중국, 러시아 등의 반대 근거를 가리킴 − 필자 주)로 인해 국가들로 하여금 보호의 책임에 찬성하도록 하기 위해 상당한 수정이 가해져야 했다. 특히 세계정상회의에서의 합의를 위한 협상 과정에서 **군사력 사용의 기준에 관한 부분은 전면 삭제되었다**"(베일리스 외, 2009: 621).

는 지리적으로 한정된 법질서였다. 근대 국제법은 전쟁의 합법·불법을 인정하는 법규범을 갖지 못했으며 실정 국제법상으로 전쟁이 방임 또는 법인(法認)되었다. 근대 국제법은 타국의 내정에 대한 간섭을 금지했으나 전쟁(무력)에 의한 간섭을 허용했다는 점에서 모순되는 법체계였다.

근대 국제법은 19세기 말 이래 과학기술 발전에 따른 국제사회의 변화, 그리고 제1차 세계대전 뒤 소련의 탄생과 제2차 세계대전 뒤의 아시아 아프리카 나라들의 독립이라고 하는 국제사회 구조의 변화를 바탕으로 질적인 변화를 이뤄 **현대 국제법**으로 발전하게 된다.

현대 국제법은 국가의 입장에서 **가치상대적인 법규범**이다. 무력으로 타국에 자국의 가치를 강요하는 것은 금지되고 국가는 자국 국경 내에서 자유롭게 자국의 정책을 추진할 수 있고 정부가 어떤 정체를 선택하는가는 해당 국가의 자유에 속했다. 국가주권을 기초로 하는 국제법에서 국가는 가치선택의 자유를 가졌다. 유일의 예외가 전쟁의 폐지 및 무력행사의 금지라고 하는 가치이고 무력행사금지원칙은 세계 속에서 보편적으로 적용될 수 있는 최저한의 공통된 이익이었다. 현대 국제법은 무력행사를 금지한다(「유엔헌장」 제2조). 이 때문에 강행규범으로 인정되는 기반이 무력행사금지 원칙에는 존재하고 있었다(大久保史郎, 2007: 98~100 참조).

그런데 냉전 해체를 전후로 비식민지화 과정이 대체로 마무리되고 냉전 종식으로 자본주의사회의 보편화가 거의 완성되면서 국제법의 적용범위의 보편화가 이뤄진다. 그 결과 국제사회는 국제법의 내용과 절차를 어떻게 '글로벌화'할 것인가 하는 과제를 갖게 되었다(大久保史郎, 2007: 104 참조).

냉전 해체 이후 국제법의 적용범위가 보편화되면서 서방국가(특히 미국, 영국)를 중심으로 '인권, 자유민주주의, 시장경제'를 절대가치로 내세우는 새로운 국제법 질서가 논의되고 있다.[12] 이런 절대가치 국제법의 논리는 다음과 같다. 냉전 종식에 따른 세계시장의 실현은 필연적으로 국제법에 영향을 준다. 시장경제를 기초로 하는 자본주의경제에서는 개인이 인권을 누리는 것이 불가결하고 시장경제를 저해하는 비민주주의적 국가는 배제 대상이 될 수도 있다. 결국 시장경제를 세계규모로 확보하기 위해서 인권 보장은 필수요건이 되며 인권을 보장하기 위해서는 민주주의도 또한 필수 요건이 된다는 것이다. 그리고 '인권, 자유민주주의, 시장경제'라고 하는 절대적 가치는 무력행사금지 원칙이 적용되지 않는 예외적 영역으로 주장 된다. '보호책임'은 시민의 최소한의 인권을 보호하기 위해 국제사회의 군사적 개입을 주장한다. 덧붙여 대량살상무기에 대해서도 '주민보호'론 의 귀결(corollary)로서 국제사회의 '저지의무(a duty to prevent)'[13]가 있다고 주장된다. 그뿐 아니다. 최소한의 인권조차 보호할 능력이나 의사가 없는 국가에 대해서는 군사적 개입을 하더라도 시민의 인권보호는 일과성에 그칠 가능성이 크기 때문에 정권의 전복까지도 정당화된다는 주장이다. "'인권, 민주주의, 시장경제' 및 대량살상무기 보유 금지라고 하는 절대적 (보편적) 가치를 실현하기 위한 군사적 수단이 극단적인 경우에 한정되기 는 하나 옹호되고 있는 것이다. 가치절대적인 국제법 이론이 등장하고 있다"(大久保史郎, 2007: 122).

---

12) "이와 같은 최근 변화에 기반해, 국제법이 초국가법으로 서서히 진전되고 있다는 설이 있다"(베일리스 외, 2009: 340).

13) 부시는 불량국가 또는 테러리스트가 대량살상무기를 사용해 미국, 동맹국 및 우방국 에 대해서 위협하기 전에 또는 사용하기 전에 공격할 수 있다는 선제적 자위권 독트린을 2002년 발표했다. 그런데 이런 선제적 자위권 주장은 「유엔헌장」을 위반 하는 것이기 때문에 학자들은 이를 정당화하기 위해 '저지의무'라는 것을 제시했다. 즉, "국내에서 견제받지 않는 독재자가 지배하는 나라가 대량살상무기를 보유하지 않도록, 또는 사용하지 않도록 집단적인 '저지의무'가 존재한다. 또 이런 '저지의무' 는 '공격 후가 아니라 공격 전에 행동할' 것을 요구한다"라는 주장이다. 이 '저지의 무'는 '보호책임'론의 후속논리로서 제창되고 있다.

이런 가치절대적인 국제법 흐름(초국가적 국제법 흐름)에 대해서 제3세계 나라의 학자들은 서방 중심적인 '인권' 개념을 비판하고 절대가치의 국제법론에 대해서 신제국주의국제법 또는 인도주의적 제국주의라고 비판하고 있다.[14)

오쿠보 시로는 가치절대적인 국제법이 기존의 국제법(주권평등에 기초한 현대국제법)의 모든 요소를 부정한다고 하면서 다음과 같이 비판한다(大久保史郞, 2007: 122). 첫째, 인권을 보장하지 않는 국가 그리고 민주주의를 채용하지 않는 국가는 국가가 아니게 된다. 또 인권을 보장하지 않는 정부 그리고 민주주의를 채용하지 않는 정부는 국가를 정통으로 대표하지 않는 것이 된다. 그 결과 이런 정부의 국제법 주체성은 일시적이라 하더라도 부정된다. 정말 새로운 '문명' 기준의 등장이다. 둘째, 그 필연적 결과로 영역 주권이 제한된다. 바꿔 말하면 국제사회의 개입이 당연한 것이 된다. 인권수호를 명분으로 인도적 개입이 주장되었다. 그에 더해 민주화를 위한 개입도 주장되기 시작했다. 인권·민주주의를 위한 국제사회의 무력개입이 당연한 것이 되며, 이는 국가주권의 부정이다. 단, 부정되는 국가주권은 반미적인 정권의 주권이고 친미독재정권이나 서구적 민주주의국가의 주권은 옹호된다. 셋째, 인권·민주주의를 위한 개입이 조약 차원에서 이뤄지는 것이 아니라 유엔총회나 유엔안보리와 같은 정치적 기관에서 구체적으로 결정된다. 결국 국가의 합의와는 관계없이 국제사회의 개입이 이뤄

---

14) 해밀턴은 **"신제국주의적 개입을 정당화하는 데 '보호책임론'을 이용할 거라고 우려하는 발언들 또한 늘어나고 있다"**라고 쓰고 있다(Hamilton, 2006). 나딘(Terry Nardin)은 이라크정부를 전복시킨 이라크 전쟁을 인도주의적 개입이라고 주장하는 테손(Fernando R. Teson)의 글을 비판하면서 '테손이 실제로 논하는 것은 인도주의적 개입에 관한 논쟁이 아니라 **제국으로서의 미국의 행동**에 관한 논쟁이다'라고 말하고 있다(Nardin, 2005: 25).

지게 된다.

미국이 세계유일패권국의 지위를 갖고 절대적 힘을 행사하고 또 미국을 비롯한 서방의 선진자본주의국가들이 현저한 경제적·군사적·문화적 격차를 토대로 세계의 절대다수의 개도국들의 자주권을 제약하고 있는 현 국제질서 속에서 내정불간섭과 무력행사금지는 미국과 서방 강대국의 횡포와 전횡, 지배를 막고 개도국의 자주적 발전을 보장하기 위해서 의연히 지켜져야 할 국제법의 기본 원칙이다.

2. '신뢰동맹'과 경제동맹의 본질

1) 미영동맹에 비추어 본 신뢰동맹의 허구성

존 하퍼는 깊은 신뢰와 상부상조를 특징으로 하는 미영동맹 또한 실리관계를 본질로 한다는 점에서 예외가 아니라고 말한다.

> 미영동맹은 미국이 제2차 세계대전 이후 구축한 다른 2국 관계와 비교해 특수하다. 미영의 연대는 미일동맹이나 미독동맹과 달리 함께 연합해서 전쟁을 수행하는 가운데 형성되었다. 그 이래 미영동맹의 활동은 언어가 같아 쉽게 전진하고 다른 동맹과 비교되지 않을 정도로 깊은 신뢰와 상부상조의 관계를 특징으로 해왔다. 그러나 랜달 슈웰러(Randall Schweller)의 말처럼 '동맹은 우정이 아니라 실리관계'라는 점에서 미영동맹 또한 예외가 아니다 (船橋洋一, 2001: 226 참조).

존 하퍼는 "공식적인 미영동맹(의 지리적 활동범위)은 「북대서양조약」

(1949년 체결)에 규정된 북대서양지역에만 해당된다는 것을 잊어서는 안 된다"라고 하면서 "중동과 극동에 관해서, 미영관계는 상당한 문제를 안고 있었다. 전략판단이나 경제적 이해가 달라, 팔레스타인, 중국, 이란, 인도차이나, 이집트, 그리고 콩고에 관한 씁쓸한 대립으로 이어졌다. …… 영국이 미국의 정책 때문에 경제이익이 위협받는 사태가 되는 경우 가령, 1973년 제4차 중동전쟁 때 미국이 이스라엘에 긴급원조를 하자 충돌이 벌어졌다. 냉전기에 미영관계는 유럽에서는 대체로 양호했지만(단 모스크바에 대한 대응을 둘러싸고는 반드시 견해가 일치하지는 않았다) 그 이외 지역에서는 별로 순탄하지 못했다"라고 썼다.

존 하퍼는 미영동맹의 결성 동기와 실제 경험을 살펴봄으로써 동맹이란 것이 '신뢰'나 '가치'(사회 체제나 이념의 공통성)가 아니라 어디까지나 실리에 입각해 성립하고 기능한다는 것을 가르쳐 준다.

역사상 '신뢰에 기반을 둔 동맹'(신뢰동맹)이란 존재하지 않는다. 그럼에도 한미동맹에 신뢰동맹이란 말을 붙인 것은 한미동맹의 불평등성을 가리기 위한 수사이다.

2) 미국의 버림을 받지 않기 위한 신뢰동맹

「한미동맹 공동비전」은 포괄적 전략동맹이 '가치동맹'임과 동시에 '상호신뢰에 기반을 둔 동맹'(신뢰동맹)[15]이라고 말한다. 「공동비전」은 "그간

---

15) 신뢰동맹에 대해서 이상현은 "정치, 경제, 사회적 차원의 양국 간 신뢰를 공고히 하며, 양국의 지도자들이 인간적으로나 제도적으로 서로 신뢰하는 것을 뜻하며, 이를 통해 궁극적으로 두 시민사회 간의 이해와 관용의 폭이 커지는 것"이라고 하면서 제도적 신뢰와 함께 인간적 신뢰를 신뢰동맹의 두 가지 요건으로 꼽고 있다 (이상현, 2008).

(지난 50여 년 이상) 우리의 안보동맹은 강화되어 왔으며, 우리의 동반자관계는 정치, 경제, 사회, 문화 분야의 협력을 아우르며 확대되어 왔다"고 말한다.

신뢰동맹이란 이명박 대통령의 말에 따르면 미국과의 이익공유의 영역이 군사분야에 국한되지 않고 정치, 경제, 사회, 문화 등 포괄적으로 확대되는 동맹을 말한다.

그런데 **상호신뢰**라고 하지만 국력에서 현격한 차이가 있고 자국의 안보를 미국의 도움이 없이는 지킬 수 없다고 믿고 있는 한국은 미국으로부터 신뢰를 잃지 않기 위해(동맹국으로부터 방기되지 않기 위해) 미국의 요구에 고분고분하지 않을 수 없다. 이 점에서 역시 '포괄적 전략동맹'은 한국이 미국의 신뢰를 얻기 위해 미국의 요구에 순종해야 하는 일방적인 신뢰관계가 될 수밖에 없다.

신뢰동맹이 되면 한국은 군사분야만이 아니라 정치, 외교, 경제, 사회, 문화 분야에서도 미국식 제도나 가치를 존중하고 따르게 될 것이며 그렇게 되면 대미 종속은 비단 군사분야만이 아니라 정치, 경제, 사회, 문화 등 모든 부분으로 확산될 것이다. 미국의 신뢰를 얻는 대가로 한국은 이제 군사만이 아니라 국내의 모든 영역에서 우리 고유의 가치와 자긍심을 잃고 미국화하게 되며 미국의 식민지로 전락하게 된다. 또 국내만이 아니라 세계적 범위에서 미국의 신뢰를 얻어야 하므로 그에 따른 비용의 추가가 막대할 것이다.

3) 신뢰동맹으로서의 군사동맹 강조는 대미 종속성의 심화를 의미

신뢰동맹으로서의 한미군사동맹의 임무로 이명박 대통령은 '한반도의 긴장완화와 동북아시아의 평화를 위한 공조와 협력', '동아시아 국가 간안보신뢰와 군사적 투명성을 높이는 데 선도적 역할 수행', '동아시아의 화합과 도약을 위해 다자안보 협력의 네트워크 구축에 앞장서는 것' 등을 꼽았다. 그런데 이들은 동아시아에 대한 미국의 국가안보목표와 국가안보전략을 대변하는 임무들이다.

한미군사동맹의 임무로 '한국 방위'라는 애초의 임무를 넘어서 동북아시아 나아가 동아시아의 안보를 새로이 규정한 것 자체가 미국의 국가전략적 요구를 수용한 것이다. 이런 새로운 임무규정은 한미동맹의 법적 근거인 「한미상호방위조약」을 넘어서는 것이자 불간섭원칙을 규정한 국제법을 어긴 것으로 우리나라의 요구가 아니라 세계적 패권을 추구하는 미국의 요구를 반영한다.

그리고 동북아시아의 평화, 동아시아 국가 간의 안보신뢰 및 군사적 투명성, 동아시아 다자안보협력의 네트워크 구축 등은 동북아시아 및 동아시아지역의 일원으로서 한국이 독자적으로 추구할 목표이지 한미군사동맹을 맺어서 대응할 사안은 아니다. 한미군사동맹을 통한 대응은 이런 한국의 자주적인 외교력을 원천적으로 봉쇄하는 것으로 우리의 자주권을 부인하는 것이며 한국의 외교를 미국의 국가전략에 종속시키는 행위가 된다. 더욱이 한미군사동맹을 통한 접근은 동북아시아 나아가 동아시아 나라들을 미국의 국가이익을 기준으로 적과 동맹국으로 구분함으로써 군사적 긴장과 대결을 만들어내고 조장하게 된다. 이 점에서 한미군사동맹을 신뢰동맹으로 발전시킨다는 의미는 곧 동북아시아와 동아시아의 안보를 위태롭게 하는 원천 역할을 우리 스스로 자임하는 것이 된다.

4) 경제동맹의 국내적·민족적·대외적 의미

이명박 정부는 한미 간의 신뢰(동맹)가 군사분야를 넘어 경제분야로 확장된다는 데 신뢰동맹의 의미를 부여한다.

한미동맹의 경제동맹화가 갖는 의미를 국내적 차원과 대북적 차원, 대외적 차원에서 살펴본다.

구한미동맹하에서 미국은 **원조를 지렛대로 해** 이승만과 장면, 박정희 정권이 국가주도의 자립적인 자본주의 경제발전의 길(국가자본주의)을 걷는 것을 좌절시키고 국가개입이 최대한 배제되고[16) 대외지향성을 갖는 자유주의 시장경제체제를 채택하도록 강요했으며 한국경제를 일본경제, 미국경제에 편입시켰다.

또 미국은 원조제공(이른바 경제협력)의 조건으로 한국의 경제정책 수립과 그 운용에 직접 개입, 통제할 수 있는 권한을 넘겨받았다. 한국의 경제 주권을 장악한 미국은 한국의 경제정책을 철저히 미국의 대한 군사정책에 종속시켰으며 한국정부와 국민의 경제발전 요구(한국전쟁 후에는 경제부흥 요구)를 거부하고 경제안정화(물가안정, 통화안정) 정책을 강행했다. 미국은 극동 군사전략상의 필요에서 한국의 경제력으로는 도저히 감당할 수 없는 72만 명의 거대한 한국군 규모를 유지토록 강요했다. 미국은 이런 한국군 규모 유지를 위해 원조를 실시했으며 한국의 국방비를 최대한 낮추기 위해 생필품 가격을 무리할 정도로 억제하는 정책(이른바 경제안정화 정책)을 폈다. 이로 인해 한국은 경제적으로 발전할 수 없었으며 농민들은 쌀, 보리 등 제값을 받을 수가 없었고 경제안정화로 일자리 또한 늘어날 수가 없게 되어 높은 실업률이 불가피했다.

---

16) 가령 미국의 압박으로 이승만은 1954년 11월 29일, 제헌 헌법 제85조의 중요한 지하자원 등의 국유화 규정을 삭제하고, 제87조의 주요산업의 국영 또는 공영 규정을 삭제하며, 제88조에서 국방상 또는 국민생활상 긴절한 필요시 사영기업의 국유 또는 공유이전 또는 그 경영의 통제, 관리를 허용했던 것을 법률이 정하는 경우를 제외하고는 금지하도록 하는 헌법개정을 단행했다.

그런가 하면 미국은 1950년대 일본 민중의 반미화를 막고 친미정권이 일본에서 안정적으로 집권하도록 하기 위해 대한 원조물자의 판매대금에 대해서 한국정부와 민간기업들이 일본에서 물건을 수입하도록 조건을 붙임으로써 한국경제를 일본경제에 종속시켰다.

미국의 무상원조는 1970년대 초부터 유상원조로 바뀌기 시작해 1982년에 완전히 중단되었으며 따라서 원조를 무기로 미국은 한국경제를 통제할 수는 없게 되었고 이제는 그럴 필요도 없게 되었다. 미국은 한국과 경제동맹을 추구하기로 함으로써 이전의 어느 시기보다도 더 높은 경제통합을 목표로 할 수 있게 되었다.

이명박 대통령은 2011년 10월 14일 미국 디트로이트의 GM 공장과 현대모비스 공장을 방문하고 이들 자동차공장을 경제동맹의 모범사례로 칭찬했다. 대우자동차를 GM이 인수하고 GM코리아가 다시 GM자동차 개발을 도운 것을 예로 들며 양국 간 밀접한 경제관계가 한미 양국에 이익을 줄 것이라고 말했다. 이는 미국자본의 한국기업의 자유로운 인수, 즉 경제통합에서 공동시장 단계를 뜻한다. 하지만 경제동맹은 이 단계도 뛰어넘어 경제제도의 일체화를 지향한다.

경제동맹은 한국의 경제제도를 미국의 제도로 통합시킴으로써 한국보다 훨씬 강한 경제력을 갖는 미국이 한국경제 안에서 아무런 제지를 받지 않고 우위를 누리면서 이윤을 추구할 수 있게 보장한다. 미국은 경제동맹 관계임을 내세워 국내법의 각종 규제조항들의 철폐 및 입법도 요구할 수 있을 것이다. 경제동맹은 힘센 미국자본과 약한 국내자본 사이에 또 국내의 대자본, 수출자본, 첨단기술자본과 국내 중소자본 사이에, 또 대자본과 노동자·농민·자영업자 사이에 양극화를 더욱 심화시키고 계급·계층 간 갈등을 더욱 키워 국가안보를 위태롭게 한다. 한미동맹의 경제동맹화는 사회·문화 영역 전반의 미국화를 앞장서서 재촉하는 효과를 가짐으로써 급속한 정체성 상실로 이어지고 결국 미국의 이익을 우리의 국익과 동일시하는 결과를 빚게 된다.

경제동맹은 민족적 차원에 보면 북쪽에 대해 시장경제를 강요함으로써 북의 고립과 붕괴를 목표로 하는 군사동맹을 뒷받침한다. 이제 한미동맹은 군사적으로나 경제적으로나 북의 붕괴와 흡수를 목표로 하는 동맹이 되는 것이다. 미국은 경제동맹을 근거로 한국이 남북 간에 추진하는 경제 교류와 협력에 대해서 개입할 수도 있을 것이다.

또 경제동맹은 대외적으로 보면 자유시장, 개방경제를 공세적으로 타국에 강요하는 임무까지 규정하고 있는데(아시아태평양지역에서 자유시장, 무역 및 투자자유화 증진을 위한 노력), 이는 미국이 경제패권주의의 첨병 역할을 우리에게 강요하는 것이다. 마틴 자크 교수는 한미FTA나 환태평양경제동반자협정(PPT)은 모두 "쇠퇴하는 미국이 경제회복을 이룸과 동시에 부상하는 중국을 견제할 수 있는 방편"이라고 하면서 "미국은 빠르게 성장하는 아시아 국가들과의 자유무역으로 경제위기를 극복할 수 있고, 또 동아시아 지역에서의 군사적 영향력뿐만 아니라 경제적 영향력 확대를 통해 중국을 압박할 수 있다"고 말한다(≪경향신문≫, 2011.11.16).

경제동맹은 기본적으로 미국의 요구에 따른 것이라 할 수 있지만, 그 국내적 동인은 이명박 정권의 미국식 자유시장경제에 대한 맹목적 숭배에서도 찾을 수 있다. 이명박 정권은 경제의 선진화, 공세적인 해외투자전략(해외식량기지 확보는 그 한 예), 규제 완화(특히 자본통제 완화), 부자 감세 등을 정책기조로 추진하고 있다.

그러나 시장만능주의, 국가의 통제를 받지 않는 월가 자본의 전횡과 횡포, 부자 위주의 조세정책, 세계적인 팽창욕에 따른 지나친 국방비 부담 등은 결국 오늘날의 미국의 경제위기를 초래했다. 이 점에서 미국의 시장만능주의를 따라가는 이명박 정권의 경제정책 기조는 미국의 실패한 전철을 밟는 것으로 시대착오적이라 하겠다.

5) 한미FTA에서 드러난 신뢰동맹의 대미 종속적 실체

경제동맹으로 불리는 한미FTA는 신뢰동맹이 미국의 이익을 전면적으로 보장해주는 동맹에 지나지 않는다는 것을 보여준다.

한미FTA는 평등한 주권국가로서 한국과 미국이 경제적 이익을 공평하게 누리는 것이 아니라 미국 대자본의 사적 이익을 보장하기 위해 우리의 주권을 광범하게 제약하고 노동자, 농민, 자영업자, 중소상공업자 등의 권리와 이익을 침해하는 세계에서도 유례를 찾기 어려운 전형적으로 불평등한 협정이기 때문이다. 한미FTA 저지 범국민운동본부는 한미FTA 협상에서 미국 요구를 받아들이면 "국내법 1,163개 가운데 15%인 169개가 협상 내용과 상충해 법률을 개폐해야 하거나 사실상 법률 개폐의 효과가 있"(≪한겨레≫, 2007.1.16)는 반면 미국은 반덤핑 제재완화와 같은 연방법률 개정사항을 단 한 건도 양보하지 않았다고 밝혔다. 국회 통일외교통상위원회는 2008년 2월 18일 한미자유무역협정 비준동의안 검토보고서에서 "어느 한쪽에만 일방적으로 의무화하는 규정이 미국 쪽에는 일곱 가지인데 반해 한국은 무려 쉰다섯 가지인 것으로 집계했다. 이는 지금까지 미국이 맺은 14개 자유무역협정 가운데 협정 상대국에 일방의 의무부담을 가장 많이 지운 사례"라고 평가했으며 "한미자유무역협정으로 양국이 개정해야 할 법률 수도 한국은 스물네 가지인 반면 미국은 여섯 가지"에 지나지 않는다고 밝혔다(≪한겨레≫, 2008.2.18).

한미FTA는 세계화·개방화·미국화를 자신의 가치로, 성장 동력으로 여기는 국내 친미주의자들이 강행한 것이지만 미국의 입장에서는 자국의 독점자본·금융자본이 공격적으로 한국의 시장을 장악하도록 제도적으로

〈그림 4-1〉 미국이 체결한 양자 자유무역협정에서 각국 의무규정 현황

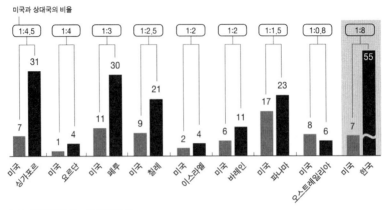

자료: 국회통일외교통상위원회.

보장하는 것이다. 한미FTA는 미국의 거대 자본이 활동하는 데 제약을 주는 한국의 주권을 해체시킴으로써 공격적으로 한국시장을 장악하고 한국 내 경쟁자본을 제압할 수 있도록 하는 협정이다.

한미FTA는 또한 중국, 일본, 인도, 아세안 등 동아시아의 경제대국과 나날이 힘겨운 경쟁을 해야 하는 미국으로서 이들 나라의 경제주권을 약화, 무력화하기 위한 공세를 강화할 수 있는 무기이기도 하다.

아울러 한미FTA는 동아시아지역에서 일본이나 중국 등이 주도하는 지역경제통합 흐름을 견제하고 미국 주도로 바꾸기 위해서도 추진된다. "한미FTA는 미국이 나날이 성장하고 있는 아시아시장에 대한 접근을 공격적으로 확대하는 동시에 미국을 배제한 아시아 국가들의 경제적 단합을 말로만 걱정하면서 아무런 대응도 없이 수수방관지만은 않을 것임을 보여줍니다"(알렉산더 아비주 동아태 담당 부차관보의 2008년 4월 23일 연설) 는 발언은 한미FTA가 아시아지역 국가들의 지역경제협력에 대한 대항책으로 추구되고 있음을 보여준다. 마틴 자크 교수는 한미FTA나 환태평양

경제협정이 모두 중국 견제책이라고 말한다. 노구치 유키오도 "환태평양 경제협정은 무역자유화가 아니라 중국 배제를 내용으로 하는 미국 주도의 경제블록"이라고 말한다(≪경향신문≫, 2011.11.16).

한미 FTA를 중국배제를 위해 이용하려는 미국의 의도는 동아시아에서 한국이 상호 주권존중과 공동번영에 기초한 경제협력에 역행하는 세력으로 몰려 소외될 가능성을 크게 한다.

3. 미국의 위협인식과 포괄안보·포괄동맹

1) 지리적 발동요건의 포괄성과 그 공격적 성격

「한미동맹 공동비전」은 '양자·지역·범세계적 범주의 포괄적인 전략동맹 구축'을 선언하고 있다.[17] 이는 한미전략동맹의 지리적 발동요건이 특정 지역에 한정되지 않고 세계에 걸쳐 포괄적으로 적용됨을 밝힌 것이다.

이런 한미동맹의 지리적 확장은 냉전 해체 뒤 구소련권의 장악을 위해 나토나 미일동맹이 각기 그 지리적 활동범위를 조약상의 활동범위를 벗어나 공세적으로 확장한 것과 흐름을 같이 한다.

나토는 구소련이 붕괴되기 직전이고 바르샤바조약기구가 벌써 해체된 1991년 11월 로마 정상회담을 갖고 소련의 서유럽 침략을 방지한다는

---

17) '포괄적 동맹'에 대해서 「한미동맹의 비전연구」(2005년 12월에 국방부가 발간한 국방정책연구보고서)는 한미 미래동맹의 다섯 가지 대안의 하나로 거론하면서 "지역안보동맹과 유사하나, 역할에 있어 지리적 한계를 두지 않음. 민주주의, 인권, 비확산, 대테러 등 한미 공통의 가치에 대한 위협을 수호하는 데 중점"(24쪽)을 두는 동맹으로 정의하고 있다.

기존의 전략을 대체하는 「신전략」(1967년 채택된 '유연반응전략'과 구별해 신전략으로 표현)을 채택했다. 이 「1991년 전략개념」은 "유럽전선 전체에 대한 동시적 전면공격의 위협은 제거되고 이제 그것은 더이상 동맹전략의 초점이 아니다"라는 인식 아래 나토가 새로 대응해야 할 위협으로 "민족적 대립이나 영토분쟁 등 심각한 경제적·사회·정치적 곤란에 의해서 생기는 불안정"을 제기했다. 이런 위협은 「북대서양조약」 제6조의 지리적 범위와는 상관없이 존재하는 것, 즉 조약 역외에도 존재하는 것이고, 따라서 역외의 군사작전이 불가피하다는 결론으로 이어지게 된다. 그런데 「1991년 전략개념」은 역외작전을 직접 언급하지 않고 역외에서의 "대량살상무기의 확산, 중요한 자원유입의 중단, 테러리즘이나 사보타지 등 더욱 광범한 성질의 위험"이 안전을 위협할 때에는 「북대서양조약」 제4조에서 정한 협의를 요청한다는 서술에 그쳤다.

그러나 나토는 1999년 4월 워싱턴 정상회담에서 「1991년 전략개념」을 더욱 발전시켜 나토에 소속되지 않은 나라들에서 주로 수행되는 '비 5조 위기(non-Article 5 crisis)' 대응활동[18]을 나토의 임무의 하나로 명시했다.

---

18) 비 5조 위기 대응활동이란 나토 회원국이 무력공격을 받는 사태(5조), 즉 자위권이 발동되는 위기 이외의 사태에 대한 대응활동으로 주로 나토 소속이 아닌 국가에서 수행되며 분쟁이 확산되어 여러 나라 또는 지역을 불안하게 하지 못하도록 막는 데 목적이 있다. 「1999년 전략개념」은 나토의 '안보상의 도전과 위험'에 대해서 이것에는 "유럽·대서양 지역 내 및 주변의 불확실성이나 불안정성, 또 나토 주변지역의 지역위기 가능성이 포함된다"고 하고 있고 "민족적·종교적 다툼, 영토분쟁, 부적절한 개혁노력이나 그 실패, 인권침해, 국가해체는 현지의, 나아가서는 지역의 불안정을 가져올 수 있다. 그 결과 발생하는 긴장은 유럽·대서양의 안정을 해치는 위기나 인적 고통, 무력분쟁으로 이어질 수 있다. 이런 분쟁은 나토의 여러 나라를 포함해 이웃의 여러 나라로 번짐으로써 또 기타의 형태로 동맹의 안전에 나쁜 영향을 미쳐 다른 나라의 안전에도 악영향을 가져올 수 있다"고 쓰고 있다. 또 "동맹

「1999년 신전략개념」은 이로써 나토 회원국이 외부의 군사공격을 받지 않아도 나토가 먼저 군사적으로 대처한다는 것을 분명히 한 것이다. 이는 「유엔헌장」 제51조를 근거로 한 「북대서양조약」 제5조의 집단적 자위권 발동과는 무관한 선제적 군사간섭(선제공격)의 권리를 주장하는 것이다.

「1999년 전략개념」은 또한 나토가 이제 특정 영토의 방위에 한정된 군사동맹이 아니라 '공동 이익의 방위를 위한 동맹'이며 새로운 위협인 대량살상무기의 확산이나 테러 대응과 같은 광범위한 활동에도 개입해야 한다고 주장했다. 이로써 「북대서양조약」 제5조의 '개별적 및 집단적 자위권 발동 규정', 제6조의 '지리적 범위 규정'은 무시되고 나토의 작전행 동범위는 조약 역외의 '주변지역'으로 무제한 확대되게 되었다.

「1999년 전략개념」은 또한 민족적·종교적 다툼, 영토분쟁, 부적절한 개혁노력이나 그 실패, 인권침해, 국가해체 등의 (나토가 인식하는) 위협에 대처하기 위해 군사력을 행사하는 데 유엔안보리의 승인이 필요하다고 인정하지 않는다. 유엔안보리를 무시한다는 말을 직접적으로 하지는 않지 만 미국 고위관리들은 반복해서 유엔안보리 결의에 구속되지 않을 것임을 분명하게 천명하고 있다.19)

바깥 핵무기의 존재, NBC(핵, 생물, 화학) 무기와 그 운반수단의 확산, 나토에 적대적인 국가나 비국가에 의한 동맹의 고도의 정보시스템의 교란, 테러, 사보타지, 조직범죄 등"도 안보상의 도전과 위험으로 열거하고 있다.

19) 1998년 12월 9일 올브라이트 당시 미 국무장관은 ≪르몽드≫와의 인터뷰에서 "21세기의 나토는 행동할 때 언제나 유엔안보리의 분명한 위임을 받아야 하는가"라 는 기자의 질문에 대해서 "그렇지 않다. 물론 나토와 유엔이 협력해 활동하는 것은 좋다. 그러나 동맹은 어떤 작전에 대해서 이런저런 나라의 거부권의 인질이 되어서 는 안 된다. 왜냐하면 그 경우 나토는 유엔의 단순한 하부기관이 되지 않을 수 없다. 나토의 힘 그것은 독자적으로 활동할 능력이다. …… 유엔의 결의를 그때마다 얻는 것은 이론적으로 완벽하나 실제로는 그렇게 되지 않는다. 가능한 경우에는

나토는 9·11 테러 이후인 2002년 11월 프라하 정상회담에서 럼스펠드 장관의 주창에 따라 나토 변환의 일환으로 2만 명 규모의 나토신속배치군 (NRDF)을 만들었다. 이는 나토 역외 지역에서의 군사개입을 언제든, 기동 성 있게 수행하기 위한 것이다(고상두, 2008: 47).

미일동맹은 「미일안보조약」에 의해 일본의 안전이나 극동지역의 국제 평화 및 안전에 대한 위협이 발생했을 경우 미일이 협의하도록 함으로써 그 지리적 적용범위가 일본영역과 극동지역으로 한정되어 있다. 그런데 미일은 「1996년의 신미일안보선언」을 통해서 미일동맹의 활동범위를 아 시아태평양지역으로 넓혔으며(이른바 미일동맹의 재정의), 2005년 2월 9일 미일공통의 전략목표 발표 그리고 2005년 10월 29일의 「미일동맹: 미래 를 향한 변혁과 재편」 발표를 통해서 미일동맹의 전략적 역할에 대중국봉 쇄를 포함하고 미일동맹의 활동범위도 전 세계로 확장했다.

나토나 미일동맹이 각기 애초 동맹의 지리적 활동범위의 제한을 뛰어넘 어 역외로 확장되는 것은 첫째 구소련의 붕괴와 냉전의 해체로 더 존속할 명분이 없게 된 동맹을 계속 연장하려는 미국의 의도가 중심적으로 반영된 것이다. 둘째 나토와 미일동맹의 지리적 활동범위의 확장은 미국이 구소 련 붕괴 이후 채택한 전일적인 세계패권 수립이라고 하는 국가안보전략 실현에 동맹국을 동원하기 위한 전략이다.

한미동맹의 포괄적 전략동맹화 역시 냉전 종식 이후 북 위협의 사실상 소멸로 해체되어야 할 운명에 처한 한미동맹을 계속 살려나가는 동시에 그 역할을 지역 및 세계로 확장해 21세기에도 미국의 세계패권을 전일화 하려는 의도에 부응하고자 하는 것이라 하겠다. 미국의 21세기 세계안보

유엔의 지지를 얻도록 노력하겠지만 필요한 경우 행동할 수 있다는 것이 우리에게 는 매우 중요하다"고 답했다.

전략 속에서 이뤄지는 한미동맹의 역할확장이 동북아시아지역에서는 무엇보다 대중국 견제가 될 것임은 말할 필요가 없다.

또 한미동맹의 역할확장은 그 자체로 그치지 않고 미일동맹의 역할확장, 나토 역할의 확장, 일호주 동맹결성 등을 묶어 전 세계를 단일 전구로 하는 동맹네트워크를 구축하려는 미국의 새로운 동맹전략을 이루게 된다. 미국이 나토에 한국, 일본, 호주, 스웨덴, 핀란드 등의 국가를 참여시켜 나토의 아시아진출과 지구화를 이루려는 글로벌파트너십을 추진하고 있는 것은 그 좋은 예다.

2) '포괄안보' 개념의 검토

'포괄적 전략동맹'의 추진을 국가안보전략 기조로 하는 이명박 정부는 8개의 국방정책기조 가운데 첫 번째로 '포괄안보를 구현하는 국방태세 확립'을 제시하고 있다. '포괄안보'는 '(우리 군이) 언제, 어디서, 어떠한 상황이 발생하더라도 즉각 대응하고' 또 '북한의 위협은 물론 모든 스펙트럼의 위협에 대비'하는 안보개념으로 설명되고 있다(국방부, 2008: 37).

이렇게 보면 '포괄안보'는 지리적 포괄성과 위협의 포괄성을 다 포함하며 '포괄적 전략동맹'의 안보관이라 할 수 있다.

그런데 '포괄안보'가 마치 유엔에서 제기된 '인간안보'를 구현한 안보개념인 듯이 주장함으로써 포괄적 전략동맹의 지리적 포괄성과 위협인식의 포괄성을 합리화하려는 경향이 존재한다. 김성한은 냉전 종식 이후 전통적 군사안보 이외에 종족 및 종교 갈등, 이로 인한 난민발생, 경제적 고통 및 인권침해, 마약, 테러, 환경 등과 같은 '비전통적 안보이슈들'로부터 야기되는 위협을 전통적 군사안보 위협과 더불어 '포괄안보(comprehensive security)' 문제로 파악함과 동시에 '인간안보'에 대한 도전으로 간주하게 되었다고 말하면서 사실상 '포괄안보'와 인간안보를 동일시하는 주장을 펴고 있다. 나아가 그는 "인간안보의 핵심은 인권일 수밖에 없다. 인권을 가장 잘 보호하는 정치체제는 민주주의 체제이므로 인간안보를 증진시키기 위해서는 권위주의나 군부독재체제가 민주주의 체제로의 전환을 이룩해야 한다"라고 주장함으로써 서방의 인도주의적 개입의 논리를 그대로 반복하고 있다. 그러면서 그는 "북한에 대한 억지 및 격퇴라는 전통적 국가안보적 접근에다 아태지역 및 세계적 차원에서 다양한 인간안보 이슈에 대해 한미가 공동으로 대처해나가는 접근을 합친 것, 즉 '포괄안보동맹'이 미래의 (한미동맹) 비전이다"(김성한, 2006.9: 34~38)라고 주장하고 있다.

그러나 기존의 군사주의적 안보관 대신 비군사주의적 안보관을 강조하는 대안 개념으로 제시된 '인간안보'가, 불간섭주의와 무력행사금지라고 하는 국제법 원칙을 사실상 부인하는 '포괄안보'와 동일시될 수는 없다.

'인간안보'나 '종합안보'가 안보의 군사주의적 접근을 반성하면서 그 대안개념으로 제기된 데 반해 '포괄안보'는 비군사적 영역과 비군사적 수단까지도 군사주의적인 안보관으로 끌어들임으로써 군사주의적 안보관을 더욱 확장하는 개념이다.

'종합안보(comprehensive security)'[20]는 그 정의가 다양하지만 안보정책에서 군사 이외의 목표와 수단의 존재를 지적하고 군사에만 한정되지 않는 접근방식을 제창한 데 의의가 있다. 종합안보란 안보정책을 구상할 때 목표와 수단 모두에 대해서 군사적 측면과 비군사적 측면 양쪽을 다

---

20) '종합안보'라는 용어는 1973년 석유충격(1차 오일쇼크)을 계기로 일본에서 쓰이기 시작했는데 오히라 총리의 자문연구집단인 정책연구회가 1980년에 제출한 「종합안보전략」보고서에서 처음 정식화되었다.

고려하고, 더욱이 외국의 위협만이 아니라 국내의 위협이나 자연의 위협 등도 고려하는 안보를 말한다. 이 개념은 일본이 제2차 세계대전 뒤 국가의 안보를 생각할 때 목표로서 단지 타국의 군사적 침략에 대비할 뿐만 아니라 더욱 넓게 경제발전, 국내의 정치적 안정, 환경보전 등 다른 분야의 목표도 매우 중요한 국가목표로 제시하고 더욱이 그들 목표를 달성하는 데 군사적 요소(수단)를 최소한으로 억제하고 비군사적 수단(외교력, 국내외 여론, 국민의 사기, 국민적 동의 등)을 최대한 활용한다는 안보전략을 실천하는 가운데 생겨난 개념이다(防衛大學校安全保障學硏究會, 2004: 10~11 참조). 그러나 '종합안보' 개념은 일본 정부가 이를 채택, 적용하는 과정에서 애초의 이런 반군비증강(反軍備增强)의 취지가 희석되고 경제, 에너지, 무역, 자원 등의 비군사적 영역 등을 안보영역으로 흡수하는 결과가 되어 결국은 정부와 대기업의 해외팽창주의 및 군비확장 지향을 정당화하는 개념으로 변질되었다.

포괄안보는 군사주의적 안보관이 갖는 폐해(국가 간 과도한 대결추구, 군비증강으로 인한 국민복지의 제한, 정치적 자유의 억압 등)를 줄이자는 문제의식 속에서 생겨난 '종합안보'나 '인간안보'의 본래 취지를 왜곡시키고 기존의 군사주의적 안보관을 더욱 확장하는 개념이라 할 수 있다.

또 포괄안보는 냉전 시기 적대세력 사이에 추구된 공동안보(common security)나 냉전 해체 뒤 우적(友敵)관계가 모호해진 세계에서 추구된 협력안보(cooperative security)와도 관계가 없는 패권주의적 안보관이다. '공동안보'21)는 '적'과 협력해 전쟁을 회피하기 위한 안보 틀을 만들려고 하는

---

21) 공동안보라는 말을 처음 사용한 것은 1982년의 팔메위원회의 보고서「공동안보-생존을 위한 청사진」이다. 이 보고서는 오인이나 사고를 계기로 서로 바라지 않는 전쟁이 일어날 가능성이 있음을 인식하고 전략적 상호의존의 세계에서 생존을 보장

것이며 그 구체적인 표현이 1975년의 유럽안보협력회의(CSCE)이다. '협력안보'는 1990년 무렵부터 CSCE 참가국 사이에서 제창되기 시작한 새로운 안보개념이다. 협력안보는 우려의 원천이 되는 나라나 대립관계에 있는 나라까지도 포함해 역내의 모든 나라가 체제에 참가한 위에, 모든 나라의 협조를 통해 체제 내의 불특정의 잠재적 위협이 현재화해 무력충돌로 이어지는 것을 예방하고 분쟁의 평화적 해결을 꾀하며 만일 무력충돌이 발생하더라도 그 규모를 제한하기 위한 틀을 만들고자 하는 것이다. 협력안보는 집단안보와 달리 강제조치를 포함하지 않고 오로지 비대결적인 방법을 써서 참가국 사이에 평화구축을 뿌리내린다는 안보관이며 군사차원보다도 정치, 외교 등의 비군사 차원에 중점을 두는 경향이 있다.

3) 미국의 새로운 군사작전 영역에 편입된 '범세계적 도전(위협)'

냉전이 끝나자 미국 합참은 전쟁과 구분되는, 군사력의 제한적 사용형태라 할 수 있는 '전쟁 이외 군사작전'을 정식으로 교리화했다.

이 '전쟁 이외 군사작전'의 영역에는 '범세계적 도전'으로 규정된 위협들 가령 대테러, 인도적 지원(인간존엄추구 지원), 대마약작전, 재난구조, 평화유지 등이 포함되어 있다.

'전쟁 이외의 군사작전'의 교리화는 구소련 붕괴로 장차 미군의 군사작

하기 위한, 적들 사이의 협력을 강조하며, 기존의 제로섬게임적인 경쟁적인 안보관을 부정했다. 보고서는 서로 원하지 않는 전쟁을 확실히 회피하기 위해서는 적들끼리 서로 선제공격하지 않는다는 보장이 중요하고, 서로가 방위력을 증강하는 한편으로 상대를 도발하게 할 수 있는 공격적 무기나 군사체계를 배제하는 것이 필요하다(방위적 방위 또는 비도발적 방위)고 주장했다(防衛大學校安全保障學研究會, 2004: 14 참조).

전이 대규모 전쟁에 의존하기보다는 군사력의 제한적인 사용 형태를 취할 것이라는 판단에 따른 것이다. 전쟁 이외 군사작전도 전쟁과 똑같은 군사작전에 속한다. 미 합참 교리는 이것이 국력의 다른 여러 수단을 보완함으로써 미국의 국가안보목표 달성에 기여한다는 것과 전쟁 전과 전쟁 중, 전쟁 이후에 수행된다는 것을 명확히 밝히고 있다(US Joint Chiefs of Staff, 1997: 512~514 참조).

이 전쟁 이외 군사작전은 '무력 사용 또는 무력 위협'을 수반하는 작전과 이를 수반하지 않는 작전, 이 두 가지가 동시적으로 이뤄지는 작전활동 등 세 가지로 구분된다. 첫 번째 작전활동으로는 평화강제(Peace enforcement), 대테러, 무력시위·급습(Raid)·타격(Strike), 평화유지(Peacekeeping), 외국내부방어(foreign internal defense), 제재시행(enforcement of sanctions), 폭동지원 및 대폭동, 비전투원후송작전(NEO) 등이 있고 두 번째 영역으로는 인도적 지원(HA), 재난구조, 군비통제(arms control), 평화유지, 국가원조(Nation Assistance), 외국내부방어, 대부분의 대마약작전지원, 항해의 자유, 선박호위, 미국 민간인지원, 비전투원 후송작전 등이 있다. 그런데 전쟁 이외 군사작전은 보통 전투 및 비전투 두 가지를 동시적으로 수반해 이뤄진다. 평화강제작전(PEO)과 결합한 인도적 지원(HA)과 같이 비전투(Noncombat)의 '전쟁 이외 군사작전'이 전투를 수반하는 '전쟁 이외의 군사작전'과 동시적으로 수행될 수 있는 것이다.

4) 미국의 신군사작전의 유형들

(1) 반테러는 미국의 패권전쟁의 새로운 형태

반테러는 미국이 세계패권 실현을 위해 수행하는 새로운 전쟁형태이며 그 대표적인 예가 이라크전과 아프가니스탄전이다. 미국은 반테러전쟁을 구실로 이라크와 아프가니스탄을 침공했다. 또 미국은 필리핀 정부의 테러대책을 지원한다는 구실로 미군사고문단을 파견하고 발리카탄과 같은 미비 연합군사훈련을 본격화하는 등 1990년대 초(1991~1992년) 필리핀 주둔 미군이 철수한 뒤 사실상 재주둔을 하기에 이르렀다.

　미국의 이라크 침공은 자위권의 발동도 아니고 그렇다고 유엔안보리의 수권결의를 통한 것도 아닌 국제법 위반이었다.[22] 이라크 침공의 명분으로 내세운 것이 사담 후세인 정권의 알카에다 테러 세력과의 연계와 대량살상무기 보유였으나 이것은 어느 쪽도 사실이 아닌 것으로 판명 났다. 그러자 부시 정권은 이라크 전쟁이 사담 후세인의 억압에서 이라크 국민들을 해방시키고 민주주의를 수립하기 위한 것이라고 변명했다. 이는 미국의 반테러전쟁이 미국의 가치를 무력으로 타국에 강제하고 이를 위해 무고한 이라크 민중을 희생시킨 침략전쟁이었음을 실토하는 것과 같다. 이 점에서 이라크전쟁은 가장 전형적인 국가테러의 예다. 이처럼 반테러는 미국의 일방주의와 국제법 위반이라는 문제를 안고 있어 미국은 '테러와의 전쟁'이란 용어의 사용을 공식으로 중단(≪한겨레≫, 2009.3.31.)했다. 반테러전쟁은 미국이 일방적이고 호전적인 침략국가로 낙인 찍히는 결과를 가져왔다. 그럼에도 포괄적 한미 전략동맹이 '범세계적 도전'의 첫 번째 사안으로, '테러리즘'을 들고 있는 것은 미국의 국가안보전략에 대한 한국의 맹목성을 보여준다.

---

22) 2010년 1월 12일 발표된 네덜란드의 '이라크전쟁 조사위원회' 보고서는 "(네덜란드) 정부가 부실한 정보에 근거해 이라크전을 지지했으며, 미국과 영국의 이라크 침공은 국제법 위반"이라는 결론을 내렸다(≪한겨레≫, 2010.2.22).

(2) 대량파괴무기 확산방지를 구실로 한 미국의 간섭

대량파괴무기 확산방지는 미국이 민주주의, 인권, 시장경제 등과 함께 주권국가에 대한 강제개입(신개입주의)의 정당성을 주장하는 이른바 절대적인 가치규범 중 하나다. 대량파괴무기 확산방지는 냉전 종식 이후 북과 이란의 핵문제에 대한 대응에서 보듯이 미국이 자신의 패권주의에 저항하는 나라들을 봉쇄하고 압박하는 구실로 삼고 있다.

미국은 대량파괴무기 확산에 대해서 이중기준을 적용하고 있다. 북과 이란과 같은 미국의 패권주의에 반대하는 나라와 이스라엘, 파키스탄, 인도와 같이 미국이 자신의 패권을 실현하는 데 일익을 맡거나 도움이 된다고 보는 나라에 대한 기준의 적용이 다르다. 이런 이중기준은 미국의 대량 파괴무기정책이 대량파괴무기의 확산을 막음으로써 세계의 평화와 안전을 지키기 위한 방법으로서가 아니라 어디까지나 미국 패권주의 유지 수단으로서만 의미가 있다는 것을 말해준다.

(3) 인권 보호

미국은 인권이 국가주권보다 우선하는 '보편적인 가치'라고 주장하며 인권침해로부터 주민을 보호한다는 구실로 여러 나라에 대해 무력행사를 수반하는 이른바 인도주의적 개입을 감행했다. 미국은 1991년 걸프전 뒤 이라크 북부에 비행금지구역을 설정했으며 그 이후 소말리아, 아이티, 라이베리아, 보스니아 등에 차례로 무력개입을 했다. 유엔 결의도 없이 1999년에 행한 불법적인 유고공습도 그 명분은 인도주의였다.

(4) 평화유지, 전후안정화, 개발원조

「한미동맹 공동비전」은 평화유지와 전후안정화, 개발원조에 대한 한미동맹의 공조를 강화할 것을 규정하고 있다. 그런데 이 평화유지와 전후안정화, 개발원조라는 것이 미국의 이라크와 아프가니스탄 침공 뒤 이뤄지고 있는(as is being undertaken in Iraq and Afghanistan) 바와 같은 것이다. 즉, 평화유지나 전후안정화, 개발원조는 미국이 자행하는 침략전쟁과 그 이후 친미정권과 친미 제도수립을 위한 군사적·경제적·정치적 활동을 가리킨다. 따라서 이에 관한 공조제고는 미국의 불법적인 침략전쟁에 대해서 한국이 동맹국으로서 전쟁 이후의 친미국가 건설까지 미국에 협력하는 것을 약속하는 의미를 가진다.

따라서 평화유지, 전후안정화, 개발원조에 대한 한미동맹의 공조 제고 규정은 포괄적 전략동맹이 곧 미국이 한반도 영역 바깥에서 수행하는 침략전쟁에 한국의 참전을 보장하기 위한 동맹임을 말해준다.

(5) 마약전쟁

미국의 대마약전쟁은 남미에 대한 미국의 군사적 개입과 미군 주둔의 명분이 되어왔으며 남미국가들의 경찰과 군대를 미국의 손발로 키워 남미지역에서 반미자주적 정치세력을 견제하고 남미지역에 대한 장악력을 강화하는 의도로 추진되어왔다.[23]

---

23) "냉전이 끝날 무렵, 라틴아메리카 주둔 미군, 그중에서도 미국 남부사령부는 새로운 임무를 찾아 나섰다. 국방성(국방부) 내 많은 이들이 불법마약 퇴치에 군사적으로 개입하는 것에 회의적이었지만, 남부사령부는 이 지역에서 자신의 역할, 영향력,

미국의 '대테러 및 대마약 작전'이 남미에 대한 미국의 군 주둔을 위한 명분으로 이용되고 있음은 콜롬비아의 최소 7곳의 군 기지를 활용하고 최대 1,400명을 파견하는 군기지 활용방안에 대해 미국이 콜롬비아와 2009년 7월 15일 합의한 사례에서도 드러난다. 대테러니 대마약 작전이니 하는 것은 어디까지나 표면적인 이유이고 사실은 에콰도르의 만타 공군기지 사용 재계약을 에콰도르 코레아 대통령이 거부함으로써 잃게 된 미군의 남미 거점기지를 친미정권이 있는 콜롬비아에 다시 세우려는 것이다.24)

콜레타 영거스는 "라틴아메리카로부터 미국에 대한 테러 위협이 발생한 적이 없었지만 미국의 정책 입안가들은 테러 위협이라는 렌즈를 통해서 들여다보았고, 마약 테러리즘 문제를 대륙차원의 문제 중 가장 우선시했다"라고 하면서 "대마약전쟁은 문민정부를 희생시키면서 군사세력을 강화하고, 인권문제를 악화하며, 시민적 자유를 침해한다. 또한 가난한 농민을 더욱 가난하게 만들고, 환경을 훼손하며, 사회적 갈등·폭력·정치적 불안정을 발생시킨다. 이는 국내적인, 또는 나라 간의 갈등을 부추기며 미국 정부가 콜롬비아의 악명 높은 게릴라 소탕 작전에서 직접적인 역할을 하도록 만든다"(허쉬버그 외, 2008: 109)25)고 미국의 마약정책이 야기한

존재감을 유지하고 확대하기 위한 수단으로서 대마약전쟁을 채택하는 데 열을 올렸다"(허쉬버그 외, 2008: 111).

24) 미국과 콜롬비아의 군기지 활용방안 합의에 대해서 베네수엘라, 에콰도르, 브라질 등 콜롬비아와 국경을 맞대고 있는 나라들은 "전쟁의 바람이 불기 시작했다"며 "남미에서 비극의 시작이 될 수 있다"(차베스 베네수엘라 대통령)고 경고하는가 하면 "누구도 원하지 않는 상황으로 이어질 수 있는 호전적 분위기를 만들고 있다"(페르난데스 아르헨티나 대통령)거나 "(군기지 논란을 둘러싼) 불쾌한 분위기가 거슬린다"(룰라 브라질 대통령)며 그 철회를 요구하고 있다(≪한겨레≫, 2009.8.12).

위험한 결과를 정리하고 있다.

(6) 빈곤 문제

'빈곤 문제'는 미국이 적대국을 압박하고 무력개입의 명분을 찾기 위한 구실이기도 하다. 빈곤국을 돕는다는 명분으로 해당 나라의 내정에 간섭하고 그 나라를 친미국가로 만드는 것은 미국의 대외정책의 중요한 부분이다. 북을 '폭정의 전초기지'니 '악의 축'이니 '실패한 국가', '불량국가' 등으로 규정한 이유의 하나가 주민의 굶주림인데 이 또한 '빈곤'을 반미정권을 고립시키고 내정을 간섭하기 위한 구실로 이용하고 있는 좋은 예다.

세계의 '빈곤' 문제는 그 주된 원인이 개도국 경제를 종속시키는 미국의 신자유주의적 세계지배체제에 있다. 개도국들은 국가개입과 보호무역 정책을 펼친 1960년대와 1970년대에 1인당 국민소득이 연간 3.0%나 증가했다. 이런 성장률은 '제국주의 시대'에 자유무역주의의 영향 아래에서 달성했던 것에 비해 엄청난 개선이며, 19세기 산업혁명 때 부자나라들이 달성했던 1~1.5%보다 뛰어난 것이다. 그러나 개도국이 신자유주의정책을 실행에 옮긴 1980년대 이후는 1960년대와 1970년대의 성장률의 절반

---

25) 미국 국방부가 작성한 해외 테러조직 명단에는 콜롬비아의 세 조직(콜롬비아 무장혁명군, 민족해방군, 콜롬비아자위대)이 들어 있다. 이들 조직은 다 마약거래와 여타 불법활동을 통해 상당한 양의 자금을 조달한다. 그러나 이들의 활동은 콜롬비아 외부가 아닌 내부를 겨냥한다. 이들은 국제테러리스트가 아니고 기껏해야 국내 테러리스트라고 할 수 있다. 게다가 이들에게 테러리즘이라는 개념을 적용하면, 좌우익의 반란을 일으켜 콜롬비아 내에서 영토를 장악하고 정치적 권력을 행사하려는 이들의 정치적 계획을 부정하게 되는 것이다(허쉬버그 외, 2008: 113~114).

정도의 속도(1.7%)로 둔화됐다(장하준, 2007: 52). 유엔개발계획(UNDP)은 1960년대에 세계 인구 중 가장 부유한 20%는 가장 가난한 20%보다 총소득이 30배나 높다는 결과를 발표했다. 그러나 신자유주의 시대가 시작된 1980년에는 이 비율이 45배, 1989년에는 59배, 1997년에는 70배로 높아졌다(장하준, 2008: 36).

참고문헌

고상두. 2008. 「미국의 군사변환과 주독미군의 철수」. ≪국가전략≫ 14권 3호.

국방부. 2008. 「2008 국방백서」.

김성한. 2006. 「한미·남북관계 '인간안보'차원서 접근을」. ≪자유공론≫(2006.9).

배정호. 2008. 『아베 정권의 국내정치와 대외전략 및 대북전략』. 통일연구원.

베일리스, 존 외 엮음. 2009. 『세계정치론』. 을유문화사.

이상현. 2008. 「한미동맹 복원: 21세기 전략동맹의 비전」, 경남대 학술세미나 발표 논문(2008.4.24).

장하준. 2007. 『나쁜 사마리아인들』. 부키.

_____. 2008. 『다시 발전을 요구한다』. 부키.

허쉬버그, 에릭 외. 2008. 『신자유주의 이후의 라틴아메리카』. 모티브북.

森原公敏. 2000. 『NATOはどこへゆくか』. 新日本出版社.

防衛大學校安全保障學硏究會 編. 2004. 『安全保障學入門』. 亞紀書房.

坂井昭夫. 1981. "總合安全保障論の形成とその本質". ≪關西大學商學論集≫ 第26券 第4号(1981.10).

大久保史郎 編著. 2007. 『グローバリゼーションと人間の安全保障』. 日本評論社.

船橋洋一. 2001. 『同盟の比較硏究』. 日本評論社.

Crawley, Vince(Washington File Staff Writer). 2006. "Bush Praises NATO as Values-Based Alliance Ahead of Riga Summit." 2006.10.27.

Hamilton, Rebecca J. 2006. "The Responsibility to Protect: From Document to Doctrine−But What of Implementation?" *Harvard Human Rights Journal*. Vol.19.

Nardin, Terry. 2005. "Response to 'Ending Tyranny in IRAQ': Humanitarian Imperialism." *Ethics & International Affairs*. vol.19 no.2.

PA News Political Staff. 2003. "Bush praises transatlantic 'alliance of values'". 2003. 11.19.

Upadhyaya, Priyankar. 2004. "Human Security, Humanitarian Intervention, and Third World Concerns." *Denver Journal of International Law and Policy* (Winter, 2004).

US Joint Chiefs of Staff. 1997. *Joint Doctrine Encyclopedia* (16 July, 1997).

문정인. 2009.9.7. "일본 민주당 외교구상, 왜 희망적인가". ≪한겨레≫.

≪한겨레≫. 2009.2.27. "미국 '하드＋소프트＝스마트파워'로 공공외교를".

_____. 2009.3.31. "'테러와의 전쟁', 국제무대 퇴출".

제 5 장

안보대안으로서 '동맹'의 부당성[1]

박 기 학

1. 동맹은 자주성을 제약한다

1. 약소국 통제 수단으로서의 동맹

일반적으로 동맹은 강대국(패권국)이 약소국을 통제하는 주요 수단으로 이용된다. "요컨대, (미국이나 영국 등의) 강대국은 이미 안전을 확보한 터라 안보의 추가로부터 얻을 수 있는 것은 별로 없는 반면 자율성의 추가(증대)로부터는 얻을 것이 있다. 강대국들이 분쟁에 휩쓸리게 되어 자신의 안보가 줄어들 수 있는데도 약소국과 동맹을 맺는 것은 바로 이런 '행동의 자율성(autonomy of action)'을 늘리기 위해서다. 강대국은 자기 안보를 약소국에 주는 대가로 동맹국 영토 내 군 주둔권과 같은 자율적 권한을

---

[1] 그동안 한미동맹에 대한 분석 글은 적지 않았지만 '동맹' 일반에 대한 검토는 거의 없었다. 특히 자주평화의 관점에서 '동맹'을 분석하고 이를 한미동맹에 적용하려는 시도는 전혀 없었다. 이 글은 '동맹'이란 것이 우리 안보의 바람직한 대안이 될 수 없음을 밝히는 글이다.

확보할 수 있다. 그리하여 안전한 국가(강대국)는 동맹국이 제공하는 군사기지 및 기타 이익의 확보를 통해서 자신의 이익을 새로운 영역에 투사할 수 있는 능력을 얻을 수 있다"(Mesquita, 2000: 406).[2]

국가안보를 자력이 아닌 외부세력과의 동맹을 통해서 추구하게 되면 안보를 의존하는 나라는 안보제공 국가에 대해서 종속을 피할 수 없다.[3]

동맹을 맺게 되면 안보의존국은 안보제공국에 대해서 군사계획의 조정, 군비부담의 분배, 위기 시의 협력, 외교정책 특히 적대세력에 대항한 외교정책의 통일 등의 법적·도덕적 의무를 지게 된다. 이런 의무들은 안보의존국이 핵심적인 주권 영역에서 안보제공국의 통제를 받게 됨을 의미한다.

또 동맹관계를 유지하기 위해서 안보의존국가는 군사기지의 제공, 국방정책의 조정, 연합방위체제에 대한 인적 및 물적 기여, 방위비용 분담 등과 같은 안보제공국가의 군사적·정치적·경제적 요구에 응해야 한다. 또 동맹을 강화하기 위한 수단으로 공동전략 수립, 정보교환, 장비협력, 공동훈련 등이 추진된다. 이런 동맹유지 및 강화수단들은 안보제공국이 안보의존국가를 체계적으로 종속시키는 수단이 된다.

동맹의 실익을 주장하는 현실주의 국제정치학자[4]조차도 동맹의 비용

---

2) 김계동(2001), 13~14쪽도 참조할 것.

3) "국가는 안전을 강화할 때, 보통 3개의 모순에 직면한다. 첫째 모순이 자립(동맹을 맺지 않고 자기부담의 군비를 강화하는 것)인가 의존(자기부담의 군사력을 제한하고 외부세력과 동맹을 맺어 부족분을 보충하는 것)인가의 모순이다. 전자는 많은 경제적 자원이 필요하고 후자는 자원을 절약하는 대신 국가의 긍지와 위신이 희생된다"(土山 實男, 2004: 310).

4) 현실주의(realism)는 국제사회가 무정부상태라는 전제하에서 국제관계를 힘의 관점에서 설명하는 학파를 말한다. 대표적으로 한스 모겐소가 있다. 그는 국제정치를 "국가이익의 관점에서 정의된 권력을 위한 투쟁"으로 정의하고 권력이 국제정치의 모든 발생동기가 된다고 본다.

(위험)을 함께 거론한다. 동맹체결 때 감수해야 할 비용으로 '선택(다른 나라와의 동맹 가능성 - 필자 주)을 배제함', '변화하는 환경에 적응할 수 있는 국가능력을 감소시킴', '국가가 동맹을 맺을 수 있는 추가적인 파트너의 숫자를 줄임으로써 다른 국가들에 미칠 수 있는 영향력을 약화시킴', '일부러 의도를 모호하게 함으로써 얻을 수 있는 협상에서의 유리함을 상실함', '적대세력의 두려움을 촉발시킴', '자국을 동맹국가의 적국과의 분쟁에 연루시킴', '동맹국의 적국과의 분쟁협상에서 의제에 특정 이슈를 포함시키는 것을 막음으로써 협상을 방해함', '적대세력과의 경쟁관계를 지속시킴', '동맹에 포함되지 않은 우방국의 시기와 분노를 불러일으키고, 따라서 그만큼의 이득을 얻을 수 없게 됨'(케글리, 2010: 606) 등이 예시되고 있다. 예시된 비용은 하나같이 안보정책과 방위정책, 외교정책, 협상전략 등과 같은 국가의 핵심적인 주권을 직간접적으로 제한, 구속하는 것들이다.

2) 미국의 세계패권전략 수행의 도구로서의 동맹

미국은 제2차 세계대전 이후 공산주의 봉쇄라고 하는 자신의 세계패권전략을 수행하기 위한 방안으로 동맹을 이용했다. 나토(1949년 결성), 미일동맹, 미필리핀동맹, 미대만동맹, 시토(SEATO: 동남아조약기구), 센토(CENTO: 중앙조약기구) 등이 바로 이런 대소·대중 봉쇄를 목적으로 결성된 동맹이다. 미국의 대소 봉쇄전략을 실행하기 위한 이들 동맹은 모두 미국과 다른 동맹국이 지배와 종속의 관계에 있는 불평등한 동맹이다. "원칙적으로 공동방위체제는 가입국들이 공동 목적을 위해 서로 군사비나 군사생산을 분담하는 관계다. 그러나 강대한 군사력과 경제력을 겸비한 미국이 동맹의 방위 전략을 결정하는 데서 지배력을 행사하고 자신의 군사적 필요를 우선하면서 군사비나 군사생산의 분담관계에도 지배와 종속의 관계가 나타난다"(島泰彦, 1970 참조).

제2차 세계대전 뒤 미국은 피식민지에서 해방된 나라들을 미국의 세계 자본주의 지배체제에 편입시키고 그들 나라의 정치·경제·군사체제를 재식민지화하는 수단으로 동맹을 이용했다. 한국, 일본, 서독, 필리핀, 그리스 등의 예에서 보듯이 미국은 처음에는 점령국으로서 나중에는 동맹국으로서의 지위를 이용해 이들 나라의 정치, 경제, 군사 등에 직접 개입함으로써 이를 나라들을 친미종속국으로 만들었다.

3) 약소국의 안보를 위해 자율성 제약이 불가피하다는 주장의 문제점

국제정치학자들은 동맹이 자율성을 훼손, 제약하는 현상에 대해서 '안보와 자율성의 교환 모델',[5] '후견-피후견 국가관계이론'[6]이나 '잉여통제력'[7] 등의 개념으로 설명한다. 이들은 국력에서 차이가 나는 강대국과

---

[5] 안보와 자율성의 교환모델(Security-Autonomy tradeoff)은 국력의 비대칭적 조건하에서 약소국가들은 그들이 보유한 자율권을 강대국들이 보장하는 안보와 교환한다는 주장이다.

[6] 후견-피후견 국가관계이론(Patron-Client State Relationship)은 외부 안보위협이 존재하는 상황에서 피후견국은 우월한 힘과 지위를 가진 후견국으로부터 안보를 지원받음으로써 안보에 대한 물질적·심리적 불안정성을 감소시키는 대신 자국의 정치·군사적 자율성의 감소를 감수한다고 본다. 이 이론은 약소국이 안보를 저렴한 비용으로 안정적으로 유지하기 위해 강대국과 동맹을 맺게 되는 비대칭적인 환경 속에서 후견국과 피후견국 간의 관계를 상대방한테서 가치 있는 양보를 얻어내려는 협상관계, 흥정관계로 파악하며 착취관계로 보지 않는다.

[7] '잉여통제력(residual control)'은 약소국이 필요에 따라 강대국과 안보동맹을 맺게

약소국의 비대칭 동맹의 경우 약소국이 안보를 제공받는 대신 자주성의 제약을 감수한다고 주장한다. 하지만 이런 주장들은 자주성의 제약을 안보의 수혜를 위한 불가피한 희생으로 본다거나 아니면 강대국과 약소국의 불평등한 동맹관계를 당연시한다.

자주성이란 안보를 위해 희생(교환)되어도 무방한 권리가 아니다. 안보의 궁극적 목적은 국가의 자주권을 지키기 위함에 있다. 외부의 공격으로부터 영토적 독립성을 지키는 의미는 정치적·외교적·경제적·문화적 주권을 상실하지 않기 위한 것이다. 그렇기 때문에 안보를 위한다는 명목으로 자주권을 스스로 포기한다면 이는 안보의 궁극적 목적을 부인하는 것이다.

한미동맹의 예가 보여주듯이 자주성이 상실된 종속 상태의 안보란 약소국(우리나라)의 안보가 아니라 강대국(미국)의 국가이익에 기여하는 안보에 지나지 않는다. 한미동맹 때문에 한국의 자주권이 어떤 정도로 제약되어 있는가 하는 것은 다음과 같은 사실로도 입증된다. 한국은 안보전략, 대북관계, 이라크참전 결정, 경제정책 결정, 외교정책(대중국관계, 이란 제재) 등 어느 하나 자주적으로 결정하지 못하고 미국의 눈치를 봐야 하며 심지어 우리의 영토(미군기지 등)에 대해서까지도 주권을 행사하지 못한다(배타적 기지사용권). 이런 근본적으로 제약된 자주권하에서는, 즉 미국의 입김에 의해서 우리의 안보전략과 대북관계, 외교정책이 좌우되는 상태에서는 우리 국민과 민족이 진정으로 바라고 선택하는 안보목표와 안보전략, 정치, 외교를 구사할 수 없다.

미국이 냉전 시기에 대소 및 대중 봉쇄를 위해서 맺은 동맹들은 그

되면 대등한 입장에서 맺은 초기 계약과는 달리 시간이 경과함에 따라 잉여통제력(계약관계가 지속되면서 초기계약에 명시하지 않은 잉여영역에 대한 통제력을 말함)이 발생하게 되고 강대국이 이를 일방적으로 보유할 수 있게 된다는 주장이다.

정도의 차이는 있으나 대미 종속동맹이라는 점에서는 같다. 한미동맹처럼 작전통제권까지 빼앗기면서 철저히 종속을 강제 당한 동맹이 있는가 하면 미영동맹처럼 미국의 세계패권전략 실현에 적극 앞장서면서 이익을 분배 받는 동맹 유형도 있다. 그렇지만 미국의 동맹국들은 그 정치적·군사적·경제적 독립성에 차이가 있는데도 미국의 세계적인 군사지배체제에 편입되어 있다는 점에서는 공통적이다. 그리고 종속현상은 오늘날 강대국과 약소국 사이의 동맹에서만 나타나는 것도 아니다. 영국이나 독일, 일본 등은 약소국이 아니라 경제 및 군사 강국이지만 미국의 패권적이고 위계적인 동맹질서에 편입되어 있다. 오늘날의 동맹의 종속현상은 본질적으로 미국의 세계패권주의 수단으로서 동맹이 이용되고 있는 데서 기인한다. 이 점에서 동맹의 종속성을 일반적 현상이 아닌 강대국과 약소국 사이의 동맹에 국한된 것으로 바라보는 것은 미국의 세계패권주의로부터 발생한 동맹의 종속문제를 은폐하는 주장이다.

물론 한미동맹은 그 종속 정도에서 미영동맹이나 미일동맹, 미독동맹과 비교할 수 없다. 한미동맹이 다른 동맹관계에서는 볼 수 없을 정도로 극히 불평등한 것은 한국이 약소국이기 때문에 불가피하게 겪어야 하는 문제가 아니라 국가주권이 체계적으로 미국에 예속된 결과라 할 수 있다. 반면 나토의 유럽 동맹국들이나 일본 등은 군사적으로 미국에 종속되어 있기는 하지만 정치, 경제, 문화 등에서 기본적인 독립성을 갖고 있고 작전통제권을 미군에 내준 것도 아니어서 종속 정도가 한미동맹과는 비교가 되지 않는다.

따라서 동맹의 자율성 제약 현상을 단순히 국력의 차이로만 해석하는 것 역시 기능적인 접근으로 미국의 세계패권전략의 도구로서 형성되고 관리되어온 동맹의 본질을 희석시키는 주장이다.

2. 세력균형 방법론으로서의 '동맹'의 위험성

1) 세력균형론의 허구성

(1) 세력균형의 정의

동맹이란 전쟁을 억제(회피)하고 전쟁이 일단 일어나면 전쟁에서 승리하는 방법이란 것이 동맹의 전통적인 정의인데 이는 세력균형 시각의 동맹관이다(Gibler, 2008: 40).[8] 세력균형론은 전쟁능력(군사력)이 비교적 비슷할 경우에는 평화가 수반되나 불균형이 크면 주요국 사이의 전쟁확률은 급격히 높아진다는 주장이다. 이에 세력균형을 유지하는 방안으로 동맹을 서둘러 결성하기도 하고 임시변통으로 동맹에 의존하기도 한다는 것이다. "현실주의자들은 허약함이 침공을 유발한다고 주장한다. 따라서 불균형적인 힘에 직면해서 국가의 지도자는 자국의 국내자원을 동원하거나 국제적 힘의 분포를 균형상태로 되돌리기 위해 다른 나라들과 동맹을 맺어야 한다"(케글리, 2010: 611)고 주장한다.

국제관계에서 '힘의 균형이 평화를 유지한다'거나 '핵균형이 평화를 보장한다'는 따위의 세력균형론이 오래 동안 주장되어 왔다. 이런 시각은 남북관계에도 그대로 적용되어 역대 남쪽 집권세력의 힘(군사력)의 끊임없는 증강을 세력균형의 논리로 정당화해왔다.[9]

---

8) 다음과 같은 동맹의 정의도 세력균형론적 시각에 선 것이라 할 수 있다. "동맹이란 2개 이상의 복수국가 간의 합의에 의해 성립되는 집단적 자위의 방식으로서, 참여국들이 분명한 우·적 개념에 입각해서 적으로부터 군사위협에 대처하기 위해 모든 수단과 자원을 투입하는 협력적 노력에 기초한 '**잠재적 전쟁공동체**'(굵은 글씨는 필자)를 말한다"(국방대학교, 2006: 33).

세력균형은 그 정의 또는 용법이 여러 가지여서 일률적으로 말할 수 없는데 대체적으로 다음 세 가지로 정리해볼 수 있다(板本義和, 2004: 42~43 참조).

첫째 정책으로서의 세력균형이다. 이때의 세력균형은 기존의 국제적 힘관계나 이해의 분포상태를 그 큰 틀에서 유지하는 것을 목적으로 하며 그 수단으로서 '힘의 균형'을 꾀하는 정책을 가리킨다.

둘째 대외정책의 목표로서 설정되는 주요 대국 사이의 균형상태. 보통은 어느 때든 모델로서의 국제적 균형상태가 상정되며, 협의로는 주요 대국 사이의 '세력'이 거의 균등한 분포상태가 상정되기도 한다. 이러한 균형상태가 이미 달성되어 있다고 생각하면 이 '세력균형상태'는 첫째의 세력균형정책과 연결될 수 있지만 균형상태가 달성되어 있지 않다고 생각하는 입장이라면 현상변혁 정책이 필요하고 따라서 첫째의 '세력균형정책'과 연결되지 않는다.

셋째는 좁은 의미의 이데올로기 즉 의식적이든 무의식적이든 실상을 은폐하는 말로서의 세력균형이다. 객관적으로는 현상을 변혁하고 어떤 의미로건 균형을 파괴 또는 교란하는 정책임에도 그것을 '세력균형'의 유지나 창출과 합치된다고 굳게 믿고 또 다른 사람들도 믿도록 하는 경우다.

냉전 종식 뒤 주한미군이 계속해서 주둔해야 할 가장 중요한 이유의 하나로 미국은 동북아시아지역의 세력균형을 이루기 위한 것이라고 주장한다. 그렇지만 동북아시아지역의 군사적 균형을 보면 미국, 일본, 남한, 대만의 군사력이 중국, 러시아, 북의 군사력을 압도하기 때문에 이런 미국

---

9) "이러한 세력균형론은 남북한 관계에도 그대로 적용되어 전쟁억제와 평화유지의 가장 기본적인 인식틀로 자리 잡게 되었다"(조민, 2000: 27).

의 세력균형론은 아전인수식 주장이다. 여기서 세력균형론은 결국 동북아시아지역에서 미국의 압도적 세력 우위를 은폐하고 상대의 세력균형정책을 견제하기 위한 이데올로기라 할 수 있다. 이때의 세력균형은 미국 및 동맹국이 중국, 러시아, 북의 대륙세력에 대한 압도적인 세력 우위를 유지해야 평화가 지켜지고 전쟁이 일어나지 않지만 그렇지 않고 미국(및 동맹국)의 힘이 적대국(또는 경쟁국)에 비해 열세이거나 아니면 대등하게 되면 평화가 깨지고 전쟁이 일어난다고 하는 이론, 달리 표현하면 미국의 압도적인 힘의 우위가 평화와 전쟁방지의 전제조건이라는 주장이다.

(2) 세력균형론의 허구성

한스 모겐소(Hans J. Morgenthau) 등 많은 연구자들은 오래전부터 군사동맹 체결 방식의 세력균형 정책이 갖는 위험성에 대해서 경고해왔다.

'세력균형 정책'은 본래 '세력'을 매우 엄밀하게 측정하고 비교할 수 있다고 전제한다. 그러나 실제로는 한 나라의 '힘'은 극히 복잡하고 이질적인 요인으로 이뤄진다. 또 시간이 가면 힘이란 변하기 때문에 엄밀한 측정이 불가능하다. 힘을 정확히 측정할 수 없는 불확실성 속에서 균형을 지키려면 어떤 식으로든 상대보다 힘의 우위에 서서 자신의 안전을 기대해야 한다. 그렇게 되면 어느덧 상대에 대한 절대적 우위를 객관적으로 추구하게 되며 그것은 어떤 의미든 균형상태(위의 세력균형 정의 두 번째)를 파괴하는 경향을 낳지 않을 수 없다. 그럼에도 그 정책을 '세력균형'이라 부르며 정당한 것으로 주장하면 그 세력균형은 벌써 이데올로기에 지나지 않게 된다(세 번째 정의).

모겐소는 "세력균형(정의 첫 번째)은 사태를 안정시키는 효과를 가지기 때문에 수많은 전쟁을 미연에 방지하는 데 공헌한 바 있다는 주장을 증명하거나 반박하는 일은 영원히 불가능한 일"이라고 주장한다. 그는 그 이유로 "과거로 돌아가 가설적인 상황을 출발점으로 해 역사를 다시 한 번 경험할 수는 없다. 하지만 세력균형이 없었다면 얼마나 많은 전쟁이 일어났을 것인가에 대해서는 어느 누구도 말할 수 없는 일이지만, 근대 국가체제가 성립한 이래 일어난 수많은 전쟁이 대부분 세력균형에 그 근거를 두었던 것은 쉽게 알 수 있다"(모겐소, 1987: 287)라고 말한다.

찰스 케글리도 적대국가의 힘과 동맹의 신뢰성을 정확히 판단(측정)하기 어려운 불확실성 문제를 지적하고 있으며 이를 세력균형이 평화를 보장한다는 주장을 반박하는 근거의 하나로 제시한다. 세력균형의 불확실성은 방위계획수립자들이 최악의 상황을 가정한 분석을 하도록 하며 이것이 군비경쟁을 촉발할 수 있다. 비밀스러운 세력균형정책이 촉발하는 강렬하고 상호적인 불안감은 적의 힘을 과장해 평가하도록 만든다. 이는 각각의 당사자로 하여금 자신의 무기 양을 늘리고 질을 강화하도록 만든다. 세력균형론의 비판자들은 각기 상대를 깊이 의심하는 상황 속에서 무모한 무기경쟁에 사로잡힌 국가들 사이에 심각한 분쟁이 일어나면 전쟁의 가능성은 증대할 거라고 경고한다(케글리, 2010: 613).

다시 말하면 국제관계의 현상유지를 생각하는 나라들이라 하더라도 그 목적을 이루기 위한 수단으로 '세력균형'정책을 펴면 그것 자체가 군비경쟁과 같은 '힘의 악순환'을 발생시키며 이윽고 전쟁에 의해 현상이 바뀌는 결과가 초래될 공산이 크다. 하물며 최소한 한쪽이 '세력균형'이라는 이데올로기하에 처음부터 현상변혁을 목적으로 하고 있으면 가령 다른 쪽이 현상유지를 목적으로 '세력균형' 정책을 편다하더라도 그것은 '균형상태를 보장하기 어렵게 될 것임은 물론이다(板本義和, 2004 참조).

세력균형론에 내재한 위험성과 모순은 남북관계에서 뚜렷이 드러나고 있다. "남북한 관계에서 세력균형론은 세력균형 그 자체의 객관적 지표의 확인이 불가능할 뿐만 아니라, 항상 서로 자기 측의 '힘'이 열세에 놓여 있다는 전제에서 행동하기 때문에 국방력 중심의 안보논리의 강화를 가져오고, 이는 역으로 상대방의 불신과 우려를 자극해 결국 대결과 경쟁의 악순환 과정에서 벗어나지 못하게 한다. 바로 이 지점에서 우리는 전쟁억제와 평화유지의 논리로 강조된 세력균형론의 반평화적 긴장유발적인 패러독스를 만나게 된다"(조민, 2000: 31).

(3) 세력균형론의 또 다른 모순들

세력균형론자들은 균형이 평화를 촉진한다고 가정하며 동맹이란 바로 이런 균형을 이루기 위한 방법이라고 설명한다.

그러나 이런 세력균형론의 가정은 모순적이고 비현실적이며 역사적 사실과 부합하는 것도 아니다(케글리, 2010: 612~613 참조). 첫째 세력균형 이론은 국가들이 반드시 따라야 하는 행동규칙을 준수함으로써 세력균형이 이뤄진다고 주장하지만 바로 이런 행동규칙이 모순된다는 점이다. 이 행동규칙에 의하면 국가는 자신의 힘을 증대하도록 요구받는다. 그런데 다른 한편으로 압도적인 힘을 추구하는 세력에 반대하라는 요구도 받는다. 그러나 주도적 국가에 대해 균형 잡힌 행동을 하기보다는 편승하는 것이 약소국의 능력을 증대시키는 것이 될 수도 있다.

소련의 힘에 대항하기 위해 동맹이 형성됐다는 (세력균형론자들의) 설명은 꼼꼼히 생각해보면 꼭 설득력이 있는 것이 아니다. 왜냐하면 1940년대 후반 소련의 국력은 GNP에서 영국의 절반 정도였고 다른 나라를 압도한 것은 소련이 아니라 미국의 힘이었다. 만약 힘이 강한 측에 대항해 약한 측에 붙는 것이 세력균형의 논리라면 그것은 분명히 미국의 동맹행동을 설명하지만 서유럽이나 일본의 동맹행동까지 설명해주는 것은 아니다(土山實男, 2004: 303).

세력균형론의 시각에서 보자면 구소련 및 바르샤바조약기구의 해체는 나토의 해체로 이어져야 맞다. 하지만 나토는 해체되기는커녕 오히려 더욱 확장되고 있다. 이 점을 보면 제2차 세계대전 뒤 미국이 맺은 동맹의 동인을 세력균형으로 보기 어렵다고 할 수 있다.[10]

둘째 세력균형은 다른 국가들에 대해 정책결정자들이 정확하고 때맞춘 정보를 가진다고 가정하고 있다. 그러나 실제의 힘의 분포가 어느 한쪽이 다른 쪽에 대해 생각하는 힘의 분포와 일치하지 않을 수 있다는 점이다. '국력'의 개념은 다양한 요인들로 구성되는데 적대국의 유형 및 무형의 국력요소들을 측정하는 것이 어렵기 때문이다.

셋째 세력균형이론은 정책결정자들이 위험회피적이라고 가정하나 어떤 지도자들은 위험감수적이다. 국가 지도자들은 위험을 서로 다르게 평가한다. 위험감수적 지도자들은 비슷한 힘의 세력에 억제되는 것이 아니라 설령 승률에 큰 차이가 있다 하더라도 승리를 거둘 확률에 희망을 거는 것을 선호한다는 것이다.

넷째 세력균형이 평화를 보장한다는 가정은 역사적 사실에도 부합하지 않는다. 17세기 및 18세기 유럽은 고전적인 세력균형의 황금시대로 불린다. 만약 세력균형이론의 가정이 사실이라면 이 시기에 전쟁이 덜 빈번하게 발생했어야 한다. 그렇지만 이 시기는 놀랍게도 전쟁의 시대였다. 18세

10) 이런 이유로 동맹형성의 기원(동인)을 '위협의 균형'이나 '밴드웨건'에서 찾는 새로운 이론이 나오고 있다. 하지만 이 역시 단편적인 설명일 뿐이며 동맹의 형성이 미국의 패권주의의 산물임을 지적하지 못하기는 마찬가지다.

기 초에는 세력균형정책이 '모든 나라의 평화를 보장한다'며 세력균형정책을 이상적으로 여기는 의견도 없지 않았으나 18세기 후반에는 이 정책이 많은 전쟁을 낳았다는 그 뒤의 역사적 사실을 근거로 이런 주장은 더 들을 수 없게 되었다. 18세기 후반에 활동한 국제정치나 국제법 이론가들은 '세력균형'을 유지하는 수단으로 전쟁을 거의 당연한 것으로 생각했다. 또 프랑스혁명 전쟁과 나폴레옹 전쟁에 의해 파괴된 '세력균형'의 회복을 꾀했던 현실정치가들 가령 메테르니히나 탈레랑 등도 '세력균형' 회복을 위해 전쟁은 자명한 것으로 생각했다.

고전적인 세력균형정책은 원래 평화의 유지 그 자체를 지향한 것은 아니었다. 고전적 세력균형정책은 주요한 여러 대국 가운데 하나가 대단히 강대해진 결과 다른 여러 대국의 독립이 위협받게 되는 것을 막는 데서 그 목적과 정당성의 근거를 찾았다. 그런 의미에서 여러 대국 간의 '세력균형'의 유지나 회복의 수단으로 전쟁에 호소하는 것이 널리 용인되었다.

(4) 주요국 사이의 세력균형에서 가치체계와 정치체제가 하는 역할

18세기 유럽에서 세력균형정책으로 파생된 전쟁이 거듭되었음에도 당시 국제관계가 근본적으로 붕괴하지 않았던 이유는 유럽의 여러 나라 사이에 정치체제와 가치체계의 유사성이 있고 이데올로기 간의 대립이 없었기 때문이다. 당시 유럽 전체를 '국가', '공동체', '연방' 따위로 부르는 예가 허다했다. 가치체계의 공통성이 존재하고 있어 가치체계의 대립이라고 하는 문제에 부딪히는 일이 없이 오로지 '세력균형'의 시각에서 외교정책을 구상할 수 있었고 또 전쟁도 일정한 범위에 그칠 수 있었다. 애초 대국 간의 힘 관계의 부분적 변경 이상의 목적을 갖지 않는다는 정치적 조건 때문에 전쟁은 제한전쟁에 그칠 수 있었다. 가치체계의 공유가 세력균형정책의 '황금시대'를 지탱한 전제였던 것이다.

18세기 유럽의 세력균형정책의 경험에 비추어 말하면 만약 국제사회에서 가치체계의 분열이 발생하면 세력균형정책이 평화를 보장하는 기능을 할 수 없음은 물론 여러 대국의 독립이나 힘 관계조차도 이전대로 유지하기가 곤란하게 되리라는 것이다. 가령 프랑스혁명으로 유럽에서 이데올로기의 첨예한 균열이 발생하면서 '세력균형정책'은 이데올로기와 독립적으로 작동하던 기능을 잃었을 뿐만 아니라 여러 대국의 권력을 혁명 프랑스와 반혁명 제국연합이라고 하는 양극단으로 국제적으로 편 가르고, 그럼으로써 대국의 '자주독립'조차 크게 제약되게 되었다.

게다가 국제적으로 이데올로기가 근본적으로 대립하는 상황에서 선과 악, 정의와 부정, 신과 악마 사이에 힘의 균형정책이 전개될 경우 선과 악 사이에 '균형'을 꾀하는 것 자체가 악이 되기 때문에 '힘' 특히 '군사력'은 쉽게 혁명적 십자군 또는 반혁명적 십자군의 기능을 맡을 위험에 빠진다. 이 경우 전술적인 타협이나 균형이 일시적으로 인정될지라도 궁극적으로는 어느 한쪽이 붕괴할 때까지 군비경쟁과 간섭전쟁이 무제한으로 이어질 가능성이 크다.

이런 가치체계가 첨예하게 대립하는 국제관계 속에서 세력균형정책이 격렬한 군비경쟁을 야기한 역사적 사례로는 냉전 시대 그 가운데서도 특히 1945년에서 1953년에 이르는 냉전 초기를 들 수 있다. 이 시기에는 국제사회에서 가치체계의 균열이 존재하고 미소 간의 세력균형정책이 동서 간의 격렬한 군비경쟁을 낳고 결국 한국전쟁과 같은 동서 간의 직접적인 무력대결을 초래했다. 동서 간 가치체계의 대립이 엄중하고, 공존에 대한 비관론이 지배하는 국제정세 속에서 세력균형정책이 전면전쟁을 예상한 격렬한 군비경쟁을 야기하는 것은 당연하다고도 할 수 있다. 세력균형정책은 이런 상황에서 고전적인 세력균형시대와 달리 상대를 전면적으로 부정하는 전략과 쉽게 연결된다. 이런 경향이 전형적으로 드러난 것이 미소 간의 핵군비경쟁이다. 핵무기경쟁은 상대의 전면적 부정을 가능하게 하는 조건을 갖추는 것이자 동서 간의 전면적 대결이라고 하는 정치적 조건의 존재에 대응하는 것이기도 했다. 이 시기 세력균형정책은 대량살상무기의 무제한적 개발 경쟁을 낳고 동서 간의 긴장과 불안정을 일관되게 격화시키는 작용을 했다.

가치체계가 대립하는 가운데서 세력균형정책이 특히 파괴적인 결과를 낳은 지역적 사례로는 한반도를 들 수 있다. 한반도의 경우 남북이 가치체계를 달리하고 있는 가운데 남과 북은 각기 상대가 자신의 체제(가치체계)를 부정하면서 붕괴를 추구하고 있다고 의심해왔다. 이런 인식하에 남과 북은 각기 상대가 자신의 체제를 무너뜨릴 만한 군사력을 추구하고 있다고 의심했으며 이에 대비하는 군사력의 증강을 추구했다.

사실상 한반도에서 세력균형정책은 상대의 가치체계를 붕괴시킬 수 있는 힘을 확보하는 군비경쟁을 야기했다. 이 점에서 1972년의 남북 7·4 공동성명, 1991년 남북기본합의서, 2000년의 6·15 공동선언, 2007년의 10·4 선언 등은 남북의 평화공존과 평화통일을 민족과 국제사회 앞에 천명함으로써 미국 및 한미동맹세력의 세력균형정책의 위험성과 파괴성을 견제하는 데서 중요한 기여를 했다.

2) 동맹은 전쟁을 촉진한다

(1) 동맹이 전쟁을 촉진하는 까닭

(사람들은) 보통 동맹이 동맹들 사이의 전쟁 개연성을 낮춰줄 것으로 생각

한다. 하지만 논리적으로나 경험적으로 보면 그 반대다. 전쟁은 동맹을 맺지 않은 비동맹국 사이보다는 동맹들 사이에 오히려 발생하기 쉽다(猪口孝, 2000: 802~803).

바스케스(Vasquez)의 주장에 따르면 국가들은 '권력정치행위' 이론처럼 동맹결성을 통한 (군사) 능력의 증대가 잠재적인 적대국들로 하여금 더욱 신중하게 행동하도록 만들 것이라 생각하면서 동맹을 결성하는 방식으로 안보문제에 대응하고 현실주의적인 안보보장책을 취한다. 그러나 어느 나라가 적대국이 신중해질 거란 생각으로 동맹을 결성할지 모르지만 사실 은 동맹결성은 평화보다는 전쟁의 가능성을 높이는 하나의 과정 또는 통로의 일부를 이룬다. 국가가 불안과 위협에 대해 동맹결성으로 대응하 면 그다음 이런 반응은 다른 행위주체들 사이에 불안과 불확실성의 증대를 초래하며 이들 국가로 하여금 그들 능력을 높이기 위한 다른 수단 즉 대항동맹 및(또는) 군사력증강을 추구하도록 압박한다(猪口孝, 2000: 43).

현실주의 국제정치학자들은 다섯 가지 문제점을 들어 방어동맹 결성을 반대한다(케글리, 2010: 605). 첫째, 동맹은 공격적인 국가들로 하여금 전쟁 을 위한 군사적 능력을 결합하도록 만들 수 있다. 둘째, 동맹은 적을 위협 해 대항동맹의 형성을 촉발하며, 이는 양쪽 모두의 안보를 저해한다. 셋째, 동맹의 형성은 중립적일 수 있는 국가를 적대적 연합에 가담하게 만들 수 있다. 넷째, 일단 국가들이 힘을 합치면 그들은 반드시 각각의 가맹국들 이 개별적 적에 대해 무모한 공격을 하지 못하도록 자신의 동맹국들의 행동을 통제해야만 하는데, 동맹국들의 개별적 적에 대한 무모한 행위는 동맹의 다른 가맹국들의 안보를 해치게 된다. 다섯째, 오늘의 동맹이 내일 의 적이 될 가능성은 언제나 존재한다.

(2) 동맹과 전쟁발발의 통계적 검증

많은 정치학자들은 전쟁상관요인(Cow) 프로젝트[11] 등의 자료를 이용해 동맹과 전쟁발발의 상관관계를 연구해왔다.

더글러스 지블러(Douglas M. Gibler)는 "동맹에 관한 연구들을 살펴보면 동맹이 전쟁과 연관되어 있고 또 일단 전쟁이 시작되면 동맹은 전쟁을 확산시킬 수 있다. 이런 연구결과를 보면 동맹이 특별히 세력 또는 위협의 균형을 맞추기 위한 목적으로 결성될 경우 평화를 가져온다는 전통적인 동맹이론은 재고되어야 한다"(Kurtz, 2008: 45)고 말한다.

동맹이 전쟁으로 이어질 가능성(확률)은 유형에 따라 다르다. 지블러는 동맹을 성격이 다른 두 개의 기본 형태로 나눈다. 하나의 동맹형태는 세력 균형을 통한 평화수립이라고 하는 방식이 아니라 영토상의 이견을 국가의 의제에서 해소하는 방식이라 할 수 있는 '영토문제 해결조약(territorial settlement treaty)'[12]이다. 또 하나의 동맹형태는 동맹국들의 능력을 집결시켜 공동의 안보능력을 높이는 '대항능력 증대동맹(capability-aggregation alliance)'이다. 흔히 말하는 '동맹'은 대항능력 증대동맹이며 영토문제 해결조약은 평화조약에 가깝다.

---

11) Cow(The Correlates of War) 프로젝트는 미국 미시간 대학의 싱어 교수가 1963년 시작했는데 1816년 이래의 독립국 현황, 국가 간 전쟁 및 내전 사례, 군사적 분쟁(전면전이 아닌), 국가적 능력(군사력 등) 등의 자료를 포함하고 있다. 이외에도 유사한 성격의 자료에는 *Conflict and Peace Data Bank*, *World Events Interaction Survey*, *Behavioral Correlates of War* 및 *Militarized Interstate Disputes* 등이 있다.

12) 지블러는 영토문제 해결조약에 대해서 "특정지역의 국가들의 영토 현상유지 규정을 담고 있기도 하고 아니면 동맹구성국 사이에서 영토를 교환하는 협정을 맺고 있는 동맹이기도 하다"고 말한다.

지블러는 27개의 영토문제 해결조약의 경우 동맹결성 뒤 5년 이내 전쟁이 발생한 사례는 단 하나뿐으로 전쟁발생률은 모든 동맹의 5년 이내 전쟁발생률 26.8%보다 훨씬 낮은 3.7%에 지나지 않는다고 밝히고 있다. 지블러는 '대항능력 증대동맹'의 전쟁친화성이 동맹에 참여한 국가들의 성격에 의해서 규정된다고 말한다. 지블러는 '대국(major states)의 지위', '현상불만족', '이전 전쟁의 성공'이라는 세 가지 지표를 기준으로[13] 동맹의 '호전성 등급(bellicosity rating)'을 매기는 방식으로 '호전성이 약한 동맹(low bellicosity alliance)', '호전성이 중간인 동맹(mixed bellicosity alliance)', '호전성이 강한 동맹(high bellicosity alliance)' 세 가지로 동맹을 분류했다. 호전성이 약한 동맹은 위 세 가지 지표 중 최소한 세 가지가 없는(가령 소국으로 구성되고 이전 전쟁에 실패한) 동맹이며 호전성이 강한 동맹은 세 가지 지표 중 최소한 두 가지가 있는(가령 대국으로 구성되고 현상에 만족하지 않은) 경우이고 호전성이 중간인 동맹은 이 양극단 사이에 위치한다. 한미동맹은 지블러의 구분법을 적용하면 호전성이 강한 동맹에 속한다.

지블러는 1997년 연구(Gibler, 1997 참조)에서 호전성이 약한 동맹은 40개 동맹 가운데 6개만이 5년 이내 전쟁을 수반했으며 호전성이 중간인 동맹 - 이 동맹은 다른 유형의 국가들 사이에 또 서로 다른 이유 때문에 결성되는 동맹으로 불만국가 유화책 아니면 약소국 통제 목적으로 결성된다 - 의 경우에는 92개 동맹 중 31개 동맹이 5년 이내 전쟁을 수반했음을 밝혔다. 호전성

---

13) 대국의 지위, 현상불만족, 이전전쟁 성공이라고 하는 세 가지 척도는 각각 '없음', '혼재됨', '있음'이라는 세 가지 범주를 갖고 있으며 호전성 등급은 이들 세 가지 척도의 조합에 따라 '낮은 수준', '혼재된 수준', '높은 수준'으로 나뉜다. 가령 어느 동맹이 현상에 만족하고('현상 불만족' 없음), 이전 전쟁에서 실패한('이전 전쟁 성공' 없음), 소국의 지위를 갖는(대국 지위 없음) 나라들로 구성된다면 그 동맹은 호전성이 낮은 동맹으로 분류된다.

이 강한 동맹은 현상에 영향을 미쳐 궁극적으로는 현상을 변경시키려는 목적을 갖는 매우 도발적인 시도다. 이런 동맹은 군비증강, 위기, 대항동맹의 증가를 촉진시킬 가능성이 크다. 호전성이 강한 동맹은 전승연합을 구축하려는 시도로서, 35개 동맹 가운데 5년 이내 전쟁을 수반한 동맹이 반 이상으로 일반적인 동맹의 전쟁 발생률의 거의 2배에 이른다.

(3) 동맹의 결속관계가 강화될 때 전쟁위기가 증가

국제정치학은 동맹의 결속관계가 강화되는 시기에 위기가 더욱 높아진다고 설명한다. 브루스 러셋은 브루스 부에노 메스키타(Bueno de Mesquita)의 연구를 인용해 "한 연구는 동맹관계가 변화한 직후에 더 많은 전쟁이 발발했다는 사실을 밝히고 있다. 특히 동맹의 결속관계가 강화된 경우 동맹관계가 약화된 경우보다 더 많은 전쟁이 야기되었음을 알려주고 있다"라고 지적했다. 그러면서 러셋은 "아주 강력한 결속관계의 예로서 서구의 모든 국가가 자신들뿐만 아니라 미국과도 밀접히 연결되었던 「리오조약」, 세계전역에 걸친 미국의 동맹관계인 북대서양조약기구, 「미일안보조약」, 「한미상호방위조약」, 미국과 호주의 동맹관계를 들 수 있다. 20세기에 일어난 모든 전쟁 중 84%의 경우 전쟁발발 이전에 동맹체계가 강화되었다"(브루스 러셋, 1988: 87)[14]고 말한다.

이명박 정부 들어 대청해전(2009.11.10)과 연평도 포격사건(2010.11.23)이 벌어지고 천안함 침몰사건이 일어나면서 남북 간 군사적 대결이 최고조에 달한 것은 동맹이 강화될 때 전쟁위기가 증대된다는 주장을 뒷받침하는

---

14) 이 책의 영문제목은 *The Prisoners of Insecurity: Nuclear Deterrence, The Arms Race, and Arms Control*이다.

좋은 본보기라 할 수 있다.

3. 동맹이 국방비를 덜어준다는 주장의 허구성

1) 무임승차 주장의 허구성

동맹이 제공하는 방위(적의 공격억제)를 국제공공재(또는 집단재)로 보고 이 국제공공재에 대해서 회원국들이 어떻게 비용 분담을 하는가를 설명하는 이론이 동맹의 경제이론(economic theory of alliance)이다.

올슨과 잭하우저는 집단행동이론을 동맹국 사이의 부담 분담 문제에 처음 적용함으로써 동맹의 경제이론을 창시했다. "확실히, 집단의 개인수가 아주 적지 않는 한 또는 개인들이 그들 공동이익이나 집단이익을 위해 행동하게 하는 강제나 다른 특별한 장치가 없는 한, 합리적이고 이기적인 개인들은 그들의 공동이익 또는 집단이익을 이루기 위해 행동하려고 하지 않는다. 그러나 소집단들에서 공동목표의 달성에 소요되는 비용을 분담하는 데서는 지위가 낮은 사람이 지위가 높은 사람을 착취하는 뜻밖의 경향이 있다"(Olson, 1965)라는 것이 올슨의 집단행동이론이다.

올슨과 잭하우저는 "모든 류의 조직은 공공재 또는 집단재(공공재)를 공급하는데 이 집단재는 비배제성과 비경쟁성을 가진다. 조직의 회원이 비교적 적은 경우 개별 회원국들은 집단재를 얻기 위한 상당한 대가를 치를 유인을 가진다. 하지만 그들 국가는 이 집단재를 최적 이하 수준에서만 제공하는 경향을 가진다. 또 대국들은 공공재에 더욱 높은 가치를 부여하는바 과도한 부담을 지는 경향이 있다"라고 주장하면서 "나토의 경우 회원국의 국민소득(GNP)의 크기와 그 국민소득 중 공동방위 지출(국방비)

비중 사이에는 통계상 유의미한 정(正)의 상관관계가 있다"(Olson and Zeckhauser, 1966: 278)는 것을 검증했다. 동맹 내의 약소국은 대국이 제공하는 안보의 공공재적 성질(비배제성과 비경합성) 때문에 비용을 부담하지 않으려는 경향을 가지며 결과적으로 대국이 비용을 부담하게 된다는 이런 주장은 무임승차론(free riding) 또는 약소국의 대국 착취설로도 불린다.

이 두 연구자의 가설은 나토의 1964년 GNP 대비 국방비 통계를 근거로 한 것인데 1966년 이후 국민총생산 대비 국방비 비율이 나토의 유럽 회원국들의 경우 상승하고 미국의 경우 하락하면서 현실과 맞지 않는 것으로 밝혀졌다. 그러자 이런 경향을 설명하면서도 미국이 여전히 더 무거운 방위부담을 하고 있음을 보여주기 위해 동맹을 순수공공재로 봤던 올슨과 잭하우저의 모델을 변형해 동맹은 공공재(핵무기)와 사적 재화(재래식 무기)를 공급한다는 결합생산모델이 주장되었다.

한편 올슨과 잭하우저는 "각 동맹국의 군사지출이 다른 동맹국에 외부경제를 준다. 그렇지만 적절한 시장기구가 도입되지 않으면 집단재는 과소공급에 빠지게 되고 현실의 군사동맹에서 개개의 가입국이 갖는 의사결정단위로서의 성격을 무시하기 어렵다. 그렇기 때문에 나토 식으로 (의사결정구조가 중앙집권방식이 아닌 지방분권적으로) 조직된 동맹은 보통 동맹 방위(재화)를 최적수준으로 산출하지 못하게 된다"(Olson and Zeckhauser, 1967)고 주장했다.

이는 무임승차를 하지 못하도록 동맹가입국의 집단화의 정도를 더 높여야 한다는 것, 더욱 노골적으로 말하면 나토 등의 군사동맹에서 각 가입국의 주권을 더욱 제한해 부담이 가벼운 나라에 공정한 부담을 강요해야 한다는 것이다. 이는 미국의 부담 전가 정책을 옹호하는 것이다.

또 "방위는 어느 나라가 다른 나라에 비해서 더욱 효율적으로 생산할 수 있는 집단재다"고 하면서 "가령 독일과 이탈리아가 같은 동맹에 속해 있고 또 이 중 한 나라가 상대적으로 군사적 사안에서 더 효율적이고 다른 나라가 그렇지 않다면 군사적으로 더 효율적인 나라가 동맹의 군사적 능력의 더 많은 부분을 제공하고 다른 동맹국은 보상으로 그 나라에 더 많은 사적 재화를 수출하는 것이 경제적(및 군사적) 효율을 위한 필요조건 이다"라고 주장했다. 이런 비교우위론은 군사적인 지배력의 유지를 바라 는 미국의 희망을 변호하는 것이다.

또 이들은 "방위는 미사일능력, 해군력, 보병능력 등으로 구분할 수 있다. 아마도 동맹을 맺고 있는 나라들은 이들 능력을 다른 정도의 효율성 으로 생산할 수 있다. 그것은 특정의 군사적 집단재에 대해서 동맹국 사이 에 서로 이익이 되는 거래가 가능하다는 것을 시사한다. 나토의 경우 미국 이 미사일을, 영국이 해군을, 터키가 지상군을 공급한다"라고 주장하기 도 했다. 이 논리는 공업력이 낮은 나라는 인력 제공을 중심으로 하고 공업력이 높은 나라일수록 복잡한 무기체계에 의존하는 병력을 맡는 미국과 종속적 동맹국 간의 수직적인 분업구조를 정당화하고 현대무기 생산을 주요한 이윤 원천으로 하는 미군수산업의 이익을 보장하기 위한 논리이다.

무임승차론을 주장하는 올슨과 잭하우저 등의 동맹경제이론은 다음과 같이 비판할 수 있다.

첫째, 동맹의 경제이론을 검증하기 위해 여러 연구자들이 군사지출함수 또는 방위수요함수[15]들을 추정했는데 그 결과를 보면, 무임승차 행동이

---

15) 거의 모든 추정함수는 다음과 같은 일반 함수, 즉 ME(일국의 군사비지출) = f(INCOME, PRICE, SPILLIN, THREAT)로 요약된다. 소득은 GDP 등을, 가격은 방위재의 민간재에 대한 상대가격(이용가능하다면), 누입효과(spill-in)는 다른 동맹 국의 군사지출을, 위협은 적의 군사지출을 가리킨다.

뚜렷하게 인정되지 않는다는 점이다.

샌들러와 하틀리는 여러 연구자의 추정결과를 소개하면서 "무임승차 행동은 동맹의 수요연구에서 사전에 예상된 만큼 널리 퍼져 있지 않았다"(Sandler and Hartley, 1999: 49)고 말한다. 또 그들은 "많은 연구가 누입효과에 대해서 플러스로 반응한다는 것을 보여주어 방위활동의 결합생산물 간의 보완성을 지지한다"고 지적한다. 결합생산물간의 보완성이란 "타국의 방위활동에서 유래하는 재화 Z(순수공공방위재)의 이익이 누입되면(spillin) 그 나라는 보완재(x: 사적 방위재)를 더욱 많이 소비하는 경향"을 가리킨다. 이는 다른 동맹국이 군사비를 늘리면 그에 따라서 해당국의 군사비도 늘어나는 것으로 무임승차를 부정하는 것이다.

패니 쿨롬도 "첫눈에 보면 군사비는 적의 군사비와는 같은 방향으로 그리고 동맹의 군사비와는 반대방향으로 변한다고 생각할 수 있다. 그러나 동맹국 간의 합의는 그런 사고를 반박한다. 가령 나토는 1980년대 초에 회원국들에 대해서 그들 국방비를 매년 최소 3%까지 올리도록 요청하기로 결정했다"(Coulomb, 2004: 222~223)고 쓰고 있다. 레이건은 소련에 대한 동시다발 보복전략을 채택하면서 나토 회원국들에 대해서도 국방비의 증가를 요구했는데 이는 동맹이 무임승차의 수단으로 이용되는 것이 아니라 오히려 미국이 자신이 부담해야 할 세계패권비용을 동맹국에 전가하는 수단으로 이용된다는 것을 말해준다.

둘째, 동맹의 억제나 방어전쟁 수행 기능을 공공재로 보는 것 자체에 대한 비판이 제기되었다. 억제가 실패해 방어전쟁에 돌입할 경우 전력에 한계가 있으므로 어느 동맹국이나 동일한 정도로 방어될 수 없다는 점에서 방어전쟁은 경합성을 띤다. 또 대국(미국)이 핵억제나 미군주둔에 대한 동맹국의 신뢰성을 저하시킴으로써 억제의 편익을 떨어뜨릴 수 있다는 점에서 억제는 배제성을 가진다. 국내 정치상황 개입이나 방위비 분담

협상 등을 유리하게 이끌기 위한 미국의 주한미군 철수 위협은 미국이 억제의 편익에서 한국을 배제할 수 있다는 것을 보여준다. 드골은 1966년 미국의 핵억제력에 대한 신뢰성을 이유로 나토의 군사기구에서 탈퇴하기도 했다.

셋째, 집단행동이론은 집단의 모든 구성원 사이에 공동이익이 존재한다는 것을 전제하는데 이런 전제가 잘못이라는 점이다.16)

> 경제원리가 동맹 내의 부담분담 논쟁에 언제나 적용될 수 있는 것은 아니다. 왜냐하면 소국이나 대국의 비용 분담은 꼭 자원의 최적배분을 적용할 수 있는 사항들을 근거로 이뤄지는 것은 아니며 대부분의 경우 그들 자신의 국익을 근거로 이뤄지기 때문이다(Duke, 1993: 111).

한미동맹이나 미일동맹을 보면 미국과 한국, 미국과 일본 사이에 끊임없이 크고 작은 갈등이 존재해왔다. 또 나토를 보면 미국과 다른 나토 동맹국 사이에, 유럽 나토동맹국 내부에서도 영국과 프랑스·독일 사이에 또는 그리스와 터키 사이에 심각한 내부 갈등을 겪어왔음은 주지의 사실이다. 이런 갈등은 비단 비용 분담 문제에 국한되지 않으며 이라크전 등과 같은 전쟁에의 미 동맹국 군대의 파견, 미 동맹국 주둔 미군의 증강 또는 감축, 군사기지 설치나 철거, 전쟁목표와 전략, 교리, 작전계획 등 전반에 걸쳐 있다. 이는 미국과 다른 동맹국 사이에 동맹을 통해 얻고자 하는

---

16) "집단선이론(집합재이론)의 가장 큰 맹점은 '공동의 이해, 공동의 적'이라는 가정이다. 즉 동맹국들은 공동의 이해, 공동의 적을 가지므로 공동방위를 위해 노력해야 하며, 따라서 적정한 수준의 방위분담을 해야 한다는 것이다. 그러나 이런 '공동의 이해, 공동의 적'이란 개념은 상당히 모호하며, 잘못된 가정이다"(현인택, 1991: 23쪽).

국가이익이 서로 다르기 때문이다.

넷째, 동맹국의 국방비지출(GNP 대비 국방비 비율 지표로 계산) 비교가 동맹 비용 분담의 공정성을 평가하는 기준이 될 수 없다는 점이다.

동맹의 비용 분담의 공정성을 따지자면 먼저 어느 정도가 동맹의 적정하고 적법한 비용인가에 대한 기준이 있어야 한다. 실제 지출되고 있는 군사비가 동맹을 위한 것인지 아니면 동맹과 상관없이 자국의 국익을 위한 것인지 또 동맹의 목적에 합당한 것이고 적법한 것인지 등의 문제를 물어야 한다. 그렇지 않고 GDP 대비 군사비 비중 지표를 국가별로 단순 비교하는 것은 현재 수준의 군사비 지출을 절대적인 기준으로, 정당한 것으로 간주하게 되며 그렇게 되면 미국의 군사비의 목적과 다른 나라 군사비의 목적을 구분하지 않고 미국의 군사비를 기준으로 다른 나라 군사비를 평가하는 결과가 된다. 그런데 동맹의 경제이론은 이런 문제를 배제하고 현실적으로 지출되는 군사비를 그대로 이용함으로써 미국과 다른 동맹국의 군사비 지출의 차이를 마치 방위에 대한 대국의 높은 책임의식과 소국의 자기 잇속 챙기기의 결과로 규정하고 있다. 그렇지만 미국의 군사비가 과도한 것은 어디까지나 세계패권추구 때문이지 다른 이유는 없다. GDP 대비 군사비 비율을 비교할 때 동맹국이 미국보다 낮다고 해서 동맹의 목적을 벗어나고 적법한 범위를 벗어나는 미국의 비용 분담 요구가 정당한 것이 될 수는 없다.

한미동맹을 예로 들면 비용 분담을 위한 공정한 기준이라면 한미동맹의 목적(방어)과 지리적 범위, 또 침략을 부인하고 평화통일을 규정한 우리 헌법의 기준에 부합해야 하고 국제법적 원칙(집단적 자위권 규정이나 국제인도법 규정)에도 어긋나서는 안 된다.

즉 외부 공격에 대한 자위(방어)에 필요한 최소한의 비용이 산정되고 이에 대한 분담이 논의되어야 한다. 그러나 지금 비용 분담은 자위 수준을 훨씬 뛰어넘는, 대북 및 주변국 공격전력, 나아가 세계적 규모에서의 미군과의 공동작전 능력 구축에 대한 비용 분담을 요구하고 있다. 이런 지출은 적법한 것도 아니고 공정한 분담도 아니다. 외부공격에 대한 자위 수준의 방위를 넘어서는 군사비 지출은 공공재가 아니라 본질적으로 미국의 패권적인 국가안보이익을 위한 사적재(그것도 합법성을 결여한 사적재)로서의 수요라고 할 수 있다.

다섯째, 공공재로서의 국방의 실제 공급량은 적정한 양 이상으로 과다하게 공급되는 경향이 있다는 점이다. 이것은 국방비의 결정과정이 특정한 이익을 대변하는 세력에 의해서 독점되는 결과라 할 수 있다.

국방재의 공급량은 시장이 아니라 정치적 과정을 통해서 결정되며 이 과정에서 국민의 선호가 반영된다. 국방의 공급량은 국민의 선호가 얼마나 제대로 반영되느냐에 따라서 바람직한 수준에 가깝게 결정된다.

"공공재의 경우 시장이라는 장을 통해서 (국민의) 선호가 반영되는 것이 아니라, 정치적 과정의 장을 통해서 선호가 반영된다. 따라서 공공재의 공급량 결정에 국민의 선호가 충분히 반영되려면 다음 두 가지의 요건이 필요하다. 하나는 국민의 선호가 충분히 반영될 수 있는 성숙한 정치기구와 그 속에서 이뤄지는 정치과정이 필요하다. 또 하나는 그런 정치기구·정치과정이 그림의 떡이 되지 않고 실질적으로 작동하기 위해서는 각 개인의 정치의식과 그에 기초한 정치참가가 필요하다"(井堀利宏·牛丸聰, 1992: 181). 이런 두 가지 요건이 갖춰져야 국민이 납득하는 적정한 국방의 공급량이 결정될 수 있다.

그런데 우리 국방비 결정의 정치적 과정을 보면 국민은 완전히 배제되어 있고 다른 어떤 공공재와도 비교할 수 없을 정도로 성역화(독점) 되어 있다. 그리고 그 배경에는 국방비 규모를 사실상 규정하는 한미동맹의 성역화가 자리 잡고 있다. 예산결산심의권을 가진 국회조차도 국방비의 성역화에 대해서 거의 문제 삼지 않으며 특히 법적 근거가 없거나 불법인 국방예산요구에 대해서도 승인해주고 있는 실정이다. 국방비에 관한 시민 사회단체의 활동 또한 아직 초보적 수준을 벗어나지 못하고 있다. 이런 조건에서 국방비의 정치적 결정과정은 한미동맹을 절대적 안보수단으로 여기는 군부와 집권자들의 수요(요구)를 그대로 추인해주고 있다.

그 결과 국방의 공급량은 자위적 수준을 훨씬 넘어서 한반도 및 동북아시아 나아가 세계에 대한 미국의 안보적 요구를 충족시키기 위해 과도하게 이뤄지고 있다.

따라서 국방의 공급량이 과소공급되는 경향이 있다고 하는 동맹경제이론의 전제는 잘못된 것이다. 이런 전제는 국방재를 공공재로 보는 접근방식에 문제가 있음을 말해준다.

여섯째, 국방은 공공재의 형식을 띠고 있지만 내용적으로는 사실상 사적재의 성격을 아울러, 아니 더욱 크게 갖고 있다는 점을 간과해서는 안 된다.

국방이 모든 국민에게 똑같이 공급되고 똑같은 이익을 주는가? 국방은 일부에게 치부 및 권력사유화의 수단이 되고 미국의 군수자본과 국내 방위기업에 경제적 이익을 주고 정치군사적으로 미국의 국익을 위해 기여했다. 반면 국방은 자위를 넘어서는, 공격을 위한 군사력의 증강 또는 도를 넘어서는 군사훈련은 국민들에게 지나치게 많은 재정적 부담을 안기고 안보불안을 야기한다. 이라크전 등 참전의무가 없는 전쟁에, 미국의 강요에 의해 파병한 것은 미국에게는 이익이 되지만 우리 국민에게는 이익이 되지 않는다.

2) 개도국 군사비를 늘리는 동맹

메이젤과 니산케는 어떤 요인들이 개도국의 군사비를 규정하는지를 알아보기 위해 아시아, 아프리카, 라틴 아메리카 대륙의 83개 개도국을 대상으로 1978~1980년 사이의 군사비 통계를 이용한 연구를 실시했다. 그들은 개도국의 군사비의 결정요인을 국내 수준, 지역 수준, 세계적 수준의 요인들로 나누고 그것들이 어느 정도로 영향을 미치는지를 살펴보았다.

연구결과 "개도국의 군사비 부담에서 상대적 차이가 생기는 것은 국내, 지역, 세계 수준의 여러 요인이 복합적으로 작용한 결과다. …… 이웃 개도국과의 전쟁이나 긴장관계는, 특정 국가의 경우 어느 일정한 시점에 그 군사비에 우세한 영향을 줄 수도 있지만, 이런 복합적인 요인들 가운데 하나의 요인에 지나지 않는다는 것이 분명하다. 국내 요인으로서는 특히 지배 엘리트가 인지하는 국내 반대파 억압의 필요가, 또 대외적 요인으로는 세계적 세력연합(동맹)과의 관계 및 해외 무기구입에 쓸 수 있는 외환보유고가 군사비에 관한 정부결정에서 주요한 요인인 것으로 나타난다"(Maizels and Nissanke, 1986: 1137)고 결론지었다.

그들의 회귀분석 결과를 구체적으로 보면 전쟁 또는 내전사태의 존재는 군사비 규모에 뚜렷한 영향을 주었다. 이런 사태를 겪고 있는 나라는 그렇지 않은 나라에 비해 GDP 대비 군사비(83개 나라 평균치는 3.9%)로는 약 1.5~2.5%포인트만큼 높았고 정부지출 대비 군사비(83개국 평균치는 13.7%)로는 약 6.5~7.5%포인트만큼 높았다.

또 군이 정부를 장악하고 있는 경우, 특히 군부지배가 대중에 대한 빈번한 폭력 사용과 연결된 경우 군사비 수준이 현저하게 높았다. 빈번한 폭력을 사용하는 군부체제는 민간체제에 비해 GDP 대비 군사비가 2%포인트 더 높았으며 중앙정부 예산 대비 군사비로는 4~4.5%포인트 높았다.

세계적 수준에서 볼 때 동맹에 대한 밀착 정도가 높을수록 군사비가 증대하는 것으로 나타난다. "세계적인 정치·전략동맹에의 밀착을 나타내기 위해 사용된 변수, 즉 해외무기 공급국가에 대한 집중도(의존도)는 매우 유의미한 것으로 밝혀졌다. 군사장비의 도입을 한 외부국가에만 전적으로 또는 주로 의존하는 나라는 무기도입원이 다변화된 나라보다 GDP 대비 군사비지출이 약 2%포인트 정도 높다. 중앙정부 예산 대비 군사비로는 6~7.5%포인트 정도 높다. 이러한 차이는 세계적인 세력연합에 대한 밀착이 개도국 정부들에 대해서 그들의 군 사업을 확장하도록 하는 압력으로 작용할 가능성이 확실히 크다는 것을 강력히 시사한다"(Maizels and Nissanke, 1986: 1134)고 쓰고 있다.

동맹 이외에 군사비에 영향을 미치는 대외적(외부적) 경제 변수로는 외환보유량이 군 확장사업의 재정충당에 중요한 제약요인으로 작용하고 있다. 외국자본진출(다국적기업)은 군사비와 역의 관계에 있는 것으로 밝혀졌는데 이는 다국적기업이 군사비가 낮은 정치적으로 안정된 나라에 대한 투자를 선호한다는 가설을 뒷받침한다.

메이젤과 니산케의 분석을 한국에 적용하면 한미동맹 때문에 우리의 군사비는 동맹을 맺지 않은 나라에 비해 상당한 정도로 군사비를 더 많이 지출한다. 또 동맹이 국방비를 늘리는 요인이고 외국자본의 경우 국방비가 낮아 정치적으로 안정된 나라에 대한 투자를 선호한다는 연구결과는 한미동맹이 국방비 절약과 외국자본의 대남한 투자증진 효과를 가져와 한국경제가 성장했다는 이른바 안보번영론이 근거 없음을 확인해주는 것이다.

3) 군사비를 팽창시키는 동맹

제2차 세계대전 후 미국이 지배하는 세계자본주의체제 속에서 각국의 군사비와 군수생산은, 미국의 군사적 필요와 군사전략이 우선되면서 팽창되어 왔다. 시마야스히고는 이런 시각에서 동맹의 대미 종속성이 군사비를 팽창시키는 본질적 요인임을 지적하고 있는데(島泰彦, 1970: 4~10 참조) 그의 이런 이론적 규명은 냉전이 종식된 지금도 여전히 유효하다.

첫째, 전후 각국의 군사비를 '독립국의 군사비'로 봐서는 안 된다는 점이다. 미국과 공동방위체제(동맹)를 이루고 있는 나라들의 군사비가 미국의 군사적 필요와 전략에 규정되어 자신의 군사력의 유지·증강만이 아니라 미국의 군사력을 유지·증강하는 데 쓰이기도 하고, 자신의 경제력에 걸맞지 않게 크게 되기도 하기 때문이다.

미국은 해외군사기지를 세계 각국에 두고 있고 여러 개의 군사동맹을 거느리고 있으며 지역방위기구(나토, 시토·센토, Gulf Cooperation Council 등)를 두었거나 두고 있다. 때문에 관계된 국가의 군사예산이 자국 의회에서 통과됐어도 그것이 그 나라의 모든 군사비라 할 수 없으며 또 예산 모두가 그 나라 군사력의 유지와 증강에 쓰이는 것도 아니다. 문제는 미국의 군사원조다. 이 군사원조 때문에 피원조국은 그 경제력에 비해 무거운 군사비를 부담해야 하고 또 반대로 군사원조로 비교적 가벼운 군사비 부담을 지는 경우도 있다. 군사원조의 원칙은 군사비가 각국의 경제력과 균형을 이루도록 하기 위한 것이지만 사실은 그렇지 않다. 한국은 1950년대와 1960년대에 큰 규모의 무상군사원조를 미국한테서 받았지만 이것은 한국 방위와는 무관한, 또 당시 경제력으로는 감당할 수 없었던 대병력(72만)을 유지하고자 하는 데 목적이 있었다. 이는 군사원조나 방위조약, 군사기지 등으로 이뤄져 있는 공동방위체제의 문제점이다. 원칙적으로 공동방위체제는 가입국들이 공동목적을 위해 서로 군사비나 군사생산을 분담하는 관계다. 그러나 강대한 군사력과 경제력을 겸비한 미국이 동맹의 방위전략을 결정하는 데서 지배력을 행사하고 자신의 군사적 필요를 우선하면서 군사비나 군사생산의 분담관계에도 지배와 종속의 관계가 나타난다.

미국은 세계 군사패권유지에 소요되는 비용을 동맹국에 전가하고 동맹국은 자국의 방위 수준을 넘어서는, 또는 자신의 경제력 이상의 국방비를 지출하게 된다. 결국 전후 각국의 군사비를 엄밀한 의미에서 '독립국의 군사비'로서 서로 비교할 수 없다는 것이다.

둘째 미국의 세계전략의 핵심이 억제이론인데 이는 사실은 전쟁확대이론이며 이것이 군사비의 확대를 가져온다. 동맹국도 미국의 억제전략에 규정되기 때문에 그 군사비가 확대되지 않을 수 없다.

군사비는 그 방향성이 전략에 의해서 규정된다. 군사비는 전략을 실현하기 위해서 사용된다. 전략은 수년간의 국방계획(방위계획)을 결정하고 군사비는 매해 국방계획을 실현한다. 따라서 군사비를 분석하면 반드시 그 방향성, 즉 전략을 알 수 있다. 그런데 냉전 시대 미국의 세계전략은 공산주의국가의 확대와 민족독립운동의 발전을 군사적 수단으로 저지하는 것이었다. 따라서 군사적 수단은 점점 고도한 수준으로 발전하고, 다각적이 되어 군사비 또한 거대한 규모가 되지 않을 수 없었다.

냉전 시대 이런 미국의 세계전략의 이론적 기초를 이루는 것이 '억제이론'이다. 시마야스히고는 억제론이란 결국 전쟁확대이론이라고 하면서 다음과 같이 말하고 있다. "억제론은 간단히 말하면 먼저 핵무기나 미사일로 공산주의국가의 침략을 억제하고(전면전의 준비), 다음으로는 핵무기와 재래식 무기로 공산주의의 지역적 침략을 억제하며(제한전쟁의 준비), 마지막으로 공산주의세력의 확장에 유리한 지역분쟁(민족해방운동)을 재래식 무기와 특수무기(생화학무기)로 억제한다(특수전)는 전략이다. 억제이론의 원칙상 억제는 어디까지나 전쟁을 억제하는 것으로, 가령 특수전쟁을 시작했다 해도 그것은 지역분쟁이 제한전쟁이나 전면전으로 확전되지 않도록 하기 위한 것이다. 바로 이런 이유로 케네디는 '억제이론'을 '평화의 전략'이라고 불렀다. 하지만 특수전쟁의 상대는 현대세계를 움직이는 민족독립운동이어서 이를 억제하는 전략은 성공의 전망이 없고, 이번에는 특수전쟁을 꾀하나 자신을 억제할 수 없게 되어 특수전쟁이 제한전쟁으로, 제한전쟁이 전면전으로 확전되는 움직임이 보인다. 결국 전쟁억제(군사비억제)이론은 전쟁확대(군사비팽창) 이론이 되어 억제전략은 파탄되지 않을 수 없다"(島泰彦, 1970: 7~8).

냉전 시대 핵억제 전략은 시마야스히고의 말처럼 전쟁확대전략으로 전락해 파산했지만 냉전이 종식된 지금에도 여전히 미국의 핵심적인 전략으로 자리하고 있으며 미국은 동맹국에 대해서 확장억제를 제공하고 있다.

냉전이 끝나고 미국의 군사비가 한때 줄기도 했다. "미 국방예산은 1980년대에 평화 시 예산으로는 전례 없는 최고수준을 기록한 때로부터 1990년대 말까지 실질 기준으로 거의 28%나 떨어졌다"(Markusen ed., 2003: 7). 반면 냉전 종식 뒤 구소련과의 전면전을 억제하는 전략이 이라크, 북, 이란 등 이른바 지역의 불량국가를 대상으로 한 전쟁억제전략으로 바뀌면서 미국의 군사비는 일시적으로 줄어든 반면 **동맹국인 한국의 군사비는** 줄기는커녕 더욱 급격히 늘어났다. 냉전 뒤 미국의 전략이 지역전략으로 바뀌면서 미국은 두 개의 전쟁에서 승리하는 2정면 전략을 채택했는데, 바로 두 개의 전쟁 중 하나가 대북 전쟁이었다. 그에 따라 유럽에서는 미군 전력이 감소하는 대신 한반도에서는 주한미군에 대한 한국의 재정지원이 크게 늘어났다. 1989년부터 방위비 분담이라는 명목으로 주한미군 주둔비 지원이 시작되었고 1991년부터는 '한미소파 특별조치협정'을 통해 매년 주한미군 주둔비 지원을 보장하고 있다.

국방비는 노태우 정권 시기인 1988~1992년 사이에는 매년 평균 12.1%가 늘어났으며 김영삼 정권 시기인 1993~1997년 사이에는 매년 10.4%나 늘어났다. 김대중 정권 시기인 1998~2002년 사이에는 매년 2.3% 증가로 증가율이 상당한 폭으로 줄었는데 이는 IMF 구제금융 사태로 한국경제의 어려움과 남북 간 화해의 추진이 배경으로 작용했다.

한편 부시 정권 들어 그간의 억제전략을 사실상 부인하고 선제공격 전략을 공식적인 국가안보전략으로 표명하고 해외미군을 붙박이 군대가 아닌 기동군으로 전환하는 해외 재배치를 실시하면서 미국의 군사비는 큰 폭으로 다시 상승했다. 한국의 군사비도 증가 둔화 추세가 멈추고 다시 큰 폭으로 상승하기 시작했다. 노무현 정권 시기인 2003~2007년 사이에는 미국의 신군사전략에 맞춰 방어적 성격의 구한미동맹이 침략적 성격의 신한미동맹으로 전환하는 시기로 한국의 국방비는 매년 평균 8.4%가 증가했다. 그리고 이런 높은 상승률은 미국과의 전략동맹을 추구하는 이명박 정권하에서 계속 이어지고 있다. 2008~2011년 사이의 국방비 증가율은 매년 평균 6.4%로 이는 세계적인 금융위기의 여파나 한국 재정상태의 어려움, 서민경제의 어려움 등을 감안한다면 이례적으로 높은 것이다. 특히 노무현 정권과 이명박 정권하에서는 십수조 원에 이르는 주한미군기지 이전사업이 진행되고 있으며 2006~2020년 사이에 한국군 현대화를 위한 대형 미국산 무기도입사업이 줄을 잇고 있다. 그러나 2008년 미국의 금융위기와 미국의 재정적자 누적으로 미국의 국방비는 앞으로 10년 동안에는 대폭적인 삭감이 불가피하다. 그렇게 되면 한국 국방비 증가에 대한 미국의 압력이 강화될 것이며 우리 국방비는 한미동맹 때문에 어쩔 수 없이 우리나라 재정 상태나 복지 요구와는 상반되게 높은 수준을 계속 유지하지 않을 수 없게 될 것이다.

4) 동맹국과 비동맹국의 통계 비교

동맹국과 비동맹국의 GDP 대비 국방비 비중(국방비 부담률)을 비교해 보면 비동맹국이 동맹국에 비해 국방비 부담률이 더 낮게 나타난다. 나토의 유럽국가들(미국 제외)과 비나토 유럽국가들의 GDP 대비 군사비지출 비율(평균)을 보면 1997년 2.09% 대 1.79%, 2000년 2.0% 대 1.42%, 2006년 1.74% 대 1.16%로 나토 동맹국의 국방비 부담률이 비동맹국에 비해 높다(IISS, 2008: 107, 110 도표 참조). GDP 대비 국방비 비중은 나토 전체(미국 포함해 26개국)로 보면 2004년 2.78%, 2005년 2.82%, 2006년 2.81%로 비나토 유럽(19개국)의 2004년 1.21%, 2005년 1.15%, 2006년 1.16%에 비해 두 배 이상이나 높다(IISS, 2008: 443~444). 이런 동맹국과 비동맹국의 국방비부담률의 차이는 그것이 동맹의 유무에서 직접적으로 비롯되는 것인지에 대한 좀 더 엄밀한 통계적 검증이 필요하지만 동맹이 국방비 부담을 절약해주는 것이 아니라는 사실을 확인해주는 하나의 징표가 될 수 있다.

4. 종속동맹의 전형으로서의 한미동맹

1) 안보를 위태롭게 하는 한미동맹

지블러의 분류를 적용하면 한미동맹은 대국(major states)의 지위를 갖는 나라로 구성되어 있고, 현상에 만족하지 못하며, 이전 전쟁에서 성공하지 못한 동맹이라는 점에서 전형적인 '호전성이 강한 동맹'이다. 한미동맹은 또 단순한 방어동맹이 아니라 대북 공격과 점령을 목표로 하는 동맹이라는 점에서 '전승연합(war-winning coalitions)'을 추구하는 동맹이다. "전쟁 유발 가능성이 가장 큰 동맹에는 전승연합을 구축하려는 기도들 또한 포함된다"(Kurtz, 2008: 44).

한미동맹은 「한미상호방위조약」상으로 보면 방어동맹을 표방하나 그 성립과정과 이후 활동과정을 보면 단순한 방어동맹이 아니라 공수동맹으로 결성되었다고 할 수 있다.

「한미상호방위조약」은 모든 외국군대의 철수 및 한반도 영역 내로의 새로운 군사인원과 작전장비의 반입금지를 규정한 정전협정을 위반해 체결되었다. 이는 한미동맹이 겉으로는 방어동맹을 표방하나 사실은 대북공격까지를 목표로 해 결성되었음을 말해준다.

한미동맹의 공격성·호전성은 1953년 10월 한미상호방위조약이 체결된 뒤 얼마 안 되어 미국과 한국정부가 제네바 정치회담(1954년 4월 26~6월 15일)을 파탄시키고 1957년 6월 21일에는 「정전협정 13항 ㄹ목」의 폐기를 일방적으로 선언하고 한반도에 핵무기를 도입한 데서 드러난다. 이런 한미동맹의 공격성은 조중 및 조소동맹이라는 대항동맹을 낳았으며 한반도를 첨예한 군비경쟁으로 몰아넣었고 그에 따라 한반도는 세계 최대의 화약고로 변했으며 항상적인 전쟁위기를 겪어왔다.

1974년에 처음 작성된 「작전계획 5027-74」는 한미연합군이 군사분계선을 넘어 진격해 평양을 점령하는 것으로 되어 있으며 1976년부터 시작되어 1994년 중단될 때까지 매년 계속된 팀스피릿 훈련은 대북 핵전쟁연습이었다. 나중에 을지포커스렌즈 훈련이 팀스피릿 훈련을 대신하고 있으며 을지포커스렌즈 훈련은 을지프리덤가디언 훈련으로 바뀌었다. 한미연합사는 「작전계획 5027」, 「작전계획 5026」, 「작전계획 5029」 등을 갖고 있는데, 이들 작전계획은 대북(선제)공격을 교리로 한다.

한미동맹을 통해서 북의 공격을 억제하고 나아가 북을 (선제)공격해 승리한다는 안보관(국방관)은 결국 전쟁준비와 국방력 강화를 유일한 또는 핵심적인 안보수단으로 인식하도록 했으며 평화군축이나 비군사적 수단에 의한 안보문제의 해결을 배제하거나 경원시하도록 했다. 한반도 평화협정이 체결되지 않아 법적인 전쟁상태가 반세기 넘게 지속되고 있는 것도 그 가장 주된 이유는 한미동맹을 통한 안보의 보장이라는 사고(미국의 안보우산론)가 우리의 안보관을 절대적으로 지배해온 결과라 할 수 있다.

2) 무제한적 경제 부담을 강요하는 한미동맹

(1) 국방예산

2010년 국방비에서 동맹유지비가 차지하는 비중은 얼마나 될까? 이를 계산하는 방법에는 몇 가지 기준이 있을 수 있다. 가령 2010년도 국방비 가운데 주한미군과 직간접적으로 연관된 예산을 뽑아서 합산하는 방식이 있을 수 있다. 또 한국의 방어에 필요한 적정 군사력 규모를 산정하고 그것을 넘어서는 군사력 규모를 미국의 요구로 간주해 국방비의 대미 종속성 정도를 판단하는 방법도 있다. 또 미국으로부터 우리나라가 도입하는 무기 구입비용의 크기나 나라별 순위를 기준으로 한국 국방비의 대미 종속성 정도를 살펴볼 수도 있다. 이런 몇 가지 지표를 종합적으로 비교, 검토한다면 미국과의 동맹 때문에 생기는 국방비의 과다한 부담이 어느 정도인지 더 잘 판단할 수 있을 것이다.

2010년도 국방예산은 경상운영비 20조 5,627억 원, 방위력개선비 9조 1,030억 원으로 합해서 29조 6,657억 원(일반회계)이며, 여기에 특별회계 1조 488억 원을 더하면 30조 6,115억 원이다.

2010년도 국방예산에서 주한미군과 관련된 예산(<표 5-1>)을 보면 방위비 분담금, 주한미군기지 이전, 미국 무기구입비, 해외정비 및 수리부속 구입 등 합쳐서 대략 4조 2,039억 원가량 된다. 이 액수는 무려 국방비의 13.7%를 차지한다.

<표 5-1>의 '주한미군관련 예산' 가운데 방위력개선비 관련 예산 1조

6,811억 원은 필자가 확인한 부분으로 그 밖에도 미국으로부터 도입하는 비용이 더 있을 수 있다. 방위사업청 소관의 2010년도 예산 가운데 외화자산 획득이 19억 2,900만 달러(2조 2,184억 원)에 이르는데 그 대부분은 미국제 무기구입에 쓰인다. 19억 2,900만 달러 가운데는 유로화로 편성된 4,035만 달러가 포함되어 있다. 이 외화자산 획득예산의 80%가 미국에 지불되는 것으로 계산하면[17] 1조 7,747억 원가량이 동맹유지비용인 것으로 볼 수 있다. 그런데 주한미군 관련 비용은 이상의 비용이 전부는 아니다. 이 밖에 주한미군 소유 탄약(주한미군 전용탄약과 WRSA-K 종결로 한국으로부터 반출하기로 결정된 미군 탄약)을 저장·관리하는 데 소요되는 비용, 한미 공동사용 훈련장의 시설유지비 등이 추가되어야 한다.

국방부와 방사청의 2010년도 예산 30조 6,115억 원 가운데 최소 4조~4조 3,000억 원(외화자산 획득예산의 80%를 미국 무기구입으로 계산 시)이 동맹유지비용이라고 할 수 있다.

국방부 소관 이외에 다른 부처 소관 예산안에도 주한미군 관련비용이 포함되어 있다. 행정안전부 소관 예산 중에서 '주한미군 공여구역 주변지역 등 지원'으로 2,152억 원이 편성되어 있다. 이는 「주한미군 공여구역 주변지역 등 지원특별법」을 근거로 한 것으로 공여구역 주변지역 지원

---

17) 미국 무기구입 예산을 80%로 잡은 것은 『SIPRI 2009연감』(스톡홀름 국제평화연구소 발간)의 자료를 참고로 한 것이다. 이 연감에 따르면 2004~2008년 사이에 한국이 수입한 무기는 69억 2,100 달러이며, 이 중 미국에서 수입한 비중이 73%이고 이어 독일 12%, 프랑스 9% 등으로 나타나 있다. 그런데 SIPRI의 '무기이전' 통계는 TIV(추세지표가치)로 표시된다. 이는 무기거래의 규모(volumes)가 어떻게 변화되고 있는가 하는 추세의 파악에 중점을 두고 작성된 것이며 인도된 주요한 재래식 무기를 대상으로 한다. 이는 실제 거래된 가격을 나타내는 것은 아니다. SIPRI 연감에는 미국 수입비중이 73%로 나와 있으나 이것은 추세이고 실제로는 이보다 더 큰 비중을 차지하고 있을 것으로 보인다.

〈표 5-1〉 2010년 국방예산 중 주한미군 관련 예산

구분	관 (부문)	단위사업	세부사업	예산 (억 원)
총계				42,039
일반회계	계			34,680
	경상운영비	소 계		17,869
		주한미군 방위비 분담금	인건비, 군사시설 개선, 연합방위력 증강, 군수지원	7,904
		주한미군 기타 분담금	미 통신선 사용	10
		주한미군 시설 부지 지원	군산탄약고 주변 민가 이전, 한남동 임대주택 부지 사용료, 분묘 이장 등	239
		군사시설 건설 및 운영	주한미군 송유관 철거부지 오염토양 복원사업	205
		군수지원 및 협력*	해외정비, 수리부속 구입 등	8,820
		카투사 및 미8군한국지원단**	카투사 운영유지비	105
		교육용탄약	림팩훈련 및 소말리아 파병부대 훈련소요	17
		과학화훈련	위게임/전투지휘훈련 - 한미연합연습비용 분담금	57
		훈련 및 교육지원	작전상황연습 - 해군 림팩훈련 참가	28
		해외파병	UN PKO파견	135
			청해부대파병	342
			다국적군 파견	7
	방위력 개선비	소 계		16,811
		전투기	F-15K 2차사업	6,800
		감시/정찰/정보사업	공중조기경보통제기	2,329
			HUAV(글로벌 호크)	56
		중거리유도무기	SAM-X	4,393
			탄도탄조기경보레이더	788
		해상유도무기	SM-Ⅱ	1,072
		항공유도무기	GPS유도폭탄(JDAM)	291
			레이저유도폭탄	295
			지하시설파괴탄	288
			합동원거리공격탄(JASSM급)	50

특별회계		연구개발	연합작전용C4I(AKJCCS)	107
			탄도유도탄 작전통제소	68
		탑재장비	C-130 자체보호장비	202
			C-130H 성능개량	72
	계			7,357
	국방·군사시설이전	소 계		390
		군사시설 이전사업	무건리훈련장	175
			오산기지영외탄약고 이전	15
			광주기지영외탄약고 이전	200
	주한미군기지이전	소 계		6,967
		미군기지 이전사업	연합토지관리계획, 용산미군기지 이전	721
		미군기지 지원사업	평택지원, 환경조사 및 치유, 기타 이전 지원	2,920
		회계기금간예수원금상환	예수금원금상환	3,131
		회계기금간예수이자상환	예수이자상환	195

주) * : 국방부 소관 '군수지원 및 협력' 예산 가운데는 외화예산이 8억 5,219만
　　 달러(9,800억 원)가 계상되어 있는데, 이 돈은 대부분이 해외정비나 수리부속지
　　 원 등의 명목으로 미국에 지불되는 돈이다. 이에 9,800억 원 중 90%가 미국에
　　 지불되는 것으로 추산했다.[18]
　　** : 2009년 예산임. 국방부에 정보공개청구한 내용임.

950억 원과 반환공여구역 부지매입비 지원 1,202억 원을 합친 것이며
이 또한 동맹관리비에 속한다.

환경부 소관 예산에도 주한미군 관련 예산이 포함되어 있다. 2010년도
환경부 예산(안)을 보면 '10개 주한미군기지 공여구역 및 반환 공여구역
주변지역의 환경기초조사 사업' 7억 원, 군사기지 환경조사 및 위해성
평가(신규)[19] 40억 1,800만 원이 편성되어 있다.

---

18) 해외 정비예산의 경우 90%가 미국에 지불된다고 본 것은 한국군이 해외에서 정비하
　　 는 무기는 거의 전부가 미국제 무기이기 때문이다.

그런데 이상은 주한미군에 대한 직접지원비만을 계산한 것이다. 미군기지 무상공여, 한국군 훈련장 사용, 카투사 지원(미군 인건비절감 평가), 세금 및 공공요금 감면, 공공시설 이용료 면제 등의 간접지원도 계산해야 한다. 국방부는 2007년 간접지원비를 7,729억 원으로 계산했다. 간접지원비 중 무상공여 토지에 대한 임대료 평가가 5,160억 원이다. 그런데 이 액수는 전용공여지의 경우 공시지가의 5%를, 기타 지역공여나 임시공여지, 한미 공동사용토지의 경우에는 공시지가의 2.5%를 적용한 것으로 지나치게 낮게 평가되어 있다. 또 2002년 한 연구에 따르면 미군 공여지로 인한 지방세의 결손이 경기북부지역(당시 미군공여면적 4,425만 평)에서만 최대 1조 7,287억 원에 이른다(안병용, 2002). 2009년 9월 현재 주한미군 공여지는 미 국방부의 기지구조 보고서에 따르면 3,144만 평이다.

적정 군사력 규모 이상의 유지비용을 동맹관리비용으로 보는 방식으로 계산해보자.

한국군의 병력규모는 2009년 현재 대략 65만 명 선으로 이는 한국 방어에 충분한 25~30만 명을 훨씬 웃도는 규모다. 25~30만 명을 넘어서는 35~40만 명은 한국의 안보가 아닌 미국의 안보이익을 위해 운영된다고 한다면 이 부분에 해당하는 만큼의 경상운영비 11조 627억 원~12조 6,461억 원 정도[20]가 동맹유지비용으로 볼 수 있다.

경상운영비 20조 4,597억 원의 반 이상이 미국의 안보목표와 군사전략 수행의 필요에 따른 비용이라고 볼 수 있다.

---

19) 캠프롱을 비롯한 5개 반환예정 미군기지의 환경조사 및 위해성 평가와 상수원보호지역 주변의 13개 한국군시설의 토양오염실태조사 사업임.

20) 65만 명 병력 중 35만 명(53.8%)과 40만 명(61.5%) 병력이 미국의 요구에 따른 것으로 보고 2010년도 국방예산 가운데 경상운영비 20조 5,627억 원의 53.8%와 61.6%를 동맹유지비용으로 계산한 것임.

(2) 무기수입 통계를 보더라도 동맹이 국방비에 주는 큰 영향을 확인할
    수 있다.

　한국은 무기수입액이 1984～1988년 사이에 합계 23억 4,100만 달러
(1985년 달러불변가격)로 개도국 가운데 13위를, 1988～1992년 사이에 합
계 35억 2,400만 달러(1990년 달러불변가격)로 개도국 가운데 6위를, 1992
～1996년 사이에 합계 51억 1,700만 달러(1990년 달러불변가격)로 개도국
가운데 5위를 각각 차지했다. 무기수입은 2001～2008년 사이에는 64억
달러(계약기준으로는 76억 달러)에 이르렀으며(≪한겨레≫, 2009.9.12) 이 기
간 아시아에서 한국보다 미국산 무기를 많이 사들인 나라는 대만뿐이었다
(≪한겨레≫, 2009.12.17). 2004～2008년 합계로 한국은 세계 3위의 무기
수입국이었으며 같은 기간 제1위의 미국 무기수입국이었다. 2007년과
이어 2008년에도 한국은 세계 1위의 무기수입국이었다(스톡홀름 국제평화
연구소, 2009). 이런 사실은 한미동맹이 미국 무기체계에 대한 의존을 강화
시켜주는 요인임을 부인할 수 없게 한다.

(3) 비동맹국은 물론이고 다른 미 동맹국에 비해서도 훨씬 높은 한국의
    국방비 부담률

　한국의 국방비 부담률(보통 GDP 대비 국방비 비율 또는 정부지출 대비
국방비 비율로 측정한다)은 비동맹국은 물론이고 미국의 다른 동맹국에 비해
서도 매우 높다.
　『2009 OECD FACTBOOK』(2009년 발행)은 2006년도의 '국방비 등
질서유지관련 지출비중'[21]이 한국의 경우 GDP 대비 4.2%로 26개 국가
중 미국 6.3%(2006년), 영국 5.0%(2005년)에 이어 3위라고 밝히고 있다.

〈표 5-2〉 OECD 주요국가의 GDP 대비 '질서유지관련 지출'의 비중

국가	미국	영국	한국	그리스	이탈리아	프랑스	핀란드
%	6.3	5.0	4.2	3.4	3.3	3.1	3.0

국가	스웨덴	뉴질랜드	독일	오스트리아	일본	아일랜드
%	3.0	3.0	2.6	2.4	2.3	1.9

주: 1) 영국, 뉴질랜드는 2005년, 나머지 나라는 2006년도 기준 통계임.
자료: 『2009 OECD FACTBOOK』, 2009년 발행.

〈표 5-3〉 OECD 주요국가의 GDP 대비 국방비 비율(2006년)

국가	멕시코	오스트리아	일본	캐나다	독일	핀란드
%	0.4	0.8	0.9	1.2	1.3	1.3

국가	스웨덴	호주	프랑스	영국	터키	한국	미국
%	1.5	2.4	2.4	2.7	2.8	2.8	4.0

주: 1) 미국은 전시예산(GWOT)이 제외된 금액 기준
자료: IISS(2008: 443), 국방부 홈페이지 e-나라지표.

이는 비동맹국인 핀란드 3.0%, 스웨덴 3.0%, 뉴질랜드 3.0%, 오스트리아 2.4%, 아일랜드 1.9%보다 훨씬 높다. 또 미국의 동맹국인 그리스 3.4%, 이탈리아 3.3%, 프랑스 3.1%, 독일 2.6%, 일본 2.3%에 비해서도 높다. 한국은 미국의 동맹국인 독일이나 일본보다 높고 분쟁국이며 미국 동맹국인 그리스보다 훨씬 높은데, 이는 한국이 비동맹국은 물론 다른 미국의 동맹국들보다도 훨씬 더 많은 국방비 부담을 지고 있음을 뜻한다.

　<표 5-3>의 OECD국가의 GDP 대비 국방비 비중을 보면 비동맹국(멕

---

21) 질서유지관련 지출(Law, Order and Defense Expenditure)은 국방비와 함께 경찰력, 정보업무, 감옥과 기타 교정시설, 사법체계와 내무부를 포함한다. 다만 공항이나 항구, 기타 국경 검문소의 정부 보안업무 비용은 제외된다.

〈표 5-4〉 주요 분쟁·대치국의 GDP 대비 국방비 비율(2006년)

국가	보스니아	중국	키프로스	수단	대만	그리스	인도
%	1.2	1.3	1.3	1.5	2.2	2.4	2.5

국가	세르비아	에티오피아	터키	한국	파키스탄	이스라엘	사우디
%	2.5	2.6	2.8	2.8	3.2	7.9	8.5

자료: IISS(2008: 443).

시코, 오스트리아, 핀란드, 스웨덴 등)이 동맹국보다 대체로 낮은 수준에 위치하고 있으며 한국은 2.8%로 다른 미국의 동맹국과 비교해 아주 높은 수준에 위치해 있다.

2002년 기준으로 우리나라의 GDP대비 국방비 비중은 2.6%로 OECD 평균 1.6%보다 훨씬 높다(전승훈, 2006).

국방비가 정부재정(일반회계)에서 차지하는 비중은 1980년대 후반부터 낮아졌다고는 하나 여전히 15%대의 높은 수준이다. 또 정부(기획예산처)가 2007년에 발간한 『한국의 재정: 어제, 오늘 그리고 내일』에 의하면 정부재정(통합재정) 대비 국방비 비율은 2004년 현재 OECD 평균 4.8%인데 반해 한국은 11.4%로 OECD 평균보다 2배 이상이나 높다(기획예산처, 2007: 49 참조). OECD 국가의 총지출 대비 국방비 비중(2002년 기준)은 평균 3.3%인데 반해 한국은 10.5%로 3배 이상 높은 것으로 나타난다(전승훈, 2006: 56).

<표 5-4>를 보면 분쟁국 또는 대치국이라 하더라도 비동맹국이 미국의 동맹국에 비해 국방비 부담률이 낮은 편이다. 분쟁국에 대해서 보더라도 터키, 파키스탄, 이스라엘, 사우디 등 미국의 동맹국들의 국방비 부담률이 비동맹국들인 중국, 키프로스, 수단, 인도 등에 비해서 훨씬 높은 편이다.

미국의 동맹국들 가운데서도 한국의 부담률이 높은 것은 그만큼 대미 종속성이 심한 것을 반영한다. 한국의 국방비는 미국의 군사전략이나 미국의 대북 위협인식의 종속변수라고 할 수 있다. 미국의 대북 군사전략은 북을 공격, 점령하는 수준의 군사력 건설 나아가 미국의 세계군사전략(주한미군의 전략적 유연성)을 뒷받침하는 수준의 군사력 건설(대중 봉쇄 등)을 요구하며 그에 따라 자연히 비공격적 방어(전수방어)전략하에서의 군사력 건설에 필요한 국방비보다 훨씬 더 높은 국방비를 한국에 요구하게 된다.

참고문헌

국방대학교. 2006. 『안보관계용어집』.

기획예산처. 2007. 『한국의 재정: 어제, 오늘 그리고 내일』.

김계동. 2001. 「한미동맹관계의 재조명: 동맹이론을 분석틀로」. ≪국제정치논총≫ 제 41집 2호.

러셋, 브루스(Bruce Russett). 1988. 『핵전쟁은 가능한가』. 청아출판사.

모겐소, 한스(Hans Morgenthau). 1987. 『현대국제정치론』. 이호재 옮김. 법문사.

스톡홀름 국제평화연구소(SIPRI). 2009. *SIPRI YEARBOOK 2009*.

안병용. 2002. "경기북부지역의 국·공유지로 인한 세수손실과 지역경제에 미치는 영 향". 『토지이용규제·국공유지가 북부지역경제에 미친 영향과 대책』. 경기도.

전승훈. 2006. 「분야별 재원배분에 대한 국제비교 연구」. ≪경제현안분석≫ 제7호. 국회예산정책처. 2006.1.

조민. 2000. 「한국사회 평화문화 형성방안 연구」. 통일연구원.

케글리, 찰스 W(Charles W. Kegley). 2010. 『세계정치론: 경향과 변환』. 한티미디어.

현인택. 1991. 『한국의 방위비』. 한울.

板本義和. 2004. 『冷戰と戰爭』. 坂本義和全集 2, 岩波書店.

坂井昭夫. 1981. "總合安全保障論の形成とその本質". ≪關西大學商學論集≫ 第26券 第4号(1981.10).

島泰彦. 1970. 『軍事費』. 岩波書店.

猪口孝 編著. 2000. 『政治學事典』. 弘文堂.

井堀利宏·牛丸聰. 1992. 『財政』. 東洋經濟新報社.

土山實男. 2004. 『安全保障の國際政治學』. 有斐閣.

Coulomb, Fanny. 2004. *Economic Theories of Peace and War*. Routledge.

Duke, Simon. 1993. *The Burden Sharing Debate*. The Macmillan Press LTD).

Gibler, D. M. 1997. *Reconceptualizing the alliance variable: An empirical Typology of*

Alliances. Vanderbilt University, Doctoral Thesis.

Gibler, Douglas M. 2008. *Alliance systems*. in Lester Kurtz, *Encyclopedia of Violence, Peace, & Conflict* (2nd Edition). Elseveier/Academic Press.

IISS. 2008. *The Military Balance 2008*.

Kurtz, Lester. 2008. *Encyclopedia of Violence, Peace, & Conflict* (2nd Edition). Elseveier/ Academic Press.

Maizels, Alfred and Machiko K. Nissanke. 1986. "The Determinants of Military Expenditures in Developing Countries." *World Development*. Vol.14. No.9.

Markusen, Ann ed. 2003. *From Defense to Development?: International perspectives on realizing the peace dividend*. Routledge.

Mesquita, Bruce Bueno de. 2000. *Principles of international politics: people's power, preferences, and perceptions*. CQ Press.

Olson Jr., Mancur and Richard Zeckhauser. 1966. "An Economic Theory of Alliances," *the review of economics and statistics*(Aug 1966).

_____. 1967. "Collective Goods, Comparative Advantage, and Alliance Efficiency." Roland N. Mckean(ed.), *Issues in Defense Economics*. Columbia University Press.

Olson, Mancur. 1965. *The Logic of Collective Action: Public Goods and the Theory of Groups*. Harvard University Press.

Sandler, Todd and Keith Hartley. 1999. 『防衛の經濟學(The Economics of Defense)』. 深谷庄一 譯, 日本評論社.

제6장

이명박 정권의 대북정책과
차이메리카 시대 한반도의 길[1)]

강 정 구

1. 머리말

　2008년 미국의 서브프라임모기지 사태 이후 미국의 신자유주의 경제와 단극패권주의는 급격히 쇠락하고 중국은 G2로 부상하면서 지구촌과 동북아는 새로운 질서를 형성하는 과도기적 전환기에 접어들고 있다. 2011년 1월 19일 열린 중미 정상회담은 새 시대와 새로운 세계질서라는 G2의 차이메리카(Chimerica) 시대 출발을 '공식화'하는 자리였다.

　이는 과거 60년 이상 한반도 냉전 분단 적대체제를 만들고, 강화하고, 재생산하고, 강제 및 압박해왔던 주역이 쇠약해지고, 새로 부상하는 중국의 개입역량은 제한적일 수밖에 없는 과도기 속에 우리가 처해 있음을 말한다. 바로 이 시점은 우리 남과 북이 한반도의 평화와 통일을 진척시키

---

1) 이 글은 다음 글을 수정·보완한 것이다. 강정구, "대북정책과 차이메리카시대 한반도의 길" 민주화를 위한 전국교수협의회·전국교수노동조합·학술단체협의회 엮음, 『독단과 퇴행, 이명박 정부 3년 백서』(메이데이, 2011), 27~51쪽.

는 민족자주의 공간을 최대한 넓히고, 분단 65여 년 노년기를 맞아 이를 끝장내는 절호의 시대를 맞았음을 뜻한다.

이 전환기적 과도기에 남과 북은 서로 화해, 협력, 평화, 통일의 길을 튼 6·15 남북공동선언과 이를 진척시키는 구체적 내용을 담은 실천합의인 10·4 평화번영선언을 한층 더 받들고 구현해, 미국 주도의 외세에 의해 폭력으로 강제 이혼당한 한반도가 이제는 자주적으로 이를 극복하고 평화와 통일의 초석을 마무리해야 할 결정적 시대를 맞이한 것이다.

그러나 이 민족사적 책무를 가장 중심적으로 이행해야 할 이명박 정권은 역사의 흐름을 전면적으로 거스르면서 배반의 역사를 향해 돌진하고 있다. 이 결과 한반도는 평화통일의 길이 아니라 마치 1950년 6·25 전쟁 이전 상태로 진입한 듯 전쟁위협이 가중되고 있다.

당시 내무장관 윤치영은 1948년 9월 11일 최소 3년간 미군 주둔을 요청하면서 "남조선군을 훈련해 2주일 이내로 전 북조선을 점령케 하고 이를 위해서는 14만 명의 군대가 필요하다"고 역설했고, 국무총리 이범석은 1948년 11월 20일 국회에서 "미국은 조만간 소군과 일전을 할 수밖에 없을 것"이라 했고, 한민당 선전부장 함상훈은 "남북통일의 길은 이것밖에 남지 않았다. 동족상잔이 어떻고 정치적 해결이 어떻고 해도 이 길밖에는 없는 것을 내하오 …… 그런 의미에서 38선을 깨치고 통일한 국토로 함에는 외교적으로는 물론이요, 군사적으로도 제3차 대전이란 국제적 관계성을 가지고 해결하지 않으면 안 되겠다는 것이다"("외교와 무력에 의한 통일", ≪민원≫ 1949년 2월호)라면서 전쟁을 통한 통일을 노골화하고 있었다. 더구나 그것도 미국과 소련을 끌어들여 전쟁을 일으켜 한반도가 강대국의 전쟁터로 황폐화되고 우리 민중이 떼죽음을 당하는 '제2의 청일전쟁'을 획책하고 있었다.

2010년 5·24 천안함사건화 이후 이명박 대통령의 행보나 발언 등은 이 땅에 6·25 전쟁과 같은 전쟁을 다시 불러오는 듯 섬뜩함을 자아냈다. 천안함 사건에 대한 정부의 공식 견해인 5·24 조치를 바로 전쟁기념관에서 선전포고하듯 비장하게 발표하면서 남북관계의 단절을 선언했다. 이의 연장선에서 2010년 7월 25일부터 사흘간 1976년 이후 최대 규모의 한미 연합해상기동 전쟁연습에 최신예 전투기 F-22랩터와 핵항모 조지워싱턴 호를 참가시키고 일본까지 끌어들이고는 이후 무려 10여 차례 이상 한미 연합 또는 한국군 단독 군사훈련을 북한과 중국을 겨냥해 펼쳤다.

중국은 이에 맞불 전쟁연습을 지속하면서 항공모함 킬러라는 둥펑21C, 21D 미사일 개발을 공개했고, 미 해군장성은 '둥펑21 미사일로 미국 항공모함 공격 경우 핵무기 대응'으로 응수하면서(≪홍콩문회보≫, 2010.8.13) 동북아 군사긴장은 최고조로 치달았다.

전국적 규모의 한미연합 을지전쟁연습을 끝낸 바로 다음 날인 2010년 8월 27일 MBC 텔레비전 9시 뉴스데스크는 다음과 같은 어안이 벙벙한 보도를 첫머리에 내보냈다.

어제 끝난 한미 을지프리덤가디언 연습의 구체적인 내용이 이례적으로 공개되었습니다. …… 한미 연합군은 개전 초기 경기 이남까지 밀리지만, 50일을 고비로 3·8선을 넘어 전쟁개시 두 달 만에 평양을 포위했습니다. 군 관계자는 이 과정에서 "북한 최고위층을 생포하는 데 성공하는 것으로 시뮬레이션 결과 나타났다"고 말했습니다. 이번 연습에서는 평양 포위작전은 미군이 주도했으며 핵무기를 비롯한 대량살상무기 제거연습도 실시됐습니다. 중국과 러시아의 개입을 외교적 노력을 통해 제지하는 방안도 검토됐습니다. 열흘간 진행됐던 이번 연습은 평양을 수복한 뒤 자유화시키는 과정으로 끝을 맺었는데 통일부와 경찰청 등도 참여했습니다.

이에 권성철 쿠바주재 북한 대사는 쿠바·북한 외교수립 50주년 기념 자리에서 "워싱턴과 서울이 한반도에 물리적 충돌을 일으키려 할 경우 우리는 핵억제력을 바탕으로 한 성전으로 대응할 것"이라고 보복 성전설로 대응했다. 이러한 남과 북의 분별력을 잃은 맞대응은 연평도 무력충돌과 같은 국지전을 이미 예비하고 있었던 셈이다.

드디어 한미연합훈련인 호국훈련이 펼쳐지는 가운데 연평도 포격전이 2010년 11월 23일 전개되어 해상이 아닌 육지의 무력충돌이라는 불상사가 발생했다. 이에 대한 남측의 보복포격이 이루어지던 12월 20일은 미국 국방부와 국무부가 비상근무를 하고, 전 세계가 전쟁발발이 임박했다면서 촉각을 곤두세우고 있었다. 한반도는 화급한 전쟁위기로 빠져들어 갔다. 당일 북측이 맞대응하지 않음으로써 최악의 상황은 모면했지만, 남측은 이후에도 남한 단독 무력시위를 지속적으로 벌였다. 군 통수권자인 이명박 대통령은 "막대한 응징", "군은 행동으로 보여줘야 한다"(11월 23일) "가차없는 대반격"(12월 23일) "전쟁을 두려워해서는 결코 전쟁을 막을 수 없다"(12월 27일) 등 마치 전쟁을 이미 결정한 듯한 발언들로 긴장감을 고조시켰고, 상황은 위험수위로 치달았다. 악화일로를 걷던 한반도 전쟁위기는 2011년 1월 19일 중미 정상회담을 고비로 수그러지고 있지만 전쟁 불씨는 여전하다.

이러한 국지전과 전면전 전쟁위기로까지 치달았던 이명박 정권하에서의 대북정책은 전형적인 도발 적대정책이다. 만약 김대중, 노무현 정권을 계승한 민주정권이었다면, 또 6·15와 10·4와 같은 민족의 성전(聖典)을 계승한 정권이었다면 이러한 전쟁위기는 아예 발붙일 곳이 없었을 것이다.

이 글은 우리 모두를 이렇게 죽느냐 사느냐 하는 생사기로에 처하도록 이끈 이명박 정권의 대북정책 기조와 세부적인 적대도발정책 현황, 이의 문제점을 살펴보고(2), 특히 전쟁친화 정책 현황과(3), 5·24 천안함사건화의 전쟁위기성을 점검하면서(4), 한반도 평화와 통일의 장기구조사적 전망과 함께 우리가 구현해야 할 과제를 간략히 짚어본다(5).

2. 대북정책 기조와 남북관계의 전면적 파탄

이명박 대통령 당선자는 인수위 시점부터 통일부를 없애고 이를 외교통상부 산하로 편입시키려다 강력한 반발에 부딪혔다. 이는 남북문제를 다른 나라와의 국제관계 수준으로 폄하하는 반민족적 발상이었다. 이런 발상에 기초해 이명박 정권이 초기에 내건 대북정책 기조는 실용주의, 상호주의, 6·15와 10·4 선언 사문화, 북한인권 쟁점화, 한미군사동맹의 포괄전략동맹화, 비핵·개방3000 등이고, 그 본질은 북한붕괴 유도전략, 흡수통일전략, 전쟁친화주의였다.

첫째, 실용주의라는 대북정책 기조는 원칙과 철학이 없는 잡탕식의 정책 조합 구사를 의미하고 기회주의의 전형이다. 도대체 분단 60여 년, 외국군 주둔 60여 년(실제로 일본군 주둔까지 계산하면 남쪽에는 1895년 이후 연속적으로 115여 년, 북측은 62여 년) 자주 상실 60여 년, 평화 위협 60여 년, 한국전쟁 55여 년이라는 통탄할 과거 민족사에 대한 최소한의 인식이나 역사의식이 있다면, 죽고 사는 평화문제와 민족의 숙원인 통일문제를 임기응변식의 땜질정책에 지나지 않은 실용주의로 접근할 수는 없었을 것이다. 평화와 통일과 같은 장기 전략적인 민족사 문제를 실용주의라는 원칙 없는 전술 정책으로 대응하게 되면 한반도는 항해 목표를 잃은 배가 되는 꼴이고 역사 전망은 끊기면서 파행을 겪게 된다.

둘째, 상호주의 기조는 시장거래의 1 대 1 주고받기식의 등가거래(等價去來) 원칙을 말한다. 곧 양자 간의 비슷한 위치에서 성립되는 거래 관계이고, 서로 남남인 경우에 적용되기 마련인 시장관계이다. 그러나 북쪽은 남쪽과 남이 아니라 하나가 될 동반자 사이이고 어떤 면에서는 우리 자신이라 볼 수 있다. 또한 남과 북은 경제력과 군사력에서도 대등(對等)한 관계가 아니다. 북과 남은 경제총량에서 약 200억 달러 대 1조 달러로 1 대 50, 군사비 4.7억 달러(「2006 국방백서」: 201) 대 300억 달러로 1 대 60 정도의 격차를 보이고 있다. 이 경우 1 대 1 교환인 상호주의 거래를 할 경우 몇 번의 교환으로 북은 벌거숭이가 되어 무방비 상태로 된다. 이처럼 전형적인 약육강식 논리가 적용되는 것이 상호주의다. 이런 문제점 때문에 김대중 정부도 초기에는 상호주의 정책을 펴다가 나중에는 '비등가적·비동시적 상호주의'로 바꾸고 말았다.

셋째, 6·15와 10·4 선언 사문화 기조다. 전자는 분단 55년 만에 남북정상이 만나 이뤄낸 통일성전이라 할 수 있고, 후자는 전자에 빠진 평화군사문제를 포함해 실천적 뒷받침을 구체화한 또 하나의 민족성전이다. 이를 사문화하는 것은 민족의 화해, 협력, 평화, 통일을 하지 말자는 이야기와 진배없다. 동시에 북에 대한 적대도발정책을 노골화한 징표가 된다.

넷째, 북한인권 쟁점화라는 기조다. 인권 가운데 가장 기본적인 인권은 생명권이고, 이 가운데 개인 생명권도 중요하지만 전쟁을 통해서 발생하는 집단생명권 박탈이 가장 중요하고 핵심적인 인권문제다. 그러므로 전쟁을 막고 평화를 확보해 생명권을 보장받는 권리인 평화생명권은 자유시민정치권(유엔 B규약)이나 사회경제문화권(유엔 A규약)에 앞선 인권이고 그야말로 인권의 핵심이다.

실제 북한 사람의 평화생명권을 가장 위협하는 당사자는 바로 끊임없이 전쟁위협과 실질적인 전쟁위기를 자행하는 미국이다. 진정 인권문제를 중요시한다면 먼저 미국에게 한반도 평화를 담보하는 평화협정과 평화체제를 촉구하고 이의 실현에 앞장서야 할 것이다. 왜냐면 평화협정과 평화체제는 남과 북 모두의 생명권을 보장하기 때문이다. 평화협정과 평화체제를 수립하는 것이야말로 가장 화급하고 절체절명인 인권이다.

또한 2008년 '북한급변사태 대비계획'이란 이름으로 한미 두 나라가
강력히 추진해오고 있는 「작전계획 5029」야말로 무력으로 평양을 점령하
고 통일을 이룬다는 전쟁친화주의이다. 이것이야말로 전형적인 인권을
표방한 반인권 정책이다.

다섯째, 정책이 될 수도 없는 것을 정책으로 내세운 게 바로 '비핵·개방
3000'이다. 이는 북이 먼저 핵을 포기하고 개방을 단행하도록 한 후, 북측
1인당 국민소득을 3,000달러가 되도록 나중에 지원한다는 '정책'이다.
이미 한국정부가 참가한 6자회담에서 합의한(9·19 공동성명과 2·13 합의)
한반도 비핵화와 평화체제는 동시행동의 원칙에 따라 북의 핵 포기와
한반도 비핵화, 미국의 한반도 평화체제와 경제적 보상 등의 주고받기를
선후가 아닌 동시에 이행하도록 되어 있다. 그러므로 비핵·개방3000은
6자회담 합의사항인 동시행동 원칙을 위배하는 것이다. 또한 한국정부
혼자 이 정책을 그대로 관철할 수도 없다.

여섯째, 한미군사동맹의 포괄전략동맹화이다. 이는 4차 핵위기[2] 발생
직후인 2009년 6·16 한미정상회담에서 「한미동맹을 위한 공동비전」에서
합의한 내용으로 "공동의 가치와 상호신뢰에 기반한 양자·지역·범세계적
범주의 포괄적인 전략동맹"을 말한다. 북한을 주적으로 하는 한반도 역내
동맹, 자유·민주주의·시장경제라는 가치동맹, 적용범위를 아·태지역, 특
히 중·러를 겨냥한 지역동맹, 세계를 겨냥한 지구동맹, 전통적 군사안보
분야 외에 테러·대량살상무기·재난재해 등을 포괄하는 포괄동맹을 지향
한다는 뜻이다.

이는 원천적으로 한반도를 전쟁의 도가니로 몰아넣을 위험을 가지고

---

2) 네 차례의 한반도 핵위기는 <표 6-1>을 참고(강정구, 2010a).

〈표 6-1〉 한반도 핵위기의 역사적 고찰

핵위기	발단 (미국의 개입 날기, 합의 위배, 정보조작 등)	대응과 전개 (북의 반격)	위기 정도 (미국 주도 전쟁위기와 이전 핵관련 합의 위기)	타결 과정과 최종 합의 내용	세부 합의 내용
1차 영변 핵위기 (1993~1994년)	특별사찰 강요, 순도본 5개항에 추가 개위 넣기, 1993년 팀스피릿 및 정밀연습 재개	NPT 탈퇴	1994년 6월 전면전 조기론	카터 중재, 김영삼 정부 방관파 숙소무관, 10·21 북미제네바합의	북: 핵동결과 사찰 미: 경수로, 경제·외교 정상화, 안전 보장, 원유 제공
2차 금창리 핵위기 (1998~1999년)	금창리동굴 인공위성 사진을 의도적으로 왜곡하고 조작해 핵개발 단정	광명성 1호 발사	BDU38 모의 핵투사 함과 직계 5027-98	김대중 정부 중재, 3·16 베를린합의, 페리프로세스, 6·15 남북공동선언, 10·12 조미공동성명	10·21 북미제네바합의의 이행, 정거리미사일 발사 3년 유예, 적대정책종결선언, 평화체제 추진
3차 악의 축 핵위기 (2002~2006년)	과거 핵사찰 강요, 고농축우라늄 핵개발 정보조작	핵동결 해체, NPT 탈퇴, 2·10 핵보유선언, 1차 핵실험	2003년 9~12월 전쟁위기, 2005년 4~6월 전쟁위기	6·11 한미 정상회담, 평화적특사파견, 첫 경부 평화 지키기, 9·19 공동성명, 2·13 합의	한반도 비핵화와 한반도 평화체제, 동시이행
4차 핵위기 (2009년)	북 신고서에 대한 미국 조기 검증 요구, 북 인공위성 발사(넛으단 제공제), 광명성 2호 발사에 대한 무엄제재	광명성 2호 발사, 2차 핵실험	북한금융제재 대비계획, 한반도 포위전집 12·20 연합위기 등 국지전전 발생과 전쟁연습의 일상화	이명박 정부 대결 부 추가기, G2 위상의 중국 적극 중재 등 진행	정세경색정화, 주한미군 철군, 한미군사동맹 철폐, 핵무기 폐기 등의 비핵화와 평화체제 (미타결 경경 사항)

민족자주행보를 제약하는 짓이고, 외국군 주둔 60~115여 년이란 민족의 수치에 대한 역사의식이 전혀 없음을 말한다. 또 9·19와 2·13 합의의 두 축인 비핵화와 평화체제 구축에 정면으로 배치되는 것이다.

지금 우리 민족의 제1 핵심과제는 평화협정을 맺어 평화체제를 확보하는 것이다. 또 진정한 평화체제는 한미군사동맹을 해체시켜 한반도에서 전쟁을 하고 싶어도 할 수 없는 구조를 공고히 하고 정착화하는 데 있다. 이런데도 한미군사동맹을 더욱 격상하고 한·미·일 3각 군사동맹체제를 세우려는 것은 한반도의 역사방향인 평화체제 구축 가로막기의 전형이다.

이와 같은 대북정책 기조에 따라 펼쳐진 세부적인 대북정책들은 결국 남북관계를 전면대결과 파탄상태로 몰고 가 전쟁위기로 나타났다. 정권이 출범하자마자 합참의장이 대북 선제공격론을 거침없이 내뱉었다. 다분히 의도적인 것이라고 볼 수밖에 없다. 다음 2008년 김정일 건강이상설이 등장하자 '북한 급변사태 대비계획'이라는 「작전계획 5029」 실행준비에 들어갔다. 샤프 주한미군사령관이 이에 대한 만반의 준비를 하고 있다고 지속적으로 강조해왔다.

또한 대통령이 미국 땅에서 직접 대북정책의 궁극적 목표는 자유민주주의 통일이라면서 흡수통일을 공식화했다. 김정일 비난 대북 전단은 지속적으로 살포되었고, 정부는 겉으로는 중단을 종용하면서 실제로는 두둔하는 모습이었다. 여기에다 유엔 대북 인권결의안 공동제안, 인도적 쌀 지원 중단, 금강산 관광 중단조치 등이 따랐다.

북의 2차 핵실험 이후 오바마 정권이 북미관계를 개선시키려는 기조를 띠자 '그랜드바게인'이라는 딴죽걸이로 한반도 평화협정 국면 가로막기에 나섰다. 드디어 2010년 3월 천안함 사고가 터지자 제대로 진실규명도 하지 않은 상태에서 5·24 천안함사건화를 선언해 이 사고를 북한소행으로 단정 짓고,[3] 유엔안보리 상정, 6·2 지자체선거 악용, 전쟁 부추기기 등으로 사건화해 위험천만한 행보를 보여왔다.

이들 도발 적대정책은 단순한 도발과 적대가 아니라 '북한 죽이기'를 당위적인 것으로 설정하고 북의 붕괴를 유도하고 촉진하려는 정책이라고 볼 수 있다. 흡수통일론, 선제공격론, 실질적인 주적론 부활, 전시작전통제권 회수 연기, 급변사태 「작전계획 5029」 실행 채비, 이를 뒷받침하는 한국형 5029인 부흥계획, 대북 군사전략의 '능동적 억제'로의 변환, 통일세, '평화·경제·민족 공동체' 3단계 통일방안 (3대 공동체통일구상으로 정정했음) 등은 북한정권의 생명권을 인정하지 않는 도발 중에도 최고수준의 도발이다.

이러한 정책기조와 정책은 궁극적으로 북한붕괴론에 입각한 흡수통일, 그것도 무력불사의 흡수통일 정책으로 귀결되었다.[4] 북의 2차 핵실험 이후 한반도 위기가 고조되는 가운데 열린 2009년 6·16 한미정상회담은 "우리는 동맹을 통해 한반도의 공고한 평화를 구축하고 자유민주주의와

---

3) 북은 '국방위원회 검열단 진상공개장'에서 "명백히 부언하건대 '천안'호 사건은 철두철미 우리와 무관하다. 이는 백날, 천날이 가도 불변이다. 연평도 포격전 역시 역적패당이 우리 수역에 먼저 불질을 해대지 않았다면 애당초 일어나지 않았을 것이다." 라고 입장을 밝혔다(≪통일뉴스≫, 2011.2.24).

4) Our Blue House contacts have told us on several occasions that President Lee remained quite comfortable with his North Korea policy and that he is prepared leave the inter-Korean relations frozen until the end of his term in office, if necessary. It is also our assessment that Lee's more conservative advisors and supporters see the current standoff as a genuine opportunity to push and further weaken the North, even if this might involve considerable brinkmanship. [SEOUL 000059, SUBJECT: ROK'S FOREIGN POLICY TOWARD THE NEIGHBORS: NORTH KOREA, JAPAN, CHINA AND RUSSIA, January 12, 2009(emphasis added)(Sigal, 2011a).

시장경제 원칙에 입각한 평화통일에 이르도록 함으로써 한반도의 모든 사람을 위한 보다 나은 미래를 건설해나갈 것을 지향한다"라면서 흡수통일을 명시했다.

위키리크스의 폭로에 의하면 고위 외교관 천영우는 스티븐스 주한 미국 대사에게 이 흡수통일에 대한 구체적 대화까지 나누었음을 2010년 2월 17일의 미 대사관 본국 보고서는 다음과 같이 밝히고 있다. 곧, "김정일 사후 2~3년 안에 북한이 붕괴할 것으로 전망하면서 지금보다 젊은 세대의 새로운 중국 지도부도 미국의 동맹인 한국이 지배하는 통일 한국에 대해 불안해하지 않을 것으로 예상했다"(Sigal, 2011a). 또 "한국 관리들이 북한 정권 붕괴의 경우 중국이 통일한국을 받아들일 수 있도록 경제적 인센티브를 제공하는 방안을 고려하고 있다". 여기에다 미국의 고위관리는 신의주를 중국에 할애한다는 '제안'까지 있었다 한다.

이명박 정권은 특히 5·24 천안함사건화 이후 통일세와 3단계 통일방안을 제시하고, 연평도 포격사건 이후에는 통일을 당면과제와 역사적 책무(責務)로까지 설정하면서 흡수통일을 노골적으로 피력했다. 대통령은 말레이시아 동포간담회(2010.12.9)에서

통일이 가까이 오고 있다. 더 큰 경제력을 가지고 통일에 대비해야 한다. …… 국민은 굶고 있는데 핵무기로 무장하고 매년 호의호식하는 당 간부들을 보면서, 이 지구상에서 같은 언어, 같은 민족이 처절한 모습을 보면서 하루빨리 평화적으로 통일해 2,300만 북한 주민들도 최소한의 기본권, 행복권을 갖고 살게 할 책임이 있다.

라면서 흡수통일에 대한 사명·책임의식을 역설했고, 현인택 통일부장관은 ≪동아일보≫ 주최 토론회(2010.12.7)에서 다음과 같은 주장을 피력했다.

북한의 근본적인 태도 변화 없이는 아무것도 이룰 수 없습니다. 그것이 '진정한 평화'를 위한 남북관계라고 생각합니다. 그리고 이것이 곧 '통일준비'라고 생각합니다. 평화와 통일의 의미가 그 어느 때보다 엄숙하게 다가옵니다. …… 이제 통일준비는 국가의 당면과제입니다. 자유와 인권, 민주주의와 시장경제의 가치를 확고히 하고 이를 기반으로 한반도의 미래를 주도적으로 설계해나가야 합니다.

이 결과 집권 종반기를 맞은 이 시점에서 결국 남북관계는 전면 파탄과 대결상태로 진입했고, 한반도는 전쟁위기의 와중에 놓이게 되었다.

3. 전쟁친화 대북정책 현황

지난 10여 년을 되돌아보면, 임기 중 목표를 한반도 평화구도 창출에 두고 평화정착화를 추구했던 김대중 정권은 1998~1999년의 2차 금창리 핵위기와 미사일 위기를 페리 프로세스(Perry Process), 6·15 남북공동선언, 10·12 조미공동선언 등을 일구거나 지원해 평화의 실마리와 획기적 전기를 탄생시켰다. 노무현 정권은 부시가 자서전에서 중국 주석에게 북한에 대한 공격을 고려중임을 통보까지 했던 2003년 9~12월의 전쟁위기를 맞아 내키지 않은 이라크 파병까지 수용해 전쟁위기를 해소하려 했다. 또 2005년 전쟁위기 국면에서는 '무리수를 두면서까지' 6·11 한미정상회담을 밀어붙여 부시로 하여금 평화적 해결을 공약하도록 하고, 대담한 대북 전력지원이란 제안으로 6자회담을 주도해 9·19 공동성명이라는 한반도 비핵화와 평화체제의 기본 합의 틀을 성사시키는 데 기여해 전쟁위기를 넘겼다.

이처럼 김대중과 노무현 정권 아래 한반도 평화는 전쟁광인 부시 정권 등을 맞아 시련과 위기를 겪으면서도 제자리를 찾았고, 결정적 전환의 계기가 만들어졌고, 드디어 북 핵실험을 계기로 2·13 합의라는 대장전이 출범했다. 그야말로 지난 10년은 이명박과 한나라당이 말하는 잃어버린 10년이 아니라 위기를 넘어 평화를 지키는 평화 지킴이 10년이었고 평화 제도화 매진 10년이었다.

그러나 이명박 정권은 2009년 초 북의 인공위성 발사에 미국이 탈법적인 유엔제재를 가하면서 발생한 4차 핵위기를 맞아 위기 해소는커녕 오히려 위기 부추기기로 나아갔다. 2005년 전쟁위기를 맞아 노무현 대통령은 거의 억지로 한미정상회담을 열어 전쟁 잠재우기로 나갔지만 이명박 대통령은 180도 거꾸로 2009년 6·16 한미정상회담에서 외세인 미국까지 동원해 자유민주주의 흡수통일을 공약하고, 핵우산과 확장억지를 공약하도록 해 9·19와 2·13 합의인 한반도 비핵화에 전면 역행하고, 한미동맹을 포괄 전략동맹으로까지 발전시켜 평화정착보다는 냉전적 적대와 전쟁친화적 대결로 일관했다.

또 집권과 동시에 「개념계획 5029」를 작전계획화하고 여기에 덧붙여 남한 자체의 「부흥계획」까지 세워 전쟁친화성을 처음부터 여실히 드러냈다. 또 북한 급변사태 대비계획에 이어 2010년 천안함사고가 터지자 전혀 신뢰할 수 없는 '조사결과'를 내세워 이를 북측 소행으로 몰아 안보리 회부와 한반도 전쟁 부추기기 정책을 펴는 등으로 5·24 천안함사건화함으로써 평화와 역사의 흐름을 역행하고 있다. 좀 더 세부적으로 몇몇 주제에 한정해서 이 전쟁친화정책을 간략히 살펴보겠다.

1) 한미동맹의 포괄전략동맹화

앞에서도 언급했지만 2009년 6·16 한미정상회담에서 합의한「한미동맹을 위한 공동비전」은 전형적인 반 평화성과 전쟁친화성을 띠고 있다. 가치, 지역, 지구, 포괄 등을 모두 포함하는 이 포괄전략군사동맹은 미국의 세계지배와 동북아지배를 위한 전쟁기도에 한국이 의무적으로 편입되는 것을 의미한다. 이는 한반도를 전쟁의 도가니로 몰아넣을 위험을 원천적으로 가지게 한다.

2)「북한 급변사태대비계획」

또 다른 전쟁친화 정책의 전형은 김정일 건강이상설과 관련된 북한급변사태대비계획(contingency plan)이다. 이는 핵위기나 천안함 사고가 터지기 이전에 이미 이명박 정권이 전쟁친화성을 띠고 있음을 입증하는 전형적이고 결정적인 전쟁친화 또는 전쟁불사 정책이다.

이는 '전쟁 이외 군사작전(MOOTW: Military Operation Other Than War)'이라는 대테러전의 일종으로 2008년 12월 22일 성우회 '송년의 밤' 행사에서 샤프 한미연합사령관이 "주한미군은 올해 북한에 대한 전면전에 철저한 준비를 했을 뿐 아니라 북한의 불안정 사태, 정권교체와 같은 시나리오에 대해서도 철저하게 대비를 했다"면서 밝혔던 내용이다. 또 이상희국방장관이 2008년 11월 14일 국회에서 북한에 소요가 발생할 경우 한미특수군이 북한에 들어가는 것이 침공이냐 아니냐는 질문에 "국가안보를 담당하고 안보와 통일을 지향하는 계획 자체는 헌법에 위반되는 것이 아니라고 생각한다"면서 언급한 작전계획이다. 더 나아가 그는 2008년 12월 3일 국회 남북관계특위 전체회의에서 "북한의 급변사태나 불안정

사태가 발생할 경우 중국이 부정적인 영향을 미치지 않도록 모든 수단을 동원해 조치해야 한다고 본다"면서 한계를 넘어선 만용을 부렸다.

여기에는 한국군 특전사와 미 해병특수부대 등 한미 특수부대가 '북한 자유화 프로그램'이라는 이름 아래 투입되어 북한 주요 도시 점령, 북한 인민군 무장해제, 북한 주민들에 대한 임시구호와 필수적인 공공서비스 제공 등이 포함된 것으로 알려졌다. 그야말로 북한군사점령을 위한 작전 계획이다.

이와 함께 미국은 일본에 "2008년 한반도 유사시에 대비해 일본 내 민간공항과 항구 등의 실태 조사를 일본 측에 거듭 요구"했고 2008년 7월까지 공항과 항구 각각 2곳, 8~10월에 1곳을 더 조사했다고 위키리크스가 입수한 자료는 폭로했다. 이는 1997년의 미일방위 협력지침(신가이드라인)이 규정한 한반도 유사시 등 '주변사태' 경우 일본 민간공항이나 항구를 사용해 미군을 후방 지원해야 한다는 조건에 따른 것이다. 또 2006년 북의 핵실험 등으로 한반도 긴장이 고조되고 2008년 한반도 유사시를 대비해 미군의 일본 작전에 관한 「개념계획 5055」을 2009년 9월까지 개정했고, 이 일환으로 공항·항구 조사요구가 있었던 것으로 보고 있다 (≪연합뉴스≫, "美, 日공항 실태조사 요구 …… 한반도 유사시대비", 2011.6.15). 이처럼 한·미·일의 3각 군사동맹은 은밀히 진행되고 있지만 실체는 잘 드러나지 않는다.

더욱 놀라운 일은 이 급변사태대비계획이 '정권교체', '내전(쿠데타 등)', '한국인 인질', '대규모 탈북', '대량살상무기 유출', '대규모 자연재해', 등 여섯 가지 경우에 실행될 수 있다는 점이다. 이를 보면 급변사태대비계획은 한호석이 지적한 대로 "북측 정권이 붕괴위기에 빠지지 않았는데도 미국군은 북측 정권을 뒤집어엎을 급변사태를 일으키기 위해 비전쟁 군사작전을 개시"할 수 있고, "비전쟁 군사작전으로 급변사태를 일으켜 북측

정권을 뒤집어엎으려는” 계획이라 볼 수 있다.

만약 노무현 정부였다면 이렇게까지 파국으로 향한 질주가 이뤄졌을까? 아니다. 미국은 2005년 「개념계획 5029」를 작전계획화하려 했으나 노무현 정부는 미국의 일방적 전쟁유발 가능성과 주권침해 요소 때문에 이를 수용하지 않아 마찰을 빚었고 이 때문에 ‘한미동맹 이상론’이 불거지기도 했다.

이에 대한 미국 측 시각은 참여정부 기간 미국 국방부 아·태 담당 부차관으로 한미 군사동맹 현안을 진두지휘했던 리처드 롤리스가 2009년 4월 15일 서울 프레스센터에서 가진 이른바 ‘미국 스파이 조작의혹사건’ 해명 기자회견 자리에서 그대로 드러났다. 그는 “지난 한국정부에서는 햇볕정책에 대한 의욕으로 반미, 반(反)동맹이 주제로 자리 잡고 있었다”며 “이런 시도는 한국 외교의 독자성의 가치 또는 한국이 동북아의 균형자가 됨으로써 한국이 미국 및 한미동맹으로부터 거리를 두려는 것을 강조하게 되었다”고 주장했다. 그는 “(당시) 한국은 북한의 핵개발을 동정해야 한다고 하면서 북한 핵 야망의 중요성을 종종 깎아내리거나 심지어는 격려하기까지 했다”는 극단적인 냉전주의, 미국 우상주의, 식민주의자의 전횡적인 모습을 보여줬다.

더 큰 문제는 오바마 집권 이후에도 이 작전계획은 그대로 가동 중일 뿐 아니라 더욱 강화되고 있다는 사실이다. 2009년 4월 22일 샤프 주한미군사령관은 “북한의 불안정한 사태에 준비하는 작전계획을 한국군 합동참모본부 의장과 함께 수립하고 있으며 이미 이 작전계획을 연습했고 우발상황이 발생했을 때 즉각 적용이 가능하다”고 밝혔다. 그는 미국이 이를 더욱 정교하게 강화하고 있음을 2011년 1월 20일 공군사관생도 대상 강연에서 최근 “북한의 국지도발과 불안정 사태, 전면전에 대해 각각 다른 방식으로 대응해야 한다”면서 “북한의 불안정 사태, 급변사태 발생 때 북한은 붕괴할 것이며 우리는 북한 주민을 보호해야 할 의무도 있기 때문에 전면전과는 상이할 것"이라고 밝혔다(≪연합뉴스≫, 2011.1.27).

더 큰 문제는 이명박 정권은 여기에다 한 술 더 떠 부흥계획이라는 군사점령통치계획까지 세우고 있다. 이러한 구도 아래 전쟁발발의 기회만 엿보는 듯한 국방부장관, 합참의장 등 고위 군 당국자들의 호전적 발언은, 한반도를 전운이 감도는 용광로로 달구었고 연평충돌과 같은 국지전은 이미 예비된 구도였다.

3) 북한 비상통치계획인 부흥계획

북한 급변사태대비계획은 위의 북한 군사점령계획인 「작전계획 5029」와 이와 연계된 한국판인 부흥계획 두 가지로 구성되어 있다고 볼 수 있다. 물론 이 부흥계획은 이명박 정부에 의해 만들어졌다. 이는 「작전계획 5029」가 상정한 북한 급변사태 경우가 발생하면 통일부 장관을 본부장으로 '북한자유화 행정본부'(가칭)를 세워 북에 대한 비상통치를 담당하고, 급변 이후에는 대통령을 의장으로 국가통합위원회를 구성해 남북을 통합한다는 흡수통일기획이다. 이는 이명박 정부의 단독 점령통치계획으로, 과거와 달리 통일부, 국정원 등이 공동 참여하는 정부차원 단일 통합매뉴얼이다. 이는 1950년대 이승만의 '북진무력통일'의 재판이라고 볼 수 있다.

4) 대북 군사전략의 '능동적 억제'로의 변환

국가안보 총괄점검회의(의장 이상우)는 대북 군사전략을 '능동적 억제' 개념으로 바꿀 것을 제시했다. 능동적 억제전략이란 북이 핵과 미사일을 발사할 조짐이나 전쟁징후가 포착되면 북의 핵과 미사일 기지, 전쟁지휘부, 핵심전력 등을 사전 공격하는 선제공격 전략을 지칭하는 것이다.

앞에서도 언급했듯이 이명박 정권이 출범하자마자 합참의장이나 국방장관 등은 개별적 수준에서 대북 선제타격을 실제 거론해왔었다. 능동적 억제 군사전략 거론은 이를 정부 차원의 군사전략으로 공식화하는 것으로, 기존 대북 방어전략 폐기와 대북 선제공격에 의한 북한붕괴를 공식적 대북전략으로 채택하는 것을 의미한다. 이명박 대통령이 2010년 5월 24일 천안함 사건 대국민 담화문(5·24 조치)에서 언급한 "적극적 억제 원칙 견지"는 이를 구체화한 것이라 볼 수 있다.

능동적 억제(선제공격) 전략은 미국의 선제 핵공격 계획인 「OPLAN 8010」과 WMD 확산저지 작전계획인 「CONPLAN 8099」 등과 보조를 맞추는 것이라 볼 수 있다. 「OPLAN 8010」은 첨단 재래식 전력과 함께 핵전력을 사용해 핀 포인트 공격(pinpoint attack), 지하 군사시설 파괴, 미사일망·방공망 등을 마비시키기 위한 사이버 전쟁 등의 전략 공격 포함 작전계획이고 「CONPLAN 8099」는 북한 핵 시설 및 핵무기 장악, 탈취 등을 주된 목적으로 하는 작전계획이다. 실제 미국은 지난 2010년 을지전쟁연습에서 이 「8010」과 「8099」의 실행연습을 실시한 것으로 보인다.

'억제'는 보복 위협을 통해 상대의 공격을 단념하게 만드는 개념으로 선제공격과 배치되는 방어적 개념이다. 따라서 선제공격을 바탕으로 한 '능동적 억제'라는 언술은 형용모순이고 억제를 위한 것이 아니라 도발의 성격을 띠고 있다. 이 전략은 자위권을 "무력공격이 발생한 경우"로 한정하는 「유엔헌장」 제51조와 침략전쟁 부인 「헌법」 제5조 1항을 위배하는 것이라 볼 수 있다.

이 밖에도 이명박 정권은 대량살상무기확산방지구상(PSI) 전면 참여, 「작전계획 5012」(기존의 「5027」과 「5029」를 통합해 전시작전통제권 이후에 적용할 신한미연합 작전계획) 수립, 주한미군의 전략적 유연성, 실질적인 MD체제 편입, 북한 주적개념의 실질적 되살리기, 전시작전통제권 환수 연기, 제주강정 해군기지 밀어붙이기, 한·미·일 3각 군사동맹 강화 등 전쟁친화 정책과 채비를 지속하고 강화해왔다. 이의 연장선에서 남한 핵무기 개발과 전술핵 재배치5)까지 거론되면서 걷잡을 수 없는 군사제일주의와 전쟁불사주의가 기세를 떨치고 있다.

4. 5·24 천안함사건화와 연평무력충돌 및 전쟁위기

2010년은 5·24 천안함사건화를 계기로, 10여 차례 이상의 대대적인 한미 연합전쟁연습, 이에 대한 중국의 맞불 피우기 전쟁연습, 한반도를 에워싼 중미 간 군사대결과 긴장 고조, 11·23 연평도 무력충돌, 12·20 연평도 보복포격과 전쟁위기 절정 등으로 이어진 한 해였다.

12월 20일 보복포격 당시는 온 세계가 한반도 전쟁발발 위험에 촉각을 곤두세운 하루였다. 미국 국무부와 국방부는 전날부터 비상사태에 돌입했고, 유엔안보리가 소집되는 긴박상황이었고, 군사지휘는 미국의 작전통제권 행사에 따라 미국 합참의장, 태평양사령관, 주한미군사령관의 3각 지휘체제로 이뤄졌다. 당일 MBC 텔레비전 뉴스는 영변에 대한 부분폭격 가능

---

5) ≪환구시보(環球時報)≫는 이는 한반도 정세를 위협하고 동북아 전략적 균형에 심각한 타격이라며 "중국도 이에 대응해 핵무기 생산 증강과 운반기술 첨단화 및 전략적 안전 확보 등" 대책 필요성을 강조했다. 또 "북한은 한반도를 통일할 힘이 없고 한국을 위협하지도 않"으며 "한국은 끊임없이 북한에 심리전을 벌여왔고 북한의 정변을 부추겼으며 급기야 북한 급변사태에 대한 대응조치까지 발표"해 공격적이라고 주장했다(≪세계일보≫, 2011.3.1).

성을 함께 고려하고 있었다고 보도했다. 미국은 동시에 이명박 정부의 전면전 획책에 대한 통제력을 행사한 것으로 보인다. 다행히 미국의 강요로 남측의 포격은 11월 23일 좀 더 NLL남쪽으로 또 발칸포 위주로 발사해 북을 덜 자극했다. 북 역시 맞대응 삼가로 전면전이나 영변 부분폭격으로 이어질 위험성을 차단했다.6)

　이를 두고 전쟁을 막아 국민들의 생명과 재산을 보호할 책무를 가진 대통령은 "연평도 포격 때 (북한을) 못 때린 게 천추의 한이 된다"며 "(군통수권자로) 울화통이 터져서 정말 힘들었다"고 청와대로 초청한 국회 국방위원들에게 전쟁광 같은 속내를 털어놓았다(≪동아일보≫, 2011.6.24). 분을 풀지 못한 듯 이명박 정부는 한국군 단독으로 12월 31일까지 분풀이용 군사훈련을 지속했고, 애기봉 점화와 심리전도 재개했다. 이제는 군이 직접 나서 대북 전단을 300만 장 가까이 살포하면서 문민통제에 손상이 우려되는 상황이었다.7)

　전쟁위기를 직감한 중국 외교부는 남측의 12월 20일 보복폭격 훈련에

---

6) 블레어 전 국가정보원(DNI) 국장은 "오바마 행정부가 한국에 북한과 관련한 문제에 자제하도록 요청하고 있지만 한국인들은 대북 입장을 강화해야 한다는 정치적 압력을 가하고 있"고 "한국이 인내심을 잃고 있다"고, 12·20 보복포격 시 제임스 카트라이트 당시 합참 부의장은 "연평도 사격훈련 강행으로 남북 간 포격·대응포격 형태의 연쇄작용이 우려된다"고 말했다 한다. "미국은 당시 한국의 대응사격 훈련을 자제시키기 위해 총력을 기울이는 한편, 중국과 협조해 북한이 이에 대응치 말도록 하기 위해 외교적 노력을 쏟았다. 결국 중국이 북한을 주저앉히는 데 성공함으로써 추가 충돌은 없었"다고 전하고 있다(유신모 특파원, "'한국 내 대북 강경여론, 도발 위험 더 키워' 게이츠 미 국방장관 우려 표명", ≪경향신문≫, 2011.6.6).

7) 위의 ≪경향신문≫ 보도는 아시아 안보회의(샹그릴라 대화)에 참석했던 게이츠 미 국방장관이 한국의 강경여론을 우려하는 발언을 또다시 한 것으로 밝혀졌다. "이는 더욱 큰 위험을 낳고 있다"고 지적했다 한다.

대한 반대 성명을 내었다. 이에 이명박 대통령은 "군사적으로 대치하고 있는 분단국가에서 영토방위를 위해 군사훈련을 하는 것은 주권국가로서 당연한 일"이며 "여기에는 누구도 개의할 수 없다"도 강수로 대응했다. 이에 추이톈카이 외교부 부부장은 "누구도 한반도 남북 주민들이 피를 흘리게 할 권리가 없다"면서 한중관계는 막장을 치닫는 듯했다.

만약 북이 남의 보복폭격에 맞대응했더라면 MBC 보도처럼 미국이 영변폭격이라는 국지전을 감행했을 가능성이 높다. 이는 필연적으로 북의 반격을 초래하고, 이 경우 비록 미국이 전면전을 통제하려고 하더라도 백악관 등 미국 지도부의 뜻대로 통제가 가능하긴 쉽지 않았을 것이고 전면전 위험성이 높았다고 볼 수 있다.

무력충돌의 급박한 시점에는 무력현장의 정황이 여론을 즉각적으로 비등시켜 정치지도부가 정치적 통제력을 발휘할 수 있는 입지를 위축시키기 때문이다. 더구나 미국 역사상 처음으로 이기지 못한 한국전쟁이라는 콤플렉스에 젖은 미국군부, "북한 급변사태에 대비해 만반의 준비가 다 되었다"를 수없이 되풀이하는 주한미군 사령관과 같이 군사모험주의에 익숙해 있는 미국군부의 속성, 또 이들을 적극적으로 지원할 이명박 정부와 한국군부, 이들 4자의 오케스트라는 미국 정치지도부를 압도해(override) 파국적인 전면전으로 귀결될 위험성이 높았다고 볼 수 있다.

연평도 무력충돌을 두고 박노자는 "전 정권이 북한에 한 약속들을 무단 취소하고, 나아가서 미국과 '북한 붕괴'의 경우 북한영토를 그 주민의 의사와 아랑곳없이 흡수할 일을 의논하는 당국자들에 대해 아무런 견제도 못 하는 우리들의 자랑스러운 대한민국이야말로 넓은 의미에서 도발자"(≪한겨레≫, 2011.1.2)로 보았다. 한정숙은 ≪한겨레≫ 칼럼에서 어린 학생에게서조차 "'심지어 제 또래 사이에서조차 평화를 말하는 것은 이상주의적이고 멍청한 짓이라는 취급을 받으니 …….' 아주 극우적인 친구들은 평화론은 간첩식 발상이라고 비난한다고 학생은 덧붙였다"고 기술할 정도로 한반도는 제정신이 아니었다.

연평도 무력충돌의 인과과정에 대한 고찰은, 비록 가설적 수준이긴 하지만, 한반도의 불안정성의 본질과 평화를 담보하기 위한 여러 복합요인들이 어떠한 것인지를 보여줄 수 있을 것이다.

물론 언제나 낡은 레코드처럼 등장하는 북한체제의 내부결속력 강화와 김정은 후계체제 안착화라는 북 내인론은 전혀 설득력이 없다. 이미 김정은 체제로의 이행은 내적으로는 2010년 9·28 당대표자대회 이후 안착화와 공고화 단계이고 북 붕괴론은 조·중동맹의 강화로 북이 내외적 안정화를 이루고 있기 때문에 논의의 가치가 전혀 없는 공허한 가설이다.

먼저 표면적 요인은 7만여 병력을 동원한 한미 연합 호국훈련과 이 과정에서 연평도의 포격이 북의 '영해를 침범한' 것으로 간주해(북의 작전통제선 내 수십 발 투하 가능성을 한국 합참이 시인) 자칭 '자위권' 행사로 연평도 육지 포격으로 이어지고 남측의 반격이 이어졌다. 비록 북측이 자위권이라고 주장했지만 이는 비례성과 필요성 원칙을 넘은 과잉 자위권이었다. 남쪽의 포격은 육지포격이 아닌 해상포격이기에 정당한 자위권이라면 육지가 아닌 해상으로의 대응포격에 머물러야 했다.

다음 국면적 요인을 보겠다. 북은 11월 초 우라늄 농축시설 공개로 북미교착 상태의 돌파구를 시도했지만 한미는 오히려 강경대응으로 응수했고, 또한 이산가족 상봉 등 북이 지속적으로 대남 유화정책을 제안했는데도 이명박 정부는 이를 수용하지 않았다. 오히려 기존의 북 붕괴론에 입각한 북측 겨냥 한미 군사훈련을 지속해왔다. 이에 북은 남에 대한 경고를 보내고, 미국에 대한 6자회담 등 조속해결을 압박하기 위해 과잉자위권이란 강수를 띤 것으로 보인다.

조지 부시 행정부 시절 백악관 국가안보회의 아시아담당 선임 보좌관을 지낸 그린 고문은 "북쪽이 우라늄 농축시설을 공개하고 연평도 포격을 가한 전략적 의도는 미국과의 직접 대화를 트는 것"이라고 밝혔다. 만약 북이 나중에 밝힌 것처럼 우라늄에 대한 대화채널이 열리고 북의 유화책이 남의 호응을 얻었더라면 연평도 무력충돌은 없었을 것이다.

또 중기 구조적 요인은 2008년부터 진행되어 왔던 북한 급변사태대비 계획과 이와 연동된 5029의 작전계획화, 5·24 천안함사건화로 10여 차례 이상의 전쟁연습 강화로 긴장이 고조된 점이다.

장기 구조적 요인은 오바마 정권의 9·19 공동성명과 2·13 합의인 비핵화와 평화협정 동시이행의 거절과 위배, 북 붕괴론과 이에 기반을 둔 무력흡수통일정책의 노골화 등이다.

더욱 장기 전략적 요인은 미국의 단극패권주의 쇠락과 중국 부흥 등 세계질서 변환이라는 역사 흐름을 반전시키려는 미국의 반전(反轉)기도이다. 천안함 사고 초기에 미국의 인식은 북한소행론과는 거리가 멀었다. 또 CIA 고위직을 역임했던 그레그 전 주한미국대사는 《뉴욕타임스》와 《한겨레》에서 북한소행으로 보기 힘들다면서 5·24 천안함사건화는 '통킹만 사건을 연상'시키므로 '합조단 보고서를 전부 공개해' 진실을 밝혀야 한다고 주장했다. "당시 정황으로 볼 때 북한이 공격했다는 건 이해 안 되"고 러시아가 보고서를 공개하지 않은 것은 "러시아 조사 결과가 이명박 대통령에게 큰 정치적 타격 …… 버락 오바마 대통령을 당황하게" 하기 때문이라고 보았다. 또한 러시아는 북한이 버블제트 수준의 고성능 무기 제작능력도 없고 보유하지 않았다고 판단하고 있다면서 미국이 베트남 전쟁이나 이라크 전쟁에 휘말려 곤궁에 처한 잘못을 되풀이하지 말아야 한다고 보았다.

비록 가설 수준이긴 하지만, 천안함 사건이 이러함에도 미국은 이를 5·24로 사건화함으로써 또는 사건화를 기화로 삼음으로써 동북아에 중국 중심의 새로운 질서의 태동에 보조를 맞추려는 일본의 하토야마 내각을 붕괴시키고, 후텐마 기지의 미국 이전을 추진하던 일본의 탈미(脫美) 시도를 즉각 중단시킬 수 있었다.

또한 중국에 대한 전쟁연습을 한반도와 남중국해에 연속으로 지속하면서 군사 포위망을 강화하고는 한·미·일, 미·일·호(주), 미·베트남, 미·인도와의 중국겨냥 군사협력과 동맹을 적극적으로 추진할 수 있었다. 5·24 천안함사건화는 미국에게는 비록 단기적이긴 하지만 만병통치약이 된 셈이다.

이런 해양세력의 공세에 맞서 동시에 중국 중심 대륙세력의 맞대응이 공고화되고 있다. 그중 하나가 연평 충돌 직후 중국과 러시아의 '평화사명-2011' 발표였다. 곧, 중·러 동해북부 연합군사훈련으로 양국 육·해·공군이 모두 참여하고, 한반도 인근을 작전지역으로 설정하고, 육·해·공군이 각각의 작전지역에서 훈련하고, 해군은 동해 북부해역에서 실시하기로 했다 한다.

이처럼 차이메리카라는 과도기적 이중권력체계(미국의 군사·정치패권과 중국의 경제헤게모니라는 권력분립체제) 시대의 한반도는 평화와 통일 및 민족자주를 위한 절호의 시기이면서도 동시에 죽느냐 사느냐의 기로에 놓이게 되는 위기 정점의 시기, '이행위기'의 시기이기도 하다.

자크 사피르는 이행위기를 "어떤 제도적 시스템이 유효성을 상실했으나 대체 제도가 충분히 빠르게 등장할 수 없을 때 발생"한다고 보았고, 이 이행위기는 현재 "만약 미국이 더 이상은 불가능한 헤게모니 영속을 고집한다면 …… 심각하고 폭력적인 특징을 갖게 된다"라고 예측했다(사피르, 2009: 264).

이번 연평도 무력충돌 역시 교착상태에 놓인 북미문제에 돌파구를 내기 위한 북의 '강성충격전술'의 하나라 볼 수 있을 것이다. 북의 핵개발 문제가 대두된 시점부터 미국은 기존협정을 이행하기는커녕 위배와 지연전술을 지속적으로 펴고, 적반하장으로 책임을 북에 떠넘기기를 일상화했다. 이 경우 북은 종종 강성충격전술을 펼쳤고 어느 정도 성공을 거두었다.

미국이 1992년 합의에 없는 특별핵사찰을 강요하고, 솔로몬 5개항 합의에 추가로 끼워 넣고, 1993년 중단하기로 했던 팀스피릿 전쟁연습을 재개하자 1993년 NPT 탈퇴라는 강성충격전술을 펼쳤다. 1994년 북미 제네바 합의(Agreed Framework)를 미국이 지속적으로 위배하자 1998년 광명성 1호를 발사해 페리 프로세스와 10·12 조미 공동코뮤니케를 성사시켰고, 2005년 2·10 핵보유선언으로 9월의 9·19 공동성명을 이끌었고, 2006년 1차 핵실험을 하자 2007년 2·13 합의가 이루어졌다. 2008년 오바마 정권을 만나 북이 요구하는 평화협정과 미국의 대북 적대정책 철회에 명확하지 않은 미국에 광명성 2호 발사로 압박했다. 이에 미국이 제재를 가하자 2차 핵실험이란 초강수로 대응했다.

이번 연평도 무력충돌 역시 과잉자위권이란 강성충격전술을 구사한 것으로 보인다.[8] 이제까지와는 달리 이행위기를 맞은 차이메리카 시대의

---

8) 자위권 논란에 관해 고영대는 토론 논문에서 다음과 같이 이를 엄밀히 분석하고 있다. "NLL 인근에서의 남한 해군의 포격훈련은 그 자체가 북측 영해 안에서 이루어지는 것으로 이미 유엔 해양법을 위반한 것이자 정전협정을 위반한 것이다. 그러나 북은 그 동안에도 수없이 이루어진 남측 또는 한미연합 해군의 NLL 인근(북 영해 안)에서의 포격훈련을 대북 무력공격으로 간주해〔했지만 – 강정구〕 직접적인 무력 대응을 하지는 않았다. 연평도 포격전 당일에도 오전에 수천 발의 남한 해군의 포사격이 이루어졌지만 북한은 무력 대응을 하지 않았다. 오로지 오후 1시 이후에 이루어진 수십 여발의 포탄에 대해서만 영해 침범으로 간주한 것이다. 즉, 북한은 스스로 설정한 소위 해상경비계선 위쪽으로 남측 해군의 훈련 포탄의 탄착군이 형성되자 비로소 이를 무력공격 – '침략의 정의에 관한 유엔 총회 결의' 제3조 중 '타국 영토에 대한 폭격 또는 일체의 무기의 사용 – 으로 보고 무력 대응을 한 것이다. 이는 북한

강성충격전술은 자칫 이행위기의 포탄을 우리 한반도 전체에 가져오는 끔찍한 결과를 가져올 수도 있는 위험성을 안고 있다. 최상의 해결책은 북이 이런 강성충격요법을 구사할 필요가 없는 조건을 남과 북이 함께 만들어가는 것이다. 전쟁이란 절대 악의 피해 당사자는 외세가 아닌 바로

당국이 12해리 영해선이 아닌 그보다 훨씬 북쪽(NLL 4~5km 남쪽)에 그어놓은 해상경비계선을 기준으로 해 남한의 무력공격 여부를 판단한 것으로, 남한에 대해서는 보다 완화된, 스스로에 대해서는 보다 엄격한 기준을 적용하여 무력공격 여부를 판단한 것이다. 이상의 사실관계와 국제법적 규정에 의거해 볼 때 남한 포격훈련은 '침략의 정의에 관한 유엔 총회 결의'가 규정하고 있는 침략행위의 요건을 충족시키는 무력공격으로 되며, 유엔헌장 제51조에 따라 북한이 자위권을 발동할 수 있는 요건을 충족시키는 것으로 된다. 이상의 내용을 남북 각각의 시차별 무력행사에 적용해보면 첫째, 남한 합참이 밝힌 대로 남측 포탄이 북의 작전통제선(해상경비계선) 너머에 떨어졌다면 북한이 이를 영해에 대한 무력공격으로 간주하고 대응 포격을 한 것은 정당한 자위권 행사라고 볼 수 있다. 둘째, 그러나 침해 배제와 필요최소한의 범위 내라는 자위권 행사의 원칙에 따른다면 북한은 NLL 이남에 대해 남측 포격이 중단되도록 하는 정도의 포격을 가하는데 머물렀어야 한다. 그런데 북한은 비록 섬이지만 육지, 그것도 민가에까지 무차별적 포격(「국방백서」, 2010)을 가함으로써 자위권 행사의 원칙(필요최소한의 범위 내)을 넘어섰다고 할 수 있다. 셋째, 이후에 이루어진 남한의 북한 무도에 대한 대응 포격은 무력복구에 해당하는 것으로, 무력복구를 금지한 국제법적 원칙을 위배한 것이다. "무력공격의 발생에 대한 책임이 자국에 있는 때는 자위권 행사가 성립되지 않"기 때문에 자위권을 행사한 북한에 대한 남한의 무력 대응이 자위권 행사로 되지 않는다. 넷째, 북한의 2차 연평도 포격, 특히 남측 포격이 종료된 이후(남측의 무력공격이 배제된 이후)에도 계속된 포격은 남측 무력복구에 대한 무력복구 차원의 포격으로 역시 무력복구 금지의 원칙을 위배한 것으로 보아야 할 것이다. 한편 김관진 국방장관이 국회 청문회 과정에서 밝힌, 북한의 해안포, 장사정포, 미사일 (서해 5도) 공격에 대해 전투기 폭격으로 소위 원점을 타격하겠다는 주장은, 그로 인해 전면전으로 비화할 수 있다는 위험성은 논외로 하더라도, 배제와 비례성의 자위권 행사 원칙과 자위권 원칙을 따라야 할 작전법 및 교전규칙 자체를 부정하는 위헌적, 위법적 주장이라고 할 수 있다.

우리 남과 북이란 단순하고 극명한 사실은 이를 우리 모두의 성스러운 과제이고 천명(天命)으로 삼을 것을 요구하고 있다.

5. 맺음말: 차이메리카 시대와 한반도의 길

2010년 1월 19일의 중미 정상회담은 새로운 세계질서의 출발을 공식화 하는 자리였다. 미국은 2008년 신자유주의 경제체제 파탄 이후 쇠잔해 가는 자신을 인정하면서도 여전히 탈냉전 이후 누려왔던 단극패권주의의 '화려한' 자화상에 매달리는 모습이었다. 중국은 영국과의 1차 아편전쟁 (1839~1842)으로 시작된 '굴욕의 세기'를 훌훌 털어버리고 이제 G2의 차이메리카(Chimerica) 시대에 공개적으로 등극해 '화려한' 부활을 보여준 셈이다.

그렇지만 이 이중권력 분립체계인 차이메리카는 지난 탈냉전 기간 '팍 스 아메리카나' 시대의 종말을 고하는 것으로 끝나지 않는다. 더 중요한 점은 머지않아 세계무대는 팍스 시니카로 이행하면서 '중국의 세기'가 열리고 이 G2 이중권력분립체계는 과도기로 끝날 것이라는 데 있다.

이러한 차이메리카 시대 중미관계의 특징, 곧 미국의 경제패권 상실과 군사패권 상존이라는 이중권력분립체계의 불안정성은 중미 간의 이해관 계가 첨예하게 부닥치는 한반도에 2010년 그대로 투영됐다. 하나는 G20 회의였다. 여기서 미국은 중국에 환율절상을 강요했지만 2 대 18로 완패 했다. 맹목적인 하위동맹자로 전락한 이명박 정부의 자발적 숭미주의 덕 분에 미국은 겨우 영패를 모면할 수 있었다. 이는 1985년 일본을 지금까지 수렁으로 빠뜨린 플라자합의를 강요했던 당시와는 달리 미국의 경제패권 은 이제 상실됐음을 입증한 셈이다.

미국은 2008년 이후 무려 1조 7,500억 달러를 발권했고, 다시 이번에 2차 양적 완화 조치로 6,000억이라는 돈을 더 찍어 내어 결국은 기축통화라는 특권을 남용해 달러 가치를 인위적으로 무려 21% 평가절하를 단행한 셈이다. 그러면서도 G20회의에서 다른 나라에게는 인위적인 평가절상을 강요하는 모순의 극치를 보여주었다. 나 살겠다고 너 죽으라는 식이다. 이렇게 정복자로 행세하던 미국, 대미 자발적 노예주의로 일관했던 일본, 이 구도가 관철됐던 1985년과는 달리 지금은 이를 강요할 미국의 힘이 사라졌음을 의미한다.

또 다른 하나는 위에서 살펴본 5·24 천안함사건화로 형성된 한반도 전쟁위기와 중미 간의 첨예한 군사대결이다. 비록 이중권력 분립체계가 가진 중미 간의 상호 의존성이 작동하면서 2011년 초 중미정상회담으로 G2체제의 과도기적 불안정성이 한반도에서는 일시적으로 해소되는 듯하다. 그러나 세계질서의 전환기에는 과도기적 위기와 불안정성이라는 '이행위기'가 발생 및 재발할 가능성이 높고 그 불똥은 한반도로 튈 위험이 높다.

이런데도 남쪽은 몰락해가는 운명에 저항하면서 발버둥치는 미국이라는 외세에 오매불망 하위동맹자 역할을 자임하고 있다. 북측은 중국이라는 떠오르는 외세에 안보와 경제가 의존되어가는 구조적 속박의 길로 내몰리고 있다.

작금의 한반도는 1620~1640년대 명·청 세력 교체기에 자주역량을 발휘하던 광해임금을 몰아내고 친명배금이라는 시대착오적인 정책에 몰입해 병자·정묘호란으로 삼전도 굴욕을 자초했던 서인 집권의 인조시대를 연상케 한다.

지금은 한반도 분단냉전적대체제를 강요해왔던 미국이라는 외세가 쇠잔해지고, 새로운 대체권력인 중국 중심의 '지도주의 다극체제'는 아직 공고화되지 않은 전환기적 과도기다. 이 시기야말로 우리 남과 북이 자주 역량을 펼쳐 우리의 생명권, 평화권, 통일권을 일구어낼 평화통일 최적기이면서 동시에 과도기적 와중에 휩쓸려 전쟁위기 등이 정점에 이를 수 있는 민족위기의 시대다. 또한 중미 간의 야합에 의해 한반도가 영구분단으로 내몰릴 수도 있다. 이 역사 갈림길에서 우리 남과 북, 진보와 보수 모두 한반도평화협정 등을 전진시켜 전자의 길로 전력투구하고 이행위기(또는 세력전이기)의 폭발이 한반도에서 발생하지 않도록 민족의 천명(天命)을 준수해야 할 것이다.

참고문헌

강정구. 2011. 「대북정책과 차이메리카시대 한반도의 길」. 민주화를 위한 전국교수협의
　　회·전국교수노동조합·학술단체협의회 엮음. 『독단과 퇴행, 이명박 정부 3년 백서』.
　　메이데이.
＿＿＿. 2010a. 「한반도 전쟁위기의 실상과 평화협정(평화체제) 모색의 역사」. 평화·통
　　일연구소 엮음. 『전쟁과 분단을 끝내는 한반도 평화협정』. 한울.
＿＿＿. 2010b. 『허물어진 냉전 성역 드러난 진실』. 선인.
강정구·김진환·손우정·윤충로·이인우. 2009. 『시련과 발돋움의 남북현대사』. 선인.
고영대. "연평도 포격전의 교훈과 평화협정 실현과제". 평화와통일을여는사람들, 평화·
　　통일연구소, 정동영 의원실 주최 토론회(2011.11.23).
김애화 외. 2010. 『다극화체제, 미국 이후의 세계』. 시대의 창.
문정인. 2010. 『중국의 내일을 묻다』. 삼성경제연구소.
사피르, 자크(Jacques Sapir). 2009. 『제국은 무너졌다』. 박수현 옮김. 책으로보는세상.
자크, 마틴(Martin Jacques). 2010. 『중국이 세계를 지배하면』. 안세민 옮김. 부키.
콜코, 가브리엘(Gabriel Kolko). 2009. 『제국의 몰락』. 지소철 옮김. 비아북.
평화·통일연구소. 2010. 『전쟁과 분단을 끝내는 한반도 평화협정』. 한울.
핑글턴, 에이먼(Eamonn Fingleton). 2010. 『중국과 미국의 헤게모니전쟁』. 이양호 옮김.
　　에코리브르
함상훈. 1949. "외교와 무력에 의한 통일". ≪민원≫ 1949년 2월호.

Sigal, Leon V. "WikiLeaks Reveals South Korean Hopes, Not North Korean Realities,"
　　http://38north.org/2011/02/wikileaks-reveals-south-korean-hopes-not-north-korean-
　　realities/.

지은이_

강정구
서울대학교 사회학과 졸업
위스콘신 - 메디슨 대학 사회학 석·박사
동국대학교 교수
비판사회학회(전 한국산업사회연구회) 회장
학술단체협의회 상임의장
민족화해자주통일협의회 공동대표
베트남진실위원회 대표를 역임했으며

지금은
평통사(평화와통일을여는사람들) 공동대표와
그 부설연구소인 평화·통일연구소 소장직을 맡고 있다.

저서로는
『좌절된 사회혁명: 미점령하의 남한 필리핀과 북한 비교연구』(열음사, 1989)
『북한의 사회』(엮고 씀, 을유문화사, 1990)
『분단과 전쟁의 한국현대사』(역사비평사, 1996)
『통일시대의 북한학』(당대, 1996)
『현대 한국사회의 이해와 전망』(한울, 2000) 등이 있다.

박기학
서울대학교 경제학과 졸업
평화·통일연구소 상임연구위원이다.

평화 · 통일연구소

평화 · 통일연구소(이사장 홍근수, 소장 강정구)는 '평화와 통일을 여는 사람들' 부설기관으로 민족 자주와 통일, 한반도 평화군축에 관한 연구와 정책 대안을 제시하기 위해 창립되었다.

그동안 『전환기 한미관계의 새판짜기』(2005), 홍근수 목사 고희기념문집 『전환기 한미관계의 새판짜기 2』(2007), 전환기 한미관계의 새판짜기 3권인 『전쟁과 분단을 끝내는 한반도 평화협정』(2010)을 엮어냈고, 「(전시)작전통제권 환수의 기만성과 대미 군사적 예속의 지속」(2007), 「포괄적 전략동맹의 공격성과 대미 종속성」(2010) 등의 논문을 발표했다.

한울아카데미 1424

G2 시대 한반도 평화의 길

ⓒ 평화·통일연구소, 2012

엮은이 | 평화 · 통일연구소
지은이 | 강정구 · 박기학
펴낸이 | 김종수
펴낸곳 | 도서출판 한울
편 집 | 문용우

초판 1쇄 인쇄 | 2012년 2월 3일
초판 1쇄 발행 | 2012년 2월 20일

주소 | 413-756 파주시 문발동 535-7 302(본사)
       121-801 서울시 마포구 공덕동 105-90 서울빌딩 1층(서울 사무소)
전화 | 영업 02-326-0095, 편집 031-955-0606, 02-336-6183
팩스 | 02-333-7543
홈페이지 | www.hanulbooks.co.kr
등록번호 | 제406-2003-000051호

Printed in Korea.
ISBN 978-89-460-5424-0 93340 (양장)
       978-89-460-4563-7 93340 (학생판)

* 가격은 겉표지에 표시되어 있습니다.
* 이 책은 강의를 위한 학생판 교재를 따로 준비했습니다.
   강의 교재로 사용하실 때에는 본사로 연락해주십시오.